L'HISTOIRE ROMAINE A ROME

PAR

J. J. AMPÈRE

DE L'ACADÉMIE FRANÇAISE, DE L'ACADÉMIE DES INSCRIPTIONS
DE L'ACADÉMIE D'ARCHÉOLOGIE DE ROME
DE LA CRUSCA, ETC.

TOME TROISIÈME

PARIS

MICHEL LÉVY FRÈRES, LIBRAIRES-ÉDITEURS

2 BIS, RUE VIVIENNE

1862

Tous droits réservés.

L'HISTOIRE
ROMAINE
A ROME

DU MÊME AUTEUR

CÉSAR

SCÈNES HISTORIQUES

Un volume in-8°.

PROMENADE EN AMÉRIQUE

ÉTATS-UNIS — CUBA — MEXIQUE

Troisième édition. — Deux volumes in 8°.

PARIS. — IMPRIMERIE SIMON RAÇON ET C°, RUE D'ERFURTH, 1

VII

GUERRES SAMNITES. — PYRRHUS

Grand caractère du cinquième siècle de Rome. — Dévouements de Décius et de Curtius. — L'ennemi encore aux portes de Rome. — Combat de Manlius et du Gaulois. — L'ambassadeur latin au Capitole. — Soumission d'Antium, les Rostres. — Commencements des guerres samnites. — Effet du désastre de Caudium. — Guerre avec les Étrusques; les Romains passent la forêt Ciminienne. — Appius Claudius construit le premier aqueduc et la première voie romaine. — Motifs historiques de divers temples. — Statue équestre d'un consul plébéien dans le Forum. — Deux temples de Vénus. — Temples d'Esculape dans l'île Tibérine. — Politique d'Appius Cæcus. — Triomphe de l'égalité, Cn. Flavius, temple de la Concorde. — Temple de la Pudicité plébéienne — Le comitium est vaincu par le Forum. — Les Grecs de Tarente et les Romains; Naples et Rome. — La Rome de Cinéas. — Pyrrhus vient à Préneste. — Triomphe de Curius.

Le cinquième siècle est le plus beau siècle de Rome. Les plébéiens ont conquis le consulat et achèvent de conquérir leur admission aux autres magistratures que les patriciens voulaient se réserver; ils s'affranchissent de la servitude qui, sous le nom de *nexus*, pesait sur les débiteurs. Ils arrivent à l'égalité politique et à l'indépendance individuelle; en même temps la vieille aristocratie domine encore dans le sénat et y maintient l'inflexibilité des résolutions et la persistance des desseins. C'est grâce à cette situation intérieure que le peuple romain put soutenir au dehors les plus fortes épreuves dont il ait triomphé, et faire les progrès qui lui ont le plus coûté. On le voit combattre tour à tour, et souvent tout ensemble, les Latins, les Étrusques, les Gaulois, les Samnites, les autres peuples sabelliques de l'Apennin, et il finit toujours par vaincre. Je ne puis, ce n'est pas le but de cet ouvrage, l'accompagner dans cette seconde phase de la conquête, car la conquête perd souvent de vue l'horizon romain qui est l'horizon de mon histoire. Mais, sans quitter Rome, je suivrai d'ici les pas de sa fortune. Je pourrai indiquer les principaux moments du progrès des armes romaines, car leur bruit viendra jusqu'à Rome. Les généraux y seront élus et y seront ramenés par les luttes des partis ou pour le triomphe; enfin des temples, ou d'autres monuments y seront élevés à l'occasion de tous les grands événements politiques et militaires, dont ces monuments me permettront de faire, dans ce qu'elle a d'essentiel, la double histoire.

Les commencements de cette époque brillante furent sombres. Rome fut affligée par une de ces maladies qu'on trouve à toutes les époques dans l'histoire de cette ville malsaine. Telle est l'origine des jeux scéniques[1], importés par les Étrusques et d'où sortit la comédie. Ce fut un moyen dont on s'avisa pour apaiser les dieux ; ainsi la comédie eut à Rome une origine religieuse et triste.

Le cinquième siècle est à Rome l'âge des grands dévouements et des grands sacrifices. Deux généraux romains immolèrent leurs fils, vainqueurs sans permission, à l'impitoyable rigueur de la discipline. Le premier Décius se dévoua au salut de l'armée, en se consacrant aux dieux infernaux, en assumant ainsi sur sa tête, par une vaillante mort, les maux dont la patrie était menacée. Cette immolation volontaire fut accomplie par deux autres Décius[2]; les Décius, grandes âmes plébéiennes,

> Plebeiæ Deciorum animæ, plebeia fuerunt
> Nomina. . . . .

comme dit Juvénal. On vit alors ce qu'étaient ces plébéiens, que la superbe patricienne avait voulu repousser des honneurs et qui en prenaient possession par la gloire et par la mort.

A Rome, le dévouement n'était pas un caprice de l'héroïsme individuel, c'était une institution soumise

---

[1] Ces jeux eurent lieu d'abord dans le Cirque. (Tit. Liv., vii, 2-5.)
[2] Celle du dernier Décius est douteuse.

à de certaines règles et à de certaines formes que la religion imposait.

On le voit par la mort de celui des Décius qui donna le premier l'exemple de cette noble mort au pied du Vésuve, lieu que Pline devait illustrer par un autre dévouement non moins noble, le dévouement à la science [1]. Décius appela le pontife public du peuple romain et le pria de lui dicter les paroles par lesquelles il devait se dévouer au salut des légions. Le pontife lui ordonna de prendre la robe prétexte, de se voiler la tête, de toucher sous sa toge son menton, et, les pieds sur un javelot couché à terre, de dire : « Janus, Jupiter, Mars, Quirinus, Bellone, Lares, dieux Novensiles, dieux Indigètes, dieux au pouvoir desquels nous sommes et sont nos ennemis, vous, dieux Mânes.... je vous demande de donner la force et la victoire au peuple romain des Quirites, et d'envoyer aux ennemis du peuple romain des Quirites l'épouvante et la mort, comme je l'ai déclaré par mes paroles ; ainsi pour la chose publique des Quirites, pour l'armée, les légions, les auxiliaires du peuple romain des Quirites, je dévoue avec moi aux dieux Mânes et à Tellus, les légions et les auxiliaires de l'ennemi. »

On voit par cette consécration en forme que le *dévouement* était un acte religieux solennel, ayant son

---

[1] Tite Live nous a conservé le texte de la loi sur le *dévouement*.

rit et son formulaire, bel article de foi de la religion du peuple romain¹.

Le dévouement des Décius avait été précédé par le dévouement de Curtius ; sauf la clôture merveilleuse du gouffre, la tradition n'a rien que de vraisemblable. Dans tous les cas, cette fois, elle était restée attachée à un endroit déterminé, connu de tous, et par là mérite de prendre place dans une histoire comme celle-ci, qui rapporte les faits traditionnels aussi bien que les faits historiques en les rattachant aux lieux où on les plaçait.

Voici ce que cette tradition racontait : Un gouffre s'était ouvert au milieu du Forum², et, quelque quantité de terre qu'on y jetât, n'avait pu être comblé. Les devins avaient déclaré qu'il fallait dédier à ce gouffre³, c'est-à-dire aux puissances souterraines qui

---

¹ Tit. Liv., VIII, 10. On voit aussi que cette formule de consécration était sabine. Janus est invoqué même avant Jupiter. Quirinus, Mars, les Lares, les Mânes, les Novensiles sont des divinités sabines. Nous avons vu que la dévotion aux puissances infernales et souterraines était un trait fondamental de la religion des Sabins. L'emploi du javelot rappelle aussi la lance sabine. Dans la formule, *le peuple romain des Quirites* est répété quatre fois.

² Plutarque (*Parall.*, 5), dit que cet affaissement du sol fut produit par les eaux du Tibre ; elles pouvaient en effet, en remontant par la *cloaca maxima*, refluer jusque-là ; on peut aussi le croire causé par un reste d'action volcanique. Dans le même siècle il se forma, près de Velletri, un gouffre qui avait trois arpents. (Tit. Liv., XXXII, 9). Quelque chose de pareil est arrivé à Albano en 1837, après de grandes pluies. (Nibb., *Dint.*, III, p. 446.)

³ Illi loco dicandum (Tit Liv , VII, 6.)

l'habitaient, ce qui était la plus grande force du peuple romain, et qu'ainsi on assurerait la perpétuité de la république. Alors un vaillant jeune homme, nommé Marcus Curtius, avait dit : « Comment pourrait-on penser qu'il y ait pour Rome un plus grand bien que les armes et le courage, » et tout le monde ayant fait silence, lui, regardant les temples qui dominaient et dominent encore aujourd'hui le Forum, puis le Capitole, tendant les mains tantôt vers le ciel, tantôt vers cette ouverture et les dieux Mânes, il s'était *dévoué;* ensuite, monté sur un cheval superbement équipé, il s'était précipité tout armé dans le gouffre. Hommes et femmes avaient jeté sur lui des offrandes et des fruits de la terre, et le gouffre s'était refermé. Ce lieu, déjà célèbre sous le nom de lac Curtius, en mémoire d'un ancien guerrier sabin, le devint plus encore par le dévouement patriotique d'un autre guerrier du même nom.

Le gouffre était au centre du Forum; on y éleva à la mémoire des deux héros, deux autels[1]; Ovide les vit encore. Les Romains avaient élevé l'autel de M. Curtius qui leur appartenait, bien qu'il fût Sabin d'origine[2], pour

---

[1] C'est ce que me semble désigner le pluriel (*aras*) qu'emploie Ovide. (*Fast.*, vi, 404.)

[2] Stace (*Sylv.*, I, 6-7) distingue le *famosus lacus*, qui se rapportait au premier Curtius, de la *sacrata vorago*, qui se rapportait au second.

l'opposer à l'autel de l'ancien Curtius, le champion sabin qui avait été leur ennemi [1].

Dans le commencement de la période où nous entrons, le champ de la guerre est encore singulièrement rapproché de Rome. Les Romains sont aux prises avec les habitants de Tibur, il semble que nous en soyons à la Rome du moyen âge, à la guerre des Romains contre les comtes de Tusculum. On se bat sous les murs de Rome [2]. Les Gaulois, c'est-à-dire déjà les barbares, sont sur l'Anio à une lieue de Rome [3]; battus, ils vont camper au sommet du mont Albain, d'où ils descendent pour ravager la campagne. C'est alors qu'eut lieu sur le pont qu'a remplacé le *ponte Salaro*, le fameux duel qui valut au jeune Manlius le surnom de *Torquatus*.

Ce pont a été réparé par Narsès, mais quelques parties où le tuf se mêle au travertin, appartiennent aux derniers temps de la république. Le pont qui existait à l'époque de Manlius Torquatus était probablement en bois.

Les Romains occupaient la rive gauche de l'Anio;

---

[1] *Curtius*, nom sabin. Curtius, comme Décius, se dévoua aux divinités souterraines, qui étaient sabines.

[2] Tit. Liv. (vii, 9-12). Les consuls sortirent à la rencontre des Tiburtins par *deux portes;* l'une des deux était la porte Æsquiline, l'autre, sans doute, la porte Viminale.

[3] Aussi a-t-on grand soin d'entretenir les murs, qu'on négligea plus tard. (*Ib.*, 20.)

ni l'une ni l'autre armée n'avait voulu rompre le pont, disait la tradition, pour n'avoir pas l'air de craindre l'ennemi, procédé chevaleresque qui étonnerait bien un commandant du génie; mais on avait fait des deux côtés plusieurs tentatives inutiles pour s'emparer de ce passage. Alors un Gaulois de grande taille, — les soldats gaulois sont toujours représentés comme très-grands, — un Gaulois de grande taille s'avance sur le pont vide, frappe son bouclier de sa lance et, criant le plus fort qu'il peut, de manière à être entendu de toute l'armée romaine, prononce en latin [1] ces paroles, qui, si la discipline le permettait, sortiraient en pareille occasion de la bouche d'un de ses descendants, de ces soldats gaulois qui se promènent aujourd'hui près du *ponte Salaro* : « Voyons, que le plus brave d'entre vous vienne m'attaquer, et que ce qui adviendra de l'un et de l'autre fasse connaître laquelle de nos deux nations se bat le mieux. » Et avec cette humeur drôlatique que les Gaulois modernes, dont je parlais tout à l'heure, n'ont pas laissé perdre l'usage, celui-ci tira la langue en manière de défi grotesque [2]. Ce que

---

[1] Il le fallait bien pour être entendu des Romains; dans le récit d'un autre combat singulier du même genre contre un Gaulois, celui de Valérius Corvus. Tite Live (vii, 26) a soin de dire que le défi fut transmis par un interprète. Ce Gaulois-là ne savait pas plus le latin que la plupart de nos soldats ne savent l'italien; le Gaulois de Manlius le savait un peu.

[2] Une enseigne représentait le Gaulois tirant la langue; c'était celle d'une des boutiques situées sur le côté nord du Forum (*sub novis*),

j'ai peine à croire, quoique les anciens l'attestent [1], c'est que chacun dans l'armée romaine garda le silence, épouvanté par le péril. En tout cas, ce lâche exemple ne fut pas suivi par un jeune patricien du nom de Manlius.

Ce jeune homme s'était déjà fait connaître par l'énergie de ses résolutions. Comme il passait pour avoir un esprit lourd et grossier, son père l'avait traité avec rigueur et tenu à l'écart dans une de ses fermes. Or il advint que ce père rigoureux fut accusé par un tribun de procédés tyranniques envers les plébéiens, et le tribun allégua aussi contre lui sa cruauté à l'égard de son fils. Celui-ci le sut, accourut à Rome de grand matin, pénétra chez le tribun, et, en menaçant de le tuer, lui fit jurer qu'il se désisterait de son accusation. Père dur comme il avait été fils dévoué, ce qui est bien romain, ce même Manlius devait un jour faire mourir son fils pour avoir, contre son ordre, attaqué un ennemi en combat singulier; ce que lui-même faisait aujourd'hui, mais après avoir demandé l'autorisation de son général.

En effet, il se présenta devant le dictateur, et lui dit :

« Général, je ne combattrais pas sans ta permission,

---

célèbre par la mort de Virginie et de Sp. Cassius. Cicéron (*de Orat.*, ii, 66) semble y voir un Cimbre du temps de Marius.

[1] Tit. Liv., (vii, 10.)

quand je serais sûr de vaincre; mais, si tu y consens, je montrerai à cette brute qui se pavane si fièrement en avant des rangs ennemis, que je suis d'une famille où l'on a précipité les Gaulois de la roche Tarpéienne. »

Je doute, malgré le témoignage de Tite Live, qu'un Manlius ait osé faire cette allusion à un homme dont sa gens avait répudié le souvenir et ne voulait plus porter le prénom. Le dictateur permet le combat et encourage Manlius; ses camarades s'empressent de l'armer. Il prend un bouclier léger de fantassin, une épée espagnole commode pour combattre de très-près, et s'avance à la rencontre du Barbare. Les deux champions, isolés sur le pont, comme sur un théâtre, se joignent au milieu. Le Barbare portait un vêtement bariolé et une armure ornée de dessins et d'incrustations dorées, conforme au caractère de sa race, aussi vaine que vaillante. Les armes du Romain étaient bonnes, mais sans éclat. Point chez lui, comme chez son adversaire, de chant, de transports, d'armes agitées avec fureur, mais un cœur plein de courage et d'une colère muette qu'il réservait tout entière pour le combat.

Le Gaulois, qui dépassait son adversaire de toute la tête, met en avant son bouclier et fait tomber pesamment son glaive sur l'armure de son adversaire. Celui-ci le heurte deux fois de son bouclier, le force à reculer, le trouble, et, se glissant alors entre le bouclier et le corps du Gaulois, de deux coups rapidement portés lui ouvre le ventre. Quand le grand corps est tombé, Manlius lui coupe la tête[1], et, ramassant le collier de son ennemi décapité, jette tout sanglant sur son cou ce collier, le *torques*, propre aux Gaulois, et qu'on peut voir au Capitole porté par celui qu'on appelle à tort le gladiateur mourant. Un soldat donne, en plaisantant, à Manlius le sobriquet de *Torquatus*, que sa famille a toujours été fière de porter.

Le seul monument de cette guerre que les Romains firent alors aux Gaulois fut un monceau d'or assez considérable que le dictateur C. Sulpicius consacra dans le temple de Jupiter Capitolin et entoura d'un mur de pierre. Ce monceau devait avoir été formé surtout des colliers et des bracelets si chers à la braverie gauloise.

Les Étrusques de Tarquinii, les Falisques et les Cærites[2] avaient immolé à leurs dieux des prisonniers romains; le Forum vit une terrible représaille de ce crime : trois cent cinquante-huit jeunes gens des pre-

---

[1] Tite Live, pour ménager sans doute la délicatesse des *Torquati* de son temps, a supprimé ce trait barbare, qu'avait conservé le vieil annaliste Claudius Quadrigarius. Tite Live semble même avoir voulu protester contre ce détail de la tradition en disant : *Corpus ab omni alia vexatione intactum*.

Ces détails très-circonstanciés semblent avoir été puisés dans des mémoires de la *gens Manlia*.

[2] Tarquinii, Corneto, près de Civita-Vecchia; Falère, près Città-Castellana; Cære, Cervetri.

mières familles de Tarquinii y furent battus de verges et décapités, comme l'avaient été au même endroit les fils de Brutus. « Le reste fut égorgé autrement, » dit froidement Tite Live.

La guerre avec les Latins ne fut ni très-longue ni très-difficile. Depuis Spurius Cassius, alliés des Romains, leurs chefs continuaient à se rassembler dans le bois de Ferentina (bois de Marino). Plusieurs villes, qu'on regardait comme faisant partie du Latium, quoique, par leur situation et leur origine, elles appartinssent plutôt au pays et à la race sabelliques, s'étant détachées de l'alliance romaine, l'assemblée de Ferentina, osa déclarer que les Latins aimaient mieux combattre pour leur liberté que pour Rome.

Dès ce moment, ils prétendirent traiter sur le pied de l'égalité avec les Romains; mais les Romains ne voulaient point d'égaux, et quand, mandés par le sénat, inquiet de leurs menées secrètes dont il avait connaissance, leurs envoyés vinrent à Rome, l'orgueil de la confédération latine et celui de la ville, dont le berceau avait été latin, se trouvèrent en présence au Capitole; car c'était dans le temple de Jupiter qu'on avait reçu les envoyés latins, sans doute pour les accabler de la majesté de Rome, que ce temple représentait.

L'un des envoyés, Annius, n'en fut point troublé; il osa demander que les Romains et les Latins formassent un seul peuple, eussent un sénat mi-partie des deux nations, et que le consulat fût partagé entre elles. A cette proposition superbe, Manlius, qui, en défendant la majesté incommunicable du Capitole, était sur son terrain, car ses aïeux avaient habité et l'un d'eux sauvé le Capitole, saisi d'indignation, se tourna vers la statue de Jupiter, et s'écria :

« Ainsi, ô Jupiter, captif et opprimé, tu verrais des consuls étrangers, un sénat étranger dans ton temple auguré ! »

Il conclut en déclarant que, si le sénat consentait à une telle honte, lui tuerait de sa main tout sénateur latin qu'il trouverait dans la curie, indignation qui n'était pas très-fondée, car les traités avaient autrefois établi une parfaite égalité entre les Romains et les Latins, et le partage du pouvoir que ceux-ci réclamaient avait existé [1]; mais cette indignation montre combien la nationalité romaine se sentait, dès cette époque, distincte de la nationalité latine. Les Romains n'étaient point, à leurs propres yeux, aussi Latins que le dit Tite Live, qui appelle la guerre contre les confédérés du Latium une guerre civile. Les noms de Latins et de Sabins, ces deux éléments de la population primitive de Rome, s'étaient perdus dans le nom, déjà superbe, de Romains, le seul que ses citoyens voulussent porter. Je me trompe, ils s'appelaient aussi *Quirites*, c'est-à-dire Sabins, et ce Titus Manlius, qu'irritait si fort la pro-

---

[1] *Fest.*, p. 241. Voy. Mommsen, *R. Gesch.*, p. 95, 312-13.

position des envoyés latins, était de race sabine ; son prénom et son nom étaient sabins[1].

Annius aussi fut saisi d'une grande colère, et on prétendit qu'il avait prononcé des paroles de mépris contre le *Jupiter romain*. On ne manqua pas de voir une punition divine dans la chute qu'il fit en sortant précipitamment du temple. Il roula jusqu'au bas des degrés, et sa tête heurta le rocher si violemment, qu'il perdit la connaissance, même la vie, disaient quelques-uns[2].

Les Latins furent battus et firent la paix, puis se révoltèrent et essuyèrent deux défaites définitives, l'une près de Pedum, au pied des monts de Tibur ; l'autre sur le bord de la mer, près d'Astura.

Nul temple ne fut élevé à l'occasion de la guerre latine ; il n'en resta d'autres monuments, outre les rostres, nouvel ornement de la tribune, et dont je vais par-

---

[1] Voy. t. II, p. 560. *Titus* était un prénom sabin ; c'était celui de Tatius, celui d'un des fils de Brutus, que j'ai dit Sabin ; ce fut celui d'un empereur de la famille sabine des Flaviens.

[2] L'escalier qui conduisait de la plate-forme du Capitole au temple de Jupiter, devait être à peu près où est celui par lequel on monte au couvent des franciscains d'Araceli. Seulement, la hauteur du premier était plus considérable, car le sol de la plate-forme était alors moins élevé, ce qui rendait l'effet de l'escalier triomphal plus imposant, et put rendre la chute d'Annius plus dangereuse. Pendant que j'écris, il y a des gens à Rome et ailleurs, qui verraient une justice évidente du ciel à ce que, M. de Cavour ayant amené Victor-Emmanuel au Capitole, le pied lui glissât sur les marches de l'escalier d'Araceli, et qu'il se cassât la tête.

ler, que les statues équestres des deux consuls Furius et Mænius, honneur rarement accordé à cette époque, et une plaque de bronze sur laquelle était gravé un décret qui accordait aux chevaliers campaniens le droit de cité. Ce décret fut placé dans le temple de Castor, en souvenir, sans doute, de la victoire sur les Latins au bord du lac de Régille, à l'occasion de laquelle avait été érigé ce temple qui rappelait un souvenir humiliant pour eux.

Les Campaniens avaient été dans cette guerre les alliés des Latins; mais les chevaliers, ce qui veut dire les nobles de Campanie, étaient restés fidèles au peuple romain. L'aristocratie de Rome avait des intelligences avec les autres aristocraties italiotes [1]. Au fond sabine, elle devait chercher à s'appuyer sur ces aristocraties qui, en beaucoup de lieux, avaient la même origine. En Campanie, l'aristocratie était sabellique, car elle était originairement samnite.

La guerre avec les Latins fut assez peu de chose et assez promptement terminée. Les Latins étaient les habitants de la plaine, une population agricole plus facile à dompter que les rudes populations sabelliques de la montagne, et ils auraient encore moins résisté aux Romains s'ils n'avaient eu dans leur alliance plusieurs de ces populations [2].

[1] On l'avait bien vu quand, au temps de Coriolan, l'aristocratie romaine avait pris parti pour l'aristocratie d'Ardée, probablement sabine comme celle de Rome.

[2] Les Tiburtins, les Prénestins, les Véliterniens et les Antiates qui

Ce fut pendant cette guerre que l'on prit leurs vaisseaux aux habitants d'Antium ; ils avaient embrassé la cause des Latins, et on leur interdit le commerce maritime. Une partie de ces vaisseaux fut brûlée, une autre conduite à Rome dans l'arsenal ; les becs de bronze (*rostra*) dont leurs proues, selon l'usage tyrrhénien, étaient armées, servirent à orner la tribune et lui donnèrent le nom qu'elle porta toujours depuis, les *Rostres*. C'est ainsi que, plus tard, on suspendait, les jours de fête, dans le Forum, les boucliers dorés des Samnites. Pourquoi cet ornement naval fut-il employé à décorer la tribune ?

Rome eut de bonne heure des intentions maritimes, comme le prouvent ses traités avec Carthage. Le sénat voulait-il tourner la pensée des citoyens vers la mer, en plaçant des proues de vaisseaux sous les yeux des orateurs et devant les regards du peuple ?

Outre la grande guerre contre les Samnites, à laquelle j'arriverai bientôt, les Romains eurent à combattre successivement d'autres populations sabelliques de la montagne moins redoutables, comme les Aurunces.

La guerre qu'ils firent aux habitants de Privernum

étaient au moins à moitié Volsques. Le sénat de Velletri fut emmené à Rome, mais il fut confiné dans le Transtevère, que ce fait, comme plus tard la résidence assignée aux juifs au delà du Tibre, montre avoir été considéré comme étranger, jusqu'à un certain point, à la ville. Il fut défendu aux sénateurs de Velletri de passer le fleuve.

(Piperno) doit être signalée ici, car elle se rattache à une localité du Palatin; elle fait voir d'ailleurs dans le peuple romain une générosité de sentiments qu'il ne montra pas toujours, et qui caractérise cette époque de sa vraie grandeur.

Privernum était située sur une cime qui domine les marais Pontins. Piperno, comme on l'appelle aujourd'hui, est célèbre par ses brigands. Dans un pays désorganisé, les brigands sont souvent la partie la plus énergique et la plus fière de la nation. Les Privernates, aïeux des bandits de Piperno, montrèrent dans leurs rapports avec Rome une grande énergie et une grande fierté. On va voir que l'énergie et la fierté des Privernates ne déplurent point aux Romains.

Les habitants de Fondi avaient fait cause commune avec les habitants de Privernum. Leur chef, Vitruvius Vacca, possédait une maison sur le Palatin; c'était un homme considérable dans son pays et même à Rome[1]. Ils demandèrent et obtinrent grâce. Privernum fut pris, et Vitruvius Vacca, qui s'y était réfugié, conduit à Rome, enfermé dans la prison Mamertine pour y être gardé jusqu'au retour du consul, et alors battu de verges et mis à mort; sa maison du Palatin fut rasée, et le lieu où elle avait été garda le nom de *Prés de Vacca*. Ses biens furent consacrés au dieu sabin Sancus, pour lequel la dévotion

---

[1] Tit. Liv., VIII, 19.

du consul Plautius, vainqueur des Privernates, ne surprend point; car la gens Plautia était d'extraction sabine [1].

Tout ce que l'on trouva de monnaie en cuivre chez le condamné fut employé à faire des globes de bronze, et ils furent déposés dans le sanctuaire de Sancus, sur le Quirinal.

On délibérait dans la curie sur le sort des Privernates.

« Quelle peine estimez-vous avoir méritée? demanda à un de leurs envoyés un sénateur disposé à la sévérité.

— La peine que méritent, répondit l'envoyé, ceux qui se jugent dignes de la liberté.

— Et si nous vous faisons remise de la peine, quelle sera la paix que nous pouvons attendre de vous?

— Si les conditions en sont bonnes, reprit l'envoyé, cette paix sera fidèlement et à toujours observée; si elles sont mauvaises, elle ne sera pas de longue durée. »

Ces réponses ne plurent pas à tout le monde dans le sénat; mais la majorité s'honora en déclarant que c'était parler en homme et en homme libre, qu'on ne

---

[1] *Plautus* ou *Plotus* était un nom Ombrien *Fest.*, p. 238), et Plaute était né dans l'Ombrie. Ce nom paraît donc avoir été sabellique. On trouve, parmi les surnoms des Plautii, *Venno*, à terminaison sabine en *o*, et Plancus; les mots terminés en *cus* ont une physionomie sabine, comme Ancus, Mamer*cus* (de Mamers, dieu sabin), Cupen*cus* (prêtre sabin), Cas*cus* et Pris*cus* (ancien sabin); San*cus* (dieu sabin).

pouvait avoir confiance en ceux qui désirent la servitude. Plusieurs opinèrent que des hommes qui voulaient avant tout la liberté étaient dignes d'être Romains; et, au lieu de punir les Privernates, on leur accorda le droit de cité : nobles sentiments des deux côtés et nobles paroles; généreuse conduite de la part des Romains. La générosité est rare en politique. Quand on la rencontre, cela fait du bien à l'âme : elle respire, le changement la repose.

Les guerres contre les Samnites furent tout autre chose que les guerres contre les Latins : la montagne fit une tout autre résistance que la plaine; la race sabellique était autrement trempée que la race latine.

Déjà les Æques et les Volsques, placés à l'avant-garde de la montagne, avaient rudement exercé le courage et la patience des Romains, les Æques surtout. Des hauteurs qui dominent Carséoli et Subiaco et s'étendent jusqu'au lac Fucin, ils venaient sans cesse se heurter sur l'Algide contre les armées romaines, qui ne se lassaient point de les repousser. Ils descendaient dans la campagne et menacèrent souvent les murs de Rome. Vaincus une dernière fois par Camille, ils se relevèrent à l'époque des guerres samnites; mais les Romains leur prirent quarante villes en cinquante jours, et ils furent presque complétement exterminés.

La trace de leur extermination est dans le peu de traces et le peu de ruines qu'ils ont laissées.

Mais les véritables champions de l'indépendance sabellique furent les Samnites. C'était une population vigoureuse, habitant des bourgs[1] dans la montagne, pareils aux petites villes dont elle est aujourd'hui semée, et ils formaient une confédération puissante. Placés à l'est des Æques et des Volsques, et séparés par eux des Romains, les Samnites avaient dirigé leurs conquêtes sur la Campanie, à laquelle ils touchaient et à laquelle ils donnèrent son nom. Les Samnites y trouvèrent les Étrusques et les Grecs, détruisirent leurs villes florissantes ou s'y établirent. Quand la guerre commença, leurs possessions étaient beaucoup plus considérables que celles des Romains. Dans leur contact avec la civilisation grecque et la civilisation étrusque, les rudes habitants du Samnium avaient pris le goût des armures d'or et d'argent. Cette guerre terrible, avec de courts intervalles de repos, dura près d'un demi-siècle, et ses terreurs lointaines réveillèrent une nuit Rome en sursaut et firent croire sans motif à la ville épouvantée que l'ennemi était au Capitole.

Il faut entendre Tite Live : « Je vais dire des guerres plus grandes par les forces de l'ennemi, par la distance des lieux, par la durée des temps. » Puis viendra Pyrrhus, puis Annibal. Que de difficultés ! que d'efforts ! *Quanta rerum moles!*

---

[1] In montibus vicatim habitantes (Tit. Liv., ix, 13).

Les Romains ne voulaient pas laisser les Samnites maîtres tranquilles de la Campanie ; ils commencèrent par obtenir l'alliance ou la neutralité des villes étrusques et grecques devenues samnites, puis entrèrent dans le Samnium et le traversèrent victorieusement tout entier.

Les commencements de la guerre samnite furent marqués par deux événements, dont l'un vint se terminer aux environs de Rome, l'autre dans Rome même, et qui, par conséquent, doivent entrer dans cette histoire. Ils peignent l'état moral et politique de Rome, que je cherche toujours à saisir de près en me transportant sur les lieux et au cœur des faits dans lesquels il se produit.

La garnison de Capoue forma le dessein de s'emparer de cette ville et de s'y établir. Le sol et le climat plaisaient aux soldats, ils les préféraient au sol aride et empesté de la campagne romaine [1]. Puis, craignant que leur conspiration ne fût découverte, ils prirent le parti d'aller à Rome, sans doute pour y obtenir un adoucissement au sort des débiteurs, en intimidant les patriciens dont ils accusaient la dureté. Une cohorte partit des environs de Terracine, et s'en vint, pillant le pays, camper au pied du mont Albain. Cette troupe, disciplinée dans son indiscipline même, sentit le besoin d'un chef, elle était composée de Romains. Ils appri-

[1] Tit. Liv., vi, 38.

rent que, près de Tusculum, vivait dans sa villa un patricien, T. Quinctius, qui s'était distingué dans la guerre, mais qui, devenu boiteux à la suite d'une blessure, avait dû y renoncer. Les mutins résolurent de le mettre de force à leur tête. Ils entrèrent de nuit dans sa villa, s'emparèrent de lui, et, ne lui laissant d'autre alternative que le commandement ou la mort, le contraignirent d'accepter le titre de général et lui demandèrent de les conduire à Rome. Ils arrivèrent ainsi enseignes en tête, au huitième mille de la voie qui s'appela depuis Appia, quand Appius l'eut pavée en lave; un chemin existait déjà [1].

C'étaient des Coriolans au petit pied, mais ils s'arrêtèrent plus tôt que lui, et l'amour de la patrie, qui avait eu tant de peine à fléchir l'âme du patricien endurci, triompha beaucoup plus vite dans le cœur de ces plébéiens égarés. Le dictateur Valérius Corvus, celui qui devait son surnom à ce combat contre un Gaulois, dans lequel un corbeau était venu, disait-on, à son secours, sortit de Rome avec une armée et s'avança à leur rencontre. C'était la première menace d'une guerre civile. Mais, comme dit Tite Live, on n'avait pas alors tant de courage pour verser le sang de ses concitoyens. Quand les révoltés virent les armes et les enseignes romaines, ils se sentirent émus. Soldats et généraux se rapprochèrent. Le dictateur n'eut garde de

---

[1] Tit. Liv., vii, 39.

déployer une rigueur excessive : « Vous n'êtes pas dans le Samnium, dit-il avec douceur; vous n'êtes pas chez les Volsques : vous campez sur le sol de Rome. Ces collines, ce sont celles de votre pays natal. Ces soldats, ce sont vos concitoyens, et moi j'ai été votre consul. C'est sous ma conduite et sous mes auspices que, l'année dernière, vous avez battu les légions et forcé le camp des Samnites. Moi, consul à vingt-trois ans, j'étais aussi sévère pour les patriciens que pour les plébéiens; le dictateur sera pour vous ce qu'a été le consul, ce qu'a été le tribun. Vous tirerez le fer contre moi avant que je ne le tire contre vous. Si nous devons combattre, que la trompette sonne, que le cri de guerre s'élève, que le combat commence de votre côté. »

T. Quinctius, tout en larmes, se tournait vers ceux qui l'avaient contraint de marcher à leur tête et leur disait : « Soldats, je serai un meilleur chef pour la paix que pour la guerre. Ce n'est pas un Volsque ou un Samnite qui vient de parler : c'est un Romain, c'est votre ancien consul, c'est votre général. Ceux dont la victoire serait assurée, veulent la paix; et nous que voudrions-nous? Plus de colère, plus de fallacieuses espérances. Remettons notre sort à une foi qui nous est connue. »

Des cris d'approbation s'élèvent de toutes parts; Quinctius vient en avant des enseignes et se livre au dictateur, en le suppliant de vouloir bien se charger de la cause de ses infortunés concitoyens, ne demandant rien pour lui-même, mais seulement que nul ne fût recherché pour cette *sécession*.

Le dictateur galope vers Rome, et, sur la proposition du sénat, les centuries, rassemblées dans ce bois Pætélius qui avait vu la condamnation de Manlius, déclarent que nul ne serait recherché; et, de plus, V. Corvus pria les citoyens que jamais un reproche ne fût adressé sur ce sujet à personne, même en plaisantant.

D'après une autre version non moins touchante [1], les généraux n'avaient pas eu le temps d'intervenir dans la réconciliation, mais aussitôt que les deux armées s'étaient trouvées en présence, elles s'étaient précipitées l'une vers l'autre et s'étaient embrassées avec larmes. Quoi qu'il en soit de la vérité de ces deux récits, c'est une belle histoire, qui fait voir à quel point le sentiment de la patrie était encore puissant sur le cœur des Romains, à cette époque qu'on peut appeler leur époque héroïque; et ce souvenir d'une rencontre attendrissante, non loin du lieu où les Horaces et les Curiaces s'embrassèrent avant de combattre, et du lieu où Coriolan embrassa sa mère qui l'avait désarmé, ce souvenir va bien aux deux autres.

Le second événement que je veux raconter présente un triomphe de la modération sur la sévérité dictatoriale, mais il ne fut pas aussi facilement remporté.

---

[1] Tit. Liv., vii, 42.

Le dictateur était L. Papirius Cursor. Il avait pour maître de cavalerie Q. Maximus Fabius. Tous deux appartenaient à deux grandes familles patriciennes et originairement sabines[1].

Le dictateur, averti par le gardien des poulets sacrés de l'insuffisance de ses auspices, était revenu à Rome en chercher de nouveaux. En partant il défendit à Fabius d'attaquer l'ennemi durant son absence. Celui-ci lui désobéit, remporta sur les Samnites une victoire brillante, et en adressa la nouvelle, non au dictateur, mais au sénat. Papirius en fut très-irrité; congédiant sur-le-champ le sénat, il s'élança hors de la curie, et fit grande hâte pour aller rejoindre son camp, plein de colère et de menaces. Fabius, au bruit de son approche, rassemble l'armée et lui demande de le protéger contre le dictateur. Des acclamations lui répondent; les soldats lui promettent de le défendre.

Le dictateur arrive, cite Fabius devant son tribunal, lui reproche sa désobéissance, et, ce qui était encore plus grave, d'avoir combattu sous des auspices douteux, et termine par ces mots : « Que le licteur s'avance,

---

[1] J'ai déjà dit que le nom des *Papirii* est très-semblable à celui des *Papii*, qui est certainement sabellique. Brutulus *Papius* et *Pappius* Mutilus étaient Samnites. On le trouve dans les tombes étrusques, comme beaucoup d'autres noms ombriens. Sa racine était celle du mot *pappus*, désignant un vieillard, et nom d'un personnage de la comédie osque. Chez les Papirii, on rencontre le surnom, en *o*, *Carbo* et le surnom *Crassus*, usité aussi dans la gens Licinia, ombrienne et sabine. Pour les Fabii, nous connaissons leur extraction sabine.

qu'il prépare les verges et la hache. Un grand tumulte s'élève; de toute l'armée sortent des voix qui supplient et menacent. Le jour finit, et, selon la coutume, le jugement est remis au lendemain. Fabius s'échappe pendant la nuit; il se rend à Rome. Son père, qui avait été dictateur et trois fois consul, convoque le sénat. Il commençait à se plaindre de la violence de Papirius; tout à coup on entend au bas de la curie le bruit que faisaient les licteurs en écartant la foule, et Papirius paraît. En apprenant l'évasion de Fabius, il était parti sur ses traces. Il ordonne de le saisir; les sénateurs se récrient et s'efforcent de détourner le dictateur de son dessein. Tout est inutile. Alors le père de Fabius en appelle aux tribuns et au peuple. On sort de la curie. Le dictateur monte à la tribune, et Fabius vient s'y placer à ses côtés; Papirius le force à en descendre. Son père, qui y avait également pris place, en descend avec lui. La voix et l'indignation du père de Fabius dominent le bruit du Forum : il accuse le dictateur, il défend son fils là où le vieil Horace avait défendu le sien. « Des verges, des haches, s'écrie-t-il, pour des généraux victorieux! Et à quoi de plus cruel eût été exposé mon fils si l'armée avait péri? Celui par lequel les temples s'ouvrent, les autels fument et sont chargés d'offrandes, sera dépouillé de ses vêtements, déchiré par les verges en présence du peuple romain, en vue du Capitole, de la citadelle et des Dieux que, dans deux combats, il n'a pas vainement invoqués. »

Le Capitole, qui dominait le Forum et le champ de Mars, s'élevait comme un autel magnifique vers lequel les suppliants tendaient toujours les mains. En disant ces paroles, le vieux père embrassait son fils, comme le vieil Horace, et pleurait.

Les sénateurs, les tribuns, le peuple, étaient pour lui ; le dictateur ne cédait pas. Inflexible, il proclamait la nécessité de la discipline, la sainteté des auspices, la majesté de l'*imperium*, qui devait être transmise intacte à perpétuité, comme un pape parlerait de son pouvoir inviolable qu'il ne saurait abdiquer. Il montrait les suites de la désobéissance impunie, il gourmandait les tribuns, il les en rendait responsables pour tous les siècles.

« Voulez-vous, leur disait-il, offrir vos têtes pour protéger l'insubordination de Fabius. »

Les tribuns étaient troublés et commençaient à craindre pour eux-mêmes l'omnipotence du dictateur. Alors, par un mouvement unanime, le peuple tout entier passa de la résistance à la prière. Les tribuns prièrent aussi et demandèrent la grâce de Fabius. Fabius lui-même et son père tombèrent aux genoux du dictateur. Il se fit un grand silence, et Papirius dit : « C'est bien ! La discipline militaire, la majesté de l'*imperium*, ont triomphé. Quintus Fabius n'est point absous d'avoir combattu contre l'ordre de l'*imperator*, mais, condamné pour ce crime, je le donne au peuple romain, je le donne à la puissance tribunitienne, qui a exercé en sa faveur une intervention officieuse, mais non de droit. » Ainsi furent sauvés à la fois et la vie d'un noble jeune homme et le principe de la discipline. Papirius, en descendant de la tribune, fut entouré par les sénateurs et par le peuple transportés de joie. La foule accompagna chez eux le dictateur et Fabius.

Admirable scène, l'une des plus émouvantes qu'ait vues le Forum romain, et l'une de celles qu'on aime le mieux à évoquer; car cette fois tout le monde a fait son devoir. Les droits de l'autorité ont été maintenus, et les droits de l'humanité n'ont pas été réclamés en vain.

Bientôt après, le Forum fut témoin d'une autre scène plus triste. Une multitude silencieuse et indignée le remplissait. Les boutiques dont il était entouré s'étaient fermées d'elles-mêmes. On venait d'apprendre que l'armée romaine avait passé sous le joug dans la vallée de Caudium. On maudissait cette armée déshonorée, on se promettait de ne pas ouvrir à ceux qui la composaient la porte d'une seule maison; mais, quand on vit les soldats qui ressemblaient à des captifs, la tête basse, se glisser le soir, dans la ville, pour aller se cacher chacun en sa demeure, et quand, les jours suivants, on n'en aperçut pas un seul dans le Forum, où ils n'osaient se montrer, on eut pitié de ces malheureux. Les consuls qui les avaient ramenés se cachaient aussi. On en créa de nouveaux, et ce jour-là même, le sénat se rassembla dans la curie pour délibérer sur la paix de Caudium.

Ce fut une morne et belle séance. Sp. Posthumius, qui, pour sauver l'armée, s'était résigné à une si grande honte, de l'air qu'il avait sous le joug, parla le premier. Il déclara que le peuple romain n'était pas engagé, qu'on ne devait aux Samnites rien autre chose que la personne des auteurs du traité. Que les fétiaux, dit-il, nous livrent nus et enchaînés.

Un tribun du peuple intervint et dit qu'on ne pouvait livrer les tribuns, dont la personne était sacrée.

« Livrez-nous donc, reprit Posthumius, nous dont la personne n'est pas sainte, et celle de ceux-ci quand leur sainteté cessera, le jour où ils sortiront de leurs charges; mais, si vous m'en croyez, avant de les livrer, faites-les battre de verges, là tout près, dans le comitium [1], pour qu'ils payent l'intérêt de ce délai de leur peine. »

Et casuiste héroïque, Posthumius établit que ni lui, ni personne n'avait pu engager le peuple romain; qu'ils avaient outrepassé leur pouvoir et devaient en être punis. « Pourquoi les Samnites n'ont-ils pas envoyé vers les autorités légitimes, le sénat et le peuple? Mais ils ne l'ont point fait. Ils n'ont rien à réclamer de vous : c'est nous qui nous sommes donnés pour ga-

---

[1] *Hic in comitio.* (Tit. Liv., ix, 9). Ces mots montrent que le comitium était très-voisin de la curie.

rants de la convention, nous n'avions pas le droit de le faire ; c'est à nous que les Samnites doivent s'en prendre, à nos corps, à nos vies. Portons-leur nos têtes viles pour acquitter notre engagement, et rendons, par notre supplice, au peuple romain la liberté de combattre. »

Le sénat fut ému de ce généreux abandon et de ce noble mépris de soi-même. Les tribuns suivirent l'exemple des consuls. Tous abdiquèrent sur-le-champ et furent livrés aux fétiaux pour être conduits à Caudium. Le peuple admirait Posthumius et allait en masse au champ de Mars se faire inscrire sur les rôles militaires, tandis que l'armée vaincue était reconduite à Caudium pour être livrée. Arrivés à la porte Capène, les fétiaux dépouillèrent les soldats de leurs vêtements et leur attachèrent les mains derrière le dos, et, comme le licteur chargé de ce triste office en présence de la majesté consulaire, hésitait à l'accomplir : « Licteur, apporte la courroie ! » Ce fut le dernier ordre de Posthumius.

Arrivés près du chef samnite, Posthumius, soutenant jusqu'au bout la fiction légale qu'il avait mise en avant dans la curie, frappa fortement du genou le fétial qui faisait la *dédition* de l'armée, et s'écria : « Je suis devenu Samnite, et j'ai insulté, contre le droit des gens, un fétial romain, la guerre sera juste. »

Il y avait de la grandeur dans ces faux-fuyants de mauvaise foi, mais courageux, par lesquels le dévouement de Posthumius voulait dégager, au prix de sa tête, la responsabilité du peuple romain. Mais le Samnite ne s'y laissa pas prendre : « Je n'accepte point cette dédition, dit-il, c'est se moquer des dieux. Qu'on délie ces Romains; qu'ils s'en-aillent dès qu'il leur plaira. » Il voulait laisser à Rome la honte des engagements violés, et ne consentit point à cette satisfaction dérisoire donnée aux dieux protecteurs des traités. Posthumius et l'armée retournèrent à Rome.

Cette défaite, qui avait fait éclater le patriotisme de ceux mêmes qu'elle avait humiliés, n'arrêta point les Romains dans la conquête du Samnium. Marchant toujours devant elle, Rome avait rencontré un jour sur son chemin les Fourches Caudines[1]; elle ploya la tête en frémissant, mais la releva aussitôt et passa.

Ce qui est admirable à cette époque, c'est de voir les Romains occupés de cette formidable lutte contre les Samnites et leurs alliés de la montagne, combattre en même temps les Gaulois, les Ombriens et les Étrusques. La guerre est double, les armées romaines se portent incessamment de l'est à l'ouest, du nord au sud. Ces deux conquêtes leur étaient nécessaires; il fallait qu'ils eussent, pour ainsi dire, leurs coudées franches des deux côtés avant d'aller au delà. Les Étrusques étaient des ennemis redoutables : cette nation qui, après son as-

---

[1] Aujourd'hui le *Casale di forchia* et, près de là, Costa *Cauda*, conservent encore le nom des *Fourches Caudines*. Abek. *Mittelit.*, p. 99

servissement, s'amollit et se corrompit, était alors très-belliqueuse.

Dès les premiers temps de leur histoire, les Romains et les Étrusques, séparés seulement par le Tibre, sont aux prises ; mais il s'agit alors de la partie de l'Étrurie la plus voisine de Rome, de celle qui est en deçà du mont Ciminus. Le mont Ciminus, dont on voit de Rome le long dos bleuâtre, borne de ce côté le grand bassin de la campagne romaine.

Ce rempart de l'Étrurie était couvert d'une forêt aussi impénétrable, dit Tite Live[1], que le furent depuis les bois de la Germanie. Personne n'osait se risquer dans ses profondeurs. La forêt Ciminienne a aujourd'hui presque entièrement disparu, et le voyageur qui part de Rome par la diligence de Viterbe, ne se doute pas de ce qu'il fallut alors de hardiesse pour faire le même chemin. Le frère du consul Fabius, déguisé en berger, osa s'enfoncer dans la forêt Ciminienne et la traversa. Pendant ce temps-là, les Samnites se réjouissaient d'apprendre que l'armée romaine s'engageait dans le bois Ciminien et la croyaient perdue. Le sénat romain envoya au consul l'ordre de ne pas franchir la redoutable forêt ; mais l'ordre arriva trop tard : la forêt fut franchie. La nouvelle d'une grande bataille, gagnée par les Romains près de Pérouse, alla apprendre aux Samnites qu'ils s'étaient trompés.

[1] Tit. Liv., ix, 36. Niebuhr pensait que les expressions de Tite Live étaient exagérées.

D'autres batailles et d'autres victoires suivirent, et, en quelques années, l'Étrurie fut soumise.

Mais Étrusques, Samnites, Ombriens, Gaulois, firent un dernier effort. Les deux ailes de l'armée de ces peuples qui menaçaient Rome de deux côtés se réunirent. Rome triompha de tout ; elle confina, d'une part, à la Gaule, qui venait jusqu'à Lucques ; de l'autre, à la Campanie, qui lui ouvrait le chemin de la Sicile, de la Grèce et de l'Orient.

Pendant ces mémorables guerres contre tous leurs ennemis d'Italie, les Romains construirent leur premier aqueduc, pavèrent leur première voie, élevèrent plusieurs monuments.

L'aqueduc et la voie furent l'œuvre d'un Claudius, Appius Claudius l'aveugle, le plus illustre de cette forte race sabine et patricienne dont nul ne représenta mieux le caractère.

Ces deux grands travaux, l'aqueduc et la voie, furent accomplis pendant la censure d'Appius qu'ils ont immortalisé.

Les aqueducs (conduits d'eau) n'ont pas été tout d'abord ces longues suites d'arcades apportant l'eau, comme a dit Chateaubriand, sur des arcs de triomphe, et dont les restes, épars dans la campagne romaine, sont la magnificence de ce désert. Le premier, celui d'Appius[1], commençait à deux lieues environ de Rome

---

[1] L'aqueduc d'Appius passait près de la porte Majeure, et suivait, sur le Cœlius, à peu près la direction qu'indiquent les restes de l'aqueduc

sur la voie Prénestine. Il n'était pas à ciel ouvert, mais souterrain, à l'exception d'un intervalle de soixante pas.

On ne songeait encore qu'à l'utile. Plus tard, la beauté architecturale fut unie à l'utilité. De plus, quand l'ennemi venait encore de temps en temps tout près de Rome, mettre les aqueducs sous terre, c'était les empêcher d'être coupés.

La voie Appia commençait à la porte Capène; un chemin existait là bien avant Appius; mais il remplaça ce chemin par une route pavée; il lui fit traverser les marais Pontins, ce qui dut nécessiter d'assez grands travaux pour lesquels l'art étrusque ne fut probablement pas inutile, travaux repris à toutes les époques, entre autres par César et par Napoléon. La voie fut prolongée jusqu'à Capoue. La construction de cette route avait le même but que la guerre samnite, à laquelle Appius prit part aussi, atteindre la Campanie.

Cette route, continuée jusqu'à Brindes, devint la *reine des routes romaines*[1]. Elle fut bordée de tombeaux magnifiques, comme on peut le voir par ceux que l'on a dégagés, il y a quelques années, sur une

---

de Néron; arrivé à la porte Capène (un peu au delà de l'extrémité du grand Cirque), il faisait un coude et, longeant le Cirque, allait se terminer au pied de l'Aventin et du *Clivus publicius*, à la porte Trigemina (derrière Sainte-Marie in Cosmedin).

[1] Stat. *Sylv.*, ii, 2, 17.

étendue de cinq lieues à partir de Rome, ce qui, avec le majestueux encadrement de l'horizon romain, forme une perspective incomparable. Rien n'est plus imposant que cette avenue de sépulcres traversant la solitude pour aboutir à la ville éternelle [1].

Pendant la guerre étrusque, Appius Claudius voua un temple à Bellone [2]. Bellone correspondait à la *Nerio* [3], sabine, épouse de Mars. Par conséquent, un tel vœu convenait à un Claudius.

Ce temple fut, pour les Claudius, comme un sanctuaire de famille où ils plaçaient fièrement les portraits de leurs ancêtres.

C'était dans le temple de Bellone que le sénat recevait les ambassadeurs étrangers. Le choix de ce temple leur rappelait que Rome était toujours prête à la guerre.

Une autre déesse, celle-ci souterraine et funèbre

---

[1] Un architecte plein de mérite, M. Ancelet, a fait, d'une partie de la voie Appienne, une restauration qui, au point de vue artistique, est un vrai chef-d'œuvre.

[2] Tit. Liv., x, 19. Pline (xxxv, 3) le dit du premier Claudius qui vint à Rome. Cela pourrait faire croire qu'il y eut dès lors au même endroit un sanctuaire de Nerio, qu'Appius Claudius se contenta de renouveler. Ce temple, dans tous les cas fondé par un homme de race sabine, était dans les prés appartenant aux flamines, prêtres sabins, près de l'endroit où fut plus tard l'extrémité du cirque Flaminien. (Ov., *Fast.*, vi, 205.)

[3] *Nerio* voulait dire, en sabin, *force, Virtus*. Une inscription où se trouvent ces mots : *Virtuti Bellonæ* (Orell.. *Insc.*, n° 4985), montre qu'ils étaient synonymes.

qu'on invoquait avec les Mânes, dieux sabins, et, par conséquent, sabine elle-même, Tellus (la terre), obtint un temple qui lui fut voué, à l'occasion d'un tremblement de terre dans le Picentin, par Sempronius Sophus, après les guerres samnites [1].

Plusieurs temples furent élevés pendant ces guerres où les Romains eurent à combattre les Samnites, les Ombriens, les Gaulois et les Étrusques. Le danger était grand, et l'esprit du peuple encore très-religieux. Les vœux faits sur le champ de bataille durent se multiplier, et, avec eux, les monuments sacrés qui en étaient le résultat.

Junius Bubulcus s'était trouvé dans un pas difficile, et il avait fait vœu d'élever, s'il s'en tirait, un temple au *Salut* [2], à la déesse Salus, sabine comme la gens Junia [3].

Attilius Régulus, voyant fuir les troupes qu'il commandait, fit comme Romulus, et promit à Jupiter, s'il arrêtait les fuyards, un temple dédié à *Jupiter Stator*, Jupiter qui arrête [4].

[1] Flor., i, 19. Il n'y eut jamais, je crois, d'autre temple de Tellus que le temple élevé dans les Carines sur l'emplacement de la maison rasée de Sp. Cassius. Ce fut celui-là, sans doute, que répara et dédia Sempronius Sophus

[2] Tit. Liv., ix, 43.

[3] Tit. Liv., x, 1. Voy. t. II, p. 247. Ce temple était sur le Quirinal, où se trouvaient aussi d'autres sanctuaires sabins. Il est à croire que la déesse Salus y avait un temple plus anciennement. On parle aussi de routes ouvertes par J. Bubulcus à travers la campagne romaine, proablement les premiers chemins vicinaux,

[4] Tit. Liv., x, 35-6. Ce temple était certainement placé sur la Velia,

GUERRES SAMNITES. — PYRRHUS.

Ces dédicaces ne manquaient point d'à-propos; quelquefois elles eurent de la grandeur. Après que le second Décius se fut immolé volontairement, son collègue Fabius, certain de la victoire, que ne pouvait manquer d'obtenir ce *dévouement*, avant qu'elle fût décidée, dédia un temple à Jupiter vainqueur[1].

Le consul L. Posthumius fit encore mieux. Ce fut le lendemain d'une défaite qu'avec la confiance d'un vrai Romain il dédia un temple à la Victoire[2].

Papirius Cursor, Sabin de nom et d'humeur, — sa dureté était célèbre, — avait voué un temple au dieu national des Sabins, Quirinus; il n'eut que le temps de jouir de son triomphe, le premier où furent étalées une grande richesse et une grande magnificence[3]. Le

près de la porte du Palatin, car Tite Live, parlant du temple voué par Romulus, dit que le lieu seulement était consacré, mais que le temple n'avait jamais été bâti (*ib*, 37). Le même Attilius Régulus voua aussi un temple à Palès, selon Florus, qui en parle seul (Flor., I, 20). Ce temple devait être sur le Palatin, ou au pied du Palatin, en rapport avec les lieux qui rappelaient la naissance de Rome, dont l'anniversaire y était célébré le jour de la fête de Palès, le 21 avril; on le célèbre encore le même jour dans un banquet archéologique.

[1] Tit. Liv., x, 29.

[2] Tit. Liv., x, 33. Sur le Palatin, près du lieu où l'on éleva plus tard le temple de la Mère des dieux (Tit. Liv.,, xxix, 14), et probablement là où avait été l'ancien sanctuaire de la Victoire.

[3] Tit. Liv., x, 46. Il n'est parlé nulle part d'un autre temple de Quirinus que le temple du Quirinal, voisin de celui de Sancus. Ce fut sans doute ce vieux temple sabin mentionné comme existant déjà au quatrième siècle (Tit. Liv., iv, 21), que Papirius releva ou répara, et auprès duquel son fils plaça le cadran solaire.

temple fut dédié par le fils de Papirius, qui plaça auprès un cadran solaire, objet nouveau encore pour les Romains.

Janus Quirinus, dans l'origine, était, nous l'avons vu, une personnification du soleil [1].

Le collègue de Papirius Cursor, Maximus Carvilius, termina la guerre d'Étrurie et choisit singulièrement la divinité à laquelle il consacra un temple : ce fut le Hasard Fortuné [2] (*Fors Fortuna*). Il avait été dans le Samnium tantôt vainqueur, tantôt vaincu : voulait-il faire une allusion à l'inconstance de la fortune?

Les Herniques étaient ordinairement les alliés de Rome; mais le mouvement sabellique les avait entraînés. Ils s'étaient rassemblés dans le grand cirque d'Agnani et y avaient résolu de se soulever avec leurs frères de la montagne contre les Romains. Leur vainqueur, Marcius Tremulus, eut les honneurs d'une statue placée dans le Forum, devant le temple de Castor [3], qui rappelait lui-même la grande victoire du lac Régille. C'était une statue équestre et portant la toge.

---

[1] Voy. t. I, 242. Les cadrans solaires, comme leur nom *horologium*, ne pouvaient venir que des Grecs. C'est une preuve de plus des emprunts que les Samnites avaient faits à la civilisation des villes grecques de l'Italie méridionale.

[2] Tit. Liv., x, 46. Ce temple fut élevé hors de Rome, de l'autre côté du Tibre, près de celui de Servius Tullius. Quand on ne relevait pas un vieux sanctuaire, on avait soin de mettre le nouveau à côté de l'ancien.

[3] Tit. Liv., ix, 43.

La campagne chez les Herniques, rapidement soumis, ne semble pas avoir mérité la distinction, rare alors, d'une statue équestre; mais Marcius était un consul plébéien, et la plupart de ceux qui se signalèrent dans les guerres samnites étaient patriciens; l'ordre auquel il appartenait parvint sans doute à faire honorer d'une manière extraordinaire un consul qui l'honorait. Les patriciens, qui ne se prêtaient pas de bonne grâce au partage du consulat, travaillaient sourdement à revenir sur la loi Licinia; les plébéiens étaient bien aises, au contraire, de la glorifier dans la personne d'un général qui devait à cette loi d'avoir pu triompher, et qui, d'ailleurs, avait attaché son nom à une mesure populaire [1].

C'est pourquoi, sans doute, malgré la mesure générale qui fut prise au sixième siècle pour faire disparaître du Forum les statues qui l'encombraient, celle-ci y était encore au temps de Cicéron [2].

D'autres statues furent érigées pendant les guerres samnites :

Deux statues au Capitole, l'une d'Hercule [3], l'autre de Jupiter, toutes deux colossales comme ces guerres elles-mêmes.

---

[1] Populum stipendio liberaverat. (Pl., *Hist. nat.*, XXXIV, 4, 3.) Le *stipendium* était un impôt fixe, destiné à solder les frais de la guerre.
[2] Cic., *Philipp.*, VI, v, 5.
[3] Tit. Liv., IX, 44.

Celle-ci fut placée au Capitole par Carvilius[1]; elle était faite avec les armures d'un corps de Samnites astreints à un serment particulier, ce qui en faisait comme un ordre de chevalerie[2]. Cette statue était si grande, qu'on la pouvait voir du mont Albain. Avec les rognures de la lime, Carvilius fit faire sa propre statue, que Pline vit encore, aux pieds du dieu.

Le colossal étonne à cette époque de l'histoire romaine; il sera le cachet de l'empire, et nous sommes heureusement encore bien loin de l'empire.

On est étonné aussi de voir dans ce temps guerrier deux temples élevés à Vénus par un Fabius; mais ce Fabius démentait l'austérité de sa race sabine, car sa gloutonnerie l'avait fait surnommer *Gurges*. D'ailleurs, l'un de ces temples était un hommage à la chasteté. Fabius l'avait fait construire pendant son édilité avec les amendes levées sur des matrones dissolues[3]. Cela indique les premiers germes de la corruption qui se produira plus tard, comme l'apparition des empoisonneuses au sixième siècle annonce de loin les Locustes.

---

[1] Pl. *Hist. nat.*, xxi, 18, 4.

[2] Sacrata lege pugnantibus.

[3] Tit. Liv., x, 31. Ce temple était près du Cirque, et se rattachait peut-être à l'ancien culte de la Vénus Murtæa, situé dans ces parages. En tout cas, il devait se trouver vers l'extrémité du Cirque la plus éloignée du Forum boarium, puisqu'il est question du pavage d'une voie qui conduisait de ce Forum au temple de Vénus. (Tit. Liv., xxix, 37.) Le même jour, un temple fut dédié à Vénus Libitina. (Fest., p. 265.)

Le second fut dédié à Vénus favorable (*Venus obsequens*), à la suite d'une expédition heureuse contre les Samnites [1] dans laquelle Fabius croyait que Vénus l'avait protégé. Avant cette expédition, il en avait fait une autre qui n'avait pas réussi. On voulait le forcer à abdiquer le consulat ; mais son père, qui avait été cinq fois consul, demanda qu'on épargnât son fils en offrant de servir sous lui comme lieutenant. Grâce à cette offre touchante qui fut acceptée, Fabius Gurgès répara sa disgrâce et obtint les honneurs triomphaux. On fut ému en voyant ce père gravir la montée du Capitole dans le char de ce fils qui lui devait son triomphe [2].

Un autre temple de Vénus fut fondé par un motif de pureté, mais cette fondation même montre que la pureté commençait à sortir des mœurs romaines. A la suite de grands désordres qui avaient atteint jusqu'aux Vestales, et la foudre ayant traversé d'une manière étrange le corps d'une jeune fille [3], on résolut d'élever un temple à Vénus *Verticordia*, afin qu'elle *tournât* vers l'amour conjugal le *cœur* des matrones romaines. Sulpicia [4] fut désignée par leur jugement,

---

[1] Serv., *Æn.*, I, 720. Rien n'indique point où était ce temple, dont la prétendue fondation ne fut peut-être que la dédicace du premier.

[2] Plut., *Fab.*, 24.

[3] Jul. Obseq., 97 ; Val. Max., VIII, 15, 12.

[4] Pl., *Hist. nat.*, VII, 35. L'époque de la fondation de ce temple est incertaine, mais Sulpicia étant nommée par Pline avant Claudia, qui prouva sa chasteté à l'occasion de l'introduction du culte de Cybèle

comme la plus chaste d'entre elles pour dédier l'autel de la déesse.

Les matrones romaines montrèrent dans une circonstance assez singulière qu'elles aussi savaient, au prix de quelques sacrifices, maintenir leurs droits [1]; elles avaient obtenu, après la prise de Véies [2], celui d'aller en voiture par la ville. C'était une grande faveur; l'usage des voitures particulières ne s'accordait que difficilement, et fut souvent interdit dans l'ancienne Rome, à cause sans doute du peu de largeur des rues. Le sénat ayant retiré aux dames romaines ce privilége, elles se concertèrent et résolurent, jusqu'à ce qu'il leur fût rendu, de s'interdire tout rapport avec leurs maris; les sénateurs qui étaient époux, durent céder, dans l'intérêt de la population, à ce genre d'opposition qui la menaçait, et de nombreuses naissances ayant suivi la réconciliation, les mères dédièrent près de la porte Carmentale un sanctuaire à Carmenta, dont on avait fait la déesse des accouchements.

Pendant les guerres samnites, Rome fut de nouveau frappée par une de ces maladies auxquelles elle était souvent en proie, celle-ci dura trois années. On eut

(Voy. ch. ix), elle doit être plus ancienne que Claudia, et par conséquent appartenir au cinquième siècle. On a aussi placé cet événement au septième siècle; mais ce peut être encore un exemple d'un temple qu'on dit avoir été construit quand il n'a été que réédifié.

[1] Plut., *Quest. rom.*, 56. Ov., *Fast.*, i, 621.
[2] Tit. Liv., v, 25.

recours aux livres sibyllins. En cas pareil ils avaient prescrit de consacrer un temple à Apollon ; cette fois, ils prescrivirent d'aller à Épidaure chercher le fils d'Apollon, Esculape, et de l'amener à Rome[1]. Esculape, sous la forme d'un serpent, fut transporté d'Épidaure dans l'île Tibérine, où on lui éleva un temple, et où ont été trouvés des *ex-voto*, représentant des bras, des jambes, diverses autres parties du corps humain, *ex-voto* qu'on eût pu croire provenir d'une église de Rome, car le catholicisme romain a adopté cet usage païen sans y rien changer.

Pourquoi plaça-t-on le temple d'Esculape en cet endroit ? On a vu que l'île Tibérine avait été très-anciennement consacrée au culte d'un dieu des Latins primitifs, Faunus[2] ; or ce dieu rendait ses oracles près des sources thermales ; ils devaient avoir souvent pour objet la guérison des malades qui venaient demander la santé à ces sources. De plus, les malades consultaient Esculape dans des songes[3] *par incubation*, comme dans Ovide, Numa va consulter Faunus sur l'Aventin[4]. Il n'est donc pas surprenant qu'on ait institué le culte du dieu grec de la santé, là où le dieu latin

---

[1] Val. Max., I, 8, 2.

[2] Voyez t. I, p. 79. Ce temple fut renouvelé en 559. (Tit. Liv., XXXIII, 42.)

[3] Plaut., *Curcul.*, II, 2, 11-16. Cet oracle, quoi qu'on en ait dit, n'a rien à faire avec un hôpital.

[4] Ov. *Fast.*, IV, 654-8.

Faunus rendait ses oracles dans des songes, et où étaient probablement des sources d'eau chaude qui ont disparu comme les *lautulæ* près du Forum romain.

On donna à l'île la forme d'un vaisseau, plus tard un obélisque figura le mât[1]; en la regardant du ponte Rotto, on reconnaît encore très-bien cette forme; de ce côté, on voit sculpté sur le mur qui figure le vaisseau d'Esculape, une image du dieu avec un serpent entortillé autour de son sceptre. La belle statue d'Esculape, venue des jardins Farnèse, passe pour avoir été celle de l'île Tibérine. Un temple de Jupiter touchait à ce temple d'Esculape[2].

Un jour que je visitais ce lieu, le sacristain de l'église de Saint-Barthélemy me dit : *Al tempo d'Esculapio quando Giove regnava*, au temps d'Esculape, sous le règne de Jupiter. Phrase singulière et qui montre encore vivante, une sorte de foi au paganisme chez les Romains.

---

[1] On en voit un débris dans le Musée de Naples. (Nibb., *R. ant.*, II, 291.)

[2] Tit. Liv., xxxiv, 53. Il était dans la partie septentrionale de l'île.

Hic ubi discretas insula rumpit aquas.
(Ov. *Fast.*, II, 194.)

Le temple d'Esculape et celui de Jupiter étaient contigus.

Junctaque sunt magno templa nepotis avo.
(*Ib.*, I, 294.)

L'église de Saint-Jean Calabita correspond à l'emplacement du temple de Jupiter, car on a trouvé de mon temps, tout près de cette église, une inscription à Jupiter Jurarius.

L'histoire politique de Rome au cinquième siècle peut se résumer en ces termes : Consommation et affermissement de la conquête de l'égalité. Dans ce siècle le Forum est beaucoup moins tumultueux c'est que les patriciens sont moins superbes, et les plébéiens plus puissants. Le représentant héréditaire de l'esprit patricien est un Claudius, mais ce Claudius qui se montra en plusieurs circonstances l'ennemi des ambitions plébéiennes, fut obligé de s'appuyer sur la partie la plus infime de l'ordre plébéien pour l'opposer à la partie la plus respectable de cet ordre ; il ouvrit le sénat aux fils d'affranchis, les tribus à ceux que la bassesse de leur condition en avait exclus jusqu'à ce jour [1], et, selon l'expression de Tite Live, corrompit le champ de Mars et le Forum. Il ne voulait pas que les plébéiens illustres fussent consuls ; mais il voulait bien que les plus humbles d'entre eux fussent électeurs et sénateurs, surtout électeurs. Il espérait avoir bon marché des comices plébéiens quand ils seraient dans les mains de ce que Tite Live appelle *Forensis turba*, la tourbe du Forum.

Les tyrans démagogues sont vulgaires dans l'his-

---

[1] L'organisation des centuries admettait bien tous les plébéiens sur le pied d'égalité, mais elle excluait les fils et petits-fils d'affranchis, ceux qui n'avaient aucune propriété, ou qui exerçaient des métiers réputés vils, et dont plusieurs l'étaient réellement, ceux qui étaient frappés légalement d'infamie. Appius, ennemi du peuple véritable, favorisait naturellement la plèbe.

toire; les aristocrates démagogues sont plus rares; Appius Claudius fut un de ces aristocrates.

Ainsi la cause de l'égalité absolue était servie même par les adversaires de l'égalité dans ce siècle destiné à la voir triompher.

Ce triomphe eut ses monuments.

Appius Claudius avait préparé à l'ordre patricien un cruel et, il faut le reconnaître, heureux échec. Cette tourbe, à laquelle il avait ouvert les comices, porta à l'édilité curule un fils d'affranchi, nommé Flavius, scribe obscur, mais habile et éloquent.

Ce fut un grand scandale parmi les patriciens. Flavius jura de se venger de leur mépris; il tint parole. Un jour, on vit tout autour du Forum, écrits sur des planches blanchies, les mystères du droit civil, dont jusqu'alors les patriciens s'étaient réservé la connaissance [1]. Jusque-là il dépendait d'eux de déclarer que tel jour était faste ou néfaste; que l'emploi de telle formule, qu'eux seuls connaissaient, était nécessaire, et d'entraver ainsi, quand ils le jugeaient à propos, la marche des procès et des débats politiques. Mais un scribe divulguait ce qu'ils avaient voulu cacher : le voile de la justice était déchiré. L'omnipotence patricienne avait reçu le dernier coup.

Pour constater sa victoire, Flavius, en sa qualité d'édile, éleva un temple à la Concorde; il le plaça sur le Vulcanal. Le nom du temple était une ironie, et le

[1] Tit. Liv., ix, 46.

lieu choisi une bravade adressée aux patriciens. Le Vulcanal dominait le Comitium et en faisait pour ainsi dire partie. S'il y avait à Rome un endroit aristocratique, c'était le Vulcanal, et c'était sur le Vulcanal que le parvenu triomphant, après avoir fait la blessure la plus sensible à l'orgueil patricien, élevait le temple qu'il dédiait, pour le narguer, à la Concorde. Aussi Tite Live nous apprend que les patriciens furent très-irrités[1].

Un autre temple fut une noble protestation de la fierté plébéienne.

Près du temple rond d'Hercule[2], dans le marché

[1] Tit. Liv., ix, 46. Ce temple était là même où fut le temple de la Concorde, dont on reconnaît aujourd'hui l'emplacement, et dont il existe de magnifiques débris, qui ne peuvent avoir appartenu à un temple du cinquième siècle de Rome. Celui-ci d'ailleurs était une chapelle en bronze (Pl., xxxiii, 6, 3); il fut donc détruit et remplacé par un édifice en marbre dès les premiers temps de l'empire. On ne sait rien de cette destruction et de cette réédification; en général, on suppose que le temple de la Concorde, voisin du Forum, date du temps d'Auguste; mais celui que Tibère dédia sous cet empereur, avait succédé au temple de la Concorde, érigé par Camille; et celui-ci avait été élevé, non pas au pied du Capitole, mais sur le Capitole, au bas des marches du temple de Junon Moneta. A moins qu'Ovide, qui le dit positivement (*Fast.*, i, 638), n'ait confondu un autre temple de la Concorde avec celui de Camille. Il y eut un troisième temple de la Concorde sur la roche Tarpéienne (*in arce*), que le préteur L. Manlius voua plus tard, à l'occasion d'une sédition militaire (Tit. Liv., xxii, 33); et ce ne fut pas le dernier.

[2] Tit. Liv , x, 23. Celui qu'on désignait particulièrement par cette épithète, qui convenait à tous, est, je crois, représenté par le temple rond appelé improprement temple de Vesta.

aux bœufs, était une chapelle consacrée à la Pudicité patricienne[1]. Or, une femme, nommée Virginie, de la branche aristocratique des Virginius, avait épousé un plébéien devenu consul. Les dames patriciennes refusèrent de l'admettre à participer avec elles au culte de la déesse. Virginie répondit noblement qu'elle était patricienne et pudique, n'ayant eu qu'un mari, et que, loin de le dédaigner, elle était fière de lui ; puis, dans sa vaste demeure de la *rue Longue*[1], elle dédia une chapelle à la Pudicité plébéienne.

C'était dire : Et nous aussi nous sommes chastes; c'était élever un monument aux deux principales lois liciniennes, celle qui autorisait le mariage entre les ordres, et celle qui permettait qu'un plébéien fût consul.

Les patriciens, désarmés successivement de tous leurs privilèges, cherchaient à les ressaisir indirectement. Depuis la loi Valéria, ce que les comices plébéiens avaient décidé était obligatoire pour tous[2]; mais les curies prétendaient avoir le droit d'*autoriser* les résolutions des comices plébéiens. A la suite d'une dernière sécession sur le mont Janicule, la loi Hortensia établit la souveraine autorité des plébiscites en confirmant la loi Publilia[3], qui avait réduit le droit des cu-

---

[1] Aujourd'hui *via S. Vitale*. L'église de Saint-Vital marque probablement le lieu où fut le temple de la Pudicité plébéienne.

[2] Tit. Liv., III, 55.

[3] Tit. Liv., VIII, 12.

ries à une vaine formalité, une approbation préalable, donnée aux plébiscites avant qu'ils fussent votés.

La loi Hortensia fut portée dans l'Esculetum[1], un bois de chênes qui était probablement sur le Janicule.

Le Comitium était vaincu. Les curies ne s'y assemblèrent plus que pour entendre proclamer les décisions du Forum, pour déclarer les auspices[2], pour investir de l'*imperium* ceux à qui elles ne pouvaient le refuser. Cependant, à Rome, le respect de la coutume était si grand, que jusqu'au temps des Gracques les orateurs qui occupaient la tribune du Forum et parlaient aux plébéiens, se tournaient toujours vers le Comitium, par respect pour les curies patriciennes, bien qu'elles n'eussent réellement plus d'autorité.

Après la grande guerre de conquête qui a soumis aux Romains le Latium, l'Étrurie, les peuples sabelliques, parmi lesquels le peuple samnite était surtout difficile à vaincre, l'est et l'ouest, le nord et le midi de Rome, les Romains vont avoir à faire des guerres de résistance ; ils vont avoir à lutter contre leur ennemi le plus formidable, contre un grand capitaine, Annibal ; mais auparavant ils repousseront vaillamment un agresseur moins dangereux, un brillant aventurier, le roi Pyrrhus.

---

[1] Pl., *Hist. nat.*, xvi, 15.

[2] Curiata (comitia) tantum auspiciorum causa remanserunt. Cic., *Adv. Rull., de Leg. agr.*, ii, 11.

Pyrrhus était *petit-cousin* d'Alexandre [1], et ces deux mots contiennent toute son histoire : c'est un Alexandre manqué; de même il eut l'ardeur aventureuse, les vastes désirs, la générosité, l'orgueil. Ses plans sur la Grèce, la Sicile, l'Italie, Carthage, furent ceux que formait Alexandre quand il mourut, en rêvant de joindre l'empire de la mer à l'empire de la terre; mais, changeant de desseins, emporté de côté et d'autre par cette fougue qui poussait Alexandre droit devant lui, Pyrrhus échoua, malgré des victoires, dans toutes ses entreprises et finit misérablement.

Pyrrhus fut appelé en Italie par les Grecs de Tarente pour faire la guerre à leur profit contre les Romains; il y vint avec la pensée de soumettre Rome, l'Italie, la Sicile à son empire; car il projetait toujours de grandes choses, bien qu'il n'ait pu en exécuter aucune.

La brouille des Tarentins et des Romains est curieuse, parce qu'elle montre la légèreté grecque se heurtant étourdiment à l'énergie romaine. Les Tarentins avaient imaginé de se poser en arbitres entre les Romains et les Samnites. Ils avaient interdit aux premiers de passer un certain promontoire. Les Romains l'ayant passé, les Tarentins attaquèrent la flotte romaine, coulèrent un des vaisseaux et en capturèrent plusieurs. Puis des envoyés de Rome étant venus se plaindre à Tarente, ils furent reçus dans le théâtre où se

---

[1] Son père était cousin d'Alexandre frère d'Olympias, oncle maternel d'Alexandre le Grand.

tenaient les assemblées politiques, qui, à Rome, se tenaient dans les temples. On se moqua de ces hommes qui n'étaient pas vêtus à la grecque et parlaient mal le grec; un plaisant s'avisa de souiller de la façon la plus grossière[1] la toge de l'un d'eux, Postumius. Tout le monde se mit à rire. Le Romain se contenta de dire gravement :

· « Riez, riez, il faudra beaucoup de votre sang pour nettoyer mon habit. »

Le caractère des deux peuples est là tout entier. Ces deux peuples, les premiers du monde, se méprisaient réciproquement. Leur tempérament différait trop pour qu'ils pussent se comprendre et s'apprécier. La même différence, la même antipathie, existent aujourd'hui entre les Romains et les Napolitains.

Le voyageur est bien vivement frappé de cette différence quand il passe du calme sévère de Rome au tumulte étourdissant de Naples. Là, le silence et la solitude ; ici, le bruit et le mouvement. Rome est sérieuse et grave ; Naples est pétulante et folle ; et Naples, c'est la Grèce, c'est le ciel, c'est la mer et presque la lumière de l'Attique. Ce pays fut un pays grec; des noms grecs y retentissent à notre oreille, à peine altérés ou conservés tout à fait : *Néapolis, Cumê, Pausilippos, Prochyta, Nisida* (la petite île), *Anacapri* (Capri d'en haut). Partout sont des souvenirs de la

---

[1] Val. Max., II, 2, 5. — App. *Bell. Samnit.*, 7. Selon Valère Maxime, *Urina respersus*

mythologie grecque : en allant à Naples, on passe devant le promontoire de Circé ; dans le golfe, on peut aborder aux rives de l'Averne ou aux Champs-Élysées. La diversité d'humeur des habitants achève le contraste.

Les Napolitains, par leur vivacité, leur mollesse, leur légèreté, rappellent les Athéniens ; les Romains actuels, surtout les gens du *Trastevere* et ceux de la *campagne*, ont la rudesse et la férocité sauvage de leurs aïeux. Ce peuple a conservé le sentiment, souvent trop stérile, il est vrai, de son ancienne primauté, et l'on a entendu deux petits bourgeois se dire, en fermant le soir leurs boutiques voisines :

« Après tout, nous sommes Romains, la première nation du monde. »

La vieille antipathie dure encore. Quand on va de Naples à Rome par la malle-poste, on change de courrier en passant la frontière. Je me rappelle être venu à Terracine avec un courrier napolitain, jeune homme enjoué, railleur, et qui traçait un portrait peu flatté des Romains. A Terracine, je trouvai le courrier des États pontificaux : c'était un personnage à profil de médaille, à tête consulaire, et qui n'épargnait pas les Napolitains.

Ces deux hommes me rappelaient les sentiments réciproques des Grecs de l'Italie et des Romains d'autrefois, qui n'eussent pas parlé différemment les uns des autres. Le Napolitain aurait, je crois, volontiers conspué un envoyé de Rome et poussé de même les grossièretés de l'insulte à des excès qu'on ne peut raconter. Les jeunes *lazzaroni* qui commencèrent la révolte de Mazaniello n'adressaient pas aux préposés espagnols des insultes plus décentes. Mon vieux courrier romain, bafoué par une foule en gaieté et en délire, eût dit aussi :

« Il faudra beaucoup de votre sang pour nettoyer mon habit. »

Et le sang eût coulé si jamais un Tarentin se fût trouvé à la portée de son couteau.

Pyrrhus commença par battre les Romains; mais leur défaite lui apprit à les respecter, et son succès le fit réfléchir. « Encore une victoire comme celle-ci, dit-il, et il me faudra retourner en Épire. » La science militaire de ses ennemis le remplit d'admiration et de surprise. Un Grec n'attendait pas cela des Barbares.

Il envoya le Thessalien Cinéas à Rome traiter de la paix. Celui-ci vint dans la curie, et fut étonné aussi de ce qu'il vit; il crut avoir devant les yeux un sénat de rois.

En effet, les assemblées, alors orageuses ou muettes, de la Grèce divisée ou asservie, ne l'avaient point préparé à la majesté tranquille du sénat romain. Cependant l'éloquence de Cinéas, ses dons et la perspective d'un grand péril avaient ébranlé quelques âmes. Alors le vieil Appius Claudius, devenu aveugle, se fit conduire, selon d'autres, porter, à travers le Forum, dans la curie.

« J'étais fâché de ne pas voir, dit-il; aujourd'hui, il me fâche d'entendre. »

Après son discours, que nous n'avons plus, et que Niebuhr a essayé de refaire, le sénat déclara à Pyrrhus que le peuple romain ne traiterait pas avec lui tant qu'il serait en Italie.

Cinéas dit aussi à Pyrrhus que Rome lui avait paru un temple[1]. Ceci semble indiquer l'aspect déjà monumental qu'offrait la ville, tandis que le luxe demeurait étranger aux maisons privées. — Une accusation avait été intentée à Camille, parce que la sienne avait des portes de bronze. — Les toits étaient couverts en bois[2]. Mais les édifices sacrés commençaient à se multiplier, car on en avait voué un presque à chaque victoire. Le Forum se peuplait de colonnes, de statues, de trophées. Rome put apparaître à Cinéas solennelle comme un temple.

La richesse, que méprisaient encore Fabricius et Curius, allait venir trop tôt pour la vraie grandeur de Rome; ce fut pendant la guerre contre Pyrrhus qu'on adjoignit une officine monétaire au temple de Junon *Moneta*[3], et ce fut vers ce temps qu'on frappa la première monnaie d'argent.

---

[1] Florus, I, 18.

[2] Pl., *Hist. nat.*, XVI, 15. Scandula ou scindula (bardeaux).

[3] Au commencement du cinquième siècle, le dictateur Furius avait

On ne voit pas que de nouveaux monuments religieux se rapportent aux deux apparitions de Pyrrhus en Italie; seulement les augures firent rétablir le temple[1] du dieu des foudres nocturnes, le dieu étrusco-sabin Summanus, en expiation sans doute de ce que la tête de la statue de Summanus, placée sur le temple de Jupiter Capitolin, avait été détachée par la foudre, et, après qu'on l'eut cherchée en vain, retrouvée dans le Tibre[2].

Je ne compare pas, mais j'ai vu le long des murs de Rome, entre la porte Cavallegieri et la porte Saint-Pancrace, une petite chapelle élevée au lieu où l'on a retrouvé la tête de Saint-André, apportée solennelle-

voué un temple à Junon Moneta, *qui avertit* (Tit. Liv., vii, 28); je crois qu'il en existait un (Voy. t. II, p. 549) avant Manlius; un troisième fut voué plus tard par Cicereius (Tit. Liv., xlii, 7) Toujours ce fait · un même temple, voué ou dédié plusieurs fois.

[1] *Reddita...... templa.* (Ov., *Fast.*, vi, 733). Ce temple avait été bâti avec ceux d'autres divinités étrusco-sabines sur le Capitole, originairement étrusque et sabin. Becker (*Handb.*, p. 473), le place auprès du Cirque, parce qu'il est indiqué dans un calendrier comme se trouvant près du temple de Juventas, et qu'un temple fut élevé dans le voisinage du Cirque à cette déesse; mais il y avait sur le Capitole un temple plus ancien de Juventas, car il existait, comme celui du dieu Terme, avant la fondation du temple de Jupiter. C'est à celui-là que se rapporte le passage de Pline cité par Becker, puisqu'il y est question du supplice des chiens qu'on pendait entre le temple de Summanus et le temple de la Jeunesse, pour n'avoir pas averti de l'arrivée des Gaulois au Capitole, et ce supplice devait avoir lieu sur le Capitole. La statue du dieu Summanus, placée au faîte du temple de Jupiter, montre combien son culte était ancien dans ce lieu.

[2] Cic., *de Div.*, i, 10.

ment de Constantinople à Rome au quinzième siècle, et qui s'était perdue.

Pyrrhus, dès qu'il eut appris la réponse du sénat, marcha contre Rome. Rome ne s'émut point[1], et Pyrrhus dut se contenter de la regarder à l'horizon, des hauteurs de Préneste. Menacé d'être attaqué par plusieurs corps d'armée à la fois, il se retira.

Tite Live s'est demandé ce qui serait advenu si Alexandre fût venu attaquer les Romains. Tite Live ne doute point qu'Alexandre n'eût été vaincu. Je ne sais, mais ce que je sais bien, c'est qu'en vue de Rome Alexandre n'eût pas tourné le dos.

Pyrrhus, qui n'avait fait que vaincre, mais qui voyait bien que ses victoires ne le mèneraient pas à Rome, quitte l'Italie au premier prétexte, et passe en Sicile, où il fonde un royaume qu'il perd bientôt. Il repasse alors en Italie, et cette fois se fait battre par Curius, plébéien, bien que de race sabine[2], qui, poursuivant l'œuvre d'un autre Sabin d'origine, éleva dans

---

[1] Florus a calomnié Rome en disant qu'elle fut remplie de frayeur. Rome ne courut aucun danger réel, et, j'en suis certain, ne trembla pas pour si peu.

[2] *Curius* est un nom essentiellement sabin, comme le prouvent le nom de la ville de *Cures*, celui du mont *Curinal* ou Quirinal; le mot *curis*, lance, est sabin. Curius fit la guerre aux Sabins, mais il fut le bienfaiteur de leur pays en ouvrant à la Nera le canal qui a créé la cascade de Terni, en desséchant par là des marais, et en donnant un terrain fertile aux habitants de Rieti, peut-être le berceau de sa famille. Ce qu'on dit de sa pauvreté célèbre va bien à l'austérité sabine.

Rome le second aqueduc[1] avec les dépouilles de Pyrrhus. Pyrrhus retourna la même année en Grèce, poursuivi par le courroux de Proserpine, dont il avait pillé le temple, et alla mourir dans une rue d'Argos, sous une tuile qu'une vieille femme fit tomber sur sa tête pour défendre son fils.

Rome eut le spectacle d'un triomphe plus brillant que tous ceux dont le Capitole avait été jusque-là témoin. On y voyait figurer la pourpre, les tableaux et les statues grecques de Tarente[2].

C'était la première fois que les arts de la Grèce entraient à Rome; ils y entraient enchaînés au char du triomphateur, et ce triomphateur était Curius, célèbre pour son austérité sabine. On vit aussi des éléphants gravir de leur pas pesant la pente du Capitole. Ces éléphants provenaient de ceux qu'Alexandre avait ramenés de l'Inde, et que ses successeurs avaient conduits en Grèce[3]. Ainsi les conquêtes d'Alexandre avaient été chercher bien loin un trophée pour décorer la victoire des Romains.

Des têtes d'éléphants, sculptées sur la cuirasse d'un torse antique, ont fait donner à une statue du musée

---

[1] Celui qui conduisait l'*Anio Vetus;* il commençait à vingt milles de Rome, au-dessus de Tibur, et entrait dans Rome par la porte Esquiline. (Front., *Aquæd*. 6.)

[2] Flor., i, 18.

[3] W. Schlegel (*Ind. biblioth.*), a établi cette curieuse provenance des éléphants de Pyrrhus.

Capitolin le nom de Pyrrhus[1]. Les éléphants prouvent que ce n'est point un Mars, comme on l'a pensé, que feraient des éléphants sur la cuirasse de Mars? La trompe d'éléphant était, au contraire, comme un signe héraldique héréditaire dans la famille de Pyrrhus[2]; mais, comme la tête de la statue du Capitole est rapportée, nous ne pouvons être sûr d'avoir là le portrait de Pyrrhus, et il se peut que nous n'ayons que le portrait de sa cuirasse.

Pyrrhus a été l'avant-coureur et comme l'éclaireur d'Annibal; Annibal va venir.

[1] Au bas de l'escalier par où l'on monte au musée Capitolin; longtemps au palais Massimi, que pour cette raison on appelait *la casa di Pirro*. Le sculpteur grec Hégias avait fait une statue de Pyrrhus. (Pl., xxxiv, 19, 28.) Mais Hégias était plus ancien; son Pyrrhus ne pouvait être que Pyrrhus, fils d'Achille.

[2] Alexandre, frère d'Olympias, était représenté avec une trompe d'éléphant sur la tête.

VIII

ROME PENDANT LES GUERRES PUNIQUES.

Premiers combats de gladiateurs. — Victoire navale de Duilius, colonne rostrale, temple de Janus, pont *Quattro-Capi*. — Temple de Matuta, élevé par Régulus. — Champ de Régulus. — Passage des Alpes par Annibal. — Bataille de la Trebbia. — Cicatrice des bustes de Scipion. — Flaminius, cirque Flaminien, voie Flaminienne. — Bataille de Trasimène. — Agitation du Forum, calme de la curie. Bataille de Cannes, consternation à Rome, fermeté du sénat. — Pourquoi Annibal est allé à Capoue, pourquoi il a marché sur Rome. — Annibal sous les murs de Rome. — Ce qu'est le prétendu temple du dieu *ridicule*. — Prise de Syracuse, temple de l'Honneur et de la Vertu, ce qu'il faut entendre par ces mots. — Opposition et compromis des casuistes romains. — Prise et punition de Capoue, incendie dans le Forum. — Les Tarentins et les envoyés des colonies romaines dans le sénat. — Procession. — Joie de Rome en apprenant la mort d'Asdrubal; triomphe de ses vainqueurs. — Scipion, son mysticisme et ses bustes. — Son mépris pour les lois. — Son ascension au Capitole. — Plaintes contre un de ses protégés. — Maison de Scipion l'Africain. — Tombeau des Scipions.

L'âge héroïque de la république romaine se continue par ses guerres contre Carthage et sa lutte contre Annibal. Cette lutte mit le sceau à la grandeur morale du peuple romain : il trouva un ennemi digne de lui, il montra ce qu'il était dans la mauvaise fortune, véritable épreuve du caractère des peuples, comme des hommes.

L'année qui vit commencer la première guerre punique, vit le premier combat de gladiateurs dans le forum boarium[1], lieu sanguinaire depuis les sacrifices humains abolis par Hercule, jusqu'à la guillotine de nos jours. L'énergie romaine semblait vouloir se retremper par ces jeux féroces que Cicéron jugeait bons à entretenir le courage guerrier, au moment où elle allait avoir à se déployer contre de grands périls.

La guerre avec Carthage s'engagea au sujet de la Sicile et pour une cause inique. Les Romains venaient de faire mourir sous la hache, dans le Forum, trois cents des mercenaires campaniens, qui s'étaient emparés traîtreusement de Rhégium, et ils allèrent au secours des Mamertins, qui avaient fait la même chose à Messine; mais les Mamertins étaient ennemis des Carthaginois.

Cette guerre fut, dans le principe, purement maritime; les vaisseaux des Romains furent d'abord très-inférieurs à ceux de leurs ennemis; ils ne connaissaient que les trirèmes, et pour fabriquer un navire à cinq rangs de rames, il leur fallut copier une galère carthaginoise échouée[2].

---

[1] Ces combats eurent lieu ensuite dans le grand *Forum*, selon une coutume générale en Italie. (Vitr., v, 1.)

[2] La disposition de plusieurs rangs de rameurs est un problème

Les Romains déployèrent dans la formation de leur flotte une activité extraordinaire. Le génie des Romains, inventif seulement pour la guerre, se montra dans l'emploi de ponts mobiles, armés de crampons qui, lancés et fixés sur les vaisseaux ennemis, changèrent le combat naval en une sorte de combat terrestre. Les Romains furent donc véritablement les inventeurs de l'abordage [1].

On dut l'idée de ce genre de combat et la défaite des Carthaginois à M. Duilius, d'une famille plébéienne illustrée par M. Duilius, qui avait conduit les plébéiens sur le mont Sacré. Il avait pour collègue, dans le consulat, un membre de la noble gens Cornelia, que son incapacité fit surnommer Cornélius l'Anesse

---

que vient de résoudre M. Jal, en exécutant une trirème qui a fonctionné parfaitement dans les eaux de la Seine. Plusieurs monuments peuvent aider à se faire une idée de la manœuvre des birèmes et trirèmes. Au Vatican est une birème en marbre, une autre en bas-relief à la villa Albani, un autre sur la colonne Trajane; une trirème est représentée sur un médaillon de Gordien III. (Jal, *Ét. sur le mar. ant.*, p. 116. Rich, *Dict. des ant. rom.*, p. 82, 673.) Mais ni celle-ci ni celles-là ne suffisent pour expliquer clairement comment pouvaient manœuvrer plus de trois rangs de rameurs. Ce fut là le grand progrès qu'eurent à faire les Romains; et pour s'en rendre bien compte, il faudrait construire une autre galère, au moins à quatre rangs de rames.

[1] Polybe, I, 22. Diadès, qui était au service d'Alexandre, ne paraît point en avoir parlé dans ses écrits sur les machines de siège (Vitr., x, 19), qui, du reste, ne devaient pas être connus à Rome au commencement de la première guerre punique.

(*Asina*[1]). Les plébéiens, qui venaient de conquérir l'égalité, s'en montraient dignes, et on apercevait déjà des signes avant-coureurs de la future décadence des patriciens.

Après la défaite des habitants d'Antium, on avait orné la tribune des becs de bronze, enlevés à quelques vaisseaux, mais les rostres d'Antium n'étaient qu'une promesse de la gloire navale réservée aux Romains comme toutes les autres gloires.

Cette fois, on érigea dans le Forum, près de la tribune, une colonne rostrale, qui porta le nom de Duilius[2].

La base de cette colonne a été retrouvée, non loin de l'emplacement de la tribune, dans le voisinage de l'église de Saint-Adrien. L'inscription qui s'y lit encore est bien dans la langue du sixième siècle de Rome, mais la forme des caractères est plus moderne, elle a donc été récrite dans l'antiquité. La colonne était encore debout à la fin de l'empire, mais on ne l'a pas retrouvée comme sa base; elle a été refaite d'après les médailles, et n'est pas plus *antique* que les colonnes rostrales qui décorent la place du Peuple, à Rome, et

---

[1] Macrobe (I. 6), donne au surnom d'*Asina*, que ce Cornélius porta le premier, une autre version assez invraisemblable, que l'orgueil des Cornélius pourrait bien avoir inventée.

[2] Selon Servius (*Georg.*, III, 29), on aurait élevé, à cette occasion, deux colonnes, l'une *in rostris*, l'autre à l'entrée du grand Cirque, et par conséquent dans le voisinage de l'*emporium*, lieu de débarquement des navires.

la place de la Concorde, à Paris. D'ailleurs, elle est en marbre, or l'usage du marbre à Rome est moins ancien, et les colonnes rostrales étaient en bronze[1]. Dans l'inscription on insiste sur ce fait, que le premier Duilius a remporté une grande victoire navale. C'est ce qui donne une importance historique à la copie conservée de ce précieux monument.

On attribuait à Duilius la construction d'un temple de Janus, dans le marché aux légumes, près de la porte Carmentale[2], mais ce temple, qui existait déjà au temps de l'expédition des Fabius[3] contre Véies, ne put être que dédié de nouveau par le vainqueur des Carthaginois.

En choisissant pour le dédier un temple situé dans un marché[4], Duilius semblait vouloir indiquer, comme le sénat en élevant une seconde colonne rostrale près de l'Emporium, que cette victoire navale ouvrirait aux Romains la voie du commerce maritime. Sans doute,

---

[1] ..... *Navali* surgentes *ære* columnas.
(Virg., *Georg.*, III, 29.)

Ce vers semble indiquer que la colonne rostrale, à laquelle Virgile fait sans doute allusion, avait été fabriquée avec l'airain des becs de vaisseaux, comme la colonne de la place Vendôme l'a été avec les canons pris à l'ennemi.

[2] Tac., *Ann.*, II, 49.

[3] Festus, p. 285.

[4] Le double Janus, qui a donné au pont Fabricius, situé non loin du marché aux légumes (Forum olitorium), son nom moderne de Quattro-Capi (les Quatre-Têtes), vient peut-être de ce temple de Janus.

aussi, Duilius choisit-il pour objet de son hommage, le dieu qui présidait à tous les commencements, parce qu'il avait inauguré pour Rome l'ère des triomphes sur mer par une victoire qui devait être un commencement.

Le temple de la déesse Matuta, élevé, dit-on, par Régulus pendant la première guerre punique[1], était plus ancien; nous l'avons déjà vu élever par Camille, tandis que sa fondation était attribuée au roi Servius Tullius[2]. D'après cela, il remontait, je crois, plus haut que Camille et que Régulus. Matuta était, comme je l'ai dit, une déesse à nom sabin, probablement d'origine pélasgique, dont le culte était au moins aussi ancien que Rome et dont le temple fut réparé et dédié successivement par Camille et par Régulus, tous deux d'extraction sabine[3].

Un trait, qui se rapporte à une localité voisine de Rome, peint bien la simplicité de mœurs qui prévalait encore pendant la première guerre punique, et que les conquêtes en Grèce et en Orient devaient altérer bientôt. Régulus commandait en Afrique une expédition, dont le dénoûment fut pour lui si funeste et si

---

[1] Mai. (*Interpret. Virg. ad Georg.*, III, 1); Merkel (*Fast.*. p. CXL) croit que cet Attilius Régulus est le préteur dont parle Tite Live (XXIV, 44; XXV, 3), mais n'en donne aucune raison.

[2] Ov., *Fast.*, VI, 473.

[3] Pour Camille, Voy. t. II, p. 517. Pour *Attilius* Régulus, son nom de *gens* est évidemment analogue au nom sabin Atta, Attius. *Attiius, Attii* filius.

glorieux; tandis qu'il était en plein cours de conquête, il écrivit au sénat pour demander son rappel, vu que sa ferme, dont le produit était nécessaire à l'existence de sa famille, courait risque de se détériorer en son absence [1].

La ferme de Régulus était dans le *champ pupinien*, au-dessous des collines de Tusculum, — au-dessous de Frascati; — c'était un terrain stérile [2], fangeux et malsain, comme il l'est encore. L'ambition du général qui commandait l'armée d'Afrique, était de revenir cultiver ce pauvre champ.

Tout le monde connaît l'admirable conduite de Régulus; tout le monde sait que, prisonnier des Carthaginois et envoyé à Rome pour traiter de la paix et d'un échange de prisonniers, il refusa d'abord de prendre place dans la curie, ne se regardant plus comme sénateur, puisqu'il n'était plus libre; que le sénat lui ayant ordonné de parler, il ne parla que pour donner le conseil de rejeter les offres des Carthaginois, et, fidèle à sa promesse, retourna à Carthage où un supplice affreux l'attendait. Niebuhr ne croit pas à ce beau trait, dont il dépouille la mémoire de Régulus. La raison qu'il donne de son incrédulité ne saurait me la faire partager. De ce que la famille de Régulus fit subir des tourments cruels à deux officiers carthaginois que le sénat lui avait livrés, il ne s'en-

---

Tit. Liv., *Ep.*, xviii. Val. Max., iv, 4, 6.
Cic., *de leg. Agr.*, ii, 35

suit point, comme le soutient Niebuhr, que les tourments endurés par Régulus soient une fable inventée par sa famille, pour excuser la cruauté qu'elle avait exercée sur les deux Carthaginois. Ce qui est bien plus probable, c'est que ce traitement barbare fut une représaille, une affreuse revanche des tortures auxquelles les Carthaginois avaient livré Régulus. Ceux qui mettaient en croix leurs généraux vaincus, pouvaient bien mettre un général romain dans un tonneau armé de pointes de fer[1].

Rome, qui venait de triompher des Carthaginois, en Sicile, eut encore à combattre des ennemis presque à ses portes, les Falisques, et dut prendre Falère, à quelques lieues du Capitole.

Après la paix qui termina la première guerre punique, le temple de Janus[2] fut fermé pendant un an. Il ne l'avait pas été depuis Numa, et ne le fut plus jusqu'à Auguste. Les Gaulois et Annibal devaient bientôt le faire rouvrir.

Le théâtre de la seconde guerre punique est l'Italie, mais non Rome même; le théâtre de la troisième est

---

[1] Je dois avouer que Polybe, historien si exact et si judicieux de cette guerre, ne parle point de la mission et du supplice de Régulus; mais Polybe néglige souvent les détails dramatiques des événements. Il ne fait, par exemple, que mentionner en passant le siége de Sagonte, si mémorable par la résistance désespérée des Sagontins.

[2] Il est question ici de l'ancien temple de Janus, voisin du Forum, non de celui qu'avait élevé, ou plus probablement relevé Régulus, et qui était près de la porte Carmentale.

surtout l'Afrique. Je ne puis donc suivre sur leur terrain les événements de ces guerres et les peindre sur place, mais ce que je puis et dois faire pour traiter, dans toute son étendue, le sujet que j'ai choisi, c'est montrer le contre-coup de ces événements à Rome, et parler d'eux à propos de monuments élevés ou de triomphes célébrés à leur occasion. Ainsi, tout en restant à Rome, nous verrons l'histoire venir nous y trouver, et nous n'aurons pas à regretter la grande lacune que ferait, dans un ouvrage sur l'histoire romaine, la suppression d'une époque comme celle d'Annibal et de Scipion.

Annibal est venu des Gaules dans l'Italie en passant les Alpes comme le font les touristes, mais il n'y est pas venu par le même chemin, et il a eu plus de peine à y arriver. Maintenant que les Alpes sont traversées par des routes magnifiques, et qu'on les franchit en chaise de poste en attendant qu'un *tunnel* perce leurs entrailles de granit, on a peine à se représenter ce qu'était un passage des Alpes au temps d'Annibal. Déjà les Gaulois, que, dans aucun siècle, les obstacles n'ont arrêtés, avaient hésité en présence de ces formidables sommets. Les soldats d'Annibal, qui venaient cependant de gravir les Pyrénées, éprouvèrent la même hésitation au pied des Alpes. Annibal eut besoin de leur démontrer qu'on pouvait les franchir et que nulle part la terre ne touchait le ciel.

Mais ces ridicules terreurs écartées, il restait assez

de difficultés réelles pour faire reculer un chef moins résolu qu'Annibal. Arrivé au cœur des montagnes, quand on vit de près, dit Tite Live, la hauteur des cimes, les neiges qui se confondaient avec les nuages, de grossières habitations perchées sur des rocs, des hommes farouches aux longs cheveux, les êtres vivants roidis par le froid, alors les terreurs de l'armée recommencèrent. Ce fut à travers ces obstacles, augmentés par les embûches et les attaques des montagnards, qu'il fallut faire son chemin. Le passage dura quinze jours. C'était autre chose encore que le passage du Saint-Bernard par le général Bonaparte; Annibal n'avait pas de canons, il est vrai, mais il avait des éléphants.

Annibal n'a point franchi le grand Saint-Bernard comme le général Bonaparte; il n'est point entré en Italie par le mont Cenis, comme on le fait si facilement aujourd'hui; il a très-probablement passé le petit Saint-Bernard [1].

On avait cru reconnaître une trace du passage d'Annibal dans des os d'éléphants trouvés dans le nord de l'Italie; mais ces os sont certainement fossiles.

Annibal était en Italie séparé de son pays, sans pos-

---

[1] Ou le mont Genèvre, mais plus probablement le petit Saint-Bernard. (Mommsen, *R. Gesch.*, I, p. 556.) D'autres ont fait passer Annibal par le Monte-Viso. Une vingtaine d'auteurs ont traité, à des points de vue différents, la question du passage des Alpes par Annibal.

sibilité de retour. Cette impossibilité de retraite faisait sa force comme il le dit à ses soldats. Ils avaient les Alpes derrière eux, et alors on ne repassait pas les Alpes. Ne pouvant regagner Carthage, il fallait aller à Rome.

Mais Annibal n'y devait pas entrer.

Il marcha de victoire en victoire. La première fut sur le Tessin. Là, le jeune Scipion, qui devait prendre un jour sa revanche à Zama, combattait à dix-sept ans sous son père, le consul P. Cornélius Scipio. Il reçut alors cette blessure à la tête, qui fait reconnaître aisément ses bustes, dans les musées de Rome. Je me suis demandé pourquoi on indiquait toujours dans les portraits de Scipion l'Africain la cicatrice de cette blessure, ce qui ne se voit jamais dans ceux des autres généraux romains; et cependant Scipion ne devait pas être le seul qui eût été blessé à la tête; mais c'est qu'il l'avait été cette fois en défendant son père : c'était un hommage à la piété filiale plus qu'à la valeur, et, dans les idées romaines, la première de ces vertus passait avant la seconde; je ne doute pas que, des nombreuses blessures que reçut Scipion dans le cours de sa vie militaire, celle qu'on indique toujours ne soit la blessure du Tessin. Seulement, il règne quelque incertitude sur le fait de cette blessure. Cœlius Alimentus, qui avait été prisonnier d'Annibal et auquel celui-ci avait raconté son passage à travers les Alpes, disait que le consul avait été sauvé non par son fils, mais par un esclave ligure[1]. Tite Live ajoute qu'il aime mieux croire que ce fut par Scipion ; moi aussi. Mais il est plus vraisemblable qu'on ait transporté à Scipion la gloire d'un beau fait qu'il ne l'est qu'on la lui ait enlevée pour en faire honneur à un esclave ; à moins, ce qui est peu probable, que cette anecdote ne fût une petite malice d'Annibal.

Quant à Annibal, il semble qu'on pourrait espérer de trouver à Rome son portrait ; car il y avait à Rome trois statues de ce grand homme[2]. Mais il n'y reste de ces différents portraits ni un original ni une copie[3].

Le péril approchait, et, outre le péril réel, on inventait d'autres sujets de terreur : on ne parlait que de prodiges. La statue de Mars avait sué près la porte Capène, au milieu des images de loups qui l'entouraient. C'était surtout dans le quartier des marchés, aux environs du Capitole, là où se rassemblaient les gens de la campagne toujours plus superstitieux que les habitants de la ville, et où ils se rassemblent encore le dimanche par habitude, qu'on avait vu les miracles. Dans le marché aux bœufs, un bœuf était monté jusqu'au troisième et avait sauté par la fenêtre. Dans

---

[1] Tit. Liv., xxi, 46.

[2] Pl., *Hist. nat.*, xxxiv, 15, 1.

[3] L'Annibal de la villa Albani n'est point borgne, et n'a rien d'africain. C'est une tête grecque sans caractère individuel. Sur une tête que Winckelmann croyait d'Annibal, voy. Visconti, *Ic. gr.*, p. 621.

le marché aux légumes, un enfant de six mois avait crié triomphe, ce qui eût dû sembler rassurant. Enfin la foudre avait frappé le temple de l'Espérance, ce qui ne pouvait paraître que fatal. Ce temple avait été voué pendant la première guerre punique[1]; en effet, les heureux commencements de cette guerre avaient dû faire croire à l'espérance; mais maintenant la foudre frappait le temple d'une divinité qui semblait fuir devant Annibal.

On purifia solennellement la ville, on immola les grandes victimes aux dieux et en particulier au génie de Rome menacée. Ce fut alors que les matrones dédièrent une statue de bronze à la Junon de l'Aventin, à cette Junon apportée de Véies au temps de Camille, qui avait affirmé, par un mouvement de tête miraculeux, qu'elle voulait habiter Rome, et à laquelle on demandait aujourd'hui de défendre la patrie qu'elle avait choisie.

On ne peut s'empêcher de comparer à ces cérémonies religieuses celles auxquelles on a eu depuis plus d'une fois recours pour écarter de Rome un danger.

Le consul Flaminius alla se mettre à la tête de l'armée; mais son départ augmenta l'inquiétude à laquelle la ville était en proie, car il partit sans prendre les auspices au Capitole, sans avoir célébré sur le mont Albain les féries latines. Feignant un voyage, il

---

[1] Par Attilius Calatinus. (Tac., *Ann.*, II, 49.)

se rendit secrètement dans sa province. Ce fut un grand scandale; Flaminius ne faisait pas seulement la guerre au sénat, mais encore aux dieux immortels; il fallait le faire revenir à tout prix et ne lui permettre d'aller dans sa province qu'après qu'il aurait accompli ses devoirs envers les dieux et les hommes. Ni les lettres ni les envoyés du sénat ne purent le décider à revenir. Flaminius sentait qu'il n'y avait pas de temps à perdre et qu'Annibal n'attendrait pas pour avancer que le consul eût accompli exactement le cérémonial religieux. Les Romains pieux le regardèrent dès lors comme perdu. Ce fut bien pis quand, peu de jours après, la victime qu'il offrait en sacrifice, déjà blessée, s'échappa et couvrit de sang les spectateurs. Cet événement fut, dit Tite Live, pour presque tout le monde, un grand sujet d'effroi.

Il semble encore ici qu'il soit question de Romains d'un autre temps, mais, en fait de superstitions, les mêmes Romains. Annibal, après avoir perdu un œil en traversant un pays que les débordements de l'Arno rendaient marécageux et malsain, comme l'était la vallée de la Chiana avant les travaux de dessèchement exécutés de nos jours, arriva dans une partie fertile de l'Étrurie, celle qui s'étend de Fiesole à Arezzo, et se mit à ravager ce beau pays pour décider Flaminius à le poursuivre. En vain on conseilla à celui-ci d'attendre une autre armée consulaire. Poussé par cette audace dont ses rapports avec le sénat avaient donné tant de preuves, Flaminius se laissa entraîner à livrer bataille dans un lieu propre aux embûches et choisi par Annibal avec beaucoup d'art sur les bords du lac Trasimène.

Dans un endroit où ce lac ne laisse entre sa rive et les collines qu'une sorte de défilé, Annibal attend l'imprudent général romain, et envoie des troupes sur les hauteurs qui commandent ces Thermopyles, quand il voit que Flaminius s'y est engagé. Attaqué de toutes parts à la fois, Flaminius déploie en vain un grand courage et beaucoup de fermeté; les Romains, enveloppés, dominés, écrasés, combattent opiniâtrément, mais au milieu d'une épouvantable confusion. Un de ces brouillards qui couvrent les vallées en laissant les sommets dégagés de vapeurs achevait de rendre avantageuse la situation de leurs ennemis et la leur désespérée. Flaminius périt transpercé par la lance d'un Gaulois. Quinze mille hommes tombèrent avec lui, le reste se dispersa. Annibal fit chercher sous les monceaux de cadavres le corps de Flaminius pour lui donner la sépulture ; mais on ne put le retrouver.

Tite Live ne nous a pas laissé ignorer la consternation dont Rome fut frappée quand on y apprit ce désastre. Les détails donnés par lui sur ce sujet, le mien, ont un air de vérité qui doit tenir aux sources où les ont puisés ses devanciers, les mémoires des familles, peut-être les souvenirs, quelquefois si tenaces, de la tradition populaire; en lisant Tite Live, il me semble que c'est elle que j'entends.

A la première nouvelle de la défaite de Flaminius, il se fit dans le Forum un grand concours de peuple, au milieu d'une grande terreur. Les matrones couraient par les rues demandant aux passants ce qu'on avait appris de sinistre et ce qu'était devenue l'armée. La foule, débordant le Forum, pénètre dans le comitium et vient jusqu'au pied de la curie pour apprendre de la bouche des magistrats ce qui est arrivé. Vers le soir, un peu avant le coucher du soleil, le préteur Marcus Pomponius parut sur les marches de la curie, et dit : « Nous avons été vaincus dans une grande bataille. » Mots terribles et que, dit Polybe, on n'avait pas prononcés depuis longtemps. Il ajoute que, pour ceux qui avaient assisté au désastre, il apparut encore plus grand dans le Forum qu'au bord du lac Trasimène, bien que le préteur eût annoncé seulement une grande défaite. Cet instinct des malheurs accomplis, qui les révèle on ne sait comment à l'inquiétude publique, avait déjà répandu le bruit que le consul était tué, les légions dispersées et en fuite. C'est là ce qu'on disait la nuit dans les maisons ; chacun se tourmentait à la pensée des siens. Qu'étaient-ils devenus? Qu'avait-on à craindre ou à espérer? Le lendemain et les jours suivants, il y eut aux portes encore plus de femmes que d'hommes, pour attendre l'arrivée ou au moins quelques nouvelles des fugitifs. Ces femmes se répandaient à travers la ville, questionnant sans cesse, et ne pouvaient s'éloigner de ceux qu'elles connaissaient avant de les avoir interrogés sur toute chose. On lisait sur leurs visages, tristes ou joyeux, les nouvelles qu'elles avaient reçues. Elles revenaient dans leurs maisons, entourées de félicitations ou de condoléances. Plusieurs se firent remarquer par la vivacité de leur douleur ou de leur joie. Une d'elle, ayant rencontré son fils à la porte Ratumena [1], mourut en le revoyant. Une autre, à laquelle la mort du sien avait été faussement annoncée, assise dans sa demeure, le pleurait; ce fils étant entré subitement, l'excès du bonheur la tua. Pendant ce temps-là, le sénat, enfermé dans la curie, délibérait : avec quel chef, avec quelles troupes pouvait-on résister aux Carthaginois victorieux ? La délibération se prolongea jusqu'au coucher du soleil.

Cette vive peinture ne transporte-t-elle pas de la Rome de 1861 à la Rome de l'an 217 avant Jésus-Christ ?

Avant d'aller périr au bord du lac Trasimène, le malheureux Flaminius avait construit un cirque [2] et

[1] Les Fabius étaient sortis par la porte Carmentale, pour les raisons que j'ai dites; mais ces raisons n'existant pas pour les fuyards de Trasimène, ceux-ci durent rentrer par la porte Ratumena, en suivant la voie Flaminienne qu'on venait de construire, c'est-à-dire le *Corso*.

[2] Le nom de prés Flaminiens, où fut le Cirque, était plus ancien et se rattachait, je crois, aux terres des flamines, qui étaient en cet endroit. Que ces prés eussent été donnés autrefois au peuple par un Flaminius, c'est une opinion plausible de Plutarque. (*Qu. rom*, 66.).

une voie qui portèrent son nom, le cirque Flaminien[1] et la voie Flaminienne.

Toute l'histoire du cirque Flaminien, où les jeux plébéiens étaient célébrés[2] sous la direction des édiles plébéiens, est plébéienne. Déjà, avant la construction du cirque, les prés Flaminiens avaient vu rendre le plébiscite qui suivit la chute des décemvirs[3]. Plus tard, Marcellus, vainqueur, fut sommé de venir s'y justifier par un tribun qui l'accusait et cherchait à soulever contre lui et contre tout le patriciat les passions populaires[4]. Un autre tribun força Pompée d'y comparaître un jour de marché[5]. Ces deux tribuns pa-

---

[1] Il ne peut y avoir aucun doute sur l'emplacement du cirque Flaminien, dont les ruines ont subsisté assez tard pour qu'une église, construite sur les gradins, où elle était, pour ainsi dire, suspendue, ait porté le nom de S. Salvator *in Pensili*. Elle a été remplacée par l'église des Polonais, dans la *via delle Botteghe oscure*. Cette rue, et celle de Santa-Catharina *dei Funari*, Sainte-Catherine *des Cordiers*, déterminent par leurs noms la place du cirque Flaminien. La rue des *boutiques obscures* a été appelée ainsi, parce qu'elle suivait un des côtés du Cirque dont les arceaux étaient au moyen âge, comme dans l'antiquité, occupés par des boutiques. Le sombre aspect de ces boutiques, qui les faisait nommer *obscures*, nous est rendu par celui des boutiques ténébreuses établies aujourd'hui, exactement de la même manière, sous les arceaux du théâtre de Marcellus. Quant à la rue des Cordiers, elle a été ainsi nommée parce que les cordiers se livraient à leur travail, qui demande un espace libre et de forme allongée, dans ce qui restait du Cirque.

[2] Val. Max., I, 7, 4.

[3] Tit. Liv., III, 54.

[4] Tit. Liv., XXVII, 21.

[5] Cic., *Ad Att.*, I, 14.

raissent avoir compté sur l'appui que pouvait donner à leur cause le quartier populeux qui s'était formé dans le voisinage, autour des marchés.

Ce fut pour la même raison sans doute que Flaminius voulut placer dans cette partie du champ de Mars, d'ailleurs très-rapprochée de la ville, son cirque plébéien, lui, le démocrate ardent qui avait proposé une loi agraire et triomphé par la volonté du peuple en dépit du sénat, dont il se montra toujours l'ennemi [1].

Construit par un personnage populaire, dans un lieu avant lui populaire, voué à des divertissements populaires, le cirque Flaminien fut jusqu'à la fin de la république comme une succursale du Forum; souvenir monumental du consul plébéien, du magistrat indiscipliné, du téméraire capitaine qui, égaré par cette confiance en soi que donne le vent de la popularité et par les ruses d'Annibal, n'aurait, sans le cirque et la voie dont il fut l'auteur, laissé à son nom que la triste immortalité d'un grand revers.

La voie Flaminienne, commencée avant Flaminius [2],

[1] Par exemple, en appuyant une loi qui interdisait aux sénateurs et à leurs fils d'avoir à eux un navire contenant plus de trois cents amphores, parce que, disait-on, le commerce était au-dessous de la dignité de sénateur. On voit que le préjugé des patriciens contre le commerce commençait à s'affaiblir. C'était un signe des temps; l'audace irréligieuse de Flaminius, fort populaire parmi les soldats, comme nous l'apprend Tite Live, en était un autre.

Continuée après lui depuis Spolète jusqu'à Rimini. (Mommsen, *R. Gesch.*, I, p. 553.)

s'avançait dans la direction qui est aujourd'hui celle du Corso. Les Romains et les Romaines qui, le dimanche matin à pied, et chaque jour, vers le soir, en voiture, vont et viennent le long du Corso; les étrangers qui le remplissent pendant les folles journées du carnaval, suivent, la plupart sans le savoir, l'antique voie Flaminienne.

Au cinquième siècle, le dernier grand champion des priviléges aristocratiques, Appius Claudius Cæcus, avait ouvert la voie Appienne vers l'extrémité méridionale de l'Italie, que commençaient à atteindre les Romains, à travers le Samnium; au sixième, le consul démocrate Flaminius dirigeait la voie Flaminienne vers l'Étrurie et l'Ombrie, dont la soumission venait d'ouvrir le nord de l'Italie, où il fallait arrêter les Gaulois, toujours menaçants.

Ces deux routes indiquent donc, l'une par son nom patricien, l'autre par son nom plébéien, le mouvement qui s'est opéré depuis Appius dans la société romaine, et toutes les deux correspondent à deux progrès en sens divers de la conquête.

Le commencement de la voie Flaminienne est marqué par le tombeau de l'édile Bibulus, encore debout, et qui devait être, selon l'usage, en dehors de la porte Ratumena [1].

---

[1] La pureté de l'architecture et le style de l'inscription semblent appartenir également aux derniers temps de la république; cependant, on a pensé que ce tombeau pouvait être celui d'un C. Bibulus,

Un autre grand tombeau servant aujourd'hui de maison, et placé presque en face de celui de Bibulus[1], nous révèle, aussi bien que lui, la double file des monuments funèbres qui bordaient la voie Flaminienne et ont été remplacés par les palais et les boutiques du Corso[2].

A la suite du désastre de Trasimène, on répara les murs de Rome qu'avait endommagés la foudre[3]. Nous pouvons suivre l'histoire de ces murs[4] à travers l'époque républicaine jusqu'à ce que, vers la fin de cette époque, la sécurité de Rome, qui menace tout le monde et n'est plus menacée par personne, les laisse disparaître au sein des habitations privées qui les débordent, en attendant le jour où la décadence de l'empire ayant ramené le danger, et cette sécurité superbe

édile sous Tibère (Tac., *Ann.*, III, 52), qui provoqua des réformes somptuaires.

[1] Serait-ce le tombeau des Claudii, auxquels on avait accordé un lieu de sépulture au pied du Capitole. (Suet., *Tib.*, I.)

[2] Seulement, elle rasait le pied des collines qui sont hors de la porte du Peuple d'un peu plus près que la route actuelle de Florence, et, après avoir passé le pont Milvius, aujourd'hui Ponte-Molle, probablement fait à l'occasion de la route — il est mentionné en 524 (Tit. Liv., XXVI, 41) — la voie Flaminienne tournait au nord et se dirigeait vers Rimini.

[3] Tit. Liv., XXII, 8. On les avait déjà réparés quand on se préparait à la guerre contre les Samnites (Tit. Liv., VII, 20), et on les répara encore après la bataille de Cannes. (*Ib.*, XXV, 7.)

[4] La foudre, et probablement le temps, avaient rendu ces réparations nécessaires entre la porte Esquiline et la porte Colline. (Pr., *R. Myth.*, p. 474.) Ce mur était celui de l'agger.

faisant place à l'effroi en présence des Barbares menaçants à leur tour, on élèvera d'autres murailles beaucoup plus considérables, mais qui n'empêcheront pas Rome d'être prise; car Rome, agrandie et dégénérée, aura cessé d'être forte en cessant d'être libre.

Après la bataille de Trasimène, Annibal s'avança droit sur Rome jusqu'à Spolète. Là, repoussé par la garnison romaine, il changea de dessein, se jetant à gauche dans le Picentin; puis s'enfonça dans les montagnes, et alla jusqu'aux confins de l'Apulie, ravageant le pays pour tenir son armée en haleine et préparant le grand coup qu'il ne croyait pas le moment venu de porter.

Jusque-là, Annibal avait suivi à peu près la route que l'on suit pour venir à Rome : Turin, Plaisance, le lac de Trasimène, Spolète, sont des étapes du voyage à Rome, et c'est pour cela que je ne me suis pas séparé d'Annibal dans sa route jusqu'à Spolète; maintenant il parcourt des pays que les voyageurs ne connaissent guère et que je ne connais pas davantage; comme j'écris toujours en pensant à ces voyageurs et d'après mes propres observations, je le laisserai battre l'Italie centrale, et je resterai à l'attendre à Rome, tandis que Fabius le suit, l'épie et cherche le moment favorable pour l'attaquer.

Ce Fabius était celui qui reçut le nom de Temporisateur (*Cunctator*). On sait les impatiences et les emportements que ses plans très-sages inspiraient à son maître de cavalerie et à la plupart de ses officiers ; mais Fabius tint ferme. Il continua à garder les hauteurs, à laisser Annibal épuiser ses ressources, et se rendre odieux aux habitants par ses pillages et ses dévastations.

A Rome, on devait se demander quand Annibal se déciderait à venir attaquer la capitale et suivre avec anxiété ses marches et ses contre-marches dans les vallées sauvages de l'Apennin. Fabius se tenait toujours entre lui et Rome qu'il couvrait.

Cependant le Forum s'agitait, les tribuns accusaient la lenteur et l'inertie de Fabius, qui était venu à Rome accomplir des actes religieux de la nature de ceux qu'on avait tant reproché à Flaminius d'avoir négligés. Le dictateur ne parut point dans ces tumultueuses assemblées; il n'y était pas vu avec faveur. Son langage était même peu goûté dans la curie, où il insistait sur les forces de l'ennemi, où il accusait les généraux de tous les malheurs arrivés depuis deux ans, où il demandait qu'on punît son maître de cavalerie, qui avait combattu en son absence et contre ses ordres, bien qu'il eût remporté un faible avantage. « Un général, disait-il, doit peu donner à la fortune; il faut que la raison et la réflexion dominent. Il y a plus de gloire pour moi à conserver sans déshonneur notre armée que si j'avais tué des milliers d'ennemis. »

Cette prudence avait peu de succès. On élut un consul. Fabius pouvait discuter son droit; mais il n'aimait pas la discussion, et partit dans la nuit.

Le lendemain, dans une assemblée populaire, le fils d'un boucher, nommé Térentius Varron, qui s'était poussé par l'intrigue, la calomnie et en plaidant de mauvaises causes, fit passer une loi qui donnait au maître de cavalerie une autorité égale à celle du dictateur. On fut généralement indigné de cette monstruosité. Fabius en reçut la nouvelle sur la route et ne s'en troubla point.

Il partagea ses légions avec son maître de cavalerie, Minucius. Celui-ci ne tarda pas à mettre les siennes en grand danger. « Ce n'est pas le temps de récriminer, » s'écrie Fabius, et il arrache la victoire à l'ennemi. Alors Minucius nomme Fabius son sauveur et son père, déclare le plébiscite, qui l'a fait l'égal du dictateur, abrogé, et se remet sous ses ordres avec un mâle repentir.

J'ai placé ici cette scène de camp comme contrepartie des scènes du Forum où brillait Varron, et je dois convenir que j'ai eu plus de plaisir à la raconter.

Tite Live remarque avec un sentiment tout romain que les soucis et les dangers de la guerre ne firent jamais négliger la religion. En effet, on eut alors un scrupule religieux : un temple, que L. Manlius avait voué à la Concorde en Gaule, deux années auparavant, pendant une sédition[1], avait été oublié au mi-

---

[1] Tit. Liv., XXII, 33.

lieu des préoccupations terribles de ces deux années; on nomma des duumvirs pour réparer cet oubli. Ce temple, qu'il ne faut pas confondre avec celui de Camille, était placé plus haut sur la roche Tarpéienne, dans la citadelle.

Ce Manlius-là ne paraît pas avoir, comme les autres, répudié le souvenir de son glorieux parent. Le temple qu'il éleva fut comme une réparation faite à ce Manlius qui avait habité la citadelle, l'avait sauvée, et dont elle avait vu le supplice.

Voilà déjà trois temples dédiés à la Concorde; la république en dédiera encore un autre à cette divinité qui avait souvent si peu d'empire sur le peuple romain, et que, pour cette raison, il sentait fréquemment le besoin d'invoquer. Ce sera le lendemain du meurtre des Gracques, de la division irréparable des deux ordres, la veille de leur guerre à mort sous Marius et Sylla. Les hommes se plaisent à célébrer la concorde quand ils sont le plus profondément désunis, comme il leur arrive de parler liberté quand ils sont le moins libres, sous la convention, par exemple, pour s'en tenir là.

Tite Live disait vrai, les dangers publics ne détourneront jamais les Romains des soins religieux. L'histoire des monuments le prouve, et l'on n'en saurait douter en voyant le grand nombre de temples qui furent voués pendant les guerres puniques. Je n'ai pas besoin de répéter qu'il ne s'agit presque jamais de la fondation, mais de la reconstruction ou de la réparation d'un temple dans un lieu attribué plus anciennement au culte de la divinité à laquelle le temple est consacré.

Ces divinités étaient en général de vieilles divinités sabines que des hommes d'extraction sabine ou sabellique se plaisaient à honorer en renouvelant leur culte antique. Ce ne pas ma faute si je rencontre souvent le vieux courant sabin sous l'histoire romaine, après l'avoir trouvé si considérable à la source de cette histoire. Je l'indique volontiers, parce que cette découverte, je crois que c'en est une, et je me persuade qu'elle est importante, tient essentiellement à mon sujet; car elle est née de l'étude de la topographie romaine et de la petitesse de la *Rome romaine*, bornée dans l'origine au Palatin, comparée par les yeux à la grandeur relative de la Rome sabine, qui embrassait huit collines; je dois dire que, depuis, tout l'a confirmé.

Attilius Calatinus [1] avait dédié le temple de la Foi, aussi bien que celui de l'Espérance [2]; un peu plus tard, Livius [3] Salinator dédia le temple de la Jeu-

---

[1] *Attilius*, prénom sabin, d'*Atta* ou *Attius*. Calatia, ville de Campanie, en pays sabellique.

[2] Cic., *de Nat. deor.*, ii, 23. Cic., *de Legg.*, ii, 11.

[3] Les surnoms usités dans la gens *Livia*, semblent, pour la plupart, avoir été sabins; *Denter*, qui n'est pas latin; *Libo*, en *o ; Drusus*, auquel on donne pour origine le nom d'un chef gaulois (Drausus), tué

nesse[1], à l'occasion de la merveilleuse surprise qui coûta la vie à Asdrubal ; Sempronius Sophus[2], le temple de la Fortune Primigenia[3], anciennement honorée sur le mont *Quirinal* ou *Sabin*.

Le temple dédié pendant la dictature de Fabius, par son neveu Otacilius, à la déesse *Mens*[4], l'Intelligence, la Raison, était un hommage à la tactique du temporisateur, qui disait que la Raison et *Mens* devaient gouverner la conduite du général.

Sur le Capitole, en regard du temple de Mens, l'austère déesse, et séparé de lui par un ruisseau, Fabius dédia le temple de la Vénus d'Eryx (*Venus Erycina*). Ce

---

par le premier Livius Drusus, qui aurait repris aux *Senones* l'or enlevé par leurs aïeux au Capitole (Suét., *Tib.*, 3) ; légende invraisemblable, et qui rend l'étymologie suspecte. Ce qu'il y a de sûr, c'est que *Drusus* était un surnom usité dans la gens sabine Claudia (le frère et le fils de Tibère), et qu'on le trouve porté par des *libones*. *Macatus*, surnom des Livii, ressemble à *Maccus*, campanien, et par conséquent sabellique ; plusieurs Livinii,—ce nom se rapproche beaucoup de celui des Livii, — ont pour surnom *Régulus*, surnom des Attilii sabins.

[1] Tit. Liv., xxxvi, 36. L'ancien temple de la Jeunesse, sur le Capitole, était antérieur à celui de Jupiter. Le nouveau, voué par Livius Salinator, était entre le Palatin et le Cirque. (Can., *Esp. top.*, p. 719-20.) Il fut dédié par C. Licinius Lucullus ; les Licinii étaient une gens sabine et ombrienne.

[2] Une branche des Sempronii, les Gracchi, étaient sabelliques, car *Gracchus* est un nom Èque (Tit. Liv., III, 25) ; parmi leurs surnoms, *Asellio*, *Pitio*, *Rufus*, *Rutilus*, ont une physionomie sabine ; *Tiberius*, prénom fréquent chez les *Gracchi*, est sabin.

[3] Tit. Liv., xxxiv, 53.

[4] Tit. Liv., xxii, 10 ; xxxiii, 31.

temple s'éleva sur le Capitole, comme il s'élevait en Sicile sur la cime du mont Eryx, en mémoire de la première guerre punique, dans laquelle avait glorieusement figuré la défense du mont Eryx, qui dura deux ans, et durant laquelle furent accomplis, du côté des Romains et du côté des Carthaginois, des prodiges d'opiniâtreté et de valeur [1].

Fabius, en fondant ce temple, ne voyait sans doute dans la Vénus Érycine que la mère d'Énée, honoré avec elle dans son sanctuaire de Sicile, et la mère du peuple romain.

Cette Vénus était originairement l'ancienne déesse pélasge de la Fécondité; mais son culte avait été atteint en Sicile par les influences du culte voluptueux de l'Astarté de Carthage, et il était desservi par ces faciles prêtresses qu'on nommait des Hiérodules. Aussi Vénus Érycine fut à Rome une déesse du plaisir. On sentit que le Capitole était un lieu bien grave pour elle, et on lui érigea un autre [2] temple hors de la ville, près de la porte Colline, dans la région des jardins qui, on le sait, étaient sous la garde du dieu Priape. C'est là que, le 12 avril, les courtisanes romaines offraient à Vénus Érycine de l'encens, des myrtes, des roses, et lui demandaient de les protéger. L'apparition d'une telle divinité sur le Capitole et d'un tel culte sur le Quririnal fait pressentir le changement qui ne

[1] Polyb., i, 58.
[2] Tit. Liv., xl, 34.

tardera pas beaucoup à s'opérer dans les mœurs romaines.

Dans la curie, la vigueur des âmes n'avait encore reçu aucune atteinte. Un jour, on y vit arriver les envoyés d'Hiéron, roi de Syracuse ; ils apportaient, en témoignage de la sympathie du roi pour les Romains, des offres de secours et d'approvisionnements, et une statue de la Victoire en or, pesant trois cent vingt-cinq livres. Quelque temps auparavant, Hiéron, qui voulait être bien avec tout le monde, avait envoyé aussi du blé aux Carthaginois[1]. Le sénat répondit « que la fidélité du roi Hiéron était agréable au peuple romain ; que diverses nations lui ayant déjà offert de l'or, il avait accepté la reconnaissance, mais n'avait pas accepté l'or; qu'il agréait la *Victoire* et le présage; qu'on donnerait à la déesse une place au Capitole, dans le temple de Jupiter très-grand et très-bon, et que, dans ce sanctuaire de Rome, elle serait propice aux Romains. »

Le sénat, tout en refusant l'or d'Hiéron, accepta son blé, ses archers et ses frondeurs, avec sa statue. Que n'y est-elle encore, cette statue grecque du temps d'Hiéron ! Mais il s'est trouvé à Rome, depuis ce temps-là, des gens qui, non-seulement acceptaient l'or, mais qui le prenaient, et qui fondaient les statues pour en faire de la monnaie.

Le Forum, il faut l'avouer, n'était pas si digne que

---

[1] Mommsen, *R. Gesch.*, I, p. 582.

la curie; il retentissait des discours de Varron, ce bas agitateur, devenu consul et demeuré séditieux; il disait que les nobles avaient attiré la guerre en Italie; qu'avec des Fabius pour généraux, elle demeurerait attachée aux entrailles de la république; que le jour où lui, Varron, aurait vu l'ennemi, tout serait terminé.

En effet, tout fut presque terminé. Varron se fit battre à Cannes, défaite que Tite Live déclare plus monstrueuse et plus funeste que celles de l'Allia.

On avait su à Rome qu'une grande bataille se préparait, et tout le monde était rempli d'une immense inquiétude. Chacun répétait les oracles favorables ou funestes qui étaient près de s'accomplir. Ce n'étaient que signes et prodiges observés dans tous les temples et dans toutes les maisons, prières adressées aux dieux et vœux formés pour obtenir leur appui[1], mais les dieux furent sourds, et la bataille de Cannes fut perdue.

Cette fois encore on attendait Annibal à Rome; et moi, qui à mon grand regret n'en puis sortir, je l'y appelle dans l'intérêt de mon histoire, comme l'y poussait le Carthaginois Maharbal, en lui disant : « Dans cinq jours, tu souperas au Capitole. »

Mais Annibal savait mieux que Maharbal ce qu'il avait à faire, et que je tâcherai de comprendre. Au

---

[1] Polyb., III, 112.

lieu de marcher sur Rome, il alla passer l'hiver à Capoue, ce qu'on lui a tant reproché, et, selon moi, à tort; je dirai tout à l'heure pourquoi.

A Rome, la désolation était profonde. On ne put célébrer les fêtes de Cérès, parce qu'il était interdit de pleurer ce jour-là, et qu'on ne trouva pas une matrone sans larmes. Alors, le sénat défendit de pleurer plus de trente jours[1].

On vit des prodiges dans tout ce qui était arrivé depuis que cette fatale année avait commencé. Deux vestales avaient violé leurs vœux. L'une avait été enterrée vive près de la porte Colline, l'autre s'était donné la mort. Le désespoir pousse à la férocité : pour apaiser les dieux par une immolation extraordinaire, on enterra vivants un Gaulois et une Gauloise, un Grec et une Grecque, au milieu du marché aux bœufs. Vraie boucherie! Ce fut dans les livres étrusques (*libri fatales*), qu'on trouva la prescription de cet odieux sacrifice. En effet, les Grecs et les Gaulois étaient les ennemis des Thyrréniens. Tite Live[2] a soin de dire qu'un tel sacrifice n'était pas romain, mais l'historien ajoute que le lieu où il fut offert, était une enceinte entourée de pierres, où avait déjà coulé le sang des victimes humaines, faisant allusion sans doute aux anciennes immolations de l'époque satur-

---

[1] Val. Max., I, 15.

[2] Tit. Liv., XXII, 57. — Plutarque (*Marcell.*, 3) attribue ce sacrifice à la crainte des Gaulois.

nienne, qu'Hercule passait pour avoir abolies, c'est-à-dire qui, introduites dans le pays de Saturne probablement par les Étrusques, avaient disparu à l'arrivée des Pélasges.

Tandis que les livres étrusques commandaient le rétablissement des immolations humaines, le génie plus doux de la Grèce qui commençait à prévaloir sur le génie sombre de l'Étrurie, prescrivait la fondation des jeux apollinaires, qui avaient lieu dans le grand Cirque[1].

Pendant l'année qui suivit la bataille de Cannes, le sénat quitta la curie, le préteur ne rendit plus la justice dans le comitium, ces lieux augustes furent abandonnés et vides en signe de deuil. Les délibérations du sénat et les arrêts de la justice furent transportés ailleurs, près de la porte Capène, du côté que menaçait Annibal. Les sénateurs choisirent probablement, pour y tenir leurs assemblées, le temple de Mars, comme il convenait, dans l'attente de l'ennemi.

---

[1] L'origine de ces jeux est attribuée aux prophéties d'un certain Marcius, qui avait, disait-on, prédit le désastre de Cannes, et prédisait maintenant que, si l'on instituait des jeux en l'honneur d'Apollon, Annibal, cette peste de l'Italie, serait contraint d'en sortir. A en juger par son nom, ce Marcius devait être un Sabin; mais sans doute on attribuait aux Sabins des prophéties grecques, car c'était de Grèce qu'était venu le culte d'Apollon et tout ce qui se rapportait à ce culte; et ces jeux eux-mêmes se faisaient *ritu Græco*.

Mais avant de quitter la curie, le sénat avait eu à prononcer sur une proposition d'Annibal. Annibal, dont le but était sans doute d'amuser le sénat et de gagner le temps dont il avait besoin pour ses desseins, offrit aux Romains la permission de racheter les prisonniers; il en envoya quelques-uns à Rome faire cette proposition. L'un d'eux prononça un discours assez noble, vu la situation, pour demander leur rachat. Il paraît que le sénat avait laissé les portes de la curie ouvertes, car la foule qui s'était rassemblée dans le comitium, parce que le comitium était devant la curie, sitôt le discours fini, poussa de plaintives clameurs, et tous, les bras tendus vers la curie, demandaient qu'on leur rendît des fils, des frères, des parents.

Titus Manlius Torquatus, homme dur et d'une sévérité antique, adressa la parole aux envoyés; il les gourmanda de vivre, de s'être réfugiés dans le camp, lorsqu'il fallait combattre; d'avoir abandonné le camp, lorsqu'il l'aurait fallu défendre. Et il se prononça énergiquement contre le rachat.

Le sénat fut de l'avis de Manlius Torquatus. Quand on apprit au dehors que les prisonniers ne seraient pas rachetés, ce fut une grande douleur, mais personne ne murmura. On se contenta de reconduire les envoyés avec des pleurs et des lamentations jusqu'à la porte Capène, par où ils sortirent et retournèrent en Apulie.

Ce fut aussi par cette porte que sortirent, quelques jours après, patriciens et plébéiens, le sénat en tête, pour aller au-devant du consul Térentius Varron, auteur du désastre de Cannes, mais qui avait montré de la fermeté après la défaite, et le remercier de n'avoir point désespéré de la patrie. Le sénat se prêta à cette démonstration, en faveur du candidat des plébéiens, encore populaire, pour ne pas les irriter. Transaction mémorable de cet orgueil du patriciat romain, qui savait céder quand il le fallait absolument. M. Mommsen pense que le temps était venu de reviser la constitution; le sénat ne pensa point comme lui, et, malgré les obstacles que la liberté oppose à la conquête, ce qui est un des avantages de la liberté, le peuple romain demeura libre, en continuant ses conquêtes, et son suicide politique fut encore ajourné de deux siècles. D'ailleurs, il y avait un remède aux oppositions populaires, c'était l'énergie des magistrats. Fabius le fit bien voir dans les comices qu'il vint tenir à Rome, quelque temps après la bataille de Cannes; déjà, la première tribu avait voté pour élever au consulat Otacilius, qui avait épousé sa nièce. Le choix de la tribu qui votait la première, avait beaucoup d'influence sur l'élection. Fabius parla contre son neveu, qu'il ne croyait pas capable d'exercer le pouvoir dans un temps si difficile, et, comme Otacilius criait très-fort, il fit avancer les licteurs et l'avertit, qu'étant venu directement au champ de Mars sans entrer dans la ville, les haches étaient dans les faisceaux. L'élection recommença, et l'on nomma un autre consul.

Un autre jour, c'était le tour des fournisseurs de l'armée qui avaient trompé l'État par des déclarations fausses, par des évaluations exagérées de leurs pertes. Ces hommes troublaient les comices populaires, qui, cette fois, se tenaient sur la plate-forme du Capitole. A la demande du consul Fabius, les tribuns firent cesser les comices.

Cette vigueur était nécessaire, car, au moindre revers, Rome était troublée; mais si le Forum s'agitait, la curie demeurait calme.

Ici se place le fameux séjour à Capoue, qui est devenu proverbial, et que tant d'écrivains, après Tite Live, ont reproché au vainqueur de Cannes. Je ne nie pas qu'un hiver à Capoue n'ait pu amollir les soldats d'Annibal, mais quand Tite Live affirme qu'il aurait dû marcher droit sur Rome, on peut être de l'avis du grand homme de guerre contre le grand historien ; assiéger Rome, dont les murs étaient en bon état de défense, en ayant sur ses derrières ce qui restait de l'armée romaine, après la bataille de Cannes, paraissait peu sûr à la prudence d'Annibal. Surtout il comprenait, ainsi qu'il le dit un jour[1], qu'il ne pouvait vaincre l'Italie que par elle. Pour gagner à sa cause les alliés de Rome, il avait mis en liberté ceux qui

[1] Non Italiam aliter quam viribus Italicis subigi posse. (Just., xxxi, 5.)

avaient été pris à la bataille de Cannes, comme ceux qui l'avaient été à la Trebbia et au lac de Trasimène, en leur disant qu'il venait délivrer l'Italie.

Annibal voulait soulever et conduire contre Rome toutes les populations italiennes, auxquelles son joug pesait, qui tentèrent de le secouer dans la guerre sociale, et dont une partie seulement s'était prononcée pour le vainqueur, après la victoire de Cannes[1]. Il lui fallait du temps pour déterminer les autres. A Capoue, qui était, d'ailleurs, la seule grande ville à la proximité d'Annibal, où il pût établir convenablement ses quartiers d'hiver; à Capoue, il était très-bien placé pour préparer ce soulèvement des Italiotes contre les Romains, tout son espoir. Il ne jugeait point Rome facile à prendre, et disait qu'il n'espérait l'emporter que par surprise; plus tard, il vint jusqu'à ses portes et ne tenta pas d'en faire le siége. S'il marcha alors sur Rome, ce fut, comme l'a très-bien vu Polybe, une ruse de guerre pour faire abandonner aux Romains le siége de Capoue, qu'ils investissaient. Annibal attachait une extrême importance à dégager Capoue, il l'avait tenté sans succès. Il pensa qu'en s'avançant vers Rome, il attirerait l'armée romaine sur ses pas, et que Capoue serait délivrée. En effet, quelques-uns, dans le sénat, voulaient qu'on rappelât, pour les lui opposer, les troupes de tous les points de l'Italie; mais Fabius ne s'y trompa point et s'opposa fortement à ce

[1] Tit. Liv., xxii, 61.

rappel, disant avec sa sagesse accoutumée : « S'il vient, ce n'est point pour assiéger Rome, mais pour faire lever le siége de Capoue. »

Le sénat ordonna que l'un des deux corps d'armée qui était devant Capoue, y restât, et que l'autre se rapprochât de Rome, en éclairant la marche d'Annibal.

Le chemin d'Annibal est aisé à reconnaître. Il suivit la voie Latine, dont la direction était à peu près celle de la route de Naples à Rome, par le mont Cassin.

Annibal marchait très-vite, il voulait prendre Rome au dépourvu, ou du moins la frapper de crainte, pour la décider à rappeler les troupes qui assiégeaient Capoue. En effet, il était sur les bords de l'Anio, à quelques milles de Rome, avant qu'on sût qu'il approchait. Mais le consul Fulvius, l'ayant devancé, entra dans Rome par la porte Capène, traversa les Carines et alla camper sur l'Esquilin, entre la porte Esquiline et la porte Colline, pour défendre le côté de Rome le plus vulnérable, celui où elle peut être dominée de plus près par l'ennemi[1]. Les consuls et le sénat se réunirent dans le camp et y délibérèrent.

Ce fut dans Rome un grand effroi. Les fausses nouvelles qui se répandirent aussitôt, l'augmentaient encore. Toute la ville était émue. On entendait les femmes gémir dans les maisons, on les voyait courir

---

[1] . . . . Proximus urbi
Annibal, et stantes collinâ turre mariti.
(Juv. *Sat.*, vi, 292.)

aux temples, les cheveux épars, embrasser les autels, se mettre à genoux (*nixæ genibus*), tendre les mains vers le ciel en priant les dieux. Rien ne manque à ce tableau, pour ressembler à celui qu'on pourrait faire d'une panique romaine de nos jours : on verrait de même les femmes courir aux églises, baiser les autels et tomber à genoux pour prier; et on pourrait leur dire, comme Lucrèce, censurant des démonstrations de piété fort semblables : «La vraie piété ne consiste pas à se montrer fréquemment le visage voilé, — le voile est de rigueur dans les grandes cérémonies de Saint-Pierre, — à se tourner dévotement vers une statue, à s'approcher de tous les autels, à se prosterner à terre[1]. »

Le sénat se rendit dans le Forum, démarche extraordinaire et qui ne pouvait naître que du sentiment d'un grand danger. Le Forum n'était pas la place du sénat; en général, il appelait les magistrats dans le lieu ordinaire de ses séances, la curie. Mais, ce jour-là, le sénat se faisait peuple pour la défense de Rome, menacée de si près. Chacun, investi de sa fonction particulière, se rendait à son poste ou s'offrait pour le service que les conjonctures pouvaient réclamer. On mettait garnison au Capitole, sur les murs, et hors de

---

[1] Nec pietas ulla est velatum sæpe videri,
  Vertier ad lapidem atque omnes accedere ad aras,
  Nec procumbere humi prostratum. . . . .
        (Lucr., V, 1196.)

la ville, sur le mont Albain, dans la citadelle d'Æsulæ[1]. Annibal traverse Frosinone, Ferentino, Agnani, passe par une des deux gorges qui s'ouvrent au pied du mont Algide, et par où les Èques avaient tant de fois pénétré, puis gagne Tusculum, en suivant les hauteurs[2]. Cette ville lui ayant fermé ses portes, il descend à Gabie, et enfin s'arrête à trois lieues de Rome, dans le champ Pupinien, où étaient les métairies de deux grands adversaires des Carthaginois, Régulus et Fabius[3]. Annibal fit perfidement épargner celle de Fabius, pour compromettre le dictateur, que ses lenteurs rendaient suspect au Forum, mais Fabius vendit son champ. Les Numides, Cosaques de l'armée punique, battaient la campagne et faisaient main basse sur tous ceux qu'ils pouvaient atteindre.

Annibal avait établi son camp sur l'Anio, à quatre lieues de Rome. Il fit une reconnaissance sous les murs, depuis la porte Colline jusqu'au temple d'Hercule, près de la porte Esquiline[4]. Fulvius Flaccus, trouvant

---

[1] *Colle Faustiniano*, près de Tusculum, selon Nibby. (*Dint.*, I, 29.)

[2] On appelle camp d'Annibal une prairie élevée, en face d'un ancien cratère situé sur la pente du mont Albain, au-dessous de Rocca di Papa. Ce lieu est dominé de bien près par le mont Albain, où l'on avait mis une garnison. Choisir une telle position pour son camp n'eût pas été prudent à Annibal; d'ailleurs, Annibal, allant de l'Algide à Tusculum (Tit. Liv, XXVI, 9), laissait le lieu où est son prétendu *camp*, derrière lui.

[3] Nibb., *Dint.*, II, 666.

[4] Tit. Liv., XXVI, 10. Vers l'église de Sainte-Bibiane. Il y avait près

qu'on ne pouvait souffrir cette chevauchée, envoya de la cavalerie faire rentrer au camp celle qui escortait Annibal; le combat s'étant engagé sous les murs de Rome, le consul commanda de faire traverser la ville pour gagner l'Esquilin, à douze cents transfuges numides, campés sur le mont Aventin, « jugeant, ajoute Tite Live, que nuls ne seraient plus propres à combattre parmi les plis de terrain, les habitations semées au milieu des jardins, les tombeaux, les chemins partout creusés dans des enfoncements. » Cette phrase de Tite Live met sous nos yeux un faubourg de Rome sur le plateau de l'Esquilin; la peinture est encore ressemblante. Mais la terreur était si grande que lorsqu'on vit du haut du Capitole les Numides descendre les pentes de l'Aventin, on s'écria que l'ennemi était maître de cette colline, quoique l'Aventin se trouvât du côté opposé à celui où campait l'ennemi. Il y a eu des paniques dans presque toutes les villes assiégées, et notamment à Rome, pendant le dernier siége; n'a-t-on pas abattu alors les beaux pins de la villa Borghèse, parce qu'on

---

de là un temple d'Hercules *Victor*, devenu peut-être, depuis Sylla, Hercules *Sullanus* (*Hercules Vict.*, inscription trouvée dans le champ Esquilin). Il ne faut donc pas l'aller chercher, comme on l'a fait, à cinq ou six milles, sur la voie Appienne. Annibal, pour observer la ville, resta sur le plateau qui la touche et la domine. Qu'eût-il été faire dans la plaine, à une lieue de Rome? Le temple d'Hercule, sur la voie Appienne, est mentionné par Martial après le champ des Horaces. Le petit édifice, situé de ce côté, et dans lequel on a cru reconnaître ce temple d'Hercule, est, selon M. Rosa, un reste de villa.

prétendait que les Français allaient attaquer par là, tandis qu'ils étaient sur l'autre rive du fleuve, au sommet du Janicule.

La terreur des Romains fut si grande, que la population se serait précipitée hors de la ville, à l'opposite de l'Aventin, si le camp des Carthaginois n'avait été là pour l'arrêter. On se réfugiait dans les maisons, on grimpait sur les toits; ceux qui couraient par les rues lançaient des pierres et des traits aux soldats romains, les prenant pour des ennemis; ce qui augmentait la confusion, c'est que la ville était encombrée de paysans qui étaient accourus pour chercher un asile dans Rome avec leurs troupeaux.

La cavalerie carthaginoise fut repoussée, mais comme il y avait partout des troubles à réprimer, on donna le commandement militaire (*imperium*) à tous ceux qui avaient été consuls, dictateurs ou censeurs. Le reste du jour et la nuit suivante, il y eut encore quelques tumultes, on parvint à les étouffer.

Tel était l'effet de la présence d'Annibal sous les murs de Rome.

Le lendemain Annibal passa l'Anio et offrit la bataille aux Romains; les Romains l'acceptèrent. Mais deux jours de suite une grande pluie mêlée de grêle empêcha les armées de se joindre[1]; dès

---

[1] Il y a, en effet, quelquefois, des pluies torrentielles à Rome, comme le savent trop bien ceux qu'elles ont gênés dans leurs excursions; et quant à la grêle, je n'ai jamais trouvé, dans les quatre par-

qu'elles furent rentrées dans leur camp, l'orage cessa.

Outre cette protection que Jupiter Pluvius accordait visiblement aux Romains, deux choses découragèrent Annibal : il apprit d'un prisonnier que plusieurs corps de cavalerie étaient partis pour l'Espagne, comme si le plus redoutable ennemi de Rome n'eût pas été au pied de ses murailles, et — magnifique assurance du peuple romain — qu'on avait mis en vente, la veille, le terrain sur lequel son camp était placé ; cette circonstance, jugée indifférente, n'en avait point fait baisser le prix. Pour ne pas demeurer en reste de confiance, Annibal fit mettre aux enchères les boutiques du Forum ; mais c'était une bravade qui n'avait rien de sérieux. L'achat au prix courant de la terre sur laquelle campait Annibal, était une transaction sérieuse et sublime.

Annibal, désespérant d'emporter Rome par un coup de main, trompé dans son espoir d'effrayer le sénat et de lui faire rappeler de devant Capoue l'armée tout entière, jugea le coup manqué et se retira ; mais avant de se retirer, il lança, en signe de menace, un javelot dans cette ville où il n'avait pu entrer. Pour se consoler de son échec, Annibal alla au pied du Soracte piller le sanctuaire de Féronia ; les paysans capenates, aussi dévots à la grande déesse sabine que leurs descendants

---

ties du monde, une grêle comparable à celle qui m'a surpris un jour dans les montagnes voisines de Rome, et qui a duré près de trois heures

peuvent l'être à saint Oreste[1], offraient à ce sanctuaire célèbre les prémices de leurs moissons. Elle recevait aussi des offrandes en or et en argent. Annibal traita le sanctuaire de Féronia comme le général Bonaparte devait traiter un jour le sanctuaire de Notre-Dame de Lorette ; il le dépouilla.

A l'occasion du départ d'Annibal, on consacra un temple au dieu du Retour (*deus Rediculus*). Ce temple était à droite de la voie Appienne[2], au second mille, et ne peut en conséquence être à gauche de cette voie, là où les *ciceroni* le montrent aux voyageurs ; de plus, ce qu'ils leur montrent n'a jamais été un temple, mais un charmant tombeau ; enfin on n'a pas manqué de faire du dieu du Retour (*Rediculus*) le dieu ridicule. Il n'y a de ridicule dans tout cela que cette dénomination, donnée par l'ignorance des *ciceroni* et admise par la crédulité des voyageurs.

Le dieu qui porta ce nom de *Rediculus* (dieu du retour) depuis le retour d'Annibal s'appelait auparavant[3]

---

[1] De Soracte ils ont fait saint Oreste, comme de *vieron icôn*, la sainte image, on a fait sainte Véronique ; comme de la sainte Sagesse (*Agia Sophia*), on a fait sainte Sophie.

[2] Pl., x, 60, 2.

[3] *Tutanus*, qui protége, de *tutari* (*a tutando* Nonn., 35). Tutelina était une déesse protectrice des moissons, à laquelle un bois avait été consacré sur l'Aventin, non loin de la demeure du poëte Ennius. On trouve dans des noms propres (*Tutna, Tutnei*), la trace du culte de Tutanus en Etrurie, où l'avaient porté les Pélasges. (Müll., *Etr*., p. 428.

Tutanus (le protecteur); c'était un nom sabin [1] du dieu générateur des antiques Pélasges. On sait que le symbole qui le représentait était un symbole protecteur placé à l'entrée des villes. Un sanctuaire du dieu Tutanus avait été placé à deux milles de la porte Capène pour protéger Rome, et en effet il sembla l'avoir protégée.

La suite de la seconde guerre punique se compose, pour les Romains, d'une alternative de revers et de succès; mais les succès vont toujours l'emportant davantage sur les revers. Ils perdirent Tarente, mais pour un temps seulement; ils prirent Syracuse et reprirent Capoue.

---

[1] *Tutari*, et l'appellation *Tutanus*, qui en dérive, était un mot sabellique plutôt que latin. Sa racine est étrangère à la langue grecque, et se retrouve dans *Tuticus*, ce mot qui, chez les Volsques, désignait la puissance; *Medix Tuticus*, le chef investi de l'autorité; Tutanus s'appelait aussi *Mutinus* (*Fest.*, p, 154), autre mot sabellique dont la racine reparaît dans *Mutius*, nom propre sabin, *Mutina* (Modène), nom de lieu ombrien. Mutinus avait une chapelle sur la Velia, lieu sacré dans la Rome pélasge et la Rome sabine; dieu originairement pélasge, car Mutinus, et par conséquent Tutanus, était le même dieu que Priape (Marq., IV, 13) et sur lui on asseyait les femmes mariées, sans doute pour les rendre fécondes. Ainsi, au lieu de cette dénomination niaise du dieu *Ridicule*, reposant sur l'erreur d'un calembour, nous avons ressaisi, avec le nom primitif du dieu Rediculus, la vraie légende, celle qui supposa Annibal arrêté et repoussé par le grand dieu pélasge, qui donnait la vie, la puissance, et, l'emploi du fascinum nous l'a fait voir, détournait les maux. Aussi Properce (III, 3, 11) confond le dieu *Rediculus* avec les Lares. Les *Lares* étaient le nom de divinités protectrices du foyer et de la cité, et ils avaient un sanctuaire sur la Velia, comme Mutinus ou Tutanus, à 'on leur avait sans doute assimilé.

Un événement qui se passa dans Rome décida Tarente à se donner aux Carthaginois. Des otages tarentins étaient détenus dans l'atrium de la Liberté[1] ; tentés par un de leurs compatriotes qui était à Rome sous prétexte d'une mission diplomatique, une nuit ils s'échappèrent et s'enfuirent avec lui, mais on les rejoignit à Terracine ; conduits au comitium, ils y furent battus de verges, puis précipités de la roche Tarpéienne. Leurs amis, irrités, ouvrirent les portes de Tarente à Annibal.

Ce fut après le siége de Syracuse que Marcellus voulut accomplir un vœu fait autrefois pendant la bataille de Clastidium contre les Gaulois du Pô, et renouvelé durant le siége de Syracuse, en érigeant un temple à l'Honneur et à la Vertu.

Les deux expressions par lesquelles on traduit les mots *honos* et *virtus* rendent assez inexactement la signification que leur donnaient les Romains ; l'*honneur*, dans le sens moderne du mot, n'existait ni dans leurs idées ni dans leur langue. La véritable acception d'*honos* s'est conservée chez nous seulement au pluriel, dans ce terme les *honneurs*, pour désigner les dignités. A Rome, toute dignité était attachée à un emploi ; les honneurs étaient donc les emplois élevés[2]. La divinité dont Marcellus voulait consacrer le culte était donc la

---

[1] Il y avait à Rome deux édifices qui portaient ce nom : l'un vers champ de Mars, l'autre sur l'Aventin.

Honorem gerere a le même sens que *magistratum gerere*.

personnification des emplois publics, récompense des services rendus à l'État. Le mot français qui répond le mieux à l'*honos* des Romains est peut-être *avancement*.

On sait que *virtus* voulait dire d'abord **la force,** la force physique et la force morale, par suite la vertu du citoyen, dont la vigueur de l'âme est la source ; et enfin, par extension, la vertu en général[1]. L'intention de Marcellus était donc d'ériger un temple à deux divinités qui représentaient les deux principes par lesquels la vie d'un citoyen romain était gouvernée : le devoir envers la patrie, et l'ambition des charges que la patrie imposait, et qui étaient la récompense des devoirs accomplis envers elle[2].

L'Honneur et la Vertu n'étaient pas des personnifications de qualités abstraites imaginées par Marcellus; c'étaient des divinités réelles dont le culte existait à Rome[3]

---

[1] On s'étonne d'abord que l'expression *faire de nécessité vertu*, qui semble un pur gallicisme, soit dans Cicéron, *facere de necessitate virtutem;* mais, en y réfléchissant, on reconnaît que cette locution est beaucoup moins française que latine ; *Vertu* y est pris dans le sens originaire de *virtus*, la *force*. Le proverbe veut dire : se faire de la nécessité une *force*, et non une vertu morale, ce qui n'aurait pas de sens.

[2] Ces deux mots ont été pris, je pense, dans leur sens moderne, et par allusion à leur association antique, quand on en a fait les noms de deux tours ajoutées à la *porta Capuana*, lors de l'entrée de Charles-Quint à Naples, et qui s'appellent encore *Onore e Virtù*.

[3] Bien des années avant lui, un Q. Fabius Maximus avait voué un temple à l'Honneur et à la Vertu. (Cic., *de Nat., d.* II, 23.) Il y avait

Virtus, originairement la force, était probablement un des noms latins de la déesse sabine Nerio ; ce qui, en sabin, voulait dire aussi la *force*. Pour Honos, on le représentait sous les traits d'un jeune homme couronné de lauriers[1].

Marcellus plaça le temple qu'il voulait dédier à ces deux divinités dans le voisinage du temple de Mars, dont Nerio était l'épouse, près de la porte Capène[2], cette porte par où le général romain était rentré dans Rome en revenant de Syracuse.

Je ne puis m'empêcher de remarquer que le culte de la déesse sabine Nerio, sous le nom de *Virtus* ou sous le nom de *Bellona*, semble avoir été particulièrement cher aux hommes d'extraction sabine ou sabellique ; un Fabius l'avait inauguré, un Marcellus[3] le consacre ; Marius[4] le consacrera après lui, et plus tard Vespasien réparera le temple de cette divinité, sabine comme lui[5].

un autel antique de l'Honneur, près de la porte Colline (Cic. *de Legg.* ii, 23.)

[1] On lui sacrifiait, la tête découverte, parce qu'on se découvrait devant les magistrats. (Plut., *Q. Rom.*, 13.)

[2] En dehors de cette porte, *Visebantur ab externis ad portam Capenam dedicata a Marcello templa*. (Tit. Liv., xxv, 40.)

[3] Le nom des *Marcelli* est certainement en rapport avec *Martius* ou *Marcius*, nom sabin (Numa Martius, Ancus Martius). Tous les Marcelli s'appellent Claudius, et presque tous ont pour prénom *Marcus*, qui a la même origine que *Marcius*.

[4] Marius d'Arpinum, pays sabellique.

[5] Les Flaviens étaient originaires de Rieti, dans la Sabine.

Quand il fallut dédier le temple de l'Honneur et de la Vertu, une difficulté religieuse se présenta. Les prêtres déclarèrent qu'on ne pouvait dédier un seul temple à deux divinités. C'était une assez mauvaise chicane, car il existait déjà un temple de l'Honneur et de la Vertu, sans parler de plusieurs autres où s'offrait un double culte [1]. On peut donc supposer que les prêtres qui, pour la plupart, étaient des patriciens, ne voyaient pas d'un bon œil la gloire du général plébéien grandir en regard de celle des Fabius et des Cornelius. Le sénat avait déjà donné un signe de ce mauvais vouloir en n'accordant pas à Marcellus les honneurs du grand triomphe, et le lui montrèrent encore quand les Syracusains vinrent à Rome se plaindre de lui.

Marcellus semble avoir voulu répondre à ces injustes dédains en élevant son temple à ce que nous appellerions le mérite et les *distinctions sociales*, comme pour indiquer que les secondes ne devaient pas être séparées du premier. Nous verrons, en effet, le grand plébéien Marius, ce fils de ses œuvres, dédier aussi un temple à l'honneur et à la vertu.

Mais les casuistes de la Rome ancienne, qui, comme ceux de la Rome moderne, avaient le goût des tempéraments, eurent recours à un biais, ainsi qu'il est ar-

[1] Celui de Volupia et d'Angerona, celui de Saturne et d'Ops, celui de Castor et Pollux.

rivé quelquefois depuis. Ils permirent à Marcellus de joindre à son temple de l'Honneur un temple *distinct* de la Vertu.

Comme on passait par celui-ci pour arriver à celui-là, on dit que cela signifiait qu'il fallait arriver aux honneurs par la vertu ; ou je me trompe, ou ce fut une réflexion de Marcellus.

Capoue, qu'Annibal avait été contraint d'abandonner, tomba au pouvoir des Romains. Soixante-dix sénateurs furent mis à mort; trois cent citoyens considérables emprisonnés. On épargna la ville pour que le terrain fertile qui l'entourait fût cultivé, mais on ne lui permit d'avoir ni sénat ni magistrats à elle, ni assemblées publiques; elle ne fut plus qu'un lieu d'habitation, elle cessa d'être une cité.

Cette sévérité excessive déployée à Capoue fut vengée à Rome. Un incendie éclata au Forum sur plusieurs points à la fois, s'étendant depuis le pied du Capitole jusqu'aux abords du temple de Vesta[1]. Ce tem-

[1] On suit parfaitement la marche de cet incendie. (Tit. Liv., xxvi, 27.) D'abord il prend aux premières boutiques, du côté septentrional du Forum, appelées les *Sept boutiques* et les *Boutiques neuves* dans le voisinage desquelles Virginius avait tué sa fille ; puis il gagne les édifices privés au nord du Forum, il atteint les lautumies voisines de la prison Mamertine, et le marché aux poissons ; tous ces lieux sont rapprochés. Tite Live nomme tout de suite après l'*Atrium regium*, c'est-à-dire la Regia, demeure du grand-prêtre et voisine du temple de Vesta, qui fut lui-même menacé par les flammes. Ce point est éloigné des premiers, et c'est pour cela, sans doute, que Tite Live parle de l'incendie comme ayant éclaté autour du Forum,

ple fut défendu des flammes par treize esclaves que l'**État** s'empressa d'acheter, et auxquels il donna la liberté. L'embrasement dura un jour et une nuit. Qui avait allumé ce feu terrible? On sut, par les révélations d'un esclave, que de jeunes nobles de Capoue, dont les parents avaient été tués sur l'ordre du consul Fulvius Flaccus, étaient les auteurs de l'incendie et voulaient en allumer d'autres. Comme ils niaient le crime, ils furent mis à la torture dans le Forum.

Le traitement qu'avaient subi Syracuse et Capoue amena à Rome des députés de ces deux villes. Les premiers accusaient Marcellus d'avoir ravagé et spolié la leur. Les ennemis du consul en profitèrent pour élever la voix contre lui. Les patriciens, jaloux de sa gloire plébéienne, recueillaient ses accusateurs dans leurs villas aux environs de Rome; et les plébéiens servaient aveuglément ces haines aristocratiques par leurs plaintes sur les maux que la guerre avait causés. Marcellus voulut que le sénat entendît les doléances des Siciliens, et, après quelques fières paroles sur ce nouveau genre d'accusation portée par les vaincus contre les vainqueurs, il sortit de la curie pour laisser toute liberté aux plaignants ainsi qu'aux sénateurs et alla au Capitole[1] s'occuper du recrutement. Selon

en plusieurs endroits à la fois. Il avait pu aussi se continuer, en suivant l'extrémité orientale du Forum, où il devait y avoir des boutiques.

[1] Ce passage, et celui où il est parlé des comices par tribus qui

Plutarque, il attendit à la porte de la curie que le sénat eût prononcé.

La majorité du sénat se prononça en faveur des Siciliens, ou plutôt contre Marcellus. Faisant allusion aux objets précieux enlevés à Syracuse et placés par le vainqueur dans son temple de l'Honneur et de la Vertu, situé, on s'en souvient, près de la porte Capène, Manlius Torquatus s'écria : « Si Hiéron, ce fidèle ami du peuple romain, revenait à la lumière, de quel front oserions-nous lui montrer sa patrie et Rome. Il trouverait sa patrie à demi détruite et pillée, et, en entrant dans Rome, il verrait aux portes et comme dans le vestibule[1] de la ville les dépouilles de cette patrie. »

Cependant, *la mesure*, comme toujours, l'emporta dans la curie. Les envoyés siciliens n'obtinrent que des paroles de modération et la promesse que ce terrible Marcellus ne serait pas envoyé en Sicile. Ces pauvres gens tombèrent à ses pieds en lui demandant pardon d'avoir si grand'peur de lui. Marcellus les traita avec une bonté où sans doute entrait quelque dédain.

Il y a au musée du Capitole, assise au milieu de la

---

remplissaient toute la plate-forme du Capitole (Tit. Liv., xxv, 3), montre qu'à cette époque cette plate-forme remplaçait parfois le champ de Mars, où se faisait en général le recrutement, et le Forum, lieu ordinaire des comices par tribu.

[1] Cette expression est une preuve de plus que le temple de l'Honneur et de la Vertu était en dehors de la porte Capène, car le vestibule est en dehors et en avant des maisons.

celle qui renferme les portraits des philosophes et des poëtes grecs, une statue romaine qu'on appelle à tort, je le crains, un Marcellus[1]. Ce Romain, quel qu'il soit, a l'air de promener sur tous ces Grecs un regard superbement tranquille; tel je me figure Marcellus dans le sénat, regardant les envoyés de Syracuse à ses pieds.

Pour les envoyés de Capoue, les décisions du sénat à l'égard de leur ville furent extrêmement rigoureuses, et, comme dit Tite Live, ils sortirent de Rome encore plus tristes qu'ils n'y étaient entrés.

Les impôts et le service naval, que la guerre rendait nécessaires, pensèrent faire éclater à Rome une sédition terrible[2]. Une multitude frémissante remplissait le Forum et assiégeait de ses plaintes les consuls, qui ne pouvaient rien obtenir d'elle ni par la douceur ni par les menaces. Alors, sur la proposition du consul Lævinus, les sénateurs offrirent à l'État presque tout ce qu'ils possédaient en or, en argent et en cuivre monnayés. Les chevaliers imitèrent les sénateurs, et on fut dispensé de recourir à l'impôt qu'on voulait établir et que le peuple était décidé à ne pas payer.

A peine cette agitation calmée, une autre se manifesta[3]. Douze des trente colonies italiennes, dont les

---

[1] Je ne trouve pas que la tête de cette statue ressemble aux médailles.
[2] Tit. Liv., xxvi, 35-6.
[3] Tit. Liv., xxvii, 9.

envoyés étaient à Rome, déclarèrent aux consuls qu'ils n'avaient pas le droit d'exiger d'elles des hommes et de l'argent. Les consuls furent indignés, et les sénateurs épouvantés ; mais les envoyés des dix-huit autres colonies les rassurèrent : ils se dirent prêts à donner en hommes et en argent tout ce qu'on leur demandait et, s'il le fallait, plus encore. Les consuls répondirent que leurs louanges ne suffisaient pas pour reconnaître un pareil dévouement, que les envoyés méritaient les remercîments du sénat tout entier, et ils les conduisirent dans la curie. Le sénat les accueillit par un décret très-honorable et ordonna aux consuls de les mener au Forum pour y recevoir les actions de grâces de tous les citoyens. Quant aux douze colonies réfractaires, le sénat jugea de sa dignité de ne pas faire mention de leurs refus.

Dans toutes ces scènes de la curie ou du forum, Rome est quelquefois dure, quelquefois turbulente, mais, à cette époque, en somme bien belle à regarder. Le champ de Mars avait aussi ses scènes de patriotisme. Dans une élection de consuls, les jeunes gens de la centurie qui, ce jour-là, votait la première, avaient donné leur suffrage à Manlius Torquatus. J'ai dit quelle était l'influence de ce premier suffrage. Déjà on félicitait Manlius. Lui s'avance vers le consul et lui demande de faire recommencer le vote, se déclarant, à cause de l'état de sa vue, incapable de remplir les fonctions qu'on veut lui conférer, mais la centurie qui l'avait nommé, saisie d'admiration, déclare à son tour qu'elle le nommera de nouveau. Manlius persiste : « Songez, leur dit-il, que les Carthaginois sont en Italie et qu'ils ont pour chef Annibal. » Alors les jeunes gens de la centurie demandent à conférer avec les vieillards dont elle se compose aussi. On donne aux uns et aux autres le temps de s'entretenir en secret dans les *septa*. Les jeunes gens obéissent au conseil des vieillards et changent leur vote. Tite Live admire avec raison et regrette cette absence d'ambition d'un côté et de l'autre ce respect de la vieillesse qui n'étaient plus de son temps [1].

J'ai peint, d'après Tite Live, la consternation de Rome lors du désastre de Cannes ; j'emprunterai encore au grand historien, pour l'encadrer dans ce panorama historique de Rome, la peinture d'une émotion bien différente, des transports de la population romaine après la défaite et la mort d'Asdrubal au bord du Métaurus [2].

Asdrubal avait hardiment quitté l'Espagne pour venir opérer sa jonction avec son frère Annibal en Italie. C'était un grand danger, et Rome en avait ressenti un grand effroi.

Les prodiges que l'effroi faisait toujours naître n'avaient pas manqué. Pour les conjurer, les prêtres avaient ordonné que vingt-sept jeunes filles allassent

---

[1] Tit. Liv., xxvi, 22.
[2] Près de Sinigaglia

par la ville en chantant un chant sacré composé par le poëte Livius Andronicus. Tandis que celui-ci les *faisait répéter* dans le temple de Jupiter Stator, au pied du Palatin, voilà que, pas très-loin, la foudre vint frapper le temple de Junon sur le mont Aventin. Junon était la patronne des dames romaines : les aruspices déclarèrent que le prodige les regardait, que c'était à elles qu'il appartenait d'offrir un don volontaire à la déesse. Les édiles curules convoquèrent solennellement au Capitole toutes celles qui habitaient Rome et les environs de Rome jusqu'au dixième mille [1]. Elles choisirent vingt-cinq d'entre elles qu'elles chargèrent de recevoir une contribution faite avec leur argent dotal. Au moyen de cette somme, on fabriqua un bassin d'or qui fut porté en don au temple de l'Aventin, où les matrones offrirent un sacrifice, suivant le rite, avec des mains chastes; puis les décemvirs [2] prescrivirent un autre sacrifice à Junon, et voici quel fut l'ordre de la cérémonie. La procession, — car c'était une procession véritable, — partit du temple d'Apollon voisin du Tibre et entra dans la ville par la porte Carmentale. Deux vaches blanches marchaient en tête ; derrière elles on portait deux statues de Junon en bois de cyprès. Vingt-sept vierges en robes traînantes, chantaient le cantique composé par Livius Andronicus, beau pour le temps,

---

[1] Cela fait voir que l'on regardait cet espace de trois lieues environ comme faisant partie des faubourgs de Rome.

[2] On appelait ainsi un corps de prêtres.

dit Tite Live, mais qui, de nos jours, semblerait barbare ; c'est ce que nous dirions, et peut-être à tort, de tel hymne religieux du moyen âge. Les décemvirs marchaient après les vierges, vêtus de la robe prétexte et couronnés de laurier. Le cortége, qui était entré dans Rome par la porte Carmentale, suivit le *vicus Jugarius* jusqu'au Forum. Là il s'arrêta, et les vierges, tenant une corde dans leurs mains, chantèrent en battant la mesure avec les pieds. Puis on alla par le *vicus Tuscus*, le Vélabre et le marché aux bœufs, gagner la montée de l'Aventin, le *vicus Publicius*[1], et l'on arriva ainsi, après avoir fait un chemin que tout voyageur à Rome peut suivre très-exactement[2], au temple de Junon[3].

[1] Cette chaussée avait été faite une trentaine d'années auparavant par deux frères édiles en même temps, qui lui avaient donné leur nom, avec les amendes perçues par suite de divers empiétements sur les terres publiques. Ils avaient aussi élevé un temple à Flore près de cette montée (Tac., *Ann.*, II, 49), et, par conséquent, près du grand Cirque où se célébraient les jeux de Flore, institués par les frères Publicius, et qui n'eurent jamais pour théâtre ce cirque imaginaire de Flore, qu'on a supposé gratuitement exister sur le Quirinal.

[2] Partir des environs du pont Quattro-Capi, aller, en laissant le théâtre de Marcellus à sa gauche, jusqu'à la via Montanara, prendre la via della Consolazione (vicus Jugarius), et arriver ainsi au Forum ; du Forum suivre la via dei Fenili (vicus Tuscus) jusqu'à la Bocca della Verità (Forum boarium), et monter à Sainte-Sabine.

[3] Livius Andronicus, le plus ancien poëte romain, devint comme le patron des auteurs et des acteurs qui obtinrent la permission de se rassembler dans le temple de Minerve, sur l'Aventin, et d'y offrir des dons en l'honneur de celui que son concours à une grande fête nationale avait, pour ainsi dire, canonisé. (Fest., p. 535.)

Les décemvirs immolèrent les deux victimes, et les deux statues de cyprès furent placées dans le temple[1].

Les consuls nommés étaient Claudius Nero et Livius Salinator. Livius, autrefois exclu du consulat par un jugement, avait été profondément blessé de cette injure. Il avait vécu pendant huit ans solitaire et retiré dans son champ. Quand, après ce temps, on l'avait ramené dans le sénat, il y avait paru dans un vieux vêtement, avec une longue barbe et de longs cheveux, et avait refusé longtemps de prendre part aux délibérations. Lorsqu'il fut nommé consul, il ressentait encore l'amertume de son injure; mais il ne devait s'en venger qu'en concourant avec son collègue, qu'il n'aimait point, à rendre un grand service à son pays.

Claudius Nero conçut un dessein très-audacieux. Il détacha six mille hommes de son armée en présence d'Annibal, sans qu'Annibal s'en aperçût, et partit à leur tête des extrémités méridionales de l'Italie pour aller joindre son collègue dans l'Ombrie, près de Sienne, et écraser avec lui l'armée d'Asdrubal. Son plan fut communiqué au sénat et autorisé par lui. On en eut connaissance dans Rome, où l'on ne savait s'il fallait l'approuver ou le blâmer, se réservant, ce que Tite Live avec raison déclare souverainement injuste, de le juger d'après l'événement.

Ce coup de main réussit parfaitement, et, ce qui semble incroyable, six jours après avoir gagné une

[1] Tit. Liv., xxvii, 37.

grande bataille où Asdrubal et — ce chiffre est bien considérable — cinquante-six mille Carthaginois périrent, Claudius était revenu dans ses campements, et avait fait jeter devant les avant-postes d'Annibal la tête de son frère. En la voyant, Annibal s'était écrié tristement : « Je reconnais la fortune de Carthage! »

A Rome, la joie fut sans bornes. A partir du jour où l'on avait appris le départ de Claudius, depuis le lever du soleil jusqu'à son coucher, pas un sénateur ne fut absent de la curie, pas un citoyen du Forum. Les matrones allaient de temple en temple, fatiguant les dieux de leurs supplications et de leurs vœux. Tandis que la ville était dans l'attente et comme en suspens, deux cavaliers vinrent de Narni annoncer la défaite de l'ennemi. On les écoutait sans bien les comprendre, car c'était plus qu'on n'osait espérer et croire. Puis une lettre arriva du camp, annonçant la venue de ces cavaliers. Cette lettre fut portée, à travers le Forum, au tribunal du préteur [1]. Le sénat sortit de la curie, mais le peuple en assiégeait les abords, et s'y pressait de telle sorte, que le messager ne pouvait en approcher. Au milieu des clameurs de la foule, il est traîné à la tribune pour que la lettre y soit lue avant de l'être dans la curie. Enfin les magistrats parviennent

[1] Le tribunal du préteur était sur le Vulcanal, au-dessus du Comitium. Il fallait, pour y arriver, traverser une partie du Forum proprement dit et le *comitium*, qui était compris dans le Forum, en prenant ce mot dans son sens le plus étendu.

à repousser cette multitude. La lettre est lue d'abord dans le sénat, puis au Forum.

Bientôt on apprit que les envoyés de l'armée arrivaient. Alors une foule, où se voyaient tous les âges, s'élance au-devant d'eux, voulant, dit Tite Live, boire des yeux et des oreilles une si grande joie. Cette foule, compacte, continue, s'étendait jusqu'au pont Milvius[1]. Les trois envoyés, entourés par une multitude composée de gens de toute sorte, vinrent au Forum; eux-mêmes et ceux qui les accompagnaient étaient interrogés tout le long du chemin sur ce qui était advenu. Ils eurent grand'peine à pénétrer dans la curie, et on eut plus de peine encore à empêcher la foule de s'y ruer avec eux et de se mêler aux sénateurs. Les envoyés, après avoir lu leurs dépêches, parurent à la tribune, où ils les lurent de nouveau, puis exposèrent avec plus de détails tout ce qui s'était passé. L'allégresse dont tous les cœurs étaient comblés ne put plus se contenir, et on leur répondit par un immense cri de joie. Les uns allèrent dans les temples rendre grâce aux dieux; les autres, dans leurs maisons, tout raconter à leurs femmes et à leurs enfants. Le sénat ordonna des supplications pour trois jours pendant lesquels les temples ne désemplirent pas. Les femmes n'avaient plus de craintes; on recommença à vendre et à acheter;

[1] Ponte-Molle. C'est la première fois que ce pont est nommé; il avait dû être construit lorsque l'on avait commencé la voie Flaminienne.

nous dirions : *les affaires reprirent;* chacun croyait, que la guerre était finie. Elle ne l'était pourtant pas encore.

Les deux consuls étaient convenus d'arriver ensemble à Rome; ils s'étaient donné rendez-vous à Préneste, et y furent rendus le même jour. Ils n'entrèrent point tout d'abord dans Rome, parce que les généraux ne pouvaient y mettre le pied avant le jour du triomphe; ils suivirent les murs, et, traversant la voie Flaminienne, allèrent, par le champ de Mars, au temple de Bellone, où le sénat était rassemblé. Tout le peuple était sorti de la ville pour venir à leur rencontre. On ne se contentait pas de les saluer, on voulait toucher leurs mains victorieuses, on les accablait de félicitations, on les remerciait d'avoir sauvé la république. Dans le sénat, ils exposèrent ce qu'ils avaient fait et demandèrent le triomphe. Le sénat le leur accorda pour ces succès, dus d'abord aux dieux, puis aux consuls, et voulut qu'ils triomphassent le même jour. Mais, à Rome, la hiérarchie était aussi respectée que la valeur. La victoire que Claudius Néro avait remportée, il l'avait remportée dans la province de Livius, qui, par hasard, avait, ce jour-là, les auspices. En conséquence, le sénat décréta que Livius entrerait dans la ville sur un char à quatre chevaux, et Claudius à cheval, sans suite. Le sort semblait vouloir dédommager Livius de son ancien affront; mais le peuple ne s'y trompa point, et, pour lui, le vrai triomphateur fut Claudius.

Livius Salinator dédia un temple à la Jeunesse[1]. Voulait-il dire par là qu'il ne rougissait pas de la sienne ? Ce temple de la Jeunesse était près du grand cirque ; il ne faut pas le confondre avec l'ancien sanctuaire sabin de la Jeunesse sur le Capitole, ni avec le temple qu'Auguste érigea à la même déesse sur le Palatin.

Celui qui doit terminer la seconde guerre punique, Scipion, va seul tenir tête à Annibal. C'est le moment de parler de cet homme extraordinaire.

Scipion ne ressemble à aucun des autres grands hommes de la république. Il se donne pour inspiré des dieux ; il est pris, jusqu'à un certain point, pour un personnage divin ; il se met hardiment au-dessus des lois. Il y a en lui du Cromwell et du César.

Quand il était à Rome, on le voyait tous les jours s'enfermer au Capitole dans le temple de Jupiter, et souvent il donna ses plans pour lui avoir été divinement révélés. Se croyait-il véritablement en communication avec les dieux ? J'aurais moins de peine à l'admettre, si Scipion eût été un vieux Romain ignorant comme pouvait l'être Fabius, mais il était amateur des lettres grecques, et on lui faisait un reproche de cette prédilection pour la Grèce qu'il montrait jusque dans son costume ; lui et son frère avaient fait faire

---

[1] Tit. Liv., xxxvi, 36.

leurs portraits avec l'habillement grec. Or c'est de Grèce que venait l'esprit nouveau, l'esprit de doute et d'examen dont s'effrayaient les vieux croyants. Le dirai-je? j'ai demandé aux bustes de Scipion de m'éclairer sur son mysticisme, et leur étude n'a pas été favorable à la sincérité de ce mysticisme.

Cette physionomie n'est pas celle d'un illuminé sincère, c'est la physionomie d'un homme intelligent, hautain, positif; plein de résolution et d'énergie [1], il n'y a rien là de l'enthousiaste aux longs cheveux, à demi dupe de lui-même, dont parle M. Mommsen. Cette tête n'exprime point l'enthousiasme et n'a point de cheveux. J'ai à lutter contre l'autorité de M. Mommsen et contre celle de Niebuhr, dont j'ai eu autrefois le bonheur de suivre les cours, et que j'entends encore, après trente-trois ans, parler de Scipion l'Africain avec l'émotion d'un enthousiasme qui avait lui-même quelque chose de superstitieux; mais ici, à Rome, Scipion, en me regardant de ce regard froid et ferme, semble me dire : « Non, je n'ai jamais cru sérieusement que je m'entretenais avec Jupiter. »

[1] Les bustes les plus remarquables de Scipion sont au Capitole, salle des Philosophes; au Vatican, musée Pio-Clémentin, 366; au palais Rospigliosi, buste en porphyre, et à la villa Albani, salles d'en bas. Un seul a quelque chose d'inspiré, celui de la villa Albani, dont le regard se tourne vers le ciel. Celui-ci me semble représenter, non pas Scipion tel qu'il fut réellement, mais Scipion d'après l'idée qu'on se forma de lui.

Je vois dans Scipion un grand patricien qui pense, comme l'a dit Varron et comme on l'a pensé peut-être à Rome depuis lui, sans le dire, que la religion est utile, et que, pour son bien, il faut tromper le peuple.

Tite Live, qui, en matière de merveilleux, a soin de ne jamais affirmer et de ne jamais nier, parlant des communications que Scipion disait avoir avec les dieux, ne sait s'il doit les attribuer à une superstition qui l'atteignait lui-même ou au désir de donner plus d'autorité à son commandement ; mais Tite Live nous apprend que Scipion fut admirable et par ses grandes qualités, et par l'art[1] avec lequel, depuis sa jeunesse, il sut les mettre à l'effet. Cet art dont parle Tite Live a un nom bien moderne et bien peu respectueux, mais qui rend, ce me semble, exactement sa pensée; ce nom est *charlatanisme.*

Scipion ne fut-il pas un très-grand homme, un peu charlatan, comme l'a été si souvent un homme encore plus extraordinaire que lui, Napoléon? Du moins, Polybe put recueillir sur ce point la tradition conservée dans la famille de Scipion; selon lui, l'inspiration prétendue de l'Africain était un artifice politique[2] que Polybe le loue d'avoir employé, et, comme le dit

---

[1] Fuit enim Scipio non veris tantum virtutibus mirabilis, sed arte quoque quadam ab juventa *in earum ostentationem* compositus. (Tit. Liv., xxvi, 19.)

[2] Polyb., x, 5.

crûment Valère Maxime[1], une religion feinte (*simulata religio*).

Scipion pouvait-il être de bonne foi quand, avant la prise de Carthagène, il disait aux soldats que Neptune lui avait apparu et lui avait promis que la ville serait prise? Et lorsque le peuple, pour rendre raison de cette inspiration divine dont le génie de Scipion semblait la preuve, eut renouvelé à son sujet une légende qui avait couru sur la naissance d'Alexandre[2], Scipion, sans l'affirmer, y laissa croire.

Lorsqu'on a un dieu pour père et qu'on est dans un rapport immédiat avec les dieux, il est naturel qu'on se dispense de se soumettre aux lois de son pays. La vie de Scipion est une protestation quelquefois héroïque, mais perpétuelle, contre l'obéissance aux lois. Il n'a pas l'âge pour être édile, mais le peuple désire qu'il le soit. « Si le peuple, dit-il, veut que j'aie cet âge, cet âge sera le mien. » Appel nouveau de l'autorité de la loi aux fantaisies de la multitude, appel bien dangereux pour la liberté, car toute décision arbitraire, de quelque part qu'elle vienne, est tyrannique.

Scipion n'a pas trente ans, il n'a pas été préteur, il n'est pas légalement apte au consulat, il se présente, et il est nommé consul. Plus tard, sommés, lui et son frère, de s'expliquer au sujet des sommes qu'Antiochus, pour lequel on disait qu'il avait montré beau-

[1] Val. Max., i, 2.
[2] Un serpent divin avait été le père de Scipion, comme d'Alexandre.

coup d'indulgence, avait dû payer aux Romains, comme Lucius Scipion se préparait à rendre ses comptes, il les lui arrache et les déchire en plein sénat. Puis ce frère ayant été condamné à une amende, comme on le conduisait en prison pour y rester, d'après la loi, jusqu'à ce que l'amende eût été payée, le vainqueur de Zama enleva le condamné des mains de la justice en faisant violence aux tribuns [1].

Après toutes ces magnifiques insolences, un tribun appela Scipion l'Africain en jugement, et lui fournit l'occasion de ce célèbre triomphe qui fut, on ne saurait l'oublier, un triomphe éclatant sur la loi.

L'événement en lui-même n'en est pas moins beau à raconter, et n'offre pas moins à l'imagination une des plus mémorables scènes du Forum romain.

Les accusations qu'on adressait à Scipion pouvaient lui paraître indignes d'une réponse : il eût été d'un meilleur citoyen de daigner les confondre, et plus véritablement grand de montrer pour la justice publique ce respect qu'avait montré Marcellus en sortant du sénat, afin de laisser parler librement contre lui ceux qu'il avait vaincus; mais il est impossible de ne pas être ébloui, comme le fut le peuple romain, en voyant

---

[1] Et tribunis renitentibus magis pie quam civiliter vim fecisse. (Tit. Liv., xxxviii, 56.) Ce qui peut se traduire : en bon frère plus qu'en bon citoyen. Tite Live nie la vérité de cette anecdote, imaginée, selon lui, en haine de Scipion; mais ce que lui-même rapporte, et que je vais raconter d'après lui, ne la rend point invraisemblable.

Scipion, qui, la veille, n'a répondu à des incriminations injurieuses qu'en faisant de lui-même un éloge superbe et vrai, venir de grand matin dans le Forum, le traverser suivi d'une foule d'amis et de clients, monter à la tribune, où siégent les tribuns, ses accusateurs, et dire gravement, au milieu d'un profond silence :

« Tribuns du peuple, et vous, Quirites, à pareil jour, j'en suis venu aux mains en Afrique avec les Carthaginois, et j'ai bien et heureusement combattu. C'est pourquoi, comme il est juste en cette journée de suspendre les discussions et les procès, j'irai de ce pas au Capitole saluer Jupiter très-grand et très-bon, Junon, Minerve et les autres dieux qui président au Capitole et à la citadelle, et je leur rendrai grâce de ce que ce jour-là et beaucoup d'autres ils m'ont inspiré la pensée et m'ont accordé le pouvoir de bien conduire la chose publique. Que ceux d'entre vous qui le jugeront à propos viennent avec moi demander aux dieux des chefs qui me ressemblent. »

Tout le peuple suivit Scipion au Capitole, puis de temple en temple, et je sens que moi aussi je l'aurais suivi.

Il n'en est pas moins vrai que Scipion donnait un bien mauvais exemple aux généraux victorieux, bravait en grand homme, mais en citoyen peu soumis, la justice de son pays, et montrait de loin César passant le Rubicon.

Oui, il y avait du César dans cet homme, auquel le vieux Fabius reprochait, non sans raison, de prendre des airs de roi. Comme César, il aimait les femmes[1], et sa jeunesse, sans être aussi dissolue, n'avait pas été sans reproche[2]; comme César, auquel il ressemblait aussi par la confiance d'une audace toujours heureuse, par son activité qui savait préparer, et son coup d'œil qui savait décider la victoire, comme lui, il se fit ouvrir le trésor de l'État, faisant passer, dit Valère Maxime, l'utilité avant la loi[3]. Cependant Scipion, il faut le reconnaître, s'arrêta devant la tyrannie, dont il comprit, peut-être, que le temps n'était pas venu. On voulut, lui aussi, le faire dictateur à vie[4], et même en Espagne le proclamer roi[5], mais il n'écouta pas les Espagnols et gourmanda les Romains avec une indignation plus sin-

[1] Φιλογύνης (Polybe, x, 19.)

[2] Un des vers du poëte Nævius, qui faisait allusion à ces désordres de sa jeunesse, nous a été conservé :

Eum suus pater cum pallio uno ab amica obduxit.

Quant à la fameuse continence de Scipion, ses paroles, rapportées par Polybe, montrent que ce fut un sacrifice uniquement fait aux devoirs d'un général. (Polybe, x, 19.) Comme simple citoyen, répondit-il à ceux qui lui amenaient la jeune Espagnole, nul présent n'aurait pu m'être plus agréable.

[3] Val. Max., III, 7, 1.

[4] Val. Max., IV, 1. 6.

[5] Le mot *regnum* fut prononcé dans le sénat par les ennemis de l'Africain et de son frère. Petilii nobilitatem et *regnum* in senatu Scipionum accusabant. (Tit. Liv., XXXVIII, 54.)

cère, j'aime à le croire, que celle de César, repoussant le diadème qu'Antoine avait mis sur sa tête. Il ne permit pas non plus qu'on lui élevât des statues, comme on proposait de le faire, dans le Comitium, sur la tribune aux harangues, dans la curie, triple hommage des patriciens, des plébéiens et du sénat[1]. César permettait ces choses.

Je trouve entre lui et Scipion une différence : c'est que, tous deux patriciens, César commença par se faire démagogue, pour arriver au pouvoir absolu, ce qui est commun ; tandis que Scipion, et en ceci il montra une âme plus haute, sut charmer la multitude sans la flatter, et la subjugua toujours en la bravant. Ce rôle est plus fier et plus franc. La piété affectée de Scipion contraste aussi avec l'irréligion affectée de César. C'est qu'au temps de Scipion, la religion était encore un moyen de popularité ; venu plus tard, César acheva de se rendre populaire en se montrant impie.

Bien que nous ne puissions suivre à Rome la vie militaire de Scipion, nous l'y trouvons tout entier avec son altière arrogance et cette séduction qu'exer-

---

[1] Valère Maxime (IV, 1, 6), ajoute qu'on voulut installer l'image de Scipion jusque dans la cella de Jupiter au Capitole, et que Scipion refusa. Cependant on sait d'ailleurs que cette image était placée dans la cella de Jupiter, et qu'à chaque fois qu'un Cornélius mourait on l'en tirait pour la porter aux funérailles. Mais elle avait pu être placée dans le temple de Jupiter après la mort de Scipion, comme on étalait, dans l'atrium des maisons, les images des ancêtres.

çait sa nature héroïque : soit, quand âgé de vingt-quatre ans, il se présenta dans le champ de Mars, sur le tertre des candidats, demandant de commander une expédition, dont personne ne se souciait, de prendre la responsabilité de la guerre, dans cette Espagne, où son père et son oncle avaient péri ; soit, quand il parut dans la curie et s'y fit nommer consul, pour aller en Afrique vaincre Annibal et anéantir la puissance carthaginoise. Ce fut un grave débat : les prudents, Fabius à leur tête, voulaient qu'on chassât Annibal de l'Italie, avant d'aller guerroyer en Afrique. Scipion défendit son plan, qui devait amener la fin de la guerre ; le sénat, fort combattu, lui accorda la province de Sicile, avec la permission de passer en Afrique, s'il était nécessaire, permission dont le consul se promettait bien d'user.

Quelque temps après, le nom de Scipion absent retentit dans la curie d'une manière assez fâcheuse pour lui. Un jour, on vit dix envoyés de la ville de Locres, couverts de vêtements souillés et tenant à la main des rameaux d'olivier, s'asseoir dans le comitium, puis se prosterner en gémissant devant le tribunal. Admis dans la curie, ils y accusèrent de cruautés, de spoliations et de profanations Pléminius, auquel Scipion avait laissé le commandement de leur ville, et Scipion lui-même, lequel, au lieu de faire droit à leurs plaintes, avait jeté dans les fers les tribuns militaires qui résistaient à Pléminius et avait maintenu cet infâme dans son commandement. Après le départ de Scipion, Pléminius avait fait périr les tribuns dans les tourments.

Quand les députés furent sortis de la curie, la conduite de Scipion fut violemment censurée par Fabius, lequel s'écria que cet homme était né pour corrompre la discipline militaire. Les sénateurs passèrent le jour entier, les uns à accuser Scipion, les autres à le défendre. Fabius voulait qu'il fût rappelé; on se borna à envoyer près de lui des tribuns, un édile et un préteur, pour faire une enquête sur sa conduite et le ramener à Rome, s'il y avait lieu.

Scipion s'en tira à sa manière, en aristocrate sans gêne, en général favori des dieux, qui se justifie en se faisant admirer. Les magistrats envoyés par le sénat étant venus le trouver à Syracuse, Scipion les reçut avec courtoisie, puis les promena dans les ports et les arsenaux, et fit manœuvrer sa flotte devant eux; ce fut son unique apologie.

Mais tout fut oublié à la première victoire. Lælius vint à Rome, amenant prisonnier le roi Syphax et les chefs numides. Il monta à la tribune, il annonça qu'on avait battu les Carthaginois, qu'on avait fait captif un roi célèbre, qu'une victoire avait livré toute la Numidie. Alors la multitude, ne pouvant se contenir, témoigna par ses cris une vive joie; le préteur, peut-être celui qu'on avait envoyé auprès de Scipion pour informer sur sa conduite, avait quitté son tribunal et était monté dans la tribune, à côté du lieutenant de

Scipion. Il ordonna que les temples fussent ouverts, afin que le peuple pût, durant toute la journée, y remercier les dieux.

Annibal, rappelé en Afrique, fut vaincu par Scipion dans cette bataille de Zama, qui décida si le monde appartiendrait à Rome ou à Carthage. Rome l'emporta. Des députés carthaginois vinrent demander la paix au sénat, le sénat l'accorda, était-ce une rencontre fortuite? dans le temple de Bellone.

Scipion traversa l'Italie enivrée de cette paix glorieuse qu'elle lui devait, à travers les populations de la campagne qui se pressaient sur son passage et semblaient commencer à former le cortége de son triomphe. Ce triomphe fut magnifique. On y voyait des éléphants, des Numides, et, selon Polybe, le roi Syphax. Pour la première fois, Rome triomphait de régions situées hors de l'Italie; elle avait encore des ennemis à vaincre, elle n'en avait plus à craindre.

Scipion triomphait de Carthage, mais il n'avait pas vaincu les rancunes que soulevaient justement ses airs de maître, que sa gloire ne désarmait pas et que l'envie irritait encore. C'est alors qu'eurent lieu les scènes que j'ai racontées plus haut, et qui se terminèrent par son ascension au Capitole, où il sembla triompher une seconde fois. Mais il comprit qu'il ne pouvait pas rester à Rome, et il s'exila fièrement de cette ville, où il ne voulait pas régner et où il ne voulait pas obéir; de cette république, dont il ne voulait ni changer, ni subir les lois.

C'est pourquoi nous n'y trouverons pas le lieu de sa sépulture; nous savons où était à Rome la maison de Scipion[1], nous ne pouvons y chercher son tombeau.

Scipion mourut à Literne, près de Naples; il avait dit en quittant Rome : « Ingrate patrie, tu n'auras pas mes os. » Sa famille dut respecter sa volonté[2] et déposer sa cendre dans le lieu de son exil. Cependant, il paraît que les Romains élevèrent un monument funéraire à sa mémoire; c'était une pyramide dans le champ Vatican, au delà du Tibre[3]. Enfin, plus tard, quand on reprit la guerre avec Carthage, un oracle déclara qu'il fallait faire à Scipion un tombeau qui regardât[4] Carthage, comme pour la menacer de sa grande ombre. Ce tombeau put être élevé à Literne.

---

[1] Au sud du Forum, là où commençait le vicus Tuscus, et où fut depuis la basilique Sempronia (Tit. Liv., xliv,, 16.)

[2] Tit. Liv. (xxxviii, 56), dit qu'on ne sait si Scipion est mort et a été enterré à Rome ou à Literne ; et un commentateur d'Horace parle d'un monument à Rome qui aurait contenu ses os, mais par la raison que j'indique, le lieu de sa sépulture ne peut pas plus s'y trouver que celui de sa mort.

[3] Acr. *Comm. Horat.* (*Ep.*, x, 25). C'était encore un lieu d'exil, car on exilait au delà du Tibre. Cette pyramide s'appelait, au moyen âge, le tombeau de Romulus; elle a été remplacée par l'église de Santa-Maria in Traspontina.

[4] Acr., *loc. cit.* De plus, au moment de sa mort, une cérémonie religieuse, une sorte de service funèbre, eut lieu dans le tombeau de famille, près de la porte Capène (Tit. Liv., xxxviii, 55), par les soins d'un obligé reconnaissant de Scipion.

Je me souviens d'avoir été le chercher aux lieux où fut Literne, et où l'on montre ce qu'on dit avoir été le tombeau de Scipion. Deux paysans napolitains, qui avaient entendu parler de l'*antiquità*, m'offrirent de me la montrer, mais ils ne purent en venir à bout. Je les vois encore battant un champ de roseaux. De temps en temps l'un criait à l'autre : « As-tu trouvé le tombeau de Scipion? » Ils ne le trouvèrent point. Je ne sais quelle ruine eût produit sur moi un effet plus mélancolique que cette tombe absente, et cette mémoire de Scipion qu'on ne pouvait retrouver dans ce champ de roseaux.

Il y a pourtant à Rome un *tombeau des Scipions*, mais le plus grand de tous n'est pas dans cette sépulture de famille, aujourd'hui sous terre et qui donnait sur une rue communiquant de la voie Appienne à la voie Latine, à l'angle que cette rue formait avec la voie Appienne. On voit encore les bases des colonnes qui décoraient la façade du monument. Tout l'intérieur a été bouleversé, et le labyrinthe souterrain qu'on parcourt aujourd'hui ne donne aucune idée de la disposition primitive de cet édifice funéraire[1]. Les ossements des Scipions n'ont pas été respectés lors de la découverte de leur sépulcre. La piété d'un Vénitien, Angelo Quirini, en sauva ce qu'il put et leur donna la sépulture dans sa villa de Padoue.

[1] Nibb., *Rom. ant.*, II, p. 562-3

Quand Cicéron s'écriait[1] : « Lorsque, sorti de la porte Capène, tu vois les tombeaux de Calatinus, des *Scipions*, des Servilius, des Métellus[2], peux-tu les plaindre? » Il ne prévoyait pas cette destinée de leurs restes[3]?

Plusieurs inscriptions et un sarcophage, celui de Scipion le Barbu (Barbatus), bisaïeul de l'Africain, ont été transportés au Vatican. L'épitaphe semble le résumé d'une oraison funèbre[4]; elle s'adresse aux spectateurs : « Cornélius Scipion Barbatus, né d'un père vaillant, homme courageux et prudent, dont la beauté égalait la vertu. Il a été parmi vous consul, censeur, édile ; il a pris Taurasia[5], Cisauna[6], le Samnium[7].

---

[1] Cic., *Tusc.*, t. 7.

[2] Les sépultures des Métellus étaient plus loin, sur la voie Appienne, comme le montre le tombeau de C. Metella. Le tombeau d'une autre famille sabine, les Manilii, non loin du tombeau des Scipions. Plusieurs bustes provenant de cette famille sont au Vatican, musée Chiaramonti, 722-3.

[3] Dutens vit un des squelettes entier.

[4] Niebuhr croyait y reconnaître une nænia, chant funèbre en vers saturnins.

[5] Taurasia, qui a donné leur nom aux *Campi Taurasiani*, au nord d'Æclanum. (Abek., *Mittelit.*, p. 100.)

[6] Cisauna, aujourd'hui Monte Chiusano.

[7] Samnio cepit peut vouloir dire : il a pris *dans* le Samnium Taurasia et Cisauna ; mais *Samnio* est plutôt pour *Samnium;* l'*o* pour l'*u*, et le retranchement de l'*m* final sont dans le génie de l'ancienne langue latine. Dans une des inscriptions du tombeau des Scipions, on lit *Antiocho subegit*, pour *Antiochum*. En tout cas, *Samnium* ne peut désigner ici tout le pays des Samnites, mais peut-être une portion, peut-

Ayant soumis toute la Lucanie, il en a emmené des otages. »

Y a-t-il rien de plus grand? Il a pris le Samnium et la Lucanie. Voilà tout.

Ce sarcophage est un des plus curieux monuments de Rome. Par la matière, par la forme des lettres et le style de l'inscription, il nous représente la rudesse des Romains au sixième siècle. Le goût très-pur de l'architecture et des ornements nous montre l'avénement de l'art grec tombant, pour ainsi dire, en pleine sauvagerie romaine. Le tombeau de Scipion le Barbu est en pépérin, ce tuf rugueux, grisâtre semé de taches noires. Les caractères sont irréguliers, les lignes sont loin d'être droites, le latin est antique et barbare, mais la forme et les ornements du tombeau sont grecs. Il y a là des volutes, des triglyphes, des denticules; on ne saurait rien imaginer qui fasse mieux voir la culture grecque venant surprendre et saisir la rudesse latine. Ce qui est vrai du sarcophage de Barbatus est vrai de tout le monument funèbre des Scipions; l'arc d'entrée et le soubassement contrastent par leur grossiè-

être une ville de ce pays. De plus, l'inscription ne s'accorde pas avec l'histoire. Celle-ci (Momms., *R. gesch.*, 435) ne connaît ce Scipion que comme ayant fait la guerre aux Étrusques, et n'ayant jamais commandé en chef contre les Samnites; elle ne lui fait point conquérir la Lucanie. Niebuhr cite cet exemple de l'altération que les traditions de famille faisaient subir aux faits historiques; mais n'y a-t-il pas aussi, dans l'inscription à peu près contemporaine, des faits que 'histoire, écrite longtemps après eux, a ignorés.

reté latine et un certain air étrusque avec l'élégance des colonnes, dont on peut juger par la base de celle qui existe encore.

Les autres inscriptions se rapportent à divers membres de la famille des Scipions que voici : le plus ancien est un fils de Scipion *Barbatus*, qui enleva la Corse aux Carthaginois [1], et qui, ayant échappé au naufrage près de cette île, dédia un temple aux tempêtes. Ce temple élevé par un Scipion n'était pas loin du tombeau des Scipions [2]. Le fils de l'Africain, à en croire son épitaphe, s'il eût vécu, aurait surpassé par ses hauts faits la gloire de ses aïeux. Il est permis d'en douter ; la faiblesse de sa santé y eût apporté un grand obstacle. A Rome, pour être quelque chose, il fallait d'abord se bien porter. Ce que nous savons de lui, c'est qu'il cultiva les lettres grecques [3], et n'ayant point d'enfant adopta un fils de Paul Émile, qu'on appela Scipion Æmilien.

Du fils de Scipion l'Asiatique, frère de l'Africain, l'inscription dit seulement : *Son père soumit le roi Antiochus.* On voudrait qu'elle fût de lui. Il y aurait là une modestie et une piété filiale touchantes, et qui

---

[1] En 523, Papirius Maso avait le premier *triomphé* des Corses et élevé un temple au dieu Fontus ou Fons, fils de Janus (Cic. *de Nat. Deor.*, III, 20), le grand dieu sabin. La gens Papiria était une gens sabine ; Maso, surnom en *o*, un surnom sabin.

[2] Il est nommé avec le temple de Mars dans la région de la porte Capène. (*Not.*, I.)

[3] Cic., *Brut.*, 19 ; *de Sen*, 1.

rappelleraient Frédéric Cuvier, désirant qu'on lût sur son tombeau ces seules paroles : *Frère de Georges Cuvier*.

Quant au fils de ce Scipion appelé *Comatus*, l'histoire n'en sait rien et l'inscription n'en dit rien.

Plusieurs membres du rameau de la famille des Scipions avaient pour surnom *Hispallus*. Le premier n'avait sans doute rien fait de grand, car l'épitaphe ne parle que de ses dignités, qui ont illustré sa race :

Stirpem nobilitavit honos.

Elle n'avait pas besoin de cela pour être illustre.

N'ayant rien de bien mémorable à transmettre à la postérité, il n'a pas négligé de lui faire savoir qu'il avait continué sa race : *Progeniem genui*.

Le fils de celui-ci, mort à vingt ans, n'avait pu mériter ni obtenir aucune distinction ; mais, à en croire son épitaphe, il avait eu le temps de déployer une grande sagesse et de grandes qualités. Quelle différence entre cette abondance d'éloges immérités et la grandeur des faits simplement énoncés dans l'inscription de Barbatus ! Évidemment le style d'oraison funèbre prévaut sur le langage vrai, et la grandeur des Scipions diminue.

Une femme, Aula Cornélia, avait, dans la sépulture de famille, le tombeau le plus remarquable après celui de Scipion Barbatus, qu'on avait dérangé pour placer derrière celui d'Aula Cornélia.

D'autres inscriptions appartiennent à l'époque impériale. Les tablettes funéraires, au lieu d'être, comme les précédentes, en pépérin, sont en marbre; elles parlent de morts peu illustres, qui n'appartiennent plus à la famille des Scipions. Une autre branche des Cornelii avait envahi leur sépulcre et était entrée, par voie d'adoption, dans la famille des Silanus, succédant à un Décimus Silanus, banni pour cause d'adultère par Auguste[1] et rappelé par Tibère. Ce sont d'autres souvenirs que ceux des Scipions.

On a cru qu'un buste trouvé dans ce tombeau était la statue du poëte Ennius, qu'on sait y avoir été placée avec celle de deux Scipions[2], par une généreuse tolérance de la superbe famille Cornélia, comme Mécène plaça dans ses jardins le tombeau d'Horace; signe de la place que commençaient à prendre les lettres dans la société romaine. Mais un buste n'est pas une statue, et il faut renoncer à voir dans celui-ci, trop jeune d'ailleurs, un portrait d'Ennius.

Sa statue n'a pas moins été admise dans ce lieu illustre. Ennius, qui célébra avec plus de désintéressement qu'Horace une gloire plus vraie que celle d'Auguste, sut mieux garder son indépendance de poëte, vivant pauvrement de son métier de pédagogue des jeunes patriciens, dans sa maison située au milieu du quartier populaire de l'Aventin, et n'ayant pour le servir qu'une seule esclave. On ne voit pas qu'il ait

---

[1] Tac., *Ann.*, III, 24.
[2] Tit. Liv., XXXVIII, 56.

reçu, durant sa vie, aucun bienfait des Scipions. Puis quand le vieux poëte, le vieux professeur eut expiré, il descendit de l'Aventin, vint au pied de cette colline reposer parmi les ancêtres et les parents de son noble élève, et sa statue s'éleva à côté des leurs.

Au-dessous de la statue d'Ennius, sans doute, était gravée sur le pépérin d'une modeste tombe la fière épitaphe que le poëte avait composée pour lui-même : « Romains, disait-il, regardez le vieil Ennius, dont les chants ont célébré la gloire de vos pères ; mais gardez-vous de me pleurer, car je vis ; mon nom est dans toutes les bouches ; et, jamais oublié, je ne mourrai jamais. »

La troisième guerre punique est séparée par un demi-siècle de la seconde. Je l'indique seulement ici ; aussi bien elle est entièrement en dehors de mon sujet. Scipion Æmilien, qui eut la gloire de détruire Carthage, reparaîtra dans cette histoire, quand il reparaîtra lui-même à Rome pour y figurer dans les débats politiques de l'époque des Gracques et y mourir d'une mort mystérieuse.

IX

ROME PENDANT LES GUERRES DE GRÈCE ET D'ORIENT

Caractère général de cette période. — Culte et temple de Cybèle. Députations de rois et de peuples ; guerre contre Philippe. — La curie et le champ de Mars. — Guerre contre Antiochus, temple de la Piété. — Scipion l'Africain lieutenant de son frère ; il s'élève un arc de triomphe avant la guerre. — Condamnation de Scipion l'Asiatique. — Les orgies de l'Aventin. — Triomphe de Paul-Émile. — Guerre d'Étolie, temple d'Hercule Musagète. — Portique de Métellus ; destruction de Corinthe ; autre temple d'Hercule. — Guerres contre les Gaulois ; trois temples de Jupiter ; temple de Junon libératrice. — Bas-reliefs et statues qui se rapportent à ces guerres. — Le prétendu gladiateur mourant. — Guerres liguriennes ; temple de Diane, de Junon reine. — Guerre d'Espagne ; temple de la Fortune équestre. — Temple de Mars ; temple de Laverna. — Grandeur de Rome.

Le demi-siècle qui s'écoula entre la seconde et la troisième guerre punique (552-605), forme dans l'histoire de Rome une époque bien distincte. La puissance romaine dépasse l'Italie ; elle envahit la Macédoine, la Grèce, l'Asie, presque tout ce que les anciens connaissaient du monde civilisé. Mais à mesure que les conquêtes des Romains s'étendent, leur énergie morale diminue : la religion, le goût de la vertu, l'amour de la liberté, s'affaiblissent dans les âmes, que remplissent de plus en plus l'attrait des jouissances et la passion des richesses. La séve tarit au cœur de l'arbre à proportion qu'il déploie un plus magnifique feuillage. La civilisation se perfectionne surtout par l'influence de la Grèce ; mais la vigueur du caractère national se détend ; c'est en apparence un progrès, c'est au fond un pas vers la décadence.

Le spectacle que présente la ville de Rome pendant cette période fait ressortir ce contraste : Rome s'enrichit, s'embellit ; elle voit des jeux nouveaux et de superbes triomphes ; des temples, des portiques s'élèvent, ornés des chefs-d'œuvre de l'art grec. Mais les grands citoyens, les grands sentiments, les grandes vertus, sont plus rares, et l'édit sur les bacchanales vient révéler les mystères effrayants d'une corruption souterraine dans la ville qui peut déjà s'appeler la capitale du monde.

Avant de tracer le tableau des embellissements de Rome et des laideurs morales que masquent ces embellissements, je vais m'arrêter un instant à un événement qui fit, comme nous dirions, dans Rome une *sensation considérable* ; ce fut l'introduction d'un nouveau culte, d'un culte étranger et oriental, le culte de Cybèle.

Jusqu'ici c'étaient toujours des divinités grecques, Déméter, Apollon, Esculape, auxquelles les livres sibyllins avaient prescrit de rendre hommage. Cette fois, à l'occasion de fréquentes pluies de pierres, — phénomène naturel qu'on prenait pour un prodige et qui paraît avoir été beaucoup plus ordinaire à Rome dans l'antiquité que de nos jours, — on trouva, ou plus probablement on inséra dans ces livres sacrés un oracle ainsi conçu : « Quand un ennemi étranger aura apporté la guerre en Italie, il pourra être vaincu et chassé si la Mère Idæenne est apportée de Pessinunte à Rome. » C'était la même politique qui avait fait dépendre la prise de Véies de l'écoulement des eaux du lac d'Albano; un fait qui pouvait s'accomplir donné comme condition et comme garant d'une victoire. Pessinunte était une ville de Phrygie; la Mère Idæenne était la divinité que les Grecs appelaient Cybèle, et qu'on appelait aussi la Mère des dieux, la Grande Mère; divinité pélasge de l'Ida, berceau de la race d'Énée, divinité génératrice qu'on adorait encore à Pessinunte sous la forme antique d'une pierre noire tombée du ciel[1], tandis que l'art grec l'avait transformée en une déesse majestueusement assise sur un trône; c'est ainsi que l'avait représentée Phidias[2].

[1] La pierre de Pessinunte devait ressembler beaucoup aux aérolithes ferrugineux qu'on voit dans les collections minéralogiques; Arnobe, qui l'avait vue encore, la décrit très-exactement. (*Adv.*, *Gent.*, VIII) ; elle était petite, unie, de couleur noirâtre ; on n'avait pas fait disparaître les angles, on la fixait devant la bouche de la statue de Cybèle.

[2] Paus., I, 3, 4. La Cybèle de Phidias est l'original des statues et

On s'adressa au roi de Pergame Attale, ami des Romains, dans l'espoir, sans doute, de resserrer par cette ambassade l'union dont on avait besoin contre Philippe de Macédoine, ennemi commun de Rome et de Pergame. Ce roi, guidé par une politique semblable, reçut très-bien les envoyés, les conduisit à Pessinunte et remit lui-même la pierre sacrée dans leurs mains.

L'oracle de Delphes, consulté en passant par les envoyés, avait annoncé le succès de l'entreprise et enjoint au peuple romain de choisir le plus homme de bien qui fût dans la république pour le charger de recevoir la déesse étrangère. On choisit Scipion Nasica, parent de cet autre Scipion de qui on attendait la défaite d'Annibal, et qui devait en effet le vaincre à Zama. Tite Live se demande pourquoi on jugea qu'un très-jeune homme, qui n'avait encore rien fait, était le meilleur citoyen de Rome. Probablement son nom le servit. La venue de Cybèle à Rome était regardée comme un moyen d'aider à la soumission de Carthage. Pendant les trois guerres puniques, le nom de Scipion se trouve partout où Carthage est menacée. Nasica devint un savant jurisconsulte; l'État lui donna une maison sur la voie Sacrée, près du Forum, par conséquent très-près aussi de la demeure de Scipion l'Africain. C'était, dit un autre jurisconsulte romain, Pomponius, pour que ceux qui venaient plaider dans le Forum pussent

des bas-reliefs conservés dans les musées à Rome. Il y avait aussi en Grèce une Cybèle d'Agoracrite, élève de Phidias. (Pl., xxxvi, 4, 6.)

le consulter plus facilement ; je crois que ce fût plutôt pour que celui qui avait eu l'honneur de recevoir la déesse de Pessinunte fût logé dans un quartier saint depuis les Pélasges, sur la voie Sacrée, non loin de la *Regia*, demeure du grand pontife et du temple de Vesta, déesse dont l'analogie avec Cybèle a été remarquée.

On vint annoncer au sénat que le vaisseau qui portait le saint simulacre était à Terracine. Aussitôt le sénat ordonna à Scipion Nasica de se rendre à Ostie pour le recevoir et le remettre aux matrones romaines, qui dans cette circonstance, comme dans plusieurs autres, jouent un rôle presque sacerdotal ; Scipion obéit. Quand le navire fut arrivé à l'embouchure du Tibre, il se rendit à bord, reçut la déesse de la main des prêtres et l'apporta aux matrones qui l'attendaient.

Mais le vaisseau, ce qui arrive encore souvent, s'engrava dans les bas-fonds du Tibre, au pied de l'Aventin. Les aruspices déclarèrent que des mains chastes pourraient seules le faire avancer. Alors une vestale ou une matrone romaine, nommée Claudia ou Valéria, deux noms sabins, s'offrit à tirer le vaisseau, et il suivit. Ainsi sainte Brigitte, Suédoise morte à Rome, prouva sa pureté en touchant le bois de l'autel, qui reverdit soudain. Une statue fut érigée à Claudia, dans le vestibule du temple de Cybèle. Bien qu'elle eût été, disait-on, seule épargnée dans deux incendies du temple, nous n'avons plus cette statue, mais nous avons au Capitole un bas-relief où l'événement miraculeux est représenté[1]. C'est un autel dédié par une affranchie de la *gens* Claudia ; il a été trouvé au pied de l'Aventin, près du lieu qu'on désignait comme celui où avait été opéré le miracle.

Selon le récit d'Ovide[2], il ne se serait pas accompli en cet endroit, mais vers l'embouchure du Tibre ; le simulacre divin, porté sur un char attelé à des bœufs que la multitude couvrait de fleurs, comme elle en a jeté de nos jours sur le char funèbre de la première princesse Borghèse, serait entré par la porte Capène[3].

En attendant qu'un temple fût construit à la déesse, on la déposa dans le temple de la Victoire[4], vieille divinité sabine. A côté de ce temple et de celui de Bac-

---

[1] Un autre miracle du même genre, celui de la vestale Tullia, qui, pour prouver sa pureté, porta de l'eau dans un crible, est représenté sur un bas-relief du Vatican.

[2] Ov., *Fast.*, IV, 29, 83, 345.

[3] On l'aurait transporté par terre le long des murs et, sans entrer par la porte Trigemina, qui conduisait directement à Ostie, on serait allé chercher la porte Capène, sans doute pour faire une entrée plus solennelle en traversant le grand Cirque, chemin des triomphateurs, au lieu d'arriver au Palatin, où la pierre sainte devait être déposée, à travers les greniers et les magasins des quartiers marchands de l'Emporium et du Vélabre. Mais l'autel érigé à Claudia, au pied de l'Aventin, offre une forte raison de croire que l'autre version de la légende était la plus généralement reçue.

[4] Nous avons vu où était ce temple, sur un sommet du Palatin qui regardait le Vélabre, et qui a été nivelé. Le temple de la Victoire avait été refait et dédié de nouveau, en 460, par L. Posthumius, avec le produit des amendes de police. (Tit. Liv., x, 33.)

chus, dont le culte était de même célébré par des danses emportées, s'éleva, sur le Palatin, le temple de la Grande Mère des dieux.

Cet édifice était rond [1] et surmonté d'une coupole. Des corybantes dansant en l'honneur de Cybèle étaient peints dans la coupole [2], car le culte oriental de la déesse fut transporté avec elle à Rome. Rome vit ces danses furieuses de prêtres efféminés [3]; ces rites d'une religion voluptueuse et sanglante, qui annonçaient et préparaient des mœurs nouvelles. Les fêtes de Cybèle se terminaient par une cérémonie tout asiatique : on lavait la pierre sainte dans l'Almo [4], à l'endroit où

---

[1] Dédié treize ans plus tard, en 565, par M. Jun. Brutus (Tit. Liv., XXXVI, 36), puis par Auguste, il subsista jusqu'à la chute du paganisme. La forme ronde du temple de Cybèle a fait croire à M. Dyer que l'église de Saint-Théodore pourrait bien occuper l'emplacement du temple de Cybèle; mais cette église est au pied du Palatin, et le temple était sur le Palatin, près du palais impérial.

[2] . . . . . . Quà madidi sunt tecta lyœei
Et Cybelis picto stat Corybante domus.
(Mart., *Ep.* I, 71, 9.)

Cela rappelle l'usage de peindre les coupoles des églises romaines, ou bien ces peintures étaient à l'extérieur, autre usage romain suivi à l'époque de la Renaissance.

[3] Voir au Capitole, dans une des salles d'en bas, un prêtre de Cybèle avec son collier, sa robe et son air de femme.

[4] Phrygiæque matris Almo quà lavat ferrum.
(Mart., *Ep.* III, 172.)

On a entendu par *ferrum*, les instruments du sacrifice. Je crois que c'est la pierre sacrée elle-même qui, comme tous les aérolithes, était surtout composée de *fer*.

cette petite rivière vient se réunir au Tibre un peu au-dessous de Rome, après avoir traversé le charmant vallon où l'on avait cru reconnaître la grotte de la nymphe Égérie dans un nymphée romain au fond duquel est couchée la statue de l'Almo. Un vieux prêtre de Cybèle, vêtu de pourpre, y lavait chaque année la pierre sacrée de Pessinunte, tandis que d'autres prêtres poussaient des hurlements, frappaient sur le tambour de basque qu'on place aux mains de Cybèle, soufflaient avec fureur dans les flûtes phrygiennes, et que l'on se donnait la discipline, — ni plus ni moins qu'on le fait encore dans l'église des *Caravite*, — avec des fouets garnis de petits cailloux[1] ou d'osselets.

D'autres solennités plus intéressantes accompagnaient la fête de Cybèle. Des divertissements dramatiques avaient lieu sur le Palatin devant le temple de la déesse, avant qu'il y eût à Rome des théâtres permanents. Plusieurs pièces de Térence furent représentées à l'occasion des jeux en l'honneur de Cybèle, qu'on appelait jeux Mégalésiens[2].

L'introduction du culte de Cybèle à Rome est un fait caractéristique qui se rattache au passé et présage l'avenir.

Un acte religieux considéré comme un moyen de salut pour l'État, cela est de l'ancienne Rome; l'introduction

[1] *Flagellum tessellatum.* Cybèle est représentée sur un bas-relief, avec un fouet garni d'osselets. C'est une image de la *discipline* employée par ses prêtres.

[2] On cite l'*Eunuque*, l'*Andrienne*, l'*Heautontimorumenos*.

du culte de Cybèle fut la dernière grande manifestation de ce principe, un des principes fondamentaux de la vieille politique romaine. Cette politique apparaît ici encore tout imprégnée de religion. Pour vaincre Annibal et Carthage, le sénat envoie chercher une pierre en Phrygie. La légende, qui dans les temps de foi ne manque jamais de naître, la légende ne fait pas défaut et se produit par le miracle attribué à Claudia. Ce qui est nouveau, c'est d'aller chercher une divinité en Orient. Les regards commencent à se tourner de ce côté, vers lequel se tourneront bientôt les armes des Romains; ceci annonce l'avenir. L'Orient entre dans la religion romaine; aujourd'hui c'est le tour de la Phrygie, bientôt ce sera celui de l'Égypte, puis viendra le dieu persan Mithra, puis le dieu syrien d'Héliogabale, enfin une religion plus pure, née aussi en Orient, envahira l'empire, et, grâce au ciel, hâtera sa chute.

Les meilleurs empereurs n'ont pas ménagé le christianisme. Ils sentaient comme les autres que le christianisme contenait un principe étranger et hostile à l'esprit du peuple romain. Une religion de paix, de charité, d'humilité ne convenait pas plus à leurs vertus qu'à leurs vices.

Dans ce premier exemple, nous pouvons observer la politique romaine par rapport à l'introduction d'un culte étranger. Cette politique était défiante [1]; elle le fut

---

Cic. *de legg.*, II, VIII. En même temps on voit de bonne heure

plus sous la république que sous l'empire [1]. Tout en admettant un culte grec de l'Asie, elle voulut qu'il restât asiatique et grec; que les prêtres et les prêtresses de Cybèle fussent Phrygiens ou Syriens, et non pas Romains [2]; que les hymnes adressées à la déesse que Rome adoptait le fussent en grec; de plus, comme tout prenait à Rome un caractère guerrier, le culte orgiastique de la Mère des dieux se confondit avec le culte de Bellone, déesse probablement sabine, et les prêtres efféminés de Cybèle furent confondus avec les curètes sabins aux danses martiales. Ceux-ci, un certain jour de l'année, se tailladaient les bras et les jambes, et on appelait ce jour le *jour du Sang*.

A peine la paix faite avec Carthage, la guerre fut reprise contre Philippe de Macédoine, qui, au lieu de seconder franchement Annibal, l'avait laissé accabler, et maintenant allait être à son tour accablé par les Romains. Philippe n'était pas un ennemi méprisable;

à Rome ce goût des cultes étrangers qui y fut toujours très-vif chez la multitude, et contribua plus tard à lui faire embrasser la religion chrétienne. (Tit. Liv., xxix, 14.)

[1] Au septième siècle de Rome, le culte d'Isis fut banni, malgré une vive opposition populaire, du Capitole où il s'était glissé; puis une seconde et une troisième fois chassé de Rome. Le consul Æmilius Paulus porta lui-même le premier coup de hache à un temple, qu'on n'osait renverser (Val. Max., 1, 3, 3), avec une ardeur pareille à celle des premiers missionnaires chrétiens abattant les idoles.

[2] Une prêtresse de Cybèle, mentionnée dans une inscription du Vatican, qui s'appelle M. Atilia Acté, n'est p s une Romaine, mais une Grecque, affranchie de la famille Atilia.

c'était un despote habile et résolu, homme d'esprit, mais corrompu et impitoyable. Tandis qu'il assiégeait Abydos, apprenant que dans l'intérieur de la ville les partis se déchiraient entre eux, il dit : « Je laisse aux habitants d'Abydos trois jours pour mourir. »

Les guerres de Macédoine contre Philippe et son fils Persée se passèrent loin de Rome, mais leur histoire diplomatique et même militaire est liée aux délibérations de la curie et du champ de Mars, à la construction de plusieurs monuments importants, et elles viennent aboutir au triomphe de Paul-Émile.

Les motifs qu'eurent les Romains de recommencer la guerre contre Philippe furent ses intelligences timides avec Annibal, leur ennemi, son manque de foi envers la ligue Étolienne, leur alliée, et une invasion sur les terres des Athéniens, leurs protégés. La ligue Étolienne était une confédération de plusieurs peuples du nord de la Grèce pour conserver leur indépendance et la défendre contre les successeurs d'Alexandre ; la ligue Achéenne, une autre fédération du même genre. Ce qui restait de vigueur à la Grèce s'était réfugié là.

Au moment où la seconde guerre de Macédoine va commencer, Rome se présente à nous sous un jour nouveau : des ambassadeurs y arrivent de différentes contrées situées au delà des mers, d'Athènes, de Rhodes, de Pergame. Rome commence à être l'arbitre des nations, et la curie le tribunal de l'univers.

Les Rhodiens, chefs d'une sorte de *hanse* composée

de plusieurs iles de la mer Égée, et Attale, roi de Pergame, venaient se plaindre de Philippe, qui inquiétait l'Asie. Le sénat répondit qu'il s'occuperait de l'Asie. En effet, le sénat, cette fois très-nombreux, déclara à l'unanimité qu'avant tout il fallait traiter l'affaire de Macédoine, et fit partir de Sicile deux cent quarante vaisseaux. Puis, ayant appris quels préparatifs considérables faisait Philippe, et comment il cherchait partout des alliances contre Rome, le sénat jugea qu'il ne fallait pas l'attendre, mais le prévenir en l'attaquant.

Sitôt qu'eurent été nommés les consuls, l'un d'eux vint dans la curie proposer la guerre contre le roi de Macédoine. Le sénat décréta que les consuls offriraient aux dieux les grandes victimes avec cette prière : que l'entreprise qui était dans la pensée du sénat et du peuple romain eût un heureux succès. Par là on préparait les esprits à la guerre. En même temps des envoyés d'Athènes annoncèrent que Philippe approchait de leur ville, et que si les Romains ne lui venaient en aide, elle serait bientôt au pouvoir de l'ennemi. Les consuls déclarèrent que les prescriptions religieuses avaient été scrupuleusement accomplies ; les aruspices affirmèrent que les dieux avaient accueilli la prière du peuple romain ; des signes favorables annonçaient l'agrandissement du territoire et le triomphe. On lut les lettres qui révélaient les desseins de Philippe, et on donna audience dans la curie aux envoyés athéniens. Les alliés furent remerciés de leur fidélité par un sénatus-consulte; la question du secours à leur accorder fut renvoyée au jour où les consuls ayant tiré au sort leurs provinces, celui qui aurait la Macédoine ferait au peuple la proposition de déclarer la guerre à Philippe.

Ce jour venu, celui des deux consuls auquel la Macédoine était tombée en partage parut dans le champ de Mars, où les centuries étaient assemblées, et fit cette rogation : « Voulez-vous, ordonnez-vous que la guerre soit déclarée au roi Philippe et aux Macédoniens, pour avoir fait injure et guerre aux alliés du peuple romain? »

Au premier vote, la proposition fut rejetée par presque toutes les centuries. Un tribun, fidèle aux habitudes d'opposition du tribunat, avait soulevé les plébéiens contre les patriciens, en accusant ceux-ci de faire naître une guerre d'une autre pour que jamais les plébéiens ne fussent en repos. Mais le temps des grandes oppositions démocratiques était passé ou n'était pas encore venu. Le sénat avait terminé heureusement la guerre contre Annibal. La curie fut indignée ; le tribun récalcitrant y fut flétri, et les consuls reçurent l'ordre d'assembler de nouveaux comices, d'y gourmander la lâcheté des citoyens, de leur faire sentir quelle honte et quels malheurs entraînerait l'ajournement de la guerre.

Le consul Sulpicius, ayant de nouveau rassemblé les centuries dans le champ de Mars, leur parla avec vigueur, leur montra Philippe en Italie, si on ne l'arrêtait en Macédoine, évoqua le souvenir encore récent de la présence d'Annibal et de la défection des peuples sabelliques. « Allez donc voter, dit-il en finissant, et que les dieux qui ont agréé mes sacrifices et mes prières, qui ne m'ont montré que d'heureux présages, vous inspirent d'ordonner ce que le sénat a résolu. »

Cette fois la guerre fut décrétée ; de nouvelles supplications eurent lieu dans tous les temples et on se prépara à entrer en campagne.

On comprend la fermeté du sénat et la résolution que cette fermeté lui inspirait, quand on voit quel genre d'ambassade il recevait des potentats de l'Orient. Peu de temps après, des envoyés du roi d'Égypte, Ptolémée Épiphane, paraissaient dans la curie; ils venaient demander, de la part de leur maître, les ordres du sénat. Les Athéniens avaient prié le roi d'Égypte de les défendre, mais il n'enverrait en Grèce ni une armée ni une flotte sans y être autorisé par les Romains. Si les Romains le désiraient, il leur laisserait défendre ses alliés et les leurs; s'ils le préféraient, il se chargeait de les défendre. Tel était le langage que faisaient entendre dans la curie les envoyés du roi d'Égypte.

Cette famille des Ptolémée[1] montra, pendant les

---

[1] Les Ptolémées sont en général peu intéressants, et, pour ma part, je ne regrette pas beaucoup que la plupart des statues dispersées dans les collections de Rome, et dans lesquelles on avait cru reconnaître leurs portraits, soient des statues d'athlètes.

derniers siècles de la République, une grande soumission aux volontés de Rome. C'était une triste famille. Le premier Ptolémée avait été un grand homme; ses deux successeurs immédiats eurent quelque mérite, et leurs règnes, grâce surtout à la protection qu'ils accordèrent aux gens de lettres et aux érudits, jetèrent un certain éclat, sans qu'on vit naître cependant rien d'original. Les littératures d'imitation et la science des compilateurs se passent très-bien des grandes inspirations de la vie libre, et tout despote qui ne manque pas d'intelligence a soin de les protéger; mais le despotisme à Alexandrie amena, au bout de trois règnes, cette décadence morale qu'il est dans son essence de produire. Les Ptolémées, à partir du quatrième roi de ce nom, sont tous corrompus, efféminés, ou cruels et rampants devant les Romains. Celui dont les envoyés adressaient au sénat l'humble discours que je viens de rapporter, Ptolémée Épiphane, ce qui veut dire l'*Illustre*, était un enfant auquel les Romains avaient envoyé un tuteur, et dont ils avaient enjoint à Philippe et au roi de Syrie Antiochus de respecter les États.

Le sénat répondit qu'il était dans l'intention de défendre ses alliés, et que si l'on avait besoin du roi, on le lui ferait savoir.

Un autre jeune prince, Vernina, le fils de Scyphax, avait envoyé faire au sénat ses excuses d'avoir secondé Annibal à Zama et promettre qu'il n'y reviendrait plus, demandant d'être reconnu pour roi et allié du peuple romain. Le sénat lui répondit sévèrement qu'il avait d'abord à implorer la paix, qu'on lui en imposerait les conditions, et qu'alors, s'il avait quelque autre demande à faire, il pourrait s'adresser au sénat.

On est affligé de voir cette humiliation atteindre justement le fils du vaillant Numide qui avait tour à tour lutté contre Carthage et Rome, n'avait abandonné la cause de celle-ci que cédant à son amour pour une femme héroïque, et, par sa résistance opiniâtre aux Romains, a mérité d'être comparé à notre noble ennemi, le généreux Abd-el-Kader.

Scyphax venait de mourir à Tibur où, peut-être sur la proposition de son vainqueur[1], il avait eu l'honneur de funérailles publiques. On n'en était pas encore au temps où les plus magnanimes adversaires de Rome étaient étranglés dans la prison Mamertine, comme le fut notre grand Vercingétorix pendant le triomphe de César.

Le sénat ne donnait pas seulement audience aux envoyés des rois et des républiques, mais aux financiers de l'époque, et les traitait avec plus de considération parce qu'il avait besoin d'eux. Un jour la curie

---

[1] C'est ce que dit, mais elle est loin d'être authentique, une inscription placée au musée du Vatican, derrière le tombeau de sainte Hélène. On y lit aussi que Scyphax mourut à Tibur, après une captivité de cinq années, ce qui donnerait raison à Polybe contre Tite Live. Celui-ci conteste à Polybe que Scyphax ait orné le triomphe de Scipion, et affirme qu'il mourut à Tibur avant le triomphe.

s'ouvrit à des citoyens qui réclamaient le troisième remboursement d'une somme prêtée à l'État depuis plusieurs années. Les consuls, alléguant les dépenses nécessaires en un tel moment, et auxquelles le trésor suffisait à peine, refusaient de payer. Les prêteurs disaient que si l'on faisait servir à la guerre de Macédoine leur argent avancé durant la guerre contre Annibal, et si une guerre naissait toujours d'une autre, — il paraît que c'était la formule des mécontents, — leur fortune serait confisquée et leur service puni comme une faute. Le sénat leur offrit des terres qu'ils pourraient, quand la république serait en état de les payer, échanger contre de l'argent ; ils acceptèrent.

Quinctius Flamininus combattit énergiquement Philippe les armes à la main, et en défendant contre lui, dans tous les débats diplomatiques, l'indépendance de la Grèce. Le sénat eut à juger le procès. Des envoyés de Philippe et des alliés comparurent devant lui ; mais il les renvoya à Flamininus, qui, toujours fidèle à la cause grecque, continua de combattre Philippe et finit par gagner sur lui, en Thessalie, la bataille de Cynocéphale, préludant ainsi au rôle qu'il aimait à jouer, de libérateur de la Grèce, et dont il donna la plus belle représentation le jour où il déclara aux Grecs rassemblés qu'ils étaient libres. La Grèce applaudit avec transport, mais elle ne sut pas profiter de ce don magnifique, qu'il ne fallait pas seulement recevoir, mais qu'il fallait s'approprier en s'en rendant digne. Elle s'endormit dans la satisfaction de se posséder elle-même, se rêva délivrée par les Romains et se réveilla leur esclave. Du reste il est rare qu'on reçoive la liberté : on la conserve ou on la prend.

Nul monument élevé à Rome ne consacra cet hommage rendu à la Grèce; mais tous les emprunts faits par les Romains aux arts, à la littérature, à la civilisation grecque, sont des témoignages et comme des monuments du philhellénisme qui inspira la déclaration d'affranchissement prononcée par Flamininus[1].

Deux guerres sortirent de la guerre contre Philippe la guerre contre Antiochus et la guerre contre les Étoliens.

Antiochus, roi de Syrie, avait menacé deux alliés, ou plutôt deux serviteurs des Romains, le roi d'Égypte Ptolémée, et le roi de Pergame, Attale. On a vu comment parlaient, dans le sénat, les envoyés des Ptolémées; ceux d'Attale n'y avaient pas tenu un plus fier langage. Ils étaient venus se plaindre qu'Antiochus avait envahi le

---

[1] Flamininus aimait sincèrement la Grèce, et, en somme, y joua un noble rôle, autant que la tortueuse politique du sénat le lui permit. On est affligé de le voir tremper dans la trahison de Prusias et la mort d'Annibal. Tout le monde s'associe aux fiers sentiments du Nicomède de Corneille ; mais ces beaux vers :

> Et si Flaminius en est le capitaine
> Nous pourrons lui trouver un lac de Trasimène.

reposent sur une erreur historique d'Aurélius Victor, qui a confondu les *Flaminius* plébéiens et les *Flamininus* patriciens, entre lesquels il n'existait nulle parenté

royaume de Pergame, et demander du secours aux Romains, disant qu'Attale avait toujours fait avec zèle et docilité ce que les Romains lui avaient commandé de faire. Les Romains, trouvant que c'était assez d'un ennemi à la fois, refusèrent alors le secours. Maintenant que Philippe n'était plus à craindre, le sénat résolut de faire la guerre au roi de Syrie. Celui-ci hésita, attendit, n'osa pas suivre le hardi conseil que lui donnait Annibal et aller attaquer les Romains en Italie; enfin, appelé par les Étoliens qui avaient abandonné l'alliance romaine, il vint se faire battre aux Thermopyles. Les Romains ont leur bataille des Thermopyles comme les Grecs ; mais la défaite efface la victoire.

Pendant cette bataille, le consul romain qui la gagna, Acilius Glabrio, avait voué un temple à la Piété[1]. Ce temple était dans le marché aux légumes, vers le quartier encore aujourd'hui populaire de la Montanara[2]. Acilius Glabrio sortait d'une famille plébéienne. C'est la première fois qu'il est fait mention de la *Piété*, personnification d'une qualité abstraite, et par conséquent déesse vraisemblablement sabine, comme la Jeunesse et la Bonne Foi. Aussi le temple qui lui fut consacré le fut-il par un homme de race sabine[3].

---

[1] Tit. Liv. xl, 34.

[2] Un temple de la Piété est indiqué près du cirque Flaminien. (*Jul. Obseq.*, 114.) C'est probablement le même, et Canina a eu raison de ne pas les distinguer.

[3] Acilius, Accii filius. Accius, comme Attus, Attius, Acca, nom sa-

On attribuait à ce temple une origine touchante : une femme[1], condamnée à mourir de faim en prison, avait été conservée à la vie par sa fille, qui s'était introduite dans sa prison et l'avait nourrie de son lait. C'est le sujet plusieurs fois traité par la peinture de la *Charité romaine*[2]; mais ce fait, vraisemblablement légendaire[3], ne peut être l'origine du temple de la Piété, voué pour tout autre motif, pour le succès d'une grande bataille par un consul romain[4].

bin. Glabrio, surnom sabin en *io*, comme *Scipio*. Presque tous les Glabrio ont un prénom sabin, **Manius**. Il y avait des familles sabines qui étaient plébéiennes, surtout parmi celles qui étaient venues s'établir à Rome depuis que la différence primitive des deux races était oubliée. Les Acilius ne paraissent qu'assez tard dans l'histoire romaine.

[1] Pl., *Hist. nat.*, vii, 36. Val. Max., v, 4, 7. Festus seul (p. 209) dit : un homme.

[2] Je ne sais pourquoi les peintres qui ont traité ce sujet ont en général substitué un père à une mère, selon la version grecque du récit (Val. Max., *ibid*, *Extern*, 1), et une *charité grecque* à une *charité romaine*. Les yeux s'accommoderaient mieux, ce me semble, de ce beau trait en y voyant ainsi rapprochées deux femmes, qu'une jeune femme et un vieillard.

[3] Puisqu'on le racontait de deux manières, l'attribuant tantôt à une Romaine, tantôt à une Grecque.

[4] Ceux qui ont écrit sur les antiquités de Rome n'ont pas été plus heureux dans la détermination topographique du temple de la Piété que dans la recherche de sa provenance historique; ils le rapportent à un fait anecdotique auquel ne songeait point Glabrio pendant la bataille des Thermopyles, et ils croient, pour la plupart, le reconnaître dans un des trois temples dont les ruines subsistent à l'intérieur de l'église de *Saint-Nicolas in carcere*. Mais il ne peut rien subsister

Le fils du vainqueur des Thermopyles dédia le temple qu'avait voué son père et lui érigea, devant ce temple, une statue équestre[1] en bronze doré[2]; il voulut qu'un monument élevé à la piété filiale vînt se joindre à un monument élevé à la piété envers les dieux[3].

La tradition, qui plaçait en cet endroit la prison où une jeune femme avait nourri sa mère ou son père de son lait, et qui subsiste encore dans le nom de l'église de Saint-Nicolas *in carcere*, fit sans doute qu'on plaçât devant le temple de la Piété la colonne de l'allaite-

---

du temple de la Piété s'il avait été bâti, comme dit Pline, *là où est maintenant le théâtre de Marcellus*.

[1] On a trouvé dans cette région une base qui peut être celle de la statue de Glabrio.

[2] Ce ne fut point, quoi qu'en disent Tite Live (XL, 34) et Valère Maxime (II, 5, 1), la première statue dorée qu'on eût vue à Rome et en Italie La statue de Servius, dans le temple de la Fortune, épargnée par un incendie, était en bois doré. Les Étrusques doraient le bronze de leurs statues. (Vitr., III, 2.) Pline, qui n'affirme rien sur l'origine des statues dorées, mais déclare que cet usage est peu ancien, prétend que les statues équestres ont été faites *à l'exemple de la Grèce*. (XXXIV, 10, 2.) Lui-même cependant cite la statue équestre de Clélie (XXXIV, 13, 1), qui devait être étrusque plutôt que grecque.

[3] Acilius Glabrio et C. Lælius, après des jeux magnifiques donnés par eux à l'occasion de la défaite de Philippe à Cynocéphale, avaient fait faire, avec un argent qui provenait d'amendes perçues pendant leur préture, trois statues en bronze de Cérès, de Liber et de Libera (Tit. Liv., XXXIII, 25.) Elles furent très-vraisemblablement placées dans le temple consacré à ces trois divinités, et qui était voisin de l'entrée du grand Cirque.

ment, *columna lactaria*[1], près de laquelle on exposait les enfants dans l'espoir qu'ils seraient recueillis et allaités [2].

Après la bataille des Thermopyles, la curie s'ouvrit à deux illustres clients du peuple romain : un roi et un peuple. Eumène, roi de Pergame, demandait, en récompense de la fidélité de son père et de la sienne aux Romains, qu'un certain nombre de villes grecques de l'Asie fussent réunies à ses États; les Rhodiens demandaient qu'elles fussent déclarées libres. Il faut lire dans Polybe[3] ces remarquables plaidoyers prononcés dans la curie devant le sénat romain et le jugement du sénat faisant la part du roi et de la république avec une modération et une courtoisie magnifiques.

Antiochus avait échoué en Grèce, mais il était en-

---

[1] C'était une espèce de *tour*, mais dont l'efficacité dépendait de la charité éventuelle de nourrices volontaires; il paraît qu'il s'en trouvait. Ce trait de mœurs chrétiennes, dans la Rome païenne, est précieux à recueillir.

[2] Près de là était un éléphant. Ce quartier s'appelait, au moyen âge, le quartier de l'*Éléphant* (in elephanti), probablement à cause d'un éléphant en bronze placé en commémoration de la défaite de Philippe, non loin du temple voué aux dieux par son vainqueur.
Elephantum herbarium (*Cur.* et *Not. reg.*, VIII.) Je crois qu'il faut séparer *elephantum* et *herbarium*, le Marché aux herbes, nom donné à l'ancien marché aux légumes. Quoi qu'en dise Becker, les herbes et les légumes ne sont pas choses si différentes qu'elles n'aient pu se vendre au même endroit. *Piazza dell' erbe* est le nom du marché de Vérone où l'on ne vend pas seulement des herbes.

[3] Polyb., *Rel.*, lib. XXII, 1-7.

core puissant en Orient; il commandait à un grand nombre de peuples et avait des alliés jusque dans l'Inde; les Romains recommencèrent à l'attaquer par terre et par mer. Dans la guerre maritime se signala le préteur L. Æmilius Régillus, qui eut les honneurs d'un triomphe naval pour avoir battu la flotte d'Antiochus près du promontoire Myonèse. Il consacra un temple aux Lares transmarins[1], divinités protectrices du foyer, dont le secours l'avait suivi au delà des mers. Ce temple attestait que les Romains n'étaient pas moins redoutables sur mer que sur terre, comme Annibal l'avait dit à Antiochus. Pour aller subjuguer ce Darius, le sénat inclinait vers Lælius. Scipion l'Africain, quand son tour d'opiner fut venu, dit : « Je penserai à ce que je dois faire; » puis il alla s'entretenir en particulier avec son frère Lucius. A la suite de cet entretien, il déclara que si Lucius était choisi, il l'accompagnerait comme son lieutenant. Cette offre magnanime trancha le débat.

Mais avant de partir, dans sa confiance superbe, il éleva, par avance, un monument aux victoires qu'il était sûr de remporter. Le premier arc de triomphe[2]

---

[1] Tit. Liv. (XL, 52), dit *in campo*, dans le champ de Mars, sans doute, comme presque tous les autres temples de la même époque, aux environs du cirque Flaminien.

[2] Quelque temps auparavant L. Stertinius avait élevé, avec le butin fait en Espagne, deux arcs (*fornices*), un dans le forum boarium, devant le temple de la Fortune et de la déesse Matuta, et un dans le grand Cirque (Tit. Liv., XXXIII, 27); il avait aussi mis des statues dorées sur ces arcs, mais leur emplacement et leur nombre ne per-

fut dédié à des triomphes futurs ; Scipion le plaça sur le Capitole, où il allait converser avec Jupiter, au sommet de la voie Triomphale, ce qui montre bien quelle était la pensée de Scipion. Il plaça sur cet arc, véritablement triomphal, sept statues dorées et deux chevaux, et en avant deux fontaines de marbre.

Parmi les prescriptions religieuses ordonnées, suivant l'usage, au commencement de la grande expédition qu'on préparait, je remarque un jeûne en l'honneur de Cérès[1]. Sommes-nous donc déjà dans la Rome chrétienne ?

Après cette guerre, la plus lointaine qu'eussent encore entreprise les Romains, où ils avaient eu à combattre une partie de l'Asie, dans laquelle ils remportèrent de grandes victoires navales, Lucius Scipion, qui désormais s'appela l'*Asiatique*, vint triompher à Rome. Ce triomphe où ne paraissait pas son frère, le véritable vainqueur, fut splendide ; les Romains virent passer devant leurs regards, sans parler de beaucoup d'objets précieux, deux cent trente-quatre drapeaux, cent trente-quatre statues rapportées des villes conquises, plus de douze cents défenses d'éléphant, trente-

mettent pas d'y voir des arcs de triomphe, d'autant plus que, selon Tite Live, Stertinius construisit ces monuments *après avoir* perdu tout espoir du triomphe. Ce put être tout au plus pour lui une sorte d'équivalent du triomphe, et de compensation détournée. On ne peut, avec Canina, reconnaître les arcs de Stertinius dans deux arceaux de la rue Montanara, car le forum boarium, où étaient les temples de la Fortune et de Matuta, ne venait point jusque-là.

[1] Tit. Liv., xxxvi, 37.

deux généraux ou gouverneurs de provinces. L'Orient captif précéda ce jour-là le char du triomphateur montant au Capitole.

A la suite de cet éclatant triomphe en l'honneur des victoires fraternelles des deux Scipions, Lucius fut l'objet d'accusations de péculat que l'Africain pouvait mépriser, mais dont il eût dû permettre à son frère de confondre les auteurs.

Après sa mort, ces accusations furent reprises avec plus de fureur, et Caton, dont l'honnêteté ne peut être suspecte, les appuyait énergiquement. Scipion l'Asiatique se contenta de répondre: « Vous n'avez pas voulu que l'éloge de l'Africain fût prononcé dans les rostres, et aujourd'hui vous l'accusez. Les Carthaginois se sont contentés de l'exil d'Annibal; la mort de son vainqueur ne vous suffit pas; il vous faut encore déchirer sa mémoire et perdre son frère. » Ce n'était pas se justifier; aussi l'Asiatique fut-il condamné comme ayant reçu six mille livres d'or et quatre cent quatre-vingts livres d'argent pour être favorable au roi Antiochus. Déjà le vainqueur de l'Orient était entraîné hors de la curie, vers la prison, devant laquelle avait passé, peu de temps auparavant, la pompe de son éclatant triomphe, quand un de ses parents, Scipion Nasica, éleva la voix en faveur de sa gloire plus que de son innocence, et en appela aux tribuns dans le Forum, leur disant que le condamné ne possédait rien de ces richesses qu'on l'accusait d'avoir indûment acquises; qu'il faudrait donc enfermer ce citoyen illustre parmi les voleurs de nuit et les brigands jusqu'à ce qu'il expirât dans un cachot ténébreux, puis fût jeté nu sur l'escalier de la prison, ce qui serait un opprobre pour la *gens* Cornélia et pour le peuple romain.

En réponse à cela, le préteur Térentius Culleo, qui avait été l'obligé et l'admirateur enthousiaste de Scipion l'Africain, mais qui, assis sur son tribunal, n'était plus que l'homme de la loi, se contenta de lire l'acte d'accusation des tribuns, le sénatus-consulte et le jugement, ajoutant que si l'argent n'était pas versé dans le trésor, il ne voyait rien à faire que d'appréhender le condamné et de le conduire en prison. Les tribuns se retirèrent pour délibérer, puis tous, excepté Tibérius Gracchus, ennemi bien connu de Scipion, déclarèrent qu'ils n'opposaient point leur intercession à la sentence du préteur; mais l'intercession d'un seul tribun suffisait, et Tibérius Gracchus, digne de ce nom généreux, oubliant ses inimitiés privées, tout en autorisant le préteur à disposer des biens du condamné, déclara que Lucius Scipion, à cause des grandes choses qu'il avait faites pour la république, ne serait point mis en prison, et qu'on le laisserait aller. Tout le Forum applaudit à cette triste grâce, qui dispensait du châtiment, mais laissait subsister l'accusation.

Triste grâce! triste affaire! fâcheux signe des temps qui viennent! De brillantes conquêtes, un triomphe sans pareil, le surnom d'Asiatique et une condamnation sur laquelle je ne prononce pas, mais que rien ne prouve avoir été imméritée. Jamais Rome n'a jeté tant d'éclat, mais Rome se gâte.

Tite Live lui-même nous l'apprend et nous en fait connaître la cause. Parlant de ce Cn. Manlius, dont on fut obligé de retarder le triomphe pour laisser oublier la condamnation de Scipion l'Asiatique, moins coupable que lui, le grave historien ajoute[1] : « Les infamies que l'on disait s'être passées dans les provinces éloignées, n'étaient pas les seules; d'autres se voyaient tous les jours de plus près. La corruption étrangère avait été importée à Rome par l'armée d'Asie, » et Tite Live énumère tristement tous les genres de mollesse qui envahirent alors les mœurs romaines; puis, faisant un retour sur l'empire commençant, il ajoute: « Mais ce n'était que le germe de la corruption qui devait venir. »

En effet, on se croit par moment arrivé à cette époque de boue et de sang qui suivit le règne d'Auguste, en lisant par exemple l'anecdote suivante, dont je choisis la version la moins scandaleuse[2]. Un général romain, dans un festin, se vantait à sa maîtresse d'avoir prononcé beaucoup de sentences capitales et d'avoir dans ses fers un grand nombre de prisonniers que la hache attendait. Cette femme dit qu'elle

xxxix. 6.
[2] Tit. Liv., xxxix, 43.

n'avait jamais vu couper une tête et qu'elle le verrait avec plaisir. Alors l'amant complaisant ordonna qu'on lui amenât un prisonnier, et, de sa main, le décapita devant elle. Caligula ou Commode n'auraient pas ag autrement.

Ces faits monstrueux étaient des faits isolés et qui se passaient au loin, mais l'étrange affaire des bacchanales vint révéler que le désordre était secrètement et largement organisé au sein de Rome même.

Sur l'Aventin, ce mont profane situé en dehors de l'enceinte religieuse de la ville, dans le bois de Simila[1], déesse inconnue, s'accomplissaient des mystères honteux et cruels. Dans l'origine, c'étaient des bacchanales nocturnes. La religion autorisait, dans les bacchanales, des travestissements de toute sorte et ce délire de gaicté que permet aujourd'hui le carnaval ; mais celles-ci s'étaient transformées en abominables et sanguinaires orgies, mêlées de jongleries et d'extases. Les hommes prophétisaient au milieu de convulsions frénétiques ; les femmes, en habit de bacchantes, les cheveux épars, descendaient en courant les pentes escarpées de l'Aventin, et allaient plonger dans le Tibre des flambeaux allumés que l'eau n'éteignait point ; le reste ne peut être dit. Là se passait, en réalité, tout ce dont furent accusés à tort les premiers chrétiens ; la doctrine, la religion des initiés, c'était que *rien n'est mal ;* ceux qui se refusaient à ces hor-

---

[1] Peut être pour *Sémélé,* mère de Bacchus.

reurs étaient précipités par des machines dans les cavernes de l'Aventin, et on disait qu'ils avaient été ravis par les dieux.

La découverte de cette association infàme fut faite par un jeune homme que *sa mère* voulait initier, et auquel une courtisane qui l'aimait dévoila l'affreux péril dont il était menacé. Quand le consul vint dans la curie révéler l'existence de cette association secrète, les sénateurs furent épouvantés, car on apprit qu'elle comptait des adeptes dans les rangs les plus élevés de la société romaine, et chacun craignait de trouver des coupables au sein de sa maison. On ordonna une perquisition générale dans l'Italie entière, et l'arrestation, pour être remis aux consuls, de tous ceux qui auraient participé aux bacchanales. On interdit toutes les réunions nocturnes, on prit des mesures contre les incendies [1].

Puis les consuls se rendirent au Forum, montèrent à la tribune et dévoilèrent au peuple ce qu'il devait savoir, en prenant toutes les précautions nécessaires pour ne pas scandaliser sa piété par des mesures

---

[1] Le décret du sénat, gravé sur une table de bronze, a été trouvé à Bari, dans le royaume de Naples. Il n'est pas surprenant qu'une copie eût été envoyée dans l'Italie méridionale, car c'était une femme de Campanie qui avait donné aux bacchanales de Rome leur caractère criminel. A cette époque, tout ce qui embellit la vie romaine et tout ce qui la corrompt a une origine grecque. L'Étrurie revendique ici encore sa part d'influence; c'était en Étrurie qu'avait commencé cette abominable association. (Tit. Liv., xxxix, 8. 13.)

adoptées contre ce qui pouvait lui sembler avoir un caractère religieux, et ne pas trop l'épouvanter, tout en l'avertissant d'un grand danger, et en invitant chacun à se mettre dans sa maison en garde contre lui.

Une terreur sans bornes remplit la ville. Le consul avait avoué que le nombre des conjurés, — on les appelait ainsi, — s'élevait à plusieurs milliers, peut-être sept mille. On redoutait également et les ennemis cachés qui menaçaient la société, et l'inquisition secrète qui était suspendue sur toutes les têtes. On fuyait en foule de Rome; Rome devint solitaire, il fallut ajourner de trente jours toutes les affaires et tous les procès.

Un grand nombre de coupables furent mis à mort; les femmes condamnées étaient livrées à leurs pères ou à leurs maris pour être exécutées, selon le droit du père de famille, dans sa maison.

Cette bizarre tragédie jette une ombre impure et sanglante sur Rome au moment où elle arrive à son plus grand éclat. On venait de dorer pour la première fois les lambris du Capitole. Le faîte de la chapelle de Jupiter avait reçu un quadrige doré; on n'en était plus au vieux quadrige d'argile[1]; mais dans les antres de l'Aventin on avait découvert un gouffre plein d'immondices, où, si on ne l'eût purifié par le sang, la religion, la morale, l'Etat, couraient le risque de s'engloutir.

Détournons nos regards de ce honteux événement

[1] Tit. Liv., xxxv, 41.

qui n'eut pas de suite, mais qui fut comme un éclair sinistre illuminant un abîme tout à coup entr'ouvert et bientôt refermé. Suivons de loin les Romains dans leurs guerres de Grèce et d'Orient; nous en avons vu assez pour pressentir la décadence de Rome, mais l'heure de cette décadence n'est pas arrivée, car elle peut encore produire un Paul Émile.

Bientôt allait commencer la troisième guerre de Macédoine, que cet homme illustre devait clore par une grande victoire sur le successeur de Philippe, Persée. Philippe vivait encore, et donnait toujours une certaine inquiétude aux Romains; en même temps divers signes avaient apparu : le feu s'était éteint dans le temple de Vesta; la terre avait tremblé; — le sol volcanique de Rome a toujours été exposé aux tremblements de terre; — des orages de printemps, comme on en voit encore quelquefois à Rome, avaient abattu les statues des dieux sur le Capitole, dans le Cirque et ailleurs, arraché et enlevé la porte d'un temple. On avait eu un de ces hivers terribles comme Rome n'en connaît plus; enfin une maladie qui dura trois ans, et qui n'avait cette fois rien de commun avec la *mal'aria*[1], car elle s'étendit à toute l'Italie, la dépeuplait; on eût dit que la nature était malade, comme la société romaine commençait à l'être.

[1] Il y avait pourtant une analogie entre la maladie qui sévissait alors à Rome et celles qui y sévissent aujourd'hui, c'est que les fièvres qu'elle laissait après elle duraient fort longtemps

On soupçonna même que des poisons, répandus en secret, étaient la cause de cette peste, ainsi qu'on l'a soupçonné récemment pendant le choléra à Rome, et presque partout.

Philippe avait fait la paix avec les Romains, mais il se préparait à la guerre. Ses violences et ses cruautés avaient soulevé contre lui ses alliés et ses sujets. De nombreuses députations vinrent de tous les points de son empire demander justice au sénat. La curie devenait de plus en plus le tribunal d'appel des nations; placée entre le Capitole et le Forum, elle représentait, pour le monde, la justice des dieux et celle du peuple romain.

On y vit paraître alors, accusant Philippe, les envoyés d'Eumène, roi de Pergame, et allié des Romains; ces envoyés apportaient de sa part une couronne d'or d'un grand prix, qui fut acceptée. Puis comparurent les députés d'une foule de villes grecques et macédoniennes. Le sénat écouta leurs plaintes pendant trois jours : souvent fort embarrassé au milieu des réclamations que lui adressaient les provinces, les villes, les particuliers, jusqu'aux partis qui divisaient une même cité. Il écouta aussi Démétrius, fils de Philippe, qui venait défendre son père, et l'écouta avec faveur, car il espérait que ce jeune homme, naguère otage à Rome, bien traité, puis renvoyé avec honneur, avait emporté des sentiments favorables à la république. Fidèle à sa politique ordinaire, le sénat cherchait à se ménager un appui au sein de la famille du souverain avec lequel il traitait. Ce jeune homme ayant lu un mémoire justificatif que Philippe avait rédigé pour sa défense, le sénat déclara avoir confiance en Démétrius, et vouloir excuser son père pour l'amour de lui. Ce succès et la popularité qu'il lui procura en Macédoine furent funestes à Démétrius; son frère, Persée, comprenant que les Romains lui préparaient un compétiteur, parvint à obtenir sa mort des soupçons qu'il sut inspirer à Philippe. La fin de celui-ci fut misérable; il laissa un de ses fils égorger l'autre et s'en repentit. Cette tragédie de palais rappelle celle qui assombrit les derniers jours de Côme de Médicis. Ces princes habiles et sans conscience, qui se maintiennent par la ruse, sont atteints à la fin, dans la prospérité qu'elle procure presque toujours, par ces puissances vengeresses que les Romains appelaient les *terribles*, *Diræ*.

A peine Persée fut-il sur le trône que des plaintes contre lui arrivèrent à Rome. Cependant ses envoyés furent admis, et le traité fait avec son père renouvelé. Mais il trouva un formidable accusateur dans le roi de Pergame Eumène, qui le redoutait et qu'il n'avait pu gagner.

Eumène était venu à Rome, dit-il au sénat, pour visiter les dieux et les hommes auxquels il devait le maintien de sa haute fortune, et pour dénoncer les machinations de Persée. Bientôt Persée envoya aussi plaider sa cause devant le sénat romain. Son délégué parla avec hauteur, disant que, si les Romains voulaient absolument la guerre, Persée la ferait, et que Mars était égal pour tous : fier langage, bien différent de celui d'Eumène, langage que la curie n'était pas accoutumée à entendre, mais qu'elle entendait cependant quelquefois.

Du reste, rien ne transpira des discours qui y avaient été tenus. Toutes les villes de Grèce et d'Asie désiraient savoir ce qui s'y était passé. Le monde entier avait les yeux tournés vers cette salle d'assemblée où le sort du monde se décidait. Il ne reste rien de la curie, si ce n'est peut-être quelques débris dans l'église de Saint-Adrien ; mais on sait du moins, à très peu de chose près, où elle était, et, en se plaçant en cet endroit, on sent qu'on est au centre de la vie politique de l'univers romain.

Bientôt le bruit se répandit à Rome qu'Eumène, se rendant à Delphes, avait été presque assommé par des agents du roi de Macédoine, qui avaient fait rouler des rochers sur sa tête dans le chemin étroit où il était engagé, celui-là même sans doute où Œdipe avait rencontré Laïus, chemin en effet étroit encore aujourd'hui et qui suit un ravin profond. Un homme de Brindes vint aussi révéler que Persée l'avait chargé d'empoisonner les ambassadeurs romains. Était-ce vrai ? La guerre fut aussitôt déclarée. Avant qu'elle l'eût été, des envoyés d'Ariarthe, roi de Cappadoce, avaient amené son fils, encore enfant, pour qu'il s'accoutumât de bonne heure aux mœurs romaines et grandit sous la tutelle des Romains. Le sénat ordonna au préteur de louer une demeure pour le jeune prince et sa suite, satisfait d'exercer une hospitalité qui était un patronage de rois.

Le sénat, si plein de courtoisie quand il jugeait à propos d'en avoir, se montrait sévère sur l'étiquette. Les envoyés du roi d'Illyrie s'étant présentés devant lui sans en avoir demandé la permission, on les fit sortir de la curie.

La Grèce et l'Orient fixaient un regard attentif sur la grande lutte qui allait commencer. A Rome, on faisait les derniers efforts pour en assurer le succès; on portait les vétérans au rôle de l'armée. Un certain nombre de centurions en appelèrent aux tribuns, et un de ceux-ci réclama pour eux un rang égal à celui qu'ils avaient précédemment occupé. Cela créait une difficulté légale, et les plus grands besoins de l'État ne faisaient pas alors oublier la légalité. On fut tiré d'embarras par la magnanimité d'un des centurions qui en avaient appelé aux tribuns. Spurius Ligustinus ayant demandé et obtenu l'autorisation de parler à la tribune, où les magistrats seuls avaient le droit de monter, raconta sa vie, énuméra ses campagnes et ses titres à la retraite : « Mais, ajouta-t-il, si l'on m'inscrit comme valide, je ne la demanderai point. Aux tribuns militaires il appartient de juger dans quel poste je dois servir... Et vous, mes camarades, considérez comme honorable, quel qu'il soit, celui où vous pourrez défendre la république. » Le consul, louant beaucoup ce centurion, le conduisit du Forum à la curie; il y reçut les remercîments solennels du sénat et la première place de centurion [1] dans la première légion. Personne ne réclama plus, et l'enrôlement s'acheva sans obstacle. Cette petite scène ne m'a pas semblé devoir être omise, et n'est pas une des moins intéressantes dans l'histoire du Forum et de la curie.

Persée, qui, sans doute, voulait gagner du temps, osa envoyer de nouveau une députation à Rome. Comme on était en guerre, on ne permit pas aux ambassadeurs d'entrer dans la ville; ils furent reçus dans le temple de Bellone, près de là s'élevait la colonne au pied de laquelle la guerre se déclarait. C'était les avertir par avance des résolutions belliqueuses du sénat. On se contenta de leur répondre : « Le consul P. Licinius sera bientôt en Macédoine avec son armée. C'est à lui, si l'on veut nous donner satisfaction, qu'il faudra envoyer des députés. Il n'y a plus lieu d'en envoyer à Rome; on ne permettra plus à aucun de traverser l'Italie. » Il fut enjoint au consul de prendre des mesures pour que ceux-ci en fussent sortis avant le onzième jour.

---

[1] Primipile, celui qui commandait la première centurie des triaires, soldats d'élite dans chaque légion. C'est au primipile que l'aigle était confiée

Deux des délégués que les Romains avaient expédiés en Grèce revinrent à Rome. Ils déclarèrent franchement au sénat que leur intention avait été de donner aux Romains le temps d'être aussi bien préparés à la guerre que le roi de Macédoine l'était lui-même. Alors il s'éleva au sein de la curie un dissentiment qui marque bien le caractère de cette époque intermédiaire entre le premier âge de la république et le dernier. Les vieux sénateurs, ceux qui voulaient conserver la coutume des aïeux, dirent que cela n'était pas romain, mais punique ou grec. Ce n'était point par la ruse que leurs ancêtres avaient vaincu : c'était par la franchise et la force; le temps était venu où parfois l'habileté servait mieux que l'énergie ; mais celui-là était vraiment vaincu dans l'âme, auquel on arrachait l'aveu qu'il l'avait été non par adresse, non par hasard, mais par les forces de l'État rassemblées pour une guerre juste et sainte.

Cependant la politique nouvelle, celle qui, dit Tite Live, préférait l'utile à l'honnête, l'emporta dans la curie; la majorité et l'esprit nouveau étaient pour cette politique : le sixième siècle de Rome avait remplacé le cinquième.

Quand le consul Licinius, après avoir accompli les vœux solennels et portant le manteau de général, sortit de la ville pour aller rejoindre son armée, les citoyens de tout ordre le suivirent avec l'intérêt que faisait toujours naître un pareil moment, redoublé cette fois par l'importance de la guerre et la renommée de l'ennemi. Je traduis littéralement quelques lignes de Tite Live, parce qu'elles expriment admirablement ce qui devait se passer dans l'âme de la foule réunie à travers le Forum pour voir passer le consul se rendant du Capitole à la porte Capène. « On se rassemble non-seulement par respect pour la dignité du commandement, mais pour l'intérêt du spectacle. Chacun veut voir son général, celui à l'autorité et à la sagesse duquel est remise la défense de l'État ; puis on pense aux hasards des batailles, aux accidents imprévus de la fortune, aux chances de la guerre, les mêmes pour tous; aux revers, aux succès, aux défaites qu'a souvent entraînées l'inhabileté ou l'imprudence ; à ce que peuvent, au contraire, amener d'heureux la sagesse et la vigueur. Qui sait ce qu'est l'intelligence, ce que sera la fortune du général qu'on voit partir ? Le verra-t-on revenir, remonter triomphant la pente de ce Capitole pour aller visiter ces dieux dont il s'éloigne aujourd'hui, ou une joie semblable est-elle réservée à l'ennemi ? »

Cette campagne débuta par des succès douteux ou sans importance et par quelques revers. La Grèce, qui commençait à se dégoûter de ses libérateurs, se mit à faire des vœux pour leur ennemi ; leurs alliés se lassaient d'une guerre qui se prolongeait sans grands résultats. Les députations qui arrivaient à Rome étaient de nature à y faire naître le découragement. Si une peuplade gauloise envoyait au sénat, avec l'offre de faire la guerre aux Macédoniens, une couronne d'or d'une grande valeur que les députés gaulois apportaient dans la curie en demandant qu'il leur fût permis de la déposer dans le temple de Jupiter et de sacrifier au Capitole, Prusias, roi de Bithynie, faisait demander au sénat de conclure la paix avec Persée et s'offrait pour médiateur ; les Rhodiens, ces fiers insulaires que leur puissance maritime et leur richesse remplissaient d'orgueil, sommaient Rome de terminer une lutte qui les ruinait, avec d'altières menaces que Tite Live ne pouvait répéter sans indignation, et auxquelles le sénat n'opposa que le silence du dédain.

La guerre traînait. L'esprit martial des Romains commençait à donner des signes d'alanguissement. Pour la première fois, les jeunes plébéiens avaient cherché à se soustraire au service militaire[1], phénomène nouveau, passager, il est vrai, mais inquiétant pour l'avenir.

On le sentait à Rome, et l'on se disait qu'il fallait cette fois nommer des consuls capables d'en finir avec l'ennemi. En effet, l'un de ceux qui furent élus était Paul Émile, qui devait vaincre Persée.

Paul Émile sortait d'une ancienne famille sabine[2],

---

[1] Tit. Liv., XLIII, 14.

[2] Les Æmilii prétendaient descendre d'un Mamercus, nom purement sabin (Mamers, Mamer*cus*), fils de Numa (Plut , *Num*., 8.) Plusieurs

et tenait à d'autres familles de la même race, aux Cornélii, il était cousin de Scipion l'Africain; aux Papirii, il épousa une Papiria; il donna sa fille à Ælius Tubero, d'une famille probablement sabine [1], célèbre par sa pauvreté, sa vertu et la petite maison sur l'Esquilin (près Sainte-Bibiane) [2] où seize membres de la gens Ælia vivaient ensemble, et dans laquelle, dit Plutarque, la fille de cet Æmilius, qui avait été deux fois consul et avait deux fois triomphé, ne rougissait point de la pauvreté de son mari, mais admirait la vertu qui le faisait pauvre.

Ce fut dans deux familles sabines que Paul Émile fit entrer deux de ses fils, Fabius Maximus et Scipion Æmilien; religieux comme un Sabin, il était pourtant

branches des Æmilii ont des noms évidemment sabins : les *Mamercini*, les Papi, comme Papius et Papirius (t. II, p. 545). Le nom des Paull i ou l'olli semble avoir la même racine que ceux de deux villes sabelliques : *Poll*entia, dans le Picentin, et *Poll*usca, dans le pays des Volsques. Quelques Æmilii ont pour prénom *Mamercus,* et la plupart *Marcus,* qui est un synonyme de Mamercus.

[1] C'est ce que porte à croire, outre l'austérité de mœurs des Ælii, leur surnom eu *o*, Tub*ero*, comme N*ero*, surnom des Claudii, sabins; comme Cic*ero* d'Arpinum, en pays sabellique, *Stilo*, comme Stolo, prénom qu se rencontre dans la famille ombrienne et sabine des Licinii: ombrienne, car on la trouve en Étrurie (Leone); sabine, car on la trouve sur la rive gauche du Tibre.

[2] On peut le conjecturer avec quelque vraisemblance, car les Lamii, branche des Ælii, avaient leurs jardins de ce côté, près de ceux de Mécène, et la demeure des Ælii était voisine des trophées de Marius. (Val Max., iv 4, 8), qui s'élevaient dans cette région de l'Esquilin,

de son siècle par son goût pour les lettres grecques. Aussi généreux que les anciens patriciens étaient avares, fier sans hauteur, ferme sans dureté, Paul Émile réunissait en lui le double caractère d'un aristocrate de la vieille roche et d'un homme des temps nouveaux. Aussi cet aristocrate fut-il populaire à une époque où l'aristocratie commençait à ne l'être plus.

Bien que tout le monde fût impatient de voir la guerre terminée, Paul Émile, nommé consul, ne se hâta point de partir. Il employa plusieurs mois à réunir des renseignements et à faire des préparatifs de tout genre, et ne voulut quitter Rome qu'après avoir religieusement accompli sur le mont Albain le grand sacrifice des féries latines. Pendant ce temps, le sénat reçut plusieurs de ces députations qui affluaient de toutes les parties du monde connu, et dont la présence à Rome forme dès lors un des traits les plus saillants de sa physionomie et de celle de la curie. En effet, les rois et les nations viennent tour à tour en monter les degrés, et le peuple dans le Forum voit successivement passer des Grecs, des Asiatiques, des Égyptiens, des Illyriens, des Gaulois, tous avec leur costume étranger, souvent avec les dons qu'ils apportent au sénat. On conçoit qu'il ait fallu construire un édifice particulier pour les recevoir, la Grécostase, et que cet édifice ait été voisin de la curie, dont il formait comme la *salle d'attente* et le vestibule. Placée sur le Vulcanal, au-dessus du Comitium, en vue du Forum, *in oculatissimo loco*, la Grécostase, qui n'était point un édifice muré et couvert, mais une simple plate-forme exposée aux regards, laissait voir à la foule qui remplissait le Forum ces envoyés de toute la terre. C'était pour cette foule un spectacle curieux et plein d'intérêt, car chacune de ces légations se rapportait à une des *affaires étrangères* du peuple romain ; ce spectacle, qu'en nous plaçant dans le Forum et en regardant du côté du Capitole, nous pouvons avoir en quelque sorte à notre tour, fait partie de celui que nous présente une histoire de Rome à Rome et complète cette histoire, car il nous permet, à nous aussi, d'assister aux incidents principaux de la diplomatie et aux diverses phases de la politique extérieure des Romains.

Ainsi des envoyés du roi et de la reine d'Égypte, Ptolémée et Cléopâtre, couverts de vêtements souillés, la barbe et les cheveux longs en signe de deuil, et tenant dans la main des branches d'olivier à la manière des suppliants, vinrent humblement implorer le secours du sénat contre le roi de Syrie, qui menaçait l'Égypte. Ce roi, sous prétexte de ramener en Égypte un frère de Ptolémée, menaçait Alexandrie. Admis dans la curie, les envoyés égyptiens se prosternèrent devant le sénat et déposèrent à ses pieds leurs doléances, disant : « Les bienfaits du peuple romain envers Antiochus et l'autorité du sénat sur les rois et les nations sont de telle nature, que, si le sénat faisait connaître au roi de Syrie son déplaisir, celui-ci retirerait certainement ses troupes. Si le sénat tardait à le faire, Ptolémée et Cléopâtre viendraient à Rome en bannis, et ce serait une sorte de honte pour le peuple romain de ne les avoir pas secourus dans un si extrême danger. » Les envoyés n'avaient pas tort de compter sur l'autorité du sénat, car c'est alors qu'on députa vers Antiochus ce Popilius Lænas qui, lassé des tergiversations du roi, traça un cercle autour de lui et lui dit : « Tu n'en sortiras pas que tu ne m'aies donné la réponse que je dois reporter au sénat. » Voilà comment les envoyés de Rome parlaient en son nom.

Un jour arrivèrent les délégués de Macédoine. Ils étaient attendus avec une extrême impatience, et le sénat eût voulu les admettre immédiatement; mais le soir était venu, et il ne tenait jamais séance la nuit. Le lendemain, ils furent introduits et parlèrent. La situation était triste : l'armée était au cœur de la Macédoine, mais insuffisante et en grand péril, la flotte des alliés dépeuplée par la maladie, la fidélité d'Eumène douteuse. Il fallait rappeler les troupes ou en envoyer de nouvelles. Le sénat ordonna que le consul L. Paulus Æmilius (Paul Émile) partirait sur-le-champ avec deux légions, et que le préteur Cn. Octavius irait prendre le commandement de la flotte.

Paul Émile sortit de la curie, et montant à la tribune, prononça un discours qui nous offre une vive image de la préoccupation universelle au sujet de cette guerre difficile, et nous fait entendre les propos des politiques du Forum, de ces hommes *des canaux* qui dissertaient à tort et à travers sur la manière de la diriger. « Dans toutes les réunions [1], dit Paul Émile, et, que les dieux me pardonnent, même dans les banquets, il y a des gens qui conduisent les armées en Macédoine, qui savent où il faut camper, quelles forteresses on doit occuper, par quels passages on peut pénétrer dans le pays, où il est bon de placer les magasins, par quelle route de terre ou de mer il convient de transporter les approvisionnements, quand il faut livrer bataille ou se tenir en repos. Non-seulement ils décident de ce que l'on doit faire, mais ils condamnent tout ce qui se fait autrement et accusent le consul comme s'il était en cause devant eux. » N'en pourrait-on pas dire autant de ce qui se passe dans les cafés de Rome et dans beaucoup d'autres cafés? Ne croit-on pas entendre, sur les nouvellistes, Théophraste ou la Bruyère?

Paul Émile ajoutait, avec une ironie patricienne de bon goût : « Je ne suis point de ceux qui pensent que les généraux ne doivent pas être avertis; j'estime au contraire que ne consulter que soi est orgueil et non prudence. Mais c'est à des gens éclairés, au fait des choses de la guerre, instruits par la pratique, qu'il appartient d'abord de donner conseil, puis

---

[1] *Circulus;* le vrai mot serait *club*.

à ceux qui sont en présence des opérations, qui peuvent juger des circonstances sur les lieux, et qui, comme embarqués dans le même navire, partagent les mêmes périls. Si donc il y a quelqu'un qui se croie en état de me conseiller dans cette guerre, qu'il ne refuse point ses services à la république et vienne avec moi en Macédoine, je lui fournirai vaisseau, cheval, tente, et le défrayerai de tout. Pour ceux qui ne veulent pas se donner cette peine et qui préfèrent les loisirs de la cité aux fatigues de la vie des camps, je les prie de ne point prendre le gouvernail en demeurant à terre. Rome fournit assez de sujets de conversation pour alimenter leur bavardage; mais qu'ils sachent que les avis de nos lieutenants nous suffisent... » Du reste, c'était un simple conseil spirituellement donné et sans nulle menace pour ceux qui ne s'y conformeraient pas. Je crois donc qu'il eut un plein succès dans le Forum, sauf à ne pas y être fort exactement suivi.

Persée fut complétement battu à Pydna. Quatre jours après, le bruit s'en était répandu à Rome; tandis que le peuple assistait aux jeux dans le cirque, ce bruit courut sur tous les gradins : on a combattu en Macédoine, et nous sommes vainqueurs. Puis ce fut un frémissement de plus en plus sensible, enfin des cris et des applaudissements éclatèrent de partout. On ne put découvrir l'auteur de cette nouvelle prématurée, où l'on vit un présage; c'est là sans doute ce qui fit répéter le vieux conte du lac Régille, et dire que Castor et Pollux avaient apparu auprès de la fontaine du Juturne; on ajoutait que les portes de leur temple s'étaient ouvertes miraculeusement d'elles-mêmes. Ce fut probablement à cette occasion qu'un second temple de Castor et Pollux s'éleva près du cirque Flaminien¹.

Neuf jours plus tard, au moment où le consul Licinius, qui était demeuré à Rome, allait monter au sommet des *Carceres*, pour donner le signal du départ des chars, on lui apporta de Macédoine une lettre ornée de lauriers, comme étaient celles des généraux victorieux. Le signal donné, Licinius monta dans sa voiture, et, en traversant le Cirque, montra au peuple la lettre ornée de lauriers. Le peuple tout entier se précipita dans l'arène. Le consul convoqua le sénat, et, autorisé par lui, s'étant rendu dans le Cirque que la foule n'avait pas quitté², annonça que son collègue L. Æmilius avait livré bataille au roi Persée; que l'armée macédonienne avait été battue et dispersée, que le roi était en fuite, que toutes les villes de la Macédoine étaient au pouvoir du peuple romain. Le cirque retentit d'une immense acclamation, chacun alla chez soi

---

¹ Vitr., IV, 8, 4. Cela me ferait croire que la scène que je vais raconter se passa dans le cirque Flaminien, et non dans le grand Cirque.

² *Pro foris publicis* veut dire devant les gradins où était assis le public, comme on le voit par le passage qui précède : *Cum per circum reveheretur ad foros publicos laureatas tabellas populo ostendit.* Il s'agit ici des *fori* et non pas du *forum*. (Tit. Liv., XLV, 1.)

apprendre la grande nouvelle à sa femme et à ses enfants. Et moi, tandis qu'absorbé dans ce souvenir j'erre aux lieux où fut le cirque, le cœur me bat aussi comme si je venais d'apprendre cette nouvelle si importante pour la grandeur de Rome, de Rome avec laquelle je me suis pour ainsi dire identifié en vivant dans son passé et dans son sein.

Les jours suivants furent tout à l'allégresse, aux actions de grâces dans les temples, aux sacrifices. On fit rentrer dans l'arsenal les bâtiments qui étaient déjà prêts à partir. Le sénat se donna le plaisir d'appeler dans la curie les députés rhodiens qui y avaient parlé si arrogamment et qui n'étaient pas encore partis. Changeant de ton, ils osèrent féliciter les Romains d'une victoire qui, comme ils l'avaient toujours désiré, mettait fin à une guerre dangereuse pour la Grèce. On leur répondit qu'on n'était pas leurs dupes, qu'ils avaient constamment agi et parlé dans l'intérêt de Persée, et on les renvoya.

Cependant Persée fugitif avait été atteint et arrêté, en Samothrace, dans le recoin obscur d'un temple où il s'était caché. Il avait été conduit vêtu de deuil à la tente de Paul Émile, qui s'était levé à son aspect, ne lui avait pas permis de tomber à ses pieds et lui avait tendu la main. Après avoir exprimé en grec son étonnement de l'imprudente conduite du roi et l'avoir exhorté à se confier dans la clémence du peuple romain, se retournant vers ceux qui l'entouraient,

Paul Émile leur adressa en latin quelques simples et nobles paroles sur l'instabilité des choses humaines et les enivrements de la fortune.

Les légations des villes de Grèce et d'Asie accoururent de nouveau à Rome. Les Rhodiens reparurent dans la curie, mais le sénat ne voulut point les entendre, et leur refusa le droit d'hospitalité qu'elle accordait aux ambassadeurs; alors ces superbes se prosternèrent en demandant qu'on fît grâce à leurs torts récents en raison de leurs anciens services; puis, en habits de deuil, ils allèrent par la ville supplier avec larmes tous les personnages puissants de les prendre sous leur protection. N'étant plus admis dans Rome et logés aux frais de la république, il leur fallut attendre la décision du sénat dans une auberge hors de la ville. Ramenés devant le sénat, ils y vinrent en suppliants. Enfin la guerre contre eux ne fut pas résolue, et ils souscrivirent avec empressement à toutes les conditions qu'on voulut leur imposer.

Paul Émile profita de sa victoire pour faire en Grèce un voyage de curiosité. A Delphes, il fit placer sa propre image sur des colonnes destinées à recevoir celles de Persée. C'est le seul exemple d'orgueil qu'un homme, du reste si sage, ait donné. Mais les plus sages eux-mêmes payaient leur tribut à ce sentiment de personnalité superbe, étranger aux hommes des premiers temps de la république, que Scipion l'Africain avait porté si haut et qui annonçait de loin César.

Le triomphe se préparait à Rome, où déjà étaient arrivés les deux rois captifs qui devaient l'orner : le Macédonien Persée et l'Illyrien Gentius. Le sort de ces deux vaincus était le même. Les guerres de Macédoine et les guerres d'Illyrie avaient le même dénoûment. La guerre d'Illyrie avait commencé après la fin de la première guerre punique. Les Illyriens étaient un peuple de pirates alors gouvernés par une femme, la reine Teuca, qui prétendait maintenir le droit de piraterie et qui courroucée du fier langage des ambassadeurs romains, les fit assassiner tandis qu'ils retournaient chez eux. Leurs statues furent placées dans le Forum[1]. On comprend qu'une reine barbare ait violé le droit des gens par un meurtre ; on le comprend moins de la part d'un gouvernement qui s'appelle la monarchie apostolique, et cependant ce gouvernement, successeur de la reine Teuca en Illyrie, a fait ce qu'elle avait fait. Soumis aux Romains et un temps leurs alliés, les Illyriens, sous Gentius, prirent le parti de Persée. Vaincu avec lui, le dernier roi d'Illyrie se trouvait en ce moment réuni par le malheur à celui dont il avait vaillamment défendu la cause, et il pouvait lui reprocher ses manquements de foi et la honteuse avarice qu'avait montrée, dans ses rapports avec un chef de pirates, l'héritier du trône d'Alexandre. Gentius ne figura point dans le triomphe de Paul Émile ; il fut ré-

[1] Pl., *Hist. nat.*, xxxiv, 11, 3.

servé, avec toute sa famille, pour celui de son vainqueur, le préteur Anicius.

L'arrivée de Paul Émile à Rome fut un premier triomphe ; il remonta le Tibre dans la galère royale de Persée, qui avait, — ce qui n'est pas aisé à comprendre, — seize rangs de rameurs et qu'ornaient les armes prises à l'ennemi. Mais, qui le croirait? le véritable triomphe souffrit quelque difficulté. Paul Émile, qui était de la vieille école, avait mécontenté l'avidité de l'armée, devenue plus exigeante que par le passé ; elle trouvait qu'une trop grande partie des fruits de la conquête avait été réservée pour le trésor public. On n'accusa pas Paul Émile, comme Scipion, d'avoir rien gardé pour lui des trésors de l'ennemi ; il ne s'était réservé que quelques volumes grecs pour l'instruction de ses fils ; mais un complot se forma entre un officier mécontent et un tribun du peuple pour lui ravir les honneurs du triomphe. Le premier engagea sous main les soldats à venir en grand nombre voter dans les comices par tribus qui devaient se tenir au Capitole ; le second accusa le consul d'avoir imposé aux soldats des fatigues inutiles et de les avoir frustrés du prix de leurs services. C'était une manœuvre bien criminelle : on faisait ce que personne n'avait fait encore ; on indisposait, on tentait l'armée. Le lendemain, les soldats très-nombreux envahirent si bien la plate-forme du Capitole, que nul n'y pouvait pénétrer. Ceux des premières tribus votèrent contre le triomphe de Paul Emile.

A cette nouvelle, tout ce qu'il y avait de considérable à Rome, indigné et inquiet, accourt au Capitole. « Que deviendrons-nous, s'écriaient-ils avec raison, si les soldats font la loi aux généraux? » Un ancien consul, M. Servilius, demanda que les tribuns fissent recommencer le vote; et, s'adressant aux soldats, il les invita, non pas au nom de la discipline antique, ce langage n'eût plus été entendu, mais au nom de la gloire de leur général, qui était la leur, à lui accorder le triomphe. Ce triomphe, marchandé indignement, finit par être obtenu.

La description détaillée qu'on lit dans Plutarque[1] nous permet de nous en donner le spectacle comme si nous y assistions véritablement. Le peuple s'était établi dans les deux cirques[2], dans le Forum et dans les autres parties de la ville que le cortége devait traverser. Autour du Forum on avait construit des échafaudages en planches. Tout le monde était vêtu de blanc; les temples étaient ouverts et décorés de guirlandes, fumants de parfums; les rues laissées libres pour le passage du triomphateur. La pompe triomphale dura trois jours. Le premier suffit à peine à la montre des statues et des peintures, portées sur deux

---

[1] Plut., *Paul. Æm.*, 32-5.

[2] Le *triomphe* partait du champ de Mars, traversait le cirque Flaminien, entrait dans Rome par la porte triomphale, puis, par le grand Cirque et la vallée qui sépare le Palatin du Cælius, allait gagner la voie Sacrée, qu'il suivait jusqu'au Forum et au Capitole.

cent cinquante chariots; le second, à celle des armes; on y vit le bouclier rond des Crétois, le bouclier carré des Thraces et la sarrisse, longue lance macédonienne. Trois mille hommes suivaient, portant des vases, des coupes et la monnaie d'argent dans sept cent cinquante vases, dont chacun contenait trois mille talents, — environ quinze mille francs.

Le troisième jour, de grand matin, les trompettes sonnèrent des airs belliqueux, puis l'on vit s'avancer cent vingt vaches grasses, la tête ornée de bandelettes et de rubans, comme c'est encore l'usage à Rome de parer les animaux domestiques le jour de la Saint-Antoine. Elles étaient conduites par des jeunes gens ceints de belles ceintures; derrière eux des enfants portaient des patères d'or et d'argent : c'étaient les jeunes lévites et les enfants de chœur de la procession; ils étaient suivis de ceux qui portaient la monnaie d'or dans soixante-dix-sept vases contenant chacun trois talents, comme pour la monnaie d'argent; de ceux qui portaient la coupe sacrée, ayant une valeur de dix talents (cinquante mille francs), la grande coupe d'or, décorée de pierres précieuses, que Paul Émile avait fait fabriquer, et enfin de ceux qui portaient la vaisselle en or de Persée; venait ensuite le char de ce roi, ses armes et son diadème.

Ce magnifique spectacle remplissait les Romains de joie et d'orgueil; mais quand on aperçut, un peu en arrière du char, les trois enfants de Persée paraître entourés de leurs pédagogues tout en larmes, qui, soulevant leurs petites mains, les instruisaient à supplier, une grande pitié toucha les cœurs ; les Romains aussi pleurèrent, et la joie fut mêlée de tristesse jusqu'à ce que les enfants eussent passé.

Persée, vêtu de deuil et entouré de ses serviteurs désolés, s'avançait comme frappé de stupeur et l'esprit égaré par la grandeur de son infortune. Il avait fait demander à Paul Émile de le dispenser de figurer dans le triomphe. Le Romain, qui ne pouvait comprendre son attachement à la vie, s'était contenté de répondre en souriant : « Cela dépendait de lui et en dépend encore. »

Devant le char de Paul Émile on portait quatre cents couronnes d'or dont autant de villes lui avaient fait hommage ; lui-même était vêtu de pourpre et tenait à la main une branche de laurier.

Mais au-dessus de la tête de ce glorieux mortel flottait un nuage de deuil ; cinq jours avant son triomphe, il avait perdu un fils de quatorze ans, et il devait en perdre un autre, âgé de douze ans, trois jours après. Il avait espéré qu'ils seraient près de lui sur son char triomphal, et ce char passait entre les tombeaux de ses deux enfants.

Au bout de quelques jours il alla dans le Forum, monta à la tribune pour y rendre compte suivant l'usage, de ce qu'il avait fait. « Vingt-six jours, dit-il, après mon départ d'Italie, j'avais vaincu et pris Persée ; un succès si rapide m'effrayait; je craignais que les dieux le fissent expier à l'armée ou à vous par quelque malheur, car les dieux sont jaloux ; mais c'est moi que les dieux ont frappé[1]. » Puis il parla au peuple de sa douleur, se félicita que l'inconstance du sort l'eût atteint dans sa famille plutôt que dans sa patrie, ne put s'empêcher de comparer tristement le sort de Persée vaincu, mais dont les enfants vivaient, avec sa propre destinée, lui vainqueur, mais qui était venu au Capitole des funérailles d'un de ses fils, et du Capitole était allé aux funérailles de l'autre. Faisant allusion à leurs aînés, passés par l'adoption dans des familles étrangères, il termina ce noble discours en disant : « Dans la maison de Paul Émile, il ne reste plus que lui ; mais de cette calamité domestique, votre félicité et la fortune publique me consolent. » Paul Émile mourut peu de temps après. Persée perdit aussi deux de ses enfants ; le malheur ne défend pas du malheur. Le troisième apprit à ciseler et s'estima heureux d'être employé comme scribe par les magistrats romains. Persée fut d'abord jeté dans un cachot, où, selon les uns, il périt misérablement ; d'où, selon les autres, il fut tiré à la demande de son généreux vainqueur.

Nous venons d'être témoins, comme le furent les Romains, d'un des drames les plus émouvants dont Rome a été le théâtre, un drame qui pourrait avoir

---

[1] App. *Maced.*, 19.

pour titre : *Le deuil dans la gloire;* à part ce deuil qui vint l'obscurcir, le triomphe de Paul Émile est un spectacle magnifique d'où sort une austère moralité. Ce triomphe était trop beau, il y avait là trop de richesses, danger nouveau de Rome, fléau terrible par où la liberté devait périr. Le plus éclatant triomphe qu'eût vu la république présageait, hélas! le triomphe de l'empire.

La suite des guerres de Macédoine m'a entraîné, et j'ai laissé derrière moi la guerre d'Étolie, qui se place entre la défaite d'Antiochus et les luttes contre Persée. J'y suis ramené par un monument caractéristique du temps, et qui se rapporte à cette guerre : le temple consacré par M. Fulvius Nobilior à Hercule Musagète, Hercule qui conduit les Muses.

La ligue Étolienne, brouillée avec les Romains depuis le partage des villes de Macédoine enlevées à Philippe, sur un faux bruit que le roi Antiochus venait de détruire l'armée romaine, avait rompu une trêve momentanée et repris les armes. Après la défaite d'Antiochus, les envoyés étoliens qui étaient à Rome parurent dans la curie et, au lieu de confesser la faute de leur peuple, parlèrent au sénat avec une fierté qu'il jugea très-insolente. On décida qu'il fallait dompter ces esprits superbes; on fit sortir les envoyés de la curie, on les chassa de Rome et de l'Italie.

M. Fulvius[1] Nobilior, chargé de soumettre les Éto-

[1] Les Fulvii étaient vraisemblablement originaires de Tusculum.

liens, alla assiéger Ambracie, ville importante de l'Épire, qui leur appartenait maintenant et qui avait été la résidence de Pyrrhus. La reddition de cette ville détacha d'eux tous leurs alliés et les mit à la discrétion des Romains; depuis ce jour la ligue Étolienne cessa d'exister.

Le temple d'Hercule Musagète était dans la partie du champ de Mars où l'on se rendait par la porte Carmentale[1]. Beaucoup d'édifices publics, construits au sixième siècle, s'élevèrent dans cette région du cirque Flaminien, quartier populaire pour des raisons que j'ai indiquées, comme ce cirque lui-même était le cirque populaire. A cette époque, on voit en toute chose se préparer l'ascendant de la démocratie qui dominera le siècle suivant[2].

(Plin., *Hist. nat.*, vii, 44; Cic., *Philipp.*, iii, 6.) On a trouvé à Tusculum une inscription en l'honneur de Fulvius Nobilior sur la base d'une statue que lui avaient érigée ses compatriotes. Je suis porté à croire les Fulvii d'extraction sabellique, par leur nom qui veut dire *roux*, comme celui des Flavii, certainement sabins, veut dire *blonds;* par le prénom sabin *Marcus*, fréquent dans cette gens; par leurs surnoms, dont plusieurs sont sabins : Flaccus, commun aux Valerii, aux Horatii, aux Calpurnii, qui prétendaient descendre de Numa. Plusieurs de ces surnoms ont la terminaison sabellique en *o*, *Bambalio, Gillo*, ou une racine certainement sabine (*Auril*, en sabin *soleil*), d'où *Aurelius*.

[1] Un fragment du plan antique de Rome montre que ce temple était au nord-ouest du portique d'Octavie.

[2] Par suite de cette importance que prenait toujours de plus en plus le cirque Flaminien, Fulvius Nobilior, lors de son triomphe sur les Étoliens, distribua les récompenses militaires dans ce cirque (Tit. Liv., xxxix, 55.)

Le nom d'Hercule *qui conduit les Muses* était, dans cette circonstance, strictement historique ; la force, dont Hercule était le type, conduisait alors en effet à Rome les arts de la Grèce, que personnifiaient les Muses. Dans un sens encore plus particulier, ce nom convenait merveilleusement à un temple élevé par Fulvius Nobilior, qui avait apporté les statues des Muses d'Ambracie[1].

Ce temple était donc doublement un symbole du philhellénisme[2] dont Fulvius Nobilior était lui-même un représentant. Caton lui reprochait son goût pour les lettres, son attachement pour le poëte Ennius, à demi grec, et qui fit tant pour latiniser la littérature grecque. Fulvius avait désiré que le vaillant poëte le suivît dans ses campagnes ; comme Hercule sous la forme de Musagète, il voulait être, lui aussi, un vainqueur accompagné par les Muses[3].

---

[1] Pl. *Hist. nat.*, xxxv, 36, 6,. Servius (*Æn.*, 1, 8) dit que Fulvius Nobilior transporta dans son temple d'Hercule une petite chapelle en bronze consacrée par Numa aux Muses, c'est-à-dire aux Camènes sabines, qui, frappée par la foudre, avait été placée d'abord dans le temple de l'Honneur et de la Vertu, voisin en effet du bois des Camènes. Les Camènes étaient les vieilles Muses sabines, que Fulvius Nobilior, d'origine sabellique comme tous les Fulvius, voulut placer près des Muses grecques.

[2] De plus c'était une antique tradition qu'Hercule avait enseigné les lettres à Evandre (Plut., *Quæst. Rom.*, 59), fils de Carmenta, elle-même une Camène, et dont le sanctuaire n'était pas éloigné du temple d'Hercule Musagète.

[3] Ille qui cum Ætolis Ennio comite bellavit, Fulvius, non dubitavit

Il avait déposé des *fastes*[1] dans ce temple, parce que, selon les idées grecques qu'il accueillait volontiers, les Muses présidaient à l'histoire, comme l'a fait voir Hérodote en donnant le nom d'une Muse à chaque livre de la sienne.

Après la prise d'Ambracie, Rome vit venir une députation de la ligue Étolienne qui avait reçu un coup dont elle ne devait pas se relever; il s'agissait de faire ratifier par la curie un traité de paix fort peu avantageux. Cela même était difficile; le roi Philippe avait des protecteurs dans le sénat, et par eux l'avait indisposé contre les Étoliens; d'autre part, leur vainqueur qui les favorisait, Fulvius Nobilior, avait envoyé au sénat quelques amis pour les protéger; ainsi peuples et rois possédaient des patrons dans la curie. Le travail secret de ceux qui s'intéressaient aux Étoliens triompha des influences favorables à Philippe; la majorité parut céder à un discours d'un envoyé athénien[2], mais était, je crois, disposée d'avance à se laisser toucher.

Environ vingt ans après la défaite de Persée, la Macédoine fut de nouveau troublée. Un certain Andriscus se donna pour Philippe, fils de Persée; le faux Philippe, Andriscus, fut suivi bientôt après d'un autre prétendu

---

Martis manubias Musis consecrare. (Cic., *Pr. Arch.*, xi.) ... Quod in Græcia cum esset imperator acceperat Herculem Musagetem esse comitem ducemque Musarum. (Eumène, *pro Inst. schol. Augustod.*, 7.)

[1] Macr. *Sat.*, i, 12, 16.
[2] Polyb, *Rel.* xxii, 14.

fils de Persée. Ce genre de supercherie semble épidémique, et plusieurs imposteurs de cette sorte paraissent presque toujours dans le même temps. On vit, comme nous l'a appris l'histoire si dramatique et neuve même en Russie de M. Mérimée, surgir coup sur coup deux faux Démétrius; et nous avons eu un nombre assez raisonnable de Louis XVII.

Le faux Philippe était venu intriguer à Rome, centre alors des intrigues de l'univers comme de tout le reste. Un moment il fut maître de la Macédoine. Les fraudes de noms usurpés ont souvent un succès très-rapide, mais qui ne dure jamais beaucoup. On envoya contre le faux Philippe Q. Métellus[1] auquel cette guerre valut le nom de *Macédonique*. Il le gagna à peu de frais; l'usurpateur, que ses crimes avaient fait détester, lui fut livré et revint à Rome cette fois pour orner le triomphe de son vainqueur.

La valeur véritable et la destinée de ce Métellus le Macédonique et du véritable triomphateur de la Macédoine sont bien différentes. Il y a de l'un à l'autre presque autant de distance que du vrai Persée au faux Philippe. Métellus était un plébéien illustre; il montra de l'humanité; mais il était accessible à l'envie, vice qui est quelquefois celui des plébéiens les plus illustres. A la fin d'une guerre en Espagne où il s'était distingué, il travailla à désorganiser son armée, afin

[1] Les Metelli étaient un rameau de la grande gens plébéienne des Cæcilii, qui paraît avoir été originaire de Préneste.

que la gloire de son successeur n'obscurcit pas la sienne. Le plébéien Métellus fit toujours cause commune avec les patriciens, même dans leurs plus coupables égarements; il les aida de son éloquence contre ce grand et, en somme, sage réformateur, Tibérius Gracchus. Ce fut sans doute cette désertion des intérêts de son ordre qui le rendit si impopulaire à Rome. Sa candidature au consulat échoua deux fois, et pendant sa censure, un tribun qui avait à se plaindre de lui voulut le faire précipiter de la roche Tarpéienne.

Métellus n'en mourut pas moins comblé de considération et d'honneurs. Il est cité par les anciens comme un exemple de la félicité humaine, car il vit trois de ses fils arriver au consulat, et le quatrième au moment d'y parvenir. Paul-Émile avait vu ses deux enfants mourir la veille et le lendemain de son triomphe.

Je n'aurais pas tant parlé de cet homme considérable, mais du second ordre, s'il ne figurait dans l'histoire des monuments de Rome avec plus d'éclat que dans l'histoire de ses conquêtes.

Métellus éleva un vaste portique quadrangulaire, que remplaça depuis le portique d'Octavie[1]. Dans son

[1] Vell. Paterc., 1, 11. Il ne faut pas confondre ce *porticus Octaviæ* avec celui qui reçut le nom de *porticus Octavia*, parce que son auteur fut un Octavius qui, dans la guerre contre Persée, obtint l'honneur d'un triomphe naval. (Fest., p. 178). Ce portique était voisin du théâtre de Pompée; on l'appela Corinthien, parce que les chapiteaux

enceinte était déjà un temple à Junon [1]; il en érigea un autre à Jupiter Stator. Un de ces deux temples était de marbre, ce qui fait époque dans l'histoire de l'architecture à Rome et des mœurs romaines; pour la première fois le marbre fut employé à la construction d'un temple. Velléius Paterculus se demande si ce commencement de magnificence ne fut pas un commencement de corruption.

L'architecte du temple de Jupiter était un Grec, Hermodore de Salamine [2], et plusieurs statues grecques apportées de Macédoine ornèrent cet ensemble d'édifices, plus imposant et plus magnifique que tout ce qu'on avait vu jusqu'alors. L'art grec prenait décidément possession de Rome. Dans les premières années du septième siècle, d'autres chefs-d'œuvre de cet art incomparable allaient être amenés à Rome par une autre guerre, celle que devait couronner barbarement la destruction de Corinthe.

La destruction de Corinthe fut la fin de la ligue Achéenne formée pour défendre l'indépendance et la

---

étaient en bronze de Corinthe et faits probablement, comme les colonnes rostrales, avec l'airain des becs de vaisseaux capturés, *navali ære*.

[1] Ce temple ne doit point être confondu avec le temple de Junon Reine, qui était entre le cirque Flaminien et le portique de Pompée.

[2] Vitr., III, 2, 5. J'adopte la correction de Turnèbe, **Hermodori** pour *Hermodii*, parce qu'Hermodore de Salamine éleva, vers le même temps, le temple de Mars Callæcus, à Rome (Corn. Nep., ap. *Bibl. gr. lat.*, VIII, col. 792, fr. XI.)

liberté de la Grèce contre les indignes successeurs d'Alexandre et contre les petits tyrans qui, aidés comme toujours par le désordre, pullulaient partout. Cette confédération fut le plus énergique effort des peuples grecs vers une association qui aurait pu les sauver. Elle avait établi dans son sein l'unité des législations, des poids et des mesures[1]. Les Étoliens aussi avaient formé une confédération, mais elle ne fit rien pour l'affranchissement de la Grèce ; de plus, les Étoliens étaient un peu des barbares. Les Achéens appartenaient à un des plus nobles rameaux de la race hellénique. La ligue Étolienne n'a pas donné un grand nom à l'histoire ; la ligne Achéenne présente à l'éternelle admiration du monde Aratus, Philopémen et l'historien Polybe.

Attirés par la grandeur comme les Étoliens par la force, les Achéens s'unirent à Rome pour s'en faire un appui contre les tyrans naturels de la Grèce, les rois de Macédoine. Ils ne se séparèrent point d'elle pour s'unir à ces tyrans, comme les Étoliens, par le dépit d'une ambition trompée ; ils lui restèrent fidèles tant qu'elle leur laissa quelque liberté d'action. Mais Rome ne l'entendait point ainsi, elle voulait pour elle seule cette liberté et vit d'un mauvais œil les mesures que prenait Philopémen pour faire entrer dans la ligue Achéenne toutes les villes de la Grèce. Le sénat reçut

---

[1] Polyb., II, 37.

fort mal les envoyés achéens, s'exprima d'une manière ambiguë sur son dessein de délivrer Sparte du tyran Nabis, puis désavoua ce dessein. Ce fut, je le répète, une politique pleine de tortuosité. Rome voulait bien faire servir les plans de Philopémen pour la résurrection et l'unité de la Grèce, à renverser les puissances qui lui faisaient ombrage, mais elle ne voulait pas que la Grèce fût une et forte. L'unité de la Grèce déplaisait à Rome, où l'on travaillait sourdement à la faire avorter. Une fois débarrassés de Persée, les Romains ne ménagèrent plus rien et demandèrent qu'on envoyât à Rome, pour s'y justifier, mille Achéens, suspects d'avoir eu des intelligences avec le roi de Macédoine. Parmi eux était Polybe, qui trouva une bienveillante hospitalité et une amitié véritable auprès de Scipion Émilien. A leur arrivée les Achéens furent séparés et gardés comme otages. Privée des hommes faits pour la diriger, la ligue Achéenne fut en proie aux divisions et se laissa emporter à des violences qui décidèrent les Romains à lui déclarer ouvertement la guerre.

Cette guerre, heureusement commencée par Métellus, fut achevée sans peine par un grossier soldat, Mummius; sa main brutale porta le dernier coup. Corinthe, qui s'était rendue sans coup férir, fut saccagée avec une fureur que rien n'excuse, et les chefs-d'œuvre de l'art antique[1] qu'elle renfermait en grand

---

[1] Parmi les statues apportées de Corinthe à Rome étaient trois divinités à genoux (nixi), et qu'on supposait aider aux accouchements.

nombre tombèrent dans les mains de soldats qui jouaient aux dés sur un tableau célèbre, et d'un général qui avait besoin, pour connaître la valeur de son noble butin, que le roi de Pergame en offrit un prix très-élevé, un général capable de dire à ceux qui étaient chargés de porter à Rome des œuvres d'art dont la perte était irréparable, que s'ils les perdaient ils en rendraient d'autres. Il semble qu'on se trompe de six cents ans, et que les Goths sont arrivés.

La même année, Scipion Emilien triompha de Carthage, et Mummius de Corinthe. Aucun monument à Rome ne rappelle ces deux triomphes. Mummius avait dédié un temple et une statue au dieu de la force, à Hercule *vainqueur*[1], mais sans lui associer les Muses. On l'a appris par une inscription dans laquelle Mummius se vante stupidement de ce qui devait le déshonorer à jamais par ces deux mots : *Deleta Corintho.* J'ai détruit Corinthe. Tant pis pour toi, sauvage !

Carthage n'est plus, la Grèce est morte. Avant d'aller plus loin, il faut revenir sur quelques luttes moins considérables, mais sérieuses, que la république romaine a eu à soutenir pendant la durée de ses plus

---

Elles furent placées au Capitole assez singulièrement devant la cella de la déesse *vierge* Minerve. (Fest., p. 175.)

[1] Cette inscription est au Vatican, salle du Méléagre. On dit qu'elle a été trouvée sur le Cælius, près de Saint-Jean de Latran, ce qui donnerait lieu de supposer que le temple en question était du côté où fut un temple d'Hercule vainqueur.

grandes guerres défensives, les guerres puniques, et de ses plus grandes guerres offensives, les guerres contre Philippe, Antiochus et Persée. Ces luttes secondaires, qui eurent aussi leurs difficultés et leurs périls, ajoutent au mérite des vastes entreprises qu'elles n'empêchèrent point le peuple romain de poursuivre, et elles ont laissé quelques traces à Rome.

Tandis que les Romains étaient si fortement occupés dans l'Italie méridionale, en Grèce, en Asie, ils avaient derrière eux les Gaulois, les Ligures, les peuples de l'Espagne, qui ne se lassaient point de les attaquer.

Les Gaulois savaient le chemin de Rome, et voulurent souvent le reprendre; trente ans après avoir rançonné le Capitole, ils le menaçaient du mont Albain. Répandus sur les deux rives du Pô, ils possédaient l'Italie septentrionale tout entière. Pendant les guerres des Samnites et des Étrusques contre les Romains, ils s'allièrent avec ces deux nations redoutables; quand elles furent soumises, ils demeurèrent indépendants et osèrent même parfois attaquer des villes étrusques devenues romaines; c'est ainsi qu'avant la fin du cinquième siècle, ils assiégèrent Arezzo, puis ils massacrèrent les fétiaux que Rome leur envoyait, les coupèrent en morceaux et semèrent par la campagne ces débris sanglants[1]. La vengeance ne se fit pas attendre, et P. Cornélius Dolabella commença contre eux ces représailles d'extermination qui donnent un caractère tragique

---

[1] App. b. *Celt.*, 11.

aux guerres contre les Gaulois et aux monuments qui s'y rapportent.

Le partage des terres du Picentin, opéré en expulsant les Gaulois Sénones, moyen de popularité imaginé par le toujours imprudent Flaminius, et que Polybe condamne sévèrement, souleva deux grandes nations gauloises de l'Italie, les Boïens et les Insubres, au moment où l'on venait de terminer la première guerre punique, et où Rome commençait à respirer; mais Rome ne respirait jamais longtemps. Les Gaulois appelèrent à eux leurs compatriotes de l'autre côté des Alpes; ceux-ci répondirent à cet appel. C'étaient ces Gésates, qui avaient pour coutume de combattre nus au premier rang.

Quand on sut que soixante-dix mille Gaulois marchaient sur l'Étrurie, ce fut une grande terreur à Rome. Le nom des Gaulois était redouté en Italie comme en Grèce. A leur première rencontre avec les Romains, ils furent vainqueurs; la furie gauloise commençait toujours par là, mais la supériorité de la discipline de leurs ennemis et l'infériorité de leurs armes leur firent perdre successivement deux grandes batailles, celles de Telamon[1] et celle de Clastidium[2], et ils n'eurent plus qu'à se soumettre.

Après cette dernière bataille, Rome vit pour la troisième fois le vainqueur — c'était Marcellus — appor-

[1] En Étrurie, aujourd'hui Telamone.
[2] Entre Plaisance et Tortone, aujourd'hui Casteggio.

tant les dépouilles d'un chef ennemi tué de sa main, ce qu'on appelait les *dépouilles opimes*, attachées en trophée à un tronc d'arbre, comme au temps de Romulus, monter au Capitole et les consacrer à Jupiter Férétrius.

Battus en Étrurie, puis vers le Tessin, où les Romains étaient allés les chercher, les Gaulois de l'Italie du Nord, écrasés par Marcellus à Clastidium, profitèrent du séjour d'Annibal et d'Hamilcar en Italie pour relever la tête. Dès que Rome en eut fini avec Philippe, elle se retourna vers les Gaulois, et remporta sur eux, devant Crémone, une victoire dont on peut mesurer l'importance par la joie qu'elle produisit à Rome[1]. Pendant cette bataille, un temple avait été voué par L. Furius Purpuréo à Jupiter[2].

Une seconde victoire, moins glorieuse, parce qu'elle était due en partie à la trahison des Cénomanes (les Manceaux), fut remportée sur les Insubres, dont Milan était la ville principale.

Pendant ces guerres contre les Gaulois du nord de

---

[1] Magna victoria lætaque Romæ fuit. (Tit. Liv., xxxi, 22.)

[2] Tit. Liv, xxxi, 21. Ce temple fut dédié six ans après : il était dans l'île Tibérine. (Tit. Liv , xxxv, 53.) Une inscription où il est parlé de Jupiter, découverte il y a quelques années sous l'hôpital de Saint-Jean Calabita, fait croire que son temple se trouvait dans la partie nord-ouest de l'île. Ailleurs Tite Live (xxxv, 41) parle de deux temples de Jupiter dédiés en même temps sur le Capitole, et dont l'un, dit-il, avait été voué par L. Furius Purpuréo. Celui-ci avait donc voué deux temples à Jupiter, l'un dans l'île, l'autre au Capitole.

l'Italie, le consul C. Cornélius Céthégus avait voué un temple à Junon Libératrice (Sospita[1]). La terreur qu'inspiraient les Gaulois était toujours très-grande : être délivré d'eux, c'était être sauvé.

Ce temple, situé dans un endroit populeux, le marché aux légumes, fut, à ce qu'il paraît, fort négligé, livré, ainsi qu'on le voit trop encore pour les palais de Rome, aux plus sales usages[2]. Enfin on trouva un jour une chienne qui avait fait ses petits sous la statue de la déesse libératrice du peuple romain. La déesse en avertit par un songe une Cecilia Metella, qui n'était point celle dont le tombeau est connu de tous les voyageurs[3]. Le sénat fit remettre le temple en bon état.

La victoire remportée sur les Gaulois par le préteur Furius fut l'occasion d'un débat violent. Le consul trouvait mauvais que Furius ne l'eût pas attendu pour livrer bataille. Celui-ci se hâta d'aller à Rome pour profiter de l'absence du consul et obtenir le triomphe. Le sénat le reçut hors de la ville, dans le temple de Bellone. Les plus vieux blâmaient Furius d'avoir quitté sa province et volé la gloire d'autrui. Il aurait dû attendre les consuls, eux l'attendraient. Les plus

---

[1] Tit. Liv., xxxii, 30 ; xxxix, 53.

[2] Matronarum sordidis obscœnisque corporis coinquinatum ministeriis. (Jul., *Obseq.*, 115.)

[3] Celle-ci était la fille de Métellus Créticus, l'autre de Métellus Baléaricus.

jeunes s'élevaient contre cette vieille routine, et disaient qu'on ne livrait pas les batailles à son moment, mais quand il fallait les livrer. Enfin le triomphe fut accordé, mais les dépouilles de l'ennemi ne précédèrent point le char du préteur, aucun soldat ne le suivit. On réservait ainsi les droits du consul, et encore il se plaignait à son retour. La vieille discipline menacée se défendait.

Ces triomphes sur les Gaulois n'avaient pas la splendeur des triomphes sur la Grèce et l'Orient. On n'y voyait ni statues, ni tableaux, ni fabuleuses richesses; ils avaient cependant leur éclat, que rehaussaient la grande taille et l'air farouche, le costume inusité des captifs, les bracelets et les colliers d'or enlevés aux cadavres. Au triomphe de Scipion Nasica, celui qui avait dit au sénat : « Dans le pays des Boïens, il y a maintenant des femmes et des enfants, » on compta quatorze cent soixante et onze de ces colliers. La monnaie d'or et d'argent, aussi bien que des vases artistement travaillés, montraient que les Gaulois commençaient à cultiver les arts et à se civiliser dans leur seconde patrie; mais les Romains avaient peur d'eux et ne voulaient pas les y laisser s'établir. Douze mille Gaulois avaient passé les Alpes et s'étaient mis à bâtir une ville dans la Vénétie. Leurs envoyés vinrent demander au sénat la permission de continuer. Le sénat leur fit répondre qu'ils eussent à repasser les Alpes.

Ces guerres contre les Gaulois, qui tombent dans la

première moitié du sixième siècle, et pendant lesquelles on dédia bon nombre de temples [1], ce qui montre combien elles furent sérieuses, car, en général, on vouait un temple dans un danger, ces guerres furent importantes pour les Romains, auxquels elles achevèrent de donner l'Italie; elles le sont aussi pour nous, car c'est à elles qu'on peut rattacher avec quelque vraisemblance une statue célèbre sous le faux nom du Gladiateur mourant, et plusieurs sculptures remarquables qui représentent des guerriers gaulois ou des combats contre les Gaulois.

Tel est le beau groupe de la villa Ludovisi, auquel on avait donné le nom d'Arria et Pætus; il fallait fermer les yeux à l'évidence pour voir un Romain du temps de Claude dans ce chef barbare qui, après avoir tué sa femme, se frappe lui-même d'un coup mortel. Le type du visage, la chevelure, le caractère de l'action, tout est gaulois; la manière même dont s'accomplit l'immolation volontaire montre que ce n'est pas un Romain que nous avons devant les yeux : un Romain se tuait plus simplement, avec moins de fracas. Le principal personnage du groupe Ludovisi conserve

[1] L'année qui vit dédier le temple de Junon Sospita, en vit dédier aussi plusieurs autres : un à la Fortune Primigenia, sur le Quirinal celui-ci avait été voué pendant la guerre contre Annibal; dans l'île Tibérine, un à Faunus, et un à Jupiter. (Tit. Liv., xxxiv, 53.) Le culte de la Fortune, sur le Quirinal, et de Faunus, dans l'île, remontaient tous deux nous l'avons vu, à la plus haute antiquité. (Voy. t. II, p. 96, et t. I, p. 436.)

en ce moment suprême quelque chose de triomphant et de théâtral; soulevant d'une main sa femme affaissée sous le coup qu'il lui a porté, de l'autre il enfonce son épée dans sa poitrine. La tête haute, l'œil tourné vers le ciel, il semble répéter le mot de sa race : « Je ne crains qu'une chose, c'est que le ciel tombe sur ma tête. »

Bien des chefs gaulois ont dû finir ainsi. Si l'on voulait donner un nom au personnage ici représenté, ce pourrait être celui d'Anéroestus, roi des Gésates, ces combattants chez qui tout était héroïque, même la nudité. Vaincu à Télamon, ce chef gaulois, après avoir donné la mort aux siens, se frappa lui-même.

C'est sans doute aux guerres du sixième siècle contre les Gaulois qu'il faut rapporter les bas-reliefs où l'on voit les Romains combattant des ennemis qui sont bien certainement des Gaulois. On les reconnaît à leur chevelure flottante ou hérissée, à leurs colliers, à leurs moustaches et aussi à leur emportement dans la bataille, à leur fougue dans la mêlée.

Dans un bas-relief du Capitole [1], les Gaulois se font remarquer par leur nudité, qui rappelle le costume héroïque des Gésates.

Un Gaulois est tombé de son cheval qu'il tient encore, et voudrait se relever pour combattre; il saisit le cheval à la bouche avec un effort désespéré. Un au-

---

[1] Dans une des salles d'en bas.

tre se tue tranquillement sous les pieds des chevaux pour ne pas orner le triomphe du vainqueur.

Un second bas-relief[1] présente des scènes pareilles. Un vieux chef gaulois, couché à terre, se débat avec fureur; des femmes gauloises captives sont debout dans une attitude morne et fière.

Enfin je retrouve un épisode des mêmes guerres dans le *Gaulois mourant* du Capitole, qui n'a jamais été un *Gladiateur mourant*. On a pu sous l'empire, dans des mosaïques barbares, reproduire des scènes de l'amphithéâtre, et, dans d'autres mosaïques d'une meilleure époque, les portraits des gladiateurs à la mode[2]; mais un sculpteur éminent n'eût pas daigné consacrer à cette sorte de gens fort méprisés un ciseau savant, et celui-ci l'était; car l'auteur s'est visiblement inspiré du *Blessé mourant* de Crésilas[3]. On ne pouvait imiter un chef-d'œuvre de l'art grec que dans un sujet plus noble. D'ailleurs, rien ne rappelle l'amphithéâtre, et tout rappelle le champ de bataille. Mortellement blessé, le chef gaulois, reconnaissable à son collier et à ses moustaches, est près d'expirer. Il s'appuie encore sur sa main, attendant sans lâche abattement, sans effort inutile, le moment où il va tomber tout à fait. On n'a jamais mieux montré un homme

[1] Près de la porte du casin de la villa Borghèse.

[2] Les premières à la villa Borghèse, les secondes au musée de Saint-Jean de Latran.

[3] Voyez le chap. x.

recueilli et comme absorbé dans l'opération de mourir. Si le sculpteur eût pu choisir des formes plus nobles, il ne pouvait mieux donner le sentiment de la vie qui s'en va avec le sang.

Ici rien de tumultueux, rien de dramatique : un Romain ne finirait pas autrement que ce Gaulois. C'est a mort sans témoin derrière un rocher ou un buisson, qui est si souvent la mort du soldat.

Enfin on peut bien dire de cette statue ce que Polybe dit des soldats de notre race : blessés, ils résistaient par l'âme [1].

Les monuments dont je viens de parler ne peuvent se rapporter à la première invasion gauloise. L'art romain n'était pas alors si avancé et l'art grec si connu à Rome. C'est tout au plus si l'on peut supposer que ce *Gaulois mourant* a été exécuté après la prise de Syracuse, qui introduisit à Rome les chefs-d'œuvre de l'art grec, pour célébrer les victoires remportées sur les Gaulois à diverses reprises pendant le cours du sixième siècle, une, entre autres, par Marcellus, ce qui pouvait donner l'idée de traiter des sujets gaulois à quelque artiste grec amené à Rome par le vainqueur de Syracuse [2].

---

[1] Pol., ii, 30.

[2] On a vu aussi dans ces sculptures une imitation des artistes grecs qui, vers le même temps, représentaient les guerres des rois de Pergame contre les Gaulois, et dont Pline a nommé quelques-uns (xxxiv, 19, 34). Mais la présence à Rome de tels monuments s'expliquerait

Les Ligures n'ont pas fait tant de bruit que les Gaulois; cependant ils ont été un grand peuple. Pour moi, comme pour mon savant maître, Fauriel, les Ligures sont des Ibères, race antique qui semble avoir précédé les Celtes dans la Gaule, avoir partagé avec eux l'Espagne, et, sous le nom de Ligures, occupé une partie de l'Italie. Quand on rejetterait la parenté des Ibères et des Ligures, ceux-ci auraient tenu encore une assez grande place dans l'ancien monde. Déjà Hésiode les nomme parmi les principaux peuples de la terre, avec es Éthiopiens et les Scythes. Ératosthène appelle *Ligurienne* toute la presqu'île occidentale de l'Europe et toute la mer qui est au sud de la Gaule [1].

Au sixième siècle de Rome, ce qui restait de l'antique race des Ligures habitait les deux versants des montagnes qui portent encore le nom de Liguriennes, les plaines situées à l'est de ces montagnes et le long de la mer Tyrrhénienne jusqu'à Pise et Arezzo. Souvent ils s'allièrent aux Gaulois contre les Romains; mais leur résistance se prolongea bien après celle des Gaulois, avec une constance qu'on ne peut s'empêcher d'admirer, car toute résistance à la force est digne d'admiration.

---

moins naturellement dans ce cas que s'il s'agit des guerres de Rome contre les Gaulois. Cela est vrai surtout du bas-relief trouvé sur la voie Appienne, aux portes de Rome.

[1] Voyez les auteurs cités : Art., *Liguren;* Pauly, *Real. encycl.*, iv, 1087.

Ils apparaissent dans l'histoire romaine au moment où commencent les guerres gauloises du sixième siècle, auxquelles on les trouve sans cesse mêlés. Comme les Gaulois, ils virent dans l'invasion carthaginoise l'affranchissement de l'Italie, et embrassèrent la cause d'Annibal; mais, quand cette cause fut perdue, ils ne cessèrent pas de lutter pour leur indépendance. Toujours vaincus, ils reprennent toujours les armes, et forcent Rome à s'occuper d'eux presque sans relâche. Au commencement de la guerre contre Antiochus, vingt mille Ligures étaient descendus de leurs montagnes et ravageaient le littoral de la mer d'Étrurie. Le consul Minucius monta aux rostres, et, au nom du sénat, ordonna aux deux légions levées l'année précédente de se rendre sur-le-champ à Arezzo, déclarant qu'il allait en lever deux autres, et que Romains et alliés latins eussent à venir au Capitole, où il ferait le recrutement. Nous voyons encore une fois le Capitole remplacer à cette époque le champ de Mars, de même que nous l'avons vu remplacer le Forum. Comme les soldats appelés à composer les deux nouvelles légions s'adressaient aux tribuns pour faire valoir leurs droits à la retraite, ou à l'exemption du service pour cause de maladie, réclamations qui deviennent de plus en plus fréquentes à cette époque et montrent dans les mœurs militaires un relâchement de mauvais augure; le sénat défendit aux tribuns de prononcer sur ces réclamations, quand l'État avait besoin de toutes ses ressources. Les Ligures, maintenant au nombre de quarante mille, assiégeaient Pise et ravageaient le pays. Le consul Minucius écrivait qu'il ne pouvait abandonner son armée pour venir à Rome tenir les comices, et demandait que son collègue en fût chargé, ce qu'on lui accorda.

Minucius annonça que les Ligures étaient soumis ; ils l'étaient si peu, qu'un an après on donnait, contre l'usage, aux deux consuls la même province, afin que, réunis, ils vinssent à bout de ce peuple indomptable, ennemi né, dit Tite Live[1], pour entretenir la discipline des Romains pendant l'intervalle de leurs grandes guerres. Dans ces expéditions contre les Ligures, tout était propre à tenir le soldat en haleine : un pays montueux et difficile, des chemins escarpés, étroits, semés d'embûches ; un ennemi agile, soudain ; jamais de repos ou de sécurité ; une région pauvre et qui donnait peu de butin. Cependant on vint à bout, du moins pour un temps, de ces terribles montagnards ; mais l'un des consuls, M. Æmilius Lepidus, avait dû se trouver souvent dans ces situations critiques où l'on vouait un temple aux dieux pour obtenir le salut et la victoire ; car il en voua deux, ce qui n'est jamais arrivé, je crois, dans une même campagne : l'un à Diane[2], peut-être parce que cette guerre ressemblait

---

[1] XXXIX, 1.
[2] Tit. Liv., XL, 52.

à une chasse, et l'autre à Junon Reine; depuis la prise de Véies surtout, Junon était la grande déesse du peuple romain [1].

Au moins un de ces deux temples s'éleva dans le voisinage du cirque Flaminien : c'était, au sixième siècle, le quartier à la mode pour les temples [2].

A l'occasion de leur dédicace, on donna des représentations dramatiques qui, dans ce siècle, commençaient à s'introduire, par suite de l'imitation des coutumes de la Grèce.

Cette victoire n'était pas définitive, car un consul, Q. Martius, fut battu, et un autre, Petilius, fut tué par les Ligures. Les augures expliquèrent ce malheur en disant que, lorsque les deux généraux avaient tiré au sort, car ils ne pouvaient s'entendre sur ce point, de quel côté ils attaqueraient l'ennemi, Petilius avait par mégarde placé le vase où étaient les sorts en dehors de l'enceinte augurale qu'on appelait *Templum*.

On regardait les Ligures comme de véritables sauvages; on disait qu'ils déchiraient barbarement les

---

[1] Le temple de Junon Reine devait se trouver entre le cirque Flaminien et le théâtre de Pompée, car un portique touchant au cirque Flaminien allait de ce temple au temple de la Fortune Équestre (Jul., *Obs.*, 75), lequel était voisin du théâtre de Pompée. (Vitr., III, 3, 2.) Quant au temple de Diane, on n'a, pour le placer dans ces parages, qu'une probabilité; il avait été voué par le même général, et dans la même campagne que le temple de Junon Reine. (Tit. Liv., XL, 52.)

[2] Le temple de Vénus Érycine, qui était près de la porte Colline. et qui avait été voué par le consul L. Porcius, pendant la guerre contre les Ligures (Tit. Liv., XL, 34), fait exception.

prisonniers. Un jour, le sénat en transporta quarante mille dans le Samnium, où il serait curieux de chercher quelques traces de leur langue.

Le consul C. Claudius, qui, dans une bataille, avait tué quinze mille Ligures, et, de plus, soumis l'Istrie, obtint les honneurs du triomphe. Dans les distributions faites à cette occasion, les alliés reçurent la moitié seulement de ce que recevaient les soldats romains. Pour témoigner leur colère, au lieu d'adresser au consul les acclamations accoutumées, ils suivirent son char en silence.

Les triomphes sur les Ligures, mentionnés dans les fastes, montrent qu'ils n'étaient pas encore domptés; ils ne furent complétement asservis qu'avec Rome même, sous Auguste.

Au temps du sénat, bien qu'il fût souvent dur aux ennemis de Rome, il y avait quelquefois chez lui une certaine équité, même pour les plus opiniâtres de ses ennemis. Attaqués sans provocation par le consul Popilius, après une défaite sanglante, les Ligures s'étaient encore une fois soumis sans condition, il est vrai, mais ils espéraient qu'ils ne seraient pas traités plus cruellement par Popilius qu'ils ne l'avaient été par d'autres généraux romains. Popilius, non content de les désarmer et de détruire la ville de Caryste qui lui avait résisté, les dépouilla de tous leurs biens et les vendit comme esclaves. Sa lettre fut lue dans le sénat par le préteur A. Attilius, en l'absence de l'autre consul. Le préteur proposa au sénat de décréter que le consul eût à racheter les Ligures faits esclaves, à leur rendre leurs biens et à sortir de la province. Popilius revint à Rome très-irrité; ayant convoqué le sénat dans le temple de Bellone, il parla avec beaucoup d'emportement et de hauteur, demanda que le sénatus-consulte fût révoqué, et qu'on ordonnât de rendre des actions de grâces aux dieux en l'honneur de sa victoire, mais il n'obtint rien que les reproches de quelques sénateurs. Le sénat était ce jour-là en humeur de justice pour les vaincus.

Depuis le commencement des guerres puniques, tandis que Rome a la tête tournée vers l'orient, l'Espagne est comme une épine enfoncée dans son pied. L'Espagne a toujours été un pays de résistance opiniâtre et de lutte persévérante contre l'étranger. Les Romains, les Maures, Napoléon, l'ont appris; Numance, les Asturies et Saragosse l'ont prouvé.

Outre les arcades que Lucius Stertinius avait élevées dans le Forum boarium et dans le grand cirque, avec le butin fait en Espagne, les victoires des Romains dans ce pays furent célébrées à Rome par l'érection de deux temples, celui de la Fortune Équestre[1] et un

---

[1] Le temple de la Fortune Équestre était plus près que le temple de Junon du théâtre de Pompée, puisqu'un portique *in circo Flaminio* (près du cirque Flaminien), allait du temple de Junon Reine au temple de la Fortune Équestre (Jul., *Obs.*, 75), et que ce dernier est dit : *ad theatrum lapideum*. (Vitr , III, 3, 2.) On appelait ainsi le théâtre de Pompée. Il

temple de Mars ; l'un et l'autre, comme presque tous les temples qu'on bâtissait alors, dans le champ de Mars et près du cirque Flaminien. Bien que Tacite affirme que le culte de la Fortune équestre n'a jamais existé[1] avant le règne d'Auguste, ce nom donné à la Fortune s'explique par l'histoire. Dans un combat contre les Celtibériens, ceux-ci, faisant le coin, pesaient rudement sur l'infanterie; il y eut un moment d'hésitation. Fulvius, s'adressant alors à la cavalerie : « Doublez les compagnies, ôtez le frein aux chevaux, et lancez-les sur les coins du triangle[2]. » Cette charge de cavalerie, qui avait déjà réussi une fois contre les Ligures[3], eut un plein succès; le coin fut rompu. La cavalerie des alliés, qui était sur les ailes, voyant ce qu'avait fait la cavalerie romaine, comme elle se précipita sur les ennemis en désordre, *bride abattue*. Ils furent tous mis en fuite; c'est alors que le consul, reconnaissant envers la cavalerie qui avait deux fois décidé du sort d'une journée, voua un temple à la Fortune Équestre.

Le temple de Mars[4] fut érigé par Junius Brutus, dit

---

y avait encore, dans les environs du cirque Flaminien, un temple de Castor et Pollux, et un temple de Saturne.

[1] Tac., *Ann.*, III, 71.
[2] Tit. Liv., XL, 40.
[3] Tit. Liv., XL, 28.
[4] Ce temple était près du cirque Flaminien, et vraisemblablement du côté de l'autel de Mars, du côté des Equiria, courses de chevaux, qui avaient lieu au bord du Tibre. C'est bien ce que veut Vitruve (I, 7) pour les temples de Mars : Extra portam... ad campum,

le Galicien, à cause de ses victoires sur ce peuple. Il avait déjà précédemment soumis la Lusitanie et montré dans cette guerre une bravoure très-brillante. Ses soldats ayant d'abord refusé de passer une rivière en présence de l'ennemi, il saisit un drapeau, s'avança seul dans l'eau, et força par son péril les siens à le suivre. Un tel homme avait le droit de vouer un temple à Mars. Des vers du poëte Attius, composés en l'honneur de Brutus, qu'il aimait beaucoup[1], ornaient le vestibule de ce temple. Il y a, sous le vestibule de Saint-Pierre, des vers de Charlemagne sur le pape Adrien, son ami[2].

A la fin du sixième siècle, C. Titinius, édile plébéien, fit bâtir, auprès du temple de Tellus, une chapelle à Laverna, déesse des voleurs, avec les amendes prélevées sur les bouchers qui avaient vendu des viandes par eux soustraites à l'inspection de l'édile[3]. Ce petit monument, dont l'érection nous révèle un détail de la police romaine, fut probablement placé près du temple de Tellus, parce que ce temple lui-même était voisin de la Suburra, quartier populaire et mal famé, dont les

---

et qui s'applique également aux deux temples de Mars, en dehors de la porte Capène.

[1] Amicissimisui... (Cic., *pro Arch.*, 10 ; Pl., *Hist. nat.*, xxxvi, 5, 14; Val. Max., viii, 14, 2.)

[2] Gregorovius, *Tombeaux des papes*.

[3] Carnem *non inspectam*. Inscription citée par Canina. *Esp. top.*, p. 316.

bouchers devaient vendre à bas prix des viandes suspectes aux pauvres gens qui l'habitaient.

Jetons un dernier regard sur Rome à cette époque.

Rome, à la fin du sixième siècle, a atteint toute sa grandeur ; elle a l'Italie ; elle est maîtresse de la Grèce, de l'Asie ; elle règne en Égypte. En Europe, elle tient l'Espagne ; il lui manque la Gaule, que César lui donnera.

L'univers tentera encore de se soulever, mais il retombera sous le joug. Rome, à la fin du sixième siècle, est déjà réellement l'arbitre et le centre du monde.

En effet, nous avons vu les nations et les rois envoyer ou venir plaider leur cause devant son tribunal, figurer dans ses triomphes, et leurs défaites servir, pour ainsi dire, de matériaux à ses temples.

Nous avons vu aussi, au milieu de cette splendeur de Rome, des présages de sa décadence et des signes avant-coureurs de sa ruine.

Arrêtons-nous sur le sommet avant de commencer à descendre.

X

LA GRÈCE A ROME DANS L'ART

Influence de la Grèce dans l'art. — Toutes les époques de la statuaire grecque représentées à Rome. — L'art avant Phidias. — L'art au temps de Phidias. — Le Jupiter, la Minerve de Phidias. — La Junon de Polyclète. — Le discobole et la vieille femme ivre de Myron. — Animaux d'après Myron. — Scopas. Grandes compositions de Scopas : les Niobides, les divinités de la mer ; imitations et vestiges de cette composition jusqu'à Raphaël ; la Ménade furieuse ; l'Apollon Citharède, les Muses. — Euphranor : Pâris. — Les mêmes artistes sculpteurs, peintres, architectes, quelquefois écrivains, dans l'antiquité comme à l'époque de la renaissance. — Praxitèle : le jeune Satyre, l'Apollon au lézard, les deux Amours, la Vénus de Gnide et les Vénus qui en dérivent. — Histoire des Grâces. — Bacchus et personnages bachiques ; types de Diane, de Junon, de Cérès d'après Praxitèle. — Léocharès : enlèvement de Ganymède. — Lysippe, réalisme, l'Hercule Farnèse d'après Lysippe, le *torse*. — Époque alexandrine : Sculpture égyptienne et grecque, école de Pergame. — Second âge de la sculpture grecque, l'Hermaphrodite, le Laocoon. L'Apollon du Belvédère, problème de son origine. Vue générale des phases de l'art grec.

Je n'ai pu suivre dans leurs détails les guerres de Grèce et d'Orient, qui m'auraient entraîné trop loin de Rome, où le titre de ce livre m'a retenu ; mais je puis y constater encore aujourd'hui un résultat de ces guerres, l'importation de l'art grec, signe et mesure de l'influence qu'exerça la civilisation grecque sur la civilisation romaine.

Cette influence fut elle-même le résultat de ce que j'appellerai l'invasion de la Grèce à Rome. Artistes, philosophes, rhéteurs grecs y affluèrent aussitôt que le centre du pouvoir y eut été transporté. Si je ne trouve plus à Rome cette foule qui l'inonda, j'y trouve encore une autre population aussi d'origine grecque, qui précéda ou suivit celle-ci, cette population muette mais expressive de statues venues de la Grèce ou sculptées à Rome, soit par des Grecs, soit par des Romains disciples des Grecs. Dieux, héros, grands hommes devenus citoyens de la ville reine par la présence de leurs images qui la remplissaient tout entière, et dont les survivants peu nombreux en comparaison, y forment encore la réunion la plus considérable en ce genre qui soit dans tout l'univers.

Avant de m'engager dans le récit des événements qui amenèrent la fin de la république, récit qui ne devra pas être interrompu, je vais m'arrêter pour contempler ce grand fait de l'invasion du génie grec manifesté par la présence de l'art grec à Rome, l'étudiant dans les monuments qui sont encore là pour l'attester.

Le point de vue que j'ai adopté et qui fait de cet ouvrage un *guide* historique autant qu'une histoire, ne me permet pas de suivre l'influence de la Grèce sur les mœurs, les lettres et la philosophie romaine; il en sera traité ailleurs dans un autre travail (les *Origines romaines*), qui formera le complément de celui-ci; mais l'adoption même de ce point de vue me commande d'étudier l'influence que je signale dans les produits de l'art antique qui sont restés à Rome. Je vais faire, pièces en main, leur généalogie et chercher les titres de noblesse de l'art romain. Par là, les statues et les bas-reliefs que renferment le Vatican, les musées du Capitole et de Saint-Jean de Latran, les collections des palais et des villas, acquerront un intérêt indépendant de leur valeur propre, car trop souvent ces œuvres d'art sont comme les descendants des familles illustres, dont la provenance est le plus grand mérite. Cette provenance est ici curieuse à rechercher, et c'est cette recherche que j'ai entreprise. Ce sera encore de l'histoire, l'histoire de l'art à Rome, écrite aussi dans les monuments; ce sera en même temps un *guide* à l'aide duquel on pourra s'orienter dans l'étude de ces monuments, rattachés à leur origine et expliqués par elle.

Je me hâte de le dire, une telle étude serait impossible si l'art antique n'avait eu pour principe de reproduire à l'infini les mêmes types en les diversifiant, mais sans les altérer profondément. On peut appliquer aux œuvres de cet art ce qu'a dit Condorcet sur l'unité d'organisation des êtres vivants :

constance dans les types, variété dans les modifications.

• De plus, il était impossible qu'un artiste médiocre se permît de créer un type nouveau ; s'il avait osé le faire, ce type n'aurait point prévalu : chaque fois qu'on en trouve un bien caractérisé, on est donc en droit d'affirmer qu'il vient d'un maître, et on doit seulement chercher auquel des grands artistes grecs, dont les Romains reproduisirent constamment les œuvres, il convient de l'attribuer.

L'influence de la Grèce sur Rome ne se manifeste pas seulement dans les imitations de l'art grec par les Romains, mais encore dans les emprunts que la sculpture a faits à la poésie des Grecs. J'aurai soin de signaler les plus frappants. Ainsi les statues et les bas-reliefs nous feront remonter par un double courant à la source grecque, et le grand fait de l'action qu'a exercée le génie hellénique sur le génie romain nous sera deux fois révélé.

Nous pouvons suivre à Rome tout le développement de l'art grec. Il commença par d'informes ébauches, semblables aux monstrueuses idoles des peuples sauvages, s'éleva ensuite de la beauté rude à la beauté fière, descendit à la beauté gracieuse et ne tomba dans la barbarie que lorsque la barbarie eut envahi le monde.

En Grèce, les premiers symboles de la Divinité furent une pierre, une poutre, une colonne. On ne sau-

224   L'HISTOIRE ROMAINE A ROME.

rait se flatter de retrouver à Rome ces symboles antiques. Rien non plus ne nous est resté des figures barbares par lesquelles on exprimait les types divins primitifs, sauf les statues en gaîne et à forme de momie qui représentent la Diane d'Éphèse; à quelques époques qu'elles appartiennent, elles renouvellent le type primitif de ce symbole de la fécondité universelle. Ici l'art nous a conservé fidèlement le maillot d'où il est sorti.

La déesse est couverte de mamelles et d'animaux sortant de son sein. Presque toujours la matière dont elle est formée, pierre ou métal, est noire ou au moins de couleur sombre[1] pour exprimer qu'elle se confondait avec la Nuit, mère des êtres[2]. Les extrémités et les produits vivants de la déesse sont figurés en marbre blanc pour montrer que la lumière, qui est la condition de la vie, est sortie de cette Nuit.

On peut se former une idée du palladium, image informe de Pallas, au moyen de quelques monuments antiques où il est figuré[3]. Certaines madones très-gros-

---

[1] En bronze, *Musée du Capitole, salle du Cheval*, deux à la villa Albani, une en marbre noir, l'autre en basalte vert; dans l'une de ces statues (au Vatican, *gal. des Candél.*, 81) qui est en marbre *blanc*, la tradition du symbole s'est perdue.

[2] Un ancien sculpteur grec, Rhœcus, avait fait une statue de la *Nuit* pour le temple de la *Diane d'Éphèse*. (Paus. x, 38, 3.)

La Nuit est appelée la *Mère*, de l'éther et du jour. (Hesiod., *Theog.*, 124.)

[3] Par exemple, dans un bas-relief de la villa Borghèse, ayant pour

sières et très-vénérées, peuvent aussi donner une idée approximative de ces images sans art auxquelles la dévotion populaire s'attachait de même en raison de leur antiquité.

On voit à Rome de nombreux bas-reliefs exécutés dans le style qu'on nomme *archaïque;* mais, pour la plupart d'entre eux, ce style n'est pas original ; il a été imité à une époque comparativement récente. L'imitation est parfois si habile qu'il est difficile de la reconnaître, et souvent on ne l'a pas reconnue. Celui de ces bas-reliefs qui me semble le plus certainement ancien est la prétendue Leucothoé de la villa Albani[1]. Tout me paraît être réellement archaïque dans ce précieux bas-relief, la plus ancienne sculpture qui soit à Rome[2].

Quand les anciens font de l'*ancien* et on en a fait souvent à Rome dans la sculpture, comme le peintre Overbeck y fait aujourd'hui, avec un grand talent, du

---

sujet le rapt de Cassandre, au pied de la statue de Pallas ; les figures principales n'offrent rien d'archaïque, mais le palladium sur l'autel est d'après un art beaucoup plus ancien. On en peut dire autant d'une figure d'Apollon sur un bas-relief du Vatican. (*M. P. Cl.*, 587.)

[1] Aujourd'hui on y voit plutôt, au lieu du petit Bacchus, dans les mains de Leucothoé, un enfant présenté à une déesse *Kourotrophos* (qui nourrit et élève les enfants). Leucothoé et le petit Bacchus forment un groupe dont la composition est entièrement différente. (Cour du palais Lante.)

[2] La maigreur des bras de la femme assise, l'angle déplaisant que forme son pouce avec le reste de la main, la grosse tête de l'enfant.

moyen âge, cet archaïsme artificiel se trahit soit par l'exécution [1], soit par la matière [2], soit par les accessoires plus modernes que le sujet [3], soit par le sujet plus moderne lui-même que le style [4], soit par des différences de style dans diverses parties de la composition; car quelquefois le même bas-relief offre juxtaposées des figures appartenant à des âges divers dont on a imité simultanément les caractères successifs [5].

[1] Un Apollon assis du Vatican (*M. P. Cl.*, 395) semble d'abord pouvoir être considéré comme le specimen d'un art très-ancien, mais Visconti et M. Gherard y reconnaissent également un *faire* plus moderne.

[2] La qualité du marbre dément l'apparence d'archaïsme qu'on a cherché à donner aux monuments; lorsqu'ils sont en marbre de Carrare, l'emploi de ce marbre ne permet pas de les faire remonter à une bien haute antiquité; l'emploi d'un marbre à veines colorées empêche également d'attribuer une origine aussi ancienne qu'on l'a fait quelquefois à des statues bachiques et dites étrusques de la villa Albani. « Non fuisse *tum* auctoritatem maculoso marmori, » dit Pline (xxxvi, 6, 1).

[3] Bas-relief de la villa Albani (grand Salon), trois femmes et une Victoire sont traitées dans le style archaïque, mais au fond est un temple corinthien de l'époque romaine.

[4] Quand par exemple une figure archaïque est surmontée d'une tête d'impératrice; mais, des exemples qu'on a cités, il faut retrancher ceux où la tête n'appartient pas à la figure et a été rapportée.

[5] Autel de Gabie (*M. Chiar.*, 182), des Ménades aux corps flexibles, aux mouvements impétueux, près d'une Vénus roide dont les cheveux, soulevés par un Amour, s'écartent en équerre.

L'autel quadrangulaire du Capitole (salle des Hercules) fournit un frappant exemple du même contraste. Sur la face du monument qui représente Jupiter entouré des divinités de l'Olympe, une figure à gau-

Le goût de l'archaïsme a duré très-tard, c'est ce que prouve son emploi dans des sculptures que leur médiocrité, leur lourdeur[1] ou leurs attributs, datant du temps de l'empire, font rapporter à une époque bien postérieure au style dans lequel on les a traitées.

S'il est à Rome une statue antérieure à Phidias, c'est la Pénélope du Vatican. La main gauche, appliquée sur le rocher, forme avec le bras un angle droit et ressemble à un pied; un imitateur savant de l'archaïsme ancien n'eût point fait cette main-là. C'est l'inexpérience de l'art grec à ses commencements, mais la pose est expressive et il y a déjà dans le style une grande puissance[2].

Une Minerve archaïque de la villa Albani[3] qui fait

---

che a encore un caractère remarquablement éginétique; il est à peine sensible dans quelques autres figures, et absent du plus grand nombre, par exemple, des Curètes dansants. Rhéa donnant à Saturne la pierre emmaillottée qu'il doit dévorer n'a non plus rien ou presque rien d'archaïque. Ici on peut croire que l'artiste, oubliant l'imitation du style antique, s'est inspiré de Praxitèle, qui avait traité le même sujet (Paus., IX, 2, 5); comme dans la tête de Junon placée au-dessous de la tête éginétique et si différente par le style, il paraît s'être inspiré de la Junon de Polyclète.

[1] Trois femmes qui se tiennent par la main (*M. Chiar.*, 360).

[2] *M. P. Cl.*, 261. M. Brunn croit à un *archaïsme d'imitation;* la statue a été restaurée. — Une répétition non restaurée (*M. Chiar.*, 730), montre un certain progrès, la main est moins barbare.

[3] Dans un coin du *salon*. Les autres statues, dites *archaïques* de Rome, me paraisssent d'imitation, tels sont le Bacchus ou prêtre de Bacchus de la villa Albani (salle d'en bas), un athlète du Capitole, etc.;

pressentir l'époque des sculpteurs d'Égine, ces devanciers de la perfection, fournit aussi un type de l'art grec avant elle et peut-être avant eux[1].

Il n'est plus permis de donner aux bas-reliefs et aux statues archaïques le nom d'étrusques, que leur donnait encore Winckelmann. Ces bas-reliefs et ces statues sont ou veulent paraître d'ancien style *grec*. Ce style se montre sur les vases dits étrusques parce que ces vases, soit ceux qui ont été trouvés en Étrurie, soit ceux qui proviennent de pays grecs, comme la Grande-Grèce et la Sicile, présentent les types de l'art grec ancien conservés par des artistes grecs, ou qu'ont empruntés des artistes étrusques[2].

En réservant ce qui appartient à l'époque où les types anciens ont été contrefaits, les bas-reliefs imités du style archaïque donnent une idée vraie de ce que fut ce style à diverses époques, dans la période qui a précédé le temps de la belle sculpture grecque; et on acquiert une idée assez juste des œuvres si rarement

une belle tête de femme de la villa Ludovisi est peut-être de l'ancien *style attique*.

[1] Elle offre une certaine ressemblance avec la Minerve tout à fait primitive des métopes de Sélinonte.

[2] Je n'ai point fait entrer dans l'histoire des types grecs dont les reproductions se voient à Rome, les monuments déterrés en Étrurie et déposés au Vatican dans le Musée Grégorien, parce que ces monuments ne sont point *la Grèce à Rome*, mais *la Grèce en Étrurie;* ils ne se trouvent à Rome qu'accidentellement, comme ils pourraient se trouver à Londres ou à Paris.

conservées de cette période, grâce à une suite de pastiches bien faits.

L'un des plus anciens est l'autel qui a la forme d'un puits et où sont figurées les douze grandes divinités. On ne peut douter que ce bas-relief du Capitole ne soit imité de l'ancien style *grec*. Les douze dieux sont disposés de même sur un autel de forme semblable qui a été trouvé à Corinthe[1], et qui lui-même offrait sans doute une imitation de l'autel des douze dieux au temps des Pisistratides. C'est le style de cette époque antique qu'on a voulu imiter dans le bas-relief romain. Le bas-relief qui porte le nom de Callimaque[2] est dans son archaïsme d'une extrême élégance, qui trahit la contrefaçon. Rien dans ce bas-relief n'appartient à Callimaque; le style imité est antérieur et le goût d'imitation postérieur à son temps.

On avait cru reconnaître dans les figures féminines du Capitole les danseuses *lacédémoniennes* dont il fut l'auteur[3]; mais les danseuses lacédémoniennes étaient des *statues*, et ceci est un bas-relief[4].

---

[1] Müll., *Arch. atl.*, 1, 42.
[2] M. *Capit.*, salle des *Philos.*
[3] Pl., *Hist. nat.*, xxxiv, 19, 41.
[4] Si l'on voulait retrouver une reproduction des danseuses de Callimaque, on le pourrait plutôt dans ces danseuses dont la robe courte est pareille à celle de la jeune Spartiate victorieuse à la course (*gal. des Candél.*, 222), et qu'on voit sur un bas-relief de la villa Albani, sur des bases de candélabres de la même villa et de la villa Borghèse.

Quelquefois un détail de la composition ou de l'ajustement, un attribut d'origine antique, en présence d'une statue ou d'un bas-relief peu anciens, reporte l'esprit à l'époque primitive de l'art grec. Ainsi Bupalus, un des plus anciens sculpteurs de la Grèce, imagina, nous le savons, de donner à la *Fortune* le genre de coiffure et de placer dans sa main la corne d'abondance[1] qui sont les attributs de cette déesse dans des statues de l'époque romaine[2]. La pomme fut placée anciennement dans la main de Vénus par un sculpteur d'Égine, Canachus[3], et des ailes furent données très-anciennement à la Victoire[4]. Le voile qu'ont des Junons romaines était porté par les vieilles idoles en bois de la déesse.

C'est dans un dessein religieux que l'on reproduisait un type antique et sacré. La Junon Sospita[5] au Vatican conserve la peau de chèvre, les souliers à la

---

[1] Paus., IV, 30, 4.

[2] *M. P. Cl.*, 594. Statuette où les attributs caractéristiques de la Fortune ont été moins restaurés que dans d'autres statues de cette déesse. Quand le caducée n'a point de serpent et ne porte que des bandelettes, sa forme primitive, il est aussi un vestige de l'art ancien qui, pas plus que la poésie grecque avant Sophocle, ne connaissait le caducée entouré de serpents.

[3] Paus., II, 10, 4.

[4] Paus., V, 17, 1.

[5] Ou *Lanuvienne* (*M. P. Cl.*, 552), et sur un autel de la villa Panfili, qui est de l'empire (dans le pré). La Junon de l'escalier du musée Capitolin n'a aucun droit au nom de Junon Lanuvienne, bien qu'on ait écrit sur sa base, en faisant un barbarisme, *Lanumvina*.

poulaine, costume obligé de cette vieille divinité pélasge ; mais, dit Visconti, la disposition de la peau de chèvre qui lui sert de manteau et de la tunique, la symétrie recherchée des plis, rappellent le style ancien ; tandis que la douceur des traits, la délicatesse de l'exécution, font reconnaître la main d'un artiste des derniers temps de la république romaine. D'autres disent même du temps de l'empire.

Opposition piquante entre l'accoutrement de la deesse tel que la tradition religieuse l'avait consacré et les procédés savants d'un art avancé.

Dans un même ouvrage se rencontrent et se touchent, pour ainsi dire, les extrêmes de la sculpture antique.

En étudiant les bas-reliefs archaïques, on voit les imitations du style antique s'en rapprocher ou s'en éloigner plus ou moins. Il s'y montre plus ou moins altéré ou plutôt perfectionné. Les unes sont si voisines de ce style, qu'on peut douter si elles en sont des reproductions ou des types originaux.

Ailleurs, l'intention est encore archaïque, mais le style est plus harmonieux, la roideur des contours et des attitudes est adoucie, les détails sont traités avec un soin extrême ; enfin l'archaïsme se combine avec un sentiment complet de la beauté sans disparaître tout à fait.

Ainsi l'on peut à Rome, par des monuments, la plupart, il est vrai, d'imitation, se faire une idée de ce qu'était l'art grec dans sa première période, et, à travers les monuments qui correspondent aux divers degrés parcourus par lui dans cette période, on s'achemine, pour ainsi dire, vers l'atelier de Phidias.

L'époque qui précède immédiatement Phidias est représentée à Rome soit par des originaux, soit par des imitations.

On a considéré comme un spécimen de cette époque intermédiaire entre la sculpture grecque primitive et la grande époque de Phidias des bas-reliefs [1] qui retracent plusieurs travaux d'Hercule.

Parmi les reproductions artistiques d'œuvres anciennes de la statuaire grecque se rapportant à cette époque, je citerai deux statues qui se voient à Rome.

L'une est incontestablement une copie de l'Apollon Philésien de Canachus, qui tenait un daim [2]. L'exécution de cette copie, dont l'original existait au temps de Xerxès, paraît dater de l'empire [3]. C'est encore un témoignage bien frappant de la persistance des types religieux et du style ancien, que la religion perpétuait en les consacrant.

Ménechme, sculpteur, qu'on s'accorde généralement

---

[1] *M. Cap.* Autel quadrangulaire, première salle du rez-de-chaussée. La barbe et les cheveux sont dans la donnée antérieure à Phidias, les figures se rapprochent de lui par le style.

[2] *M. Chiar.*, 285. Pl., *Hist. nat.*, xxxiv, 19, 25. Paus., x. 13, 3. L'Apollon Philésien est connu par les médailles de Milet.

[3] Gher., *Ant. Bildwer*, p. 173.

à placer avant Phidias, est cité par Pline[1] comme l'auteur du *Taureau pressé par le genou et la tête renversée.* Or c'est exactement dans cette attitude qu'on voit très-souvent un taureau qu'immole une Victoire ou un Génie.

La Jeune Fille victorieuse à la course[2] semble appartenir encore, par quelques détails, à l'époque qui a précédé Phidias; mais il y a tant de finesse et tant de grâce dans la ravissante figure, qu'on est tenté d'y voir un souvenir de cette époque, un retour vers elle, et, plutôt qu'un prélude, un écho.

Quelquefois ce retour vers le passé ne se trahit que par une imitation partielle et très-légère dans la disposition des cheveux ou dans les plis d'une draperie.

Par ces imitations du style qui a précédé et préparé le style de Phidias, nous arrivons à Phidias.

---

[1] Pl., *Hist. nat.*, xxxiv, 19, 30; Tat. *ad. gr.* 54. Le groupe de Ménechme est rapporté sans raison par Tatien à l'enlèvement d'Europe; on a commis la même erreur en restaurant un groupe du Vatican (*M. P. Cl.*, 130). Sujet très-fréquent sur les terres cuites et les bas-reliefs. L'original peut être d'après un autre Ménechme postérieur à Lysippe. (Br., *Gesch., d. gr. k.*, i, p. 418.)

[2] *Vat., gal. des Candél.*, 222. Une des jeunes filles qui couraient à Olympie, leur robe courte n'atteignant pas le genou et les cheveux flottants (Paus., v, 16, 2). Cette statue semble avoir été décrite par Sophocle, dans un passage de sa tragédie perdue d'*Hélène redemandée.* Il s'agit d'une jeune *Spartiate*, Hermione. « Sa robe virginale voltige sur sa cuisse nue. » Welck., *Gr. tr.*, p. 121.

On peut, à Rome, faire connaissance avec le grand style de Phidias lui-même.

J'oserais attribuer à Phidias ou à un de ses élèves un fragment de bas-relief dont le style est tout à fait semblable à celui des marbres du Parthénon. Il représente un guerrier tombé et un guerrier prêt à frapper [1].

La tête du cheval de bronze du musée Capitolin est aussi très-semblable aux têtes de chevaux du Parthénon [2]. Ce sont, avec le bœuf de bronze également au Capitole, trois des belles œuvres de la statuaire grecque transportées à Rome.

Phidias, comme il le dit au sculpteur Panænus, et comme fit plus tard Euphranor, s'était inspiré d'Homère pour créer son Jupiter, le vrai Jupiter! s'écria en le voyant Paul Émile, et qui a fait dire à un poëte de l'Anthologie :

---

[1] *Villa Albani,* dans le *Casino,* au premier étage; trouvé près de Sainte-Marie-Majeure. Je ne tiens pas compte ici d'un bas-relief apporté du Parthénon dans les temps modernes. (*Vatican, M. Chiar.,* 372 A.)

[2] Calamis, venu un peu avant Phidias, n'eut point de rival pour les chevaux, « sine æmulo, Pl. xxiv, 19, 22. » — Ovid., *ex Pont., epist.,* iv, 1, 33. Calamis, qui fut fondeur en bronze, serait-il l'auteur du cheval de bronze du Capitole qui, en effet, semble plutôt un peu antérieur que postérieur à Phidias? Ce qui empêche de penser à Strongylion, lequel, selon Pausanias (vi, 30, 1), excella par-dessus tout dans *les Chevaux et les Bœufs.* Pausanias (iv, 10, 2) parle aussi des chevaux d'Agéladas, maître de Phidias; mais ils ne devaient pas être encore arrivés à cette perfection.

« Oui, Phidias avait vu Jupiter, et nous le voyons grâce à lui. »

A Rome, une tête colossale[1] révèle la majestueuse beauté du Jupiter d'Olympie, qui, de l'aveu de tous, lui a servi de modèle.

Mais je crois qu'il faut lui donner un peu plus de sévérité pour atteindre au type encore sévère de Phidias[2]. Cette expression grave et douce est-elle bien celle du dieu qui ébranle l'Olympe d'un mouvement de ses noirs sourcils[3]? Le Jupiter de Phidias a péri à Constantinople par un incendie, mais nous possédons l'original de cet original perdu dans les vers d'Homère, dont il était la copie.

L'attitude du Jupiter Olympien nous est transmise

---

[1] *M. P. Cl.*, 539.

[2] Tous les statuaires grecs qui firent des Jupiters durent les faire d'après le célèbre Jupiter d'Olympie, mais la sévérité du modèle a dû s'adoucir dans les imitations, adoucissement que leurs noms indiquent : Jupiter Philios, qui ressemblait à Bacchus (Paus., VIII, 31, 2). Jupiter Meilichios, Mansuetus (Paus., II, 20, 1). Cet adoucissement devait se faire sentir dans le Jupiter de Sthénis (Pl., XXXIV, 19, 40), et le Jupiter de Pasitelès, en ivoire, placé sous le portique de Métellus. Pasitelès était un sculpteur grec établi à Rome, vers les derniers temps de la République (Pl., XXXVI, 5, 26). L'auteur du beau buste du Vatican a pu imiter Phidias à travers Sthénis et Pasitelès ; ce buste est postérieur à Alexandre, selon Zoega ; du reste, la copie du Jupiter Olympien n'est pas complétement exacte, la traduction n'est point littérale, la couronne d'olivier que portait le Jupiter de Phidias (Paus., V, 11, 1) manque au buste du Vatican.

[3] *Il.*, I, 528.

par une statue un peu lourde, mais qui en reproduit la disposition générale assez fidèlement[1]. Pour nous faire une idée de la statue de Phidias, il faut mettre cette tête sur cette statue et donner à celle-ci une hauteur de quarante pieds.

Une des mains du Jupiter Olympien soutenait une Victoire. Rome s'empara de ce signe, qui devint un attribut impérial; car elle eut, ce qui était un peu honteux, ses empereurs-Jupiter : par exemple, son Tibère-Jupiter[2], après avoir eu son César-Jupiter[3]. On voit aussi Jupiter avec l'aigle et la foudre, comme était un Jupiter d'Olympie[4]. Les inspirateurs de celui-ci furent sans doute le dieu d'Homère, *qui se réjouit de la foudre*, et le Jupiter de Pindare, sur le sceptre duquel dort l'aigle divin.

Phidias avait reproduit sept ou huit fois, et sous différents aspects, le type de Pallas Athénè, de la déesse chaste, guerrière et civilisatrice, expression de ce que la pensée religieuse des Grecs a conçu de plus intelligent et de plus pur.

[1] Le Jupiter Vérospi (*M. P. Cl.*, 325), refait en partie par l'Algarde on en a trouvé une répétition en petit à Corinthe.

[2] *Villa Borgh.*, *salon*, 7.

[3] César tenant l'égide et brandissant la foudre.

[4] Paus., **v**, 22 4. Jupiter avec l'aigle et la foudre sur un bas-relief de Chios (Müller, *Atl.*, ii, 66); avec la foudre, sur le candélabre Barberini et dans plusieurs statues de travail romain. La foudre ne pouvait manquer au Jupiter du Capitole, lieu fréquemment visité par elle. Ce Jupiter avait été un dieu fulgurateur étrusque.

Les types des principales Minerves de Phidias, on appelait ainsi à Rome Pallas Athéné, peuvent s'y retrouver encore.

D'abord le type de la Minerve Vierge, la Minerve du Parthénon[1]; un certain nombre de statues rappellent par divers traits cette Minerve célèbre, dont M. le duc de Luynes a si noblement entrepris et si savamment dirigé la restitution, exécutée par Simard et ingénieusement contrôlée par M. François Lenormant à l'aide d'une statuette que son père avait eu le temps de signaler à Athènes avant d'y mourir. Quelques-unes de ces statues se rattachent directement à Pallas Vierge par le casque, orné comme était le sien d'un sphinx et de griffons ou de chevaux ailés[2], d'autres, qui n'ont plus cette ressemblance, ont encore le serpent près d'elles, la lance à la main, le bouclier au pied, la tête de Gorgone sur la poitrine[3]; même là où manquent l'un

---

[1] Paus., 1, 24, 5.

[2] Sur la tête d'une statuette en bronze de la villa Albani (salle de l'Ésope) sont un sphinx, deux chevaux ailés sur les côtés, et huit sortant du casque au-dessus du front; la Minerve de Phidias portait, selon Pausanias, un sphinx et des *griffons*, mais les chevaux ailés se voient sur des monnaies d'Athènes qu'on regarde comme présentant la tête de la Minerve du Parthénon (Fr. Len., *la Min. du Parth.*, p. 36). Sphinx et griffons se retrouvent sur la Minerve en bas-relief du candélabre Barberini (*M. P. Cl.*, 413). Ailleurs le griffon est associé au bélier (*M. P. Cl.*, 376), qui le remplace quelquefois. Le sphinx et les quadrupèdes ailés sur le casque d'une Minerve au Parthénon et d'un grand nombre de Minerves à Naples, à Londres, à Dresde.

[3] Le serpent dans la Pallas Giustiniani (*Nuov. br.*, 114), la robe des-

ou l'autre de ces attributs donnés par Phidias à sa Minerve, l'air sévère et parfois dur du visage[1] rappelle son style et l'expression que devait avoir la Pallas Vierge[2], la *joue sévère* (*torva genis*), virile et lançant de dessous son casque un regard glauque, comme le second Philostrate[3] peint une Minerve. Plus cette expression est marquée, plus on est près du caractère que devait avoir la Minerve du Parthénon.

Au sommet de l'Acropole se voyait de loin une Pallas colossale de Phidias, en bronze[4]; elle levait la lance et présentait le bouclier dans l'attitude du combat. C'était Pallas combattant, *promachos;* une foule de statues nous offrent la répétition de cette Pallas[5],

---

cend jusqu'aux pieds comme dans la Minerve du Parthénon; elle n'a plus la lance, mais elle a encore le bouclier que n'a pas la Pallas de Velletri à Paris, dont il existe une répétition au Capitole (galerie).

[1] La Gorgone de la Minerve du Parthénon était en or : c'est ce que prouvent deux passages d'*Érecthée*, tragédie perdue d'Euripide. (Euripide, *Fragm. Did.*, p. 702-3).

[2] D'autres Minerves du Vatican, notamment un buste (*M. Chiar.*, 197). Ce buste avait des yeux en pierre de couleur, comme la Minerve de Phidias; on les a remplacés par des yeux en verre bleu, qui sont loin de faire le même effet.

[3] Philostr. Jun., ix, 2. Description d'un tableau où se trouvaient Junon, Vénus et Minerve.

[4] Paus., i, 28, 2. Voyez x, 34, 4. Minerve Promachos combattait les géants.

[5] Vatican, *M. P. Cl.*, 96, avec un mouvement violent et exagéré,

telle que les descriptions des anciens et les médailles nous la font connaître [1].

Phidias était aussi l'auteur d'une Minerve qu'on appelait *la belle* [2]. Lucien vante le contour du visage, la douceur des joues, la beauté du nez : quelque chose de cette beauté douce, avec la force, caractère du temps de Phidias, se montre dans une belle Pallas de la villa Albani [3], un des types les plus remarquables de cette grande époque.

A cette douce Minerve de Phidias se rattachent les Minerves *pacifiques*, qui ne sont point armées [4] ou ne le sont que partiellement, qui ont pour symbole l'ab-

---

b., *M. Chiar.*, 448; *M. Capit.*, salle des Hercules, 13; salle du Satyre; 16. Minerve combattant les géants, et probablement dans cette attitude, était brodée sur *le peplos*, qu'on portait processionnellement pendant les Panathénées.

[1] Nous le voyons aussi dans le bas-relief d'Ajax et Cassandre à la villa Borghèse, où le palladium, qui primitivement fut armé seulement d'une quenouille et d'un fuseau, puis de la quenouille et de la lance (Apollod., III, 12, 3, 5), reproduit grossièrement la donnée de la Minerve Promachos; c'était donc un type antérieur à Phidias et que Phidias avait conservé.

[2] Pl., *Hist. nat.*, XXXIV, 19, 5.

[3] Grand salon. Très-admirée par M. Ingres; la description de Lucien (*Im.* 6) lui convient assez bien, sauf en ce qui concerne le nez, qui est en partie moderne.

[4] La Pallas de Velletri, au Louvre, qui n'a point d'autre arme que le casque, et dont le geste semble oratoire, offre le type de Minerve séparé de toute idée guerrière, et présente la déesse sous un aspect purement pacifique.

sence de l'égide¹ ou l'égide jetée en écharpe à travers la poitrine², qui tiennent le casque à la main ou la lance renversée³, qui sont vêtues d'un grand manteau ; Minerve alors n'est plus la déesse de la guerre, mais la déesse des travaux paisibles, l'ouvrière, *Ergané*⁴.

Cette Minerve ne combat pas, elle médite, et chez elle la douceur remplace la sévérité ; elle finit même par prendre une physionomie rêveuse, les regards tournés vers le ciel⁵.

¹ *M. Chiar.*, 496, 681.

² Cette disposition singulière de l'égide est trop souvent répétée pour être fortuite. On y voit un signe pacifique (*M. P. Cl.*, 376; *M. Chiar.*, 63; *vill. Borgh.*, vi, 2, vii, 15). Quelquefois l'égide est rejetée en arrière, de manière à être à peine visible par devant, et à couvrir le dos tout entier. *Vill. Ludov.*, i, 46.

³ Sur l'autel des douze dieux au Capitole. Minerve tient son casque d'une main et sa lance de l'autre; dans un bas-relief grec dont celui-ci est évidemment une imitation, la pointe de la lance est abaissée; dans un bas-relief archaïque de la villa Albani, Minerve porte le casque à la main et une lance sur l'épaule. Une Minerve restaurée tient son casque à la main (*M. P. Cl.*, 259). La Minerve de la villa Ludovisi, dont l'égide est en arrière, offre une trace visible d'un casque antique qu'elle tenait aussi à la main.

⁴ La Minerve du forum de Nerva, qui préside aux travaux de femmes a un grand manteau. De même sur le bas-relief de la villa Albani, où elle surveille la fabrication du navire Argo. Dans l'*Odyssée*, quand elle apparaît à Ulysse comme une femme *qui sait faire de beaux ouvrages*, elle est revêtue d'un manteau qu'elle-même avait tissé (*Od.*, xvi, 157), elle le dépose pour se préparer à la guerre. Voyez deux passages analogues dans l'*Iliade*. (v, 735-6, viii, 385-8.)

⁵ *Vill. Borgh.*, viii, 7. A Florence, une Minerve *Uffizj*, avec la chouette,

Aucune Minerve n'ayant égalé la célébrité des Minerves de Phidias, dont une était à Rome, on peut lui attribuer avec vraisemblance l'origine du plus grand nombre, au moins, de celles que renferment les collections romaines. La Minerve voilée, dont il existe un exemplaire, je crois unique, à la villa Albani, a été rattachée par O. Müller à une cérémonie grecque. A Athènes, dans la fête des Plyntèries, on portait une Minerve voilée. L'accoutrement de cette petite figure aurait donc une origine grecque; il en est certainement de même de la Minerve de la villa Ludovisi, dont l'auteur est nommé, de la Minerve d'Antiochus.

La couronnne d'olivier qui entoure le casque d'une Minerve du Vatican[1] indique un souvenir de la Minerve Poliade, qui avait précédé à l'Acropole les Minerves de Phidias, qui était en bois d'olivier, et dans le voisinage de laquelle avait poussé l'olivier sacré sorti de terre à la voix de la déesse.

---

a les regards tournés ainsi. La chouette peut être le symbole de l'étude et de la méditation nocturnes. Elle accompagne une Minerve qui a été trouvée dans la société des Muses (*M. P. Cl.*, 438); elle se tient près de la Minerve industrieuse qui assiste à la fabrication du navire Argo; on en a placé une avec raison dans la main de la Minerve couronnée de l'olivier pacifique. Une Minerve dont parle l'Anthologie (*Anth. gr.* Jacobs, 11, p. 31) était représentée avec une chouette et une chienne, double symbole de vigilance. La Minerve de la villa Albani porte sur la tête une peau de chien.

[1] *M. Chiar.*, 496.

Avant Pallas qui préside aux arts et aux combats, avant la Minerve hellénique Pallas-Athenè, était la vieille Pallas pélasgique, déesse de la nature, comme toutes les divinités pélasges, déesse aquatique qu'on appelait Tritonide ; il y a une allusion à cette antique Minerve dans une statue de Minerve accompagnée d'une figure de femme marine [1].

L'idéal multiple de Minerve qui a prévalu, étant une création de Phidias, on peut faire remonter jusqu'à lui la forme sous laquelle *Rome* est ordinairement représentée ; car Rome, quand elle choisit son symbole, s'identifia, et elle en avait ou au moins en avait eu le droit, avec la déesse de la sagesse et de la guerre.

Rome personnifiée, cette déesse à laquelle on érigea des temples voulut d'abord être une Amazone [2], ce qui se conçoit, car elle était guerrière avant tout. C'est sous la forme de Minerve que Rome est assise sur la place du Capitole [3].

---

[1] Jardin du palais Rospigliosi.

[2] Jusqu'au règne de Commode Rome est représentée par une Amazone ; dans l'escalier du palais des Conservateurs, Rome, en tunique courte d'Amazone et le globe du monde à la main, reçoit Marc Aurèle ; le globe dans la main de Rome date de César. Rome en Amazone, le sein découvert et le pied sur un trophée d'armes des vaincus (*villa Albani, au pied de l'escalier du Casin*). Tête de Rome avec la louve sur le casque (*M. Chiar.*, 132), ce qui la distingue de Minerve. (*Salle des Candél.*, 85 ; *M. P. Cl.*, 88.)

[3] On a dit que cette statue est une Minerve accommodée en Rome

Sedet æternumque sedebit.

Au commencement de l'empire, Rome personnifiée apparaît rarement : les premiers empereurs[1] n'aimaient pas l'image de la souveraine qu'ils avaient détrônée ; quand elle fut bien morte, on put sans danger faire son apothéose[2].

Les Amazones nous ramènent à Phidias ; à l'extérieur du bouclier de la Minerve du Parthénon, Phidias avait figuré un combat d'Amazones[3]. La célébrité de la Minerve de Phidias nous autorise à voir en lui le véritable créateur du type des Amazones et des rémi-

---

mais elle ressemble beaucoup à une statue du Louvre (102) qui est assise sur un rocher, le rocher du Capitole, et qui, par conséquent, est bien Rome ; Minerve est rarement assise sur un rocher. Rome tenant à la main une Victoire est un emprunt fait à la fois au Jupiter d'Olympie et à la Minerve du Parthénon.

Dans la cour du palais des Conservateurs on a heureusement placé Rome, avec la longue robe et le manteau de Minerve, *au-dessus* de l'image d'une contrée vaincue. C'est de l'histoire.

[1] Visc., *M. P. Cl.*, 11, p. 29.

[2] On a mêlé les deux types, la Rome Amazone et la Rome Minerve, sur la base de la *vraie* colonne Antonine (jardin du Vatican). Rome a le sein nu comme une Amazone, la longue robe et sur la tête le casque au sphinx de Minerve.

[3] Pl., *Hist. nat.*, xxxvi, 5, 7. Ce sujet ne paraît point sur les monuments les plus antiques, le coffre de Cypsélus, le trône d'Apollon d'Amyclée, les bas-reliefs du temple de Minerve Chalciæcos à Sparte. Cependant il y a des combats d'Amazones au temple de Thésée ; il y en avait sur le mausolée d'Halicarnasse.

niscences de ce combat, tant de fois répété[1], dans les nombreux bas-reliefs où ces vierges belliqueuses sont aux prises avec des guerriers[2]. Quelques-uns sont d'une grande beauté et d'un style grec très-pur; d'autres, dont l'exécution est médiocre et même défectueuse, trahissent leur origine par des intentions admirables[3].

Sur la partie concave du bouclier de la déesse, Phidias avait ciselé la guerre des géants contre les dieux[4], sujet répété sur deux bas-reliefs du Vatican[5]. On croit qu'il décorait le fronton du Panthéon[6].

Enfin sur les sandales de Minerve, Phidias avait

---

[1] Attale, roi de Pergame, avait placé à l'Acropole deux groupes de statues représentant, l'un un combat de Grecs et d'Amazones, l'autre une gigantomachie. (Paus., I, 25, 2.)

[2] Un très-beau fragment au palais Farnèse, et *M. Chiar.*, 301, 302. Les sculptures du temple de Phigalie, contemporain du Parthénon, présentent des combats d'Amazones dont plusieurs détails se retrouvent sur des bas-reliefs à Rome; un combat d'Amazones, celui d'un sarcophage (*M. P. Cl.*, 69), est analogue à un bas-relief apporté d'Athènes par lord Elgin et qui a péri.

[3] Remarquable combat d'Amazones sur un sarcophage du Capitole, *salle du Satyre*.

[4] Pl., *His. nat.*, XXXVI, 5, 7.

[5] *M. P. Cl.*, 38. Les géants et deux déesses, sculpture d'une rudesse grandiose. *M. P. Cl.*, 414, les géants seuls, avec les jambes terminées en serpent, que leur donna le premier le poëte Pisandre (Pisandre, *Fragm. did.*, p. 11). Une gigantomachie décorait le fronton du trésor des Mégariens à Olympie. (Paus. VI, 19, 9.)

[6] Nibby, *R ant.*, II, p. 692.

trouvé place pour un combat de Centaures et de Lapithes[1], tels que nous les montrent un bas-relief et une mosaïque du Vatican[2], qui nous retracent des scènes reproduites souvent par l'art grec, et que la poésie d'Hésiode avait sculptées sur le bouclier d'Hercule[3].

Les nombreux Esculapes qu'on voit dans les galeries de Rome, et qui se ressemblent beaucoup, peuvent être ramenés à deux classes, les Esculapes assis et les Esculapes debout. Les Esculapes assis dérivent, je pense, de l'Esculape de Phidias.

Phidias fit pour le temple d'Épidaure une statue d'Esculape en or et en ivoire. Cette statue était assise[4].

[1] Des combats semblables furent ciselés plus tard par Mys, d'après les dessins de Parrhasius, dans l'intérieur du bouclier de la Minerve *Promachos*. (Paus., I, 28, 2.)

[2] *M. P. Cl.*, 501. *Mosaïque de la salle ronde.* Des combats d'Amazones et de Centaures se retrouvent parmi les marbres du Parthénon, et ceux de Phigalie, sur la frise du temple de Thésée, dans l'intérieur duquel ils avaient été peints par Micon (Paus., I, 17, 2). Alcamène, élève et collaborateur de Phidias, en avait orné la partie postérieure du temple de Jupiter à Olympie (Paus., V, 10, 2). Visconti ne doute pas que les bas-reliefs de Rome n'aient été faits d'après ces sculptures.

[3] Hés., *Sc. Herc.*, 178.

[4] Esculape assis (*M. d'Épidaure*), *médaille de Cléone inédite* (Fr. Lenormant, *Catal.* Behr); d'après un auteur chrétien, Athénagoras (*Legat. pr. christ.*, XIV, p. 61). L'Esculape d'Épidaure était de Phidias. Pausanias (II, 27, 2) l'attribue à un sculpteur appelé Thrasymède. Quand il s'agit d'une statue en or et en ivoire destinée à un lieu si célèbre, et surtout de la création d'un type divin, on ne peut guère hésiter entre

Le renommé et de l'auteur du lieu doit avoir fourni le type dominant, surtout dans l'origine, du dieu d'Épidaure.

Les Esculapes debout reproduisent très-exactement, nous le verrons en son lieu, l'Esculape de Pyromaque, sculpteur postérieur à Alexandre, tel que le représentent, d'après sa statue, les médailles de Pergame.

Toutes ces statues, d'après Phidias ou Pyromaque, sont anonymes; le seul Esculape dont on connaisse l'auteur est médiocre, et cet auteur est un sculpteur inconnu, Assalectus [1].

Habent sua fata...

L'Esculape d'Épidaure tenait d'une main un bâton,

Phidias et un sculpteur obscur dont on ne sait pas même la date. D'autre part, l'inscription lue par Pausanias nommait Thrasymède; il faut supposer qu'au temps de Pausanias l'Esculape de Phidias avait été remplacé par un Esculape de Thrasymède, mais le type divin devait remonter à Phidias. Les Esculapes de ses disciples, Alcamène à Mantinée (Paus., VIII, 9, 1), Colotès à Cyllène (Str., VIII, p. 337), devaient le reproduire, et il dut faire abandonner celui de Calamis (Paus., II, 10, 3), différent de l'Esculape ordinaire, car il était imberbe (Paus., II, 10, 3). Scopas le représenta de même (Paus., VIII, 28, 1), c'est d'après cette donnée de Calamis et de Scopas qu'on a pu figurer Musa, médecin d'Auguste, par un Esculape imberbe (*Nuov. bracc.*, 17). Les médecins sont représentés sous les traits d'Esculape, qu'Homère appelle *Médecin* (*Il.*, IV, 194) et qu'il dit leur père; aussi Esculape tient-il parfois le *volumen* comme les médecins; ce *volumen* peut être aussi un oracle écrit.

[1] Vu par Winckelman au palais Verospi.

l'autre était posée sur la tête d'un serpent [1], symbole de la vie qu'Esculape conservait, rendait, et même, ceci semble une épigramme, ôtait quelquefois [2]; aux pieds du dieu était un chien qui a disparu dans les reproductions successives d'Esculape [3].

Hygie, déesse de la santé, est souvent associée à Esculape. Les Romains durent accueillir avec une faveur particulière le culte de cette déesse, qui, avant l'importation d'Esculape venu chez eux d'Épidaure sous la forme d'un serpent, figurait déjà dans leur religion sous le nom de la déesse sabine de la santé, Salus [4]. L'association de ces divinités semble avoir été propagée par Scopas, qui la reproduisit deux fois [5], et par Bryaxis [6], son contemporain. La première statue d'Hygie dont

[1] Le serpent était le symbole de la vie parce qu'il change de peau ous les ans. D'après une tradition singulière conservée dans un fragment d'une tragédie perdue de Sophocle (*Soph.*, *frag. did.*, p. 370); les hommes, auxquels Prométhée avait apporté le feu, méprisèrent ce présent et le donnèrent à un âne, qui le donna à un serpent pour obtenir de lui la permission de boire à une source dont celui-ci était le gardien. Le feu de Prométhée fut pris pour *la vie*, ce qu'il n'est point dans Eschyle.

[2] Esculape donnait la mort avec le poison sorti des veines de gauche de la Gorgone. (Apollod. III, 10, 3, 11.)

[3] L'Esculape barbu prit le dessus dans l'art; l'Esculape de Timarchide et de Timoclès était barbu. (Paus., x, 34, 3).

[4] Sur les monnaies de la *gens* sabine Acilia *Salus* et *Valetudo*, déesses sabines, sont représentées comme l'est Hygie. (Müll., *Arch.*, p. 669.)

[5] Paus., VIII, 28, 1; VIII, 47, 1.

[6] Paus., I, 40, 5.

il soit fait mention est celle du sculpteur Denys, offerte à Olympie par Smicythus [1] pour la guérison de son fils, malade de la poitrine. Hygie trouvait naturellement sa place dans une telle offrande. Elle fut pour ainsi dire enfantée à l'art par l'amour paternel. Quand on sait cela, on ne peut regarder une statue d'Hygie sans quelque attendrissement.

L'art grec fut encore autrement le père d'Hygie, sous la forme qu'on adopta souvent depuis sur les monuments, celle d'une femme donnant à boire à un serpent dans une coupe. Car cette composition fut d'abord celle de la Minerve-Hygie, qui était honorée à l'Acropole d'Athènes [2]; dans un bas-relief du Vatican [3], on reconnaît au casque décoré du sphinx, des chevaux ailés et à l'égide que c'est bien Minerve et la Minerve de Phidias, laquelle remplit un office analogue auprès du serpent Érichthonius [4]. On ôta à Minerve son casque, on la dépouilla de l'égide; le

---

[1] Paus., v, 26, 2.

[2] Paus., i, 23, 5. Ce que Minerve offrait au serpent Erichtonius n'était pas un liquide, mais la pâtée de miel qu'on déposait dans le temple de Minerve Poliade pour servir à la nourriture du mystérieux serpent qui fut transporté de la vieille Minerve de l'Erechtéum à la nouvelle Minerve du Parthénon.

[3] *M. P. Cl.*, 413. Sur le candélabre Barberini; la disposition de la figure de Minerve est la même que celle d'Hygie.

[4] La présence du serpent auprès de la Minerve Giustiniani (*Nuov. bracc.*, 114), qui la rapproche de la Minerve du Parthénon, n'était nullement une raison de lui donner le nom de *Minerva medica*, et par

serpent Érichthonius fut remplacé par le serpent d'Esculape, symbole de la vie, et c'est ainsi que la Minerve de Phidias, qui était une Minerve-Hygie, fut transformée en Hygie, telle que nous la montrent les statues et les bas-reliefs de Rome[1].

Hygie devint ainsi une jeune fille gracieuse, debout près d'Esculape assis et posant, avec une aimable familiarité, sa main sur l'épaule du dieu; la santé s'appuie sur celui qui la soutient.

Un grand nombre de sculpteurs grecs consacrèrent leur ciseau à reproduire après Phidias et Scopas, et d'après eux, l'image d'Esculape[2], secourable divinité à laquelle dut s'attacher une dévotion universelle

---

suite d'appeler temple de *Minerva medica* un débris de villa qui n'a jamais été un temple. De plus, cette confusion reposerait sur une autre erreur, si, comme il est probable, la Minerve Giustiniani n'a pas été trouvée près du prétendu temple de la prétendue *Minerva medica*, mais, ce qui est beaucoup plus vraisemblable, près de l'église *de la Minerve*, élevée elle-même sur les ruines du temple dédié à Minerve par Pompée.

[1] Hygie debout derrière Esculape dans un charmant bas-relief d'un goût grec très-pur (*M. P. Cl.*, 260). Groupe d'Esculape et d'Hygie (*ibid.*, 399). Une figure de femme (*M. Chiar.*, 683) n'a point, comme on le dit, fait partie d'un groupe semblable; la trace d'une main, visible sur son épaule, ne prouve rien, car c'est Hygie qui s'appuie sur Esculape et non Esculape sur Hygie, la santé sur la médecine et non la médecine sur la santé.

[2] On cite de Scopas un groupe d'Esculape et Hygie (Paus., viii, 28, 1), un de Damophon (Paus., vii, 2, 35); un Esculape de Céphisodote, fils de Praxitèle, était à Rome (Pl., xxxvi, 5,12); un groupe d'Esculape et d'Hy-

comme les maux dont on croyait lui devoir la guérison. Le nombre de ces statues dans les musées de Rome donne une idée du nombre bien plus grand encore de celles qu'avait multipliées la religion de la douleur et de la reconnaissance.

On y voit aussi des tablettes votives, des *ex-voto*, comme on dit aujourd'hui, offrandes faites à la suite d'une prière exaucée, et inspirées par le sentiment qui couvre de figures en cire des membres guéris, et de tableaux représentant les accidents funestes et les secours merveilleux, les murs des chapelles où sont invoquées certaines madones en renom.

Cet usage moderne est antique; cet usage, qui fut romain et auquel les auteurs latins font plus d'une allusion, était grec. Un bas-relief dont j'ai parlé tout à l'heure[1], et qui est venu de Grèce, en fait foi; sur ce bas-relief grec, comme sur plusieurs bas-reliefs romains, une famille vient implorer Esculape et Hygie. M. Schnetz avait vu sans doute une famille de paysans romains invoquer la madone au lieu d'Hygie, quand

---

gie, par Nicerate, y était également (Pl., xxxiv, 19, 30). Ces diverses statues ont pu servir de modèles aux sculpteurs romains.

[1] *M. P. Cl.*, 260. Les têtes sont modernes; le restaurateur, qui avait le goût malheureux des apothéoses impériales, a fait d'Esculape un Trajan; mais cette sottise ne change rien à la composition, dont le sens ne peut être douteux. Comparez l'Esculape et l'Hygie avec le groupe en face, 399, le même sujet. (*M. Chiar.*, 594.)

On a trouvé de semblables tablettes votives en Grèce.

il a fait un de ses meilleurs ouvrages¹. Ailleurs c'est Esculape qui apparaît à un homme couché² ou assis, comme les saints apparaissent dans les *ex-voto* modernes à des malades pour leur annoncer leur guérison; ou bien Mercure présente au dieu de la médecine le malade qui s'agenouille dévotement devant lui³; comme, dans les *ex-voto* modernes, des saints où la Vierge présentent à Dieu le donataire à genoux. Le plus gracieux de ces actes de piété est le vœu d'une jeune mariée à Hygie⁴ que son nouvel état la porte à implorer; le plus touchant est une prière écrite en grec sur la base d'une petite statue d'Esculape, et dans laquelle un père demande au dieu de conserver la santé de ses enfants⁵.

Sur un de ces bas-reliefs, Mercure présente un homme agenouillé à Esculape, auquel il rend *grâces* de sa guérison. Ce qui est exprimé par la présence des trois Grâces, dont le nom en grec avait, ainsi qu'en français, le double sens de *bienfait* et de *recon-*

---

[1] Une famille de paysans romains implorant la Madone. Ce tableau est à Paris, dans l'église de Saint-Roch. Sur un sarcophage de Naples, une mère apporte son fils malade, comme dans le tableau moderne.

[2] *M. Capitolin* et *M. de Saint-Jean de Latran*. Cette composition rappelle un bas-relief grec décrit par Ælien (Suid., s. v. *Theopompos*), dans lequel on voyait Théopompe, poëte comique, malade et Esculape lui tendant la main.

[3] *M. P. Cl.*, 447.

[4] *M. Capit., S. des Phil.*

[5] *M. Chiar.*, 113.

naissance pour un bienfait. Enfin on trouve la figure des membres guéris eux-mêmes : un bon nombre d'yeux, de mains, de pieds, etc., ont été découverts dans l'île Tibérine, près du temple d'Esculape, qui paraît en avoir été aussi bien pourvu que pas une église de Rome [1]. On voit au Vatican un pied entouré par un serpent [2], dont Esculape avait sans doute rendu la morsure innocente; on y voit aussi l'empreinte de deux pieds [3] semblable à celles que j'ai remarquées souvent en Égypte, et qui, dans l'un et l'autre pays, indiquait, je pense, un pèlerinage accompli. A Rome, le but de ce pèlerinage était probablement le temple d'Esculape, auquel on était venu demander une guérison. Enfin on croit qu'une statuette d'enfant [4] représente un *enfant votif*.

L'imitation du grand style de Phidias est visible dans plusieurs sculptures qu'il a inspirées [5], et sur-

---

[1] Coutume grecque. Huit figures de diverses parties du corps humain avec une prière au *très-haut*, Jupiter Hupsistos pour obtenir de lui la guérison de ces parties malades. (*Brit. M.*, *Phig. Sal.*, 209-18.)

[2] *Vat.*, *Gal. des Candél.*, 126.

[3] *Gal. des Candél.*, 142.

[4] *Gal. des Candél.*, 99.

[5] Les Hermès mutilés de la villa Ludovisi, 1, 7. 48. Une figure sans tête, qui marche, *M. Chiar.*, 176, probablement une Cérès poursuivant Proserpine ou une Diane allant trouver Endymion. Le mouvement de la figure et le beau jet de la draperie se remarquent dans une Minerve et une Iris du Parthénon, et dans deux femmes des bas-reliefs du temple de Phigalie (Stack., *Phig.*, p. 200, 213), bâti par Ictinus, architecte du Parthénon. Dans la figure sans tête du Vatican, l'imitation du style

tout dans les colosses de Castor et Pollux, domptant des chevaux, qui ont fait donner à une partie du mont Quirinal le nom de *Monte Cavallo*.

Il ne faut faire aucune attention aux inscriptions[1] qui attribuent un des deux colosses à Phidias et l'autre à Praxitèle, Praxitèle dont le style n'a rien à faire ici ; son nom a été inscrit sur la base de l'une des deux statues, comme Phèdre le reprochait déjà à des faussaires du temps d'Auguste, qui croyaient augmenter le mérite d'un nouvel ouvrage en y mettant le nom de Praxitèle[2]. Quelle que soit l'époque où les colosses de *Monte Cavallo* ont été exécutés[3], malgré quelques

---

de Phidias est évidente, mais la date de l'exécution, très-postérieure, est indiquée par différents signes, entre autres par la profondeur à laquelle les plis sont fouillés.

[1] Ces inscriptions sont postérieures au moyen âge, car, au moyen âge, on croyait que les colosses étaient les portraits de deux philosophes.

[2]   Qui pretium operibus magis inveniunt, novo
   Si marmori nomen adscripserint *Praxitelis* suo.
         Phædr., v, *prol.*, 6.

Par un hasard singulier on a attribué à un savant de la Renaissance, Perotti, d'avoir fait pour Phèdre ce que, selon Phèdre, on avait fait pour Praxitèle, et d'avoir mis des fables de lui sous le nom de cet auteur ; mais Perotti a rendu cette supposition inadmissible, en publiant des vers latins de sa façon. Du reste, ces usurpations du nom d'un artiste célèbre étaient fréquentes dans l'antiquité. Pausanias s'en plaint en plusieurs endroits et Cicéron s'en était plaint avant Pausanias.

[3] Selon O. Müller, après le règne d'Auguste, selon M. Wagner, certainement sous l'empire. Le trou pratiqué dans l'œil pour marquer la

différences, on doit affirmer que les deux originaux étaient de la même école, de l'école de Phidias[1].

Il y a Rome d'autres Dioscures moins beaux que ceux de Monte Cavallo, le Castor et le Pollux, qui sont au haut de la rampe du Capitole. Comme le temple de Jupiter Tonnant était près de là, et que ce temple renfermait un Castor et un Pollux du sculpteur grec Hégias ou Hégésias[2]; on lui a attribué le Castor et le Pollux du Capitole, mais ces sta-

---

prunelle prouve que leur exécution, très-postérieure à Phidias, ne peut remonter plus haut que Tibère. Une des têtes est plus belle que l'autre. Müller a cru reconnaître dans l'un des colosses les proportions établies par le *Canon* ou règle des proportions de Lysippe. Ces différences peuvent s'expliquer par une différence entre les talents et les époques de deux copistes. Les Dioscures figurent parmi les bas-reliefs du Parthénon (*Elg. S.*, 17-24), mais on ne sache pas que Phidias ait fait des statues de Castor et Pollux. Pline (xxxiv, 19, 5) parle bien d'*un colosse nu* de ce grand artiste qui était à Rome; cela ne suffit pas pour voir en lui l'auteur de l'original grec des deux colosses nus de Monte Cavallo. Pausanias (i, 18, 1) mentionne un temple très-ancien des Dioscures à Athènes, où les héros étaient représentés debout et leurs fils à cheval, mais il ne dit pas de qui étaient ces Dioscures. Ailleurs Pausanias (x, 9, 4) parle d'un Castor et d'un Pollux d'Antiphane, et un Antiphane est nommé parmi les sculpteurs qui ont travaillé à la frise de l'Érechthéum (Brunn, i, p. 249). Il devait être de l'école de Phidias; on peut voir avec quelque vraisemblance dans cet Antiphane l'auteur de l'original des deux colosses.

[1] Le bonnet hémisphérique figurant une des deux moitiés de l'œuf de Léda, coiffure ordinaire des Dioscures, manque aux colosses de Monte Cavallo, mais reparaît sur des bustes et un bas-relief du Vatican. (*Gal. des Candél.*, 109.)

[2] Pl., *Hist. nat.*, xxxiv, 19, 28.

tues n'ont rien de la dureté et de la sécheresse reprochées à Hégias par Quintilien et Lucien [1]. D'ailleurs elles ont été trouvées loin du temple de Jupiter Tonnant et du Capitole [2], où le hasard seul les a amenées.

A Rome, il est des bas-reliefs qui rappellent le sentiment du beau parfait et le grand calme dont sont empreintes les processions de jeunes filles sculptées sur les métopes du Parthénon [3]; l'un d'eux surtout qu'on a interprété diversement et qui ne sera jamais pour moi autre chose que *la Séparation d'Orphée et d'Eurydice* [4].

---

[1] Quintil., *Inst.* xii, 10. Luc., *Rhet. præc.*, 9.

[2] Dans les environs du Ghetto, selon Flaminio Vacca; selon d'autres plus près du Capitole, vers Santo Stefano del Cacco.

[3] Telles sont des femmes qui exécutent une danse sacrée (*M. Chiar.*, 642, 643) et une figure de femme tenant le petit Bacchus (*ibid.*, 644), Médée et les Péliades. (*M. de Saint-Jean de Latran.*)

[4] Bas-relief de la villa Albani. On y lit en latin les noms d'Antiope, d'Amphion et de Zéthus, mais sur la réplique du même bas-relief qui est à Naples, les noms d'Eurydice, d'Orphée et d'Hermès sont écrits en grec, ce qui doit faire prévaloir l'explication suivant laquelle ce bas-relief a pour sujet la séparation d'Orphée et d'Eurydice; explication bien autrement vraisemblable et bien autrement touchante que celle qui suppose représentée dans cette admirable sculpture Antiope se plaignant à ses fils des outrages de sa rivale Dircé. Du reste, il ne serait pas impossible qu'on eût employé une même composition à exprimer des sujets différents, et, quant à la diversité d'explication, il faut s'y résigner pour des compositions antiques dans les temps modernes, puisque dans l'antiquité on expliquait déjà diversement les bas-reliefs du coffre de *Cypsélus* (Paus., v, 18, 2). La principale objection a été tirée du casque d'Orphée, mais Orphée est appelé *Martis*

Les deux époux vont se quitter. Eurydice attache sur Orphée un profond regard d'adieu. Sa main est posée sur l'épaule de son époux, geste ordinaire dans les groupes qui expriment la séparation de ceux qui s'aimaient. La main d'Orphée dégage doucement celle d'Eurydice, tandis que Mercure fait de la sienne un léger mouvement pour l'entraîner. Dans ce léger mouvement est tout leur sort; l'effet le plus pathétique est produit par la composition la plus simple; l'émotion la plus pénétrante s'exhale de la sculpture la plus tranquille.

Il aurait fallu nommer avant Phidias Calamis, qui le précéda de quelques années. Une des compositions de Calamis ne doit pas être oubliée à Rome, car ce sujet païen a été adopté par l'art chrétien des premiers temps. Les représentations du *Bon Pasteur rapportant la brebis*, expressions touchante de la miséricorde divine, ont leur origine dans le *Mercure porte-bélier*[1] (*Criophore*). Quelquefois c'est un

citharista (Hyg., fab. xiv), et du chapeau de Mercure, semblable au chapeau thessalien, coiffure de voyage convenable, cependant, pour cette course aux sombres bords et qui, d'ailleurs, est, à peu de chose près, le chapeau du Mercure de l'autel rond du Capitole, d'un Mercure du musée napolitain, et souvent du Mercure des vases grecs. Un scoliaste d'Aristophane (*frag. Soph. did*, p. 267) dit positivement que ce chapeau, qui est le chapeau thessalien ou arcadien, était le chapeau de Mercure. Un bas-relief du Vatican le montre pendant sur les épaules de Mercure.

[1] Le même sujet fut traité par Onatas et Calliclès (Paus., v, 27, 5)

berger qui porte un bélier, une brebis ou un agneau [1]; l'on se rapproche ainsi de l'idée du *bon pasteur*. En général, le bon pasteur, dans les monuments chrétiens, porte une *brebis*, la brebis égarée de l'Évangile ; mais quelquefois aussi il porte un *bélier* [2], et alors le souvenir de l'original païen dans la composition chrétienne est manifeste.

Ce n'est pas le seul emprunt qu'ait fait à l'art païen l'art chrétien. Les enfants qui foulent le raisin, tels qu'on les voit dans les mosaïques de l'église de Sainte-Constance, les bas-reliefs de son tombeau et ceux de beaucoup d'autres tombeaux chrétiens sont bien d'origine païenne, car on les voit aussi figurer dans des bas-reliefs où paraît Priape [3]. Enfin quand il fallut re-

---

et par Calamis (Paus., ix, 22, 2). Le Mercure d'Onatas portait le bélier sous son bras et le Mercure de Calamis sur son épaule. Le bélier qui accompagnait Mercure en Grèce (Paus., ii, 3, 4) l'accompagne à Rome, sur le putéal du Capitole, sur le candélabre Barberini au Vatican et dans un bas-relief de la villa Albani ; le rapport du bélier et de Mercure était révélé dans les mystères de Cybèle (Paus., *loc. cit.*). Le *motif* du Mercure *Criophore* de Calamis, c'est que Mercure avait délivré d'une maladie la ville de Tanagra en portant autour des murs un bélier sur ses épaules.

[1] *M. du Vatican, gal. des Candél.* 265. Hermès de faune portant un chevreau sur son épaule, *M. de Saint-Jean de Latr.* Garrucci, p. 39, pl. 34.

[2] Statuettes du musée Kircherien ; là, c'est aussi un bélier qui regarde le bon pasteur, comme les bonnes brebis regardent le Christ dans les peintures des Catacombes et dans les mosaïques des anciennes églises.

[3] *M. Chiar., salle des Candél.*, 271. Escalier du palais Mattei.

présenter la baleine qui engloutit Jonas, les naïfs artistes des catacombes, qui n'avaient jamais vu de baleine, adoptèrent, pour représenter le cétacé inconnu, la figure d'un animal fantastique, figuré souvent sur les sarcophages païens avec une tête de serpent, un corps et une queue de poisson. Myron, qui excellait à reproduire le caractère des animaux réels, avait aussi représenté cet animal fantastique que les anciens nommaient *Pristis*[1].

Les deux principaux élèves de Phidias furent Alcamène et Agoracrite. Alcamène, que Lucien met sur la même ligne que son maître. Le premier représenta la triple Hécate dans un groupe de statues colossales, c'est-à-dire forma une triade composée de la lune, de Diane et d'Hécate, exprimant ainsi l'unité de la vie céleste, terrestre et souterraine. Rome renferme plusieurs copies réduites de la triade colossale d'Alcamène[2].

---

[1] Pl., *Hist. nat.*, xxxiv, 19, 8. *Pristas* (des scieurs de bois!) pour *pristes*, le même que *pistrices*; probablement une confusion de Pline.

[2] Paus., ii, 30, 2. Une au musée du Capitole, en bronze (*salle du Cheval*), une dans le palais des Conservateurs, une à la villa Albani. A la villa Borghèse (vi, 7), trois figures disposées de même, représentant les trois Heures ou Saisons. Trois autres au Vatican (*M. Chiar.*, 181), qui n'ont pas d'attributs, et dont les têtes sont en plâtre, me paraissent avoir représenté aussi les trois Saisons. En Grèce, les Heures furent primitivement au nombre de deux sur le trône d'Apollon Amycléen (Paus., iii, 18, 6), et les Saisons, de trois, comme en Égypte ; Eschyle, dans son *Prométhée* (154), n'en connaît pas davantage. Les

L'une des trois figures tient la clef du monde infernal. Proserpine la tenait dans le temple de Junon à Olympie[1]; on la plaçait aussi aux mains de Pluton en signe de son empire. Ce signe d'un pouvoir sur le monde invisible s'est conservé à Rome dans les trois clefs qui ouvrent ou ferment les trois mondes invisibles.

Alcamène est le plus ancien auteur connu d'une statue de Vulcain, ce dieu disgracieux que l'art a aussi peu favorisé que l'hymen, car ses images sont rares; son accident, je parle de celui qui le rendit boiteux, offrait un obstacle à la sculpture. A cet égard l'art grec, qui savait tout embellir, avait fait un tour de force par la main d'Alcamène. Le Vulcain d'Alcamène était boiteux, et ce défaut ne choquait point[2]. Quant à Euphranor, il prit hardiment son parti pour la religion du beau dans l'art contre l'orthodoxie mythologique; son Vulcain ne boitait pas[3]. Sur l'autel rond du Capitole, le sculpteur a fait comme Euphranor, Vulcain ne boite pas du tout.

Je ne sais si l'on trouverait à Rome une statue de Vulcain, mais les fables grecques qui se rapportent à

---

trois Heures avaient aussi un sens moral et s'appelaient alors la Paix, l'Équité, la Justice. (Apollod., i, 3, 1, 2.)

[1] Paus., v, 20, 1. Ce que Pausanias appelle une Proserpine et deux nymphes, c'était une triple Hécate.

[2] Claudicatio non deformis. Cic., *de Nat. deor.* i, 30. Val. Max., viii, 11. Extern. 5.

[3] Dion Chrys., *Or.* 37.

ce dieu sont reproduites sur plusieurs bas-reliefs. On le voit forgeant les armes d'Achille [1].

L'aventure de Vénus et de Mars dans laquelle Vulcain était intéressé, et qu'Homère n'a pas dédaigné de raconter, a amusé le ciseau de plus d'un sculpteur dans l'antiquité; elle figure sur un monument singulier [2] qui semble consacré aux prouesses amoureuses de deux divinités dont les exploits en ce genre étaient liés aux origines de Rome : Vénus, mère d'Énée, et Mars père de Romulus.

Une petite statue du Vatican [3] rappelle une curieuse anecdote dont le héros est Agoracrite. Alcamène et lui avaient fait chacun une statue de Vénus. Celle d'Alcamène fut jugée la meilleure par les Athéniens. Agoracrite, indigné de ce qui lui semblait une injustice, transforma la sienne en Némésis [4], déesse vengeresse de l'équité violée, et la vendit aux habitants du bourg de Rhamnus, à condition qu'elle ne serait jamais exposée à Athènes. Ceci montre combien sa Vénus avait gardé la sévérité du type primitif. Ce n'est pas de la Vénus du Capitole ou de la Vénus de Médicis qu'on au-

---

[1] *M. Capit. Galer.* Une des jambes de Vulcain, peut-être intentionnellement, est cachée par une enclume.

[2] L'autel dédié par Faventinus (*M. P. Cl.*, 44); le même sujet, *bas-relief* de la villa Albani. (Winckelm., *Mon. ined.*)

[3] *M. Vat.*, gal. *des Candél.*, 224. Une autre à la villa Albani, Winck., *Mon. ined.*, 25.

[4] Pl., *Hist. nat.*, xxxvi, 5, 6.

rait pu faire une Némésis. Némésis avait pour emblème la coudée, signe de la *mesure* que Némésis ne permet point de dépasser, et l'avant-bras était la figure de la *coudée*, par suite, de la mesure[1]. C'est pourquoi quand on représentait Némésis on plaçait toujours l'avant-bras de manière à attirer sur lui l'attention. Dans la Némésis du Vatican la donnée sévère est devenue un motif aimable. Cet avant-bras, qu'il fallait montrer pour rappeler une loi terrible, Némésis le montre en effet, mais elle s'en sert avec grâce pour rattacher son vêtement[2].

Suivant une tradition intéressante et peu vraisemblable, les Perses auraient apporté un bloc de marbre pour élever un trophée à la victoire qu'ils espéraient remporter à Marathon, et Phidias[3] aurait taillé dans ce bloc insolent une statue de la déesse qui punit la présomption et abaisse l'orgueil. Plusieurs

[1] « Rien qui dépasse la mesure, » inscription de la Némésis de Smyrne (*Anth. gr.*, ii, p. 367) : « Tu mesures la vie sous la coudée » (*ibid.*, ii, p. 292). La même assimilation entre le bras et la mesure existe dans l'écriture hiéroglyphique.

[2] C'est aussi l'attitude de la charmante *Diane de Gabie ;* on la donnait à Diane ; le geste attribué par Agoracrite à Némésis et la branche qu'il avait mise dans sa main sont donnés à Diane sur une pierre gravée (Müll., *Arch. Atl.*, ii, 172). Cette confusion entre Némésis et Diane, qui, elle aussi, est parfois vengeresse (V. plus loin), avait fait placer de petits *cerfs* sur la tête de Némésis.

[3] Paus., i, 33, 2. Les témoignages anciens hésitent entre Phidias et Agoracrite. On peut supposer, comme l'a fait M. Brunn (i, p. 240) que la statue fut exécutée par l'élève dans l'atelier du maître.

pièces de l'Anthologie célèbrent ce triomphe éclatant et vengeur de Némésis.

J'ai eu occasion dans cette histoire (p. 140 de ce volume) de rappeler que Phidias ou Agoracrite, son élève, avait représenté Cybèle [1]. C'est selon toute vraisemblance cette Cybèle de Phidias ou d'Agoracrite qu'on voit assise entre deux lions au Vatican, et très-postérieurement figurée sur des sarcophages, car on a dû, dans cette composition souvent répétée, imiter un original célèbre [2].

Le rival de Phidias fut Polyclète, dont on comparait la Junon au Jupiter Olympien. Ces deux grands sculpteurs concoururent ensemble et Polyclète l'emporta. Le sujet proposé était une Amazone [3]. Rome possède trois répétitions d'une Amazone, qui est vraisemblablement celle de Polyclète [4], car c'est l'ouvrage vic-

---

[1] Pausanias (I, 3, 4) dit Phidias, Pline (XXXVI, 5, 6) dit Agoracrite (*M. P. Cl.*, 604). *Sarcophage* dans la salle lapidaire, à gauche.

[2] Il y avait à Thèbes une Cybèle plus ancienne des sculpteurs Aristomède et Socrate (Paus., IX, 25, 3), que Pindare avait dédiée avec un sanctuaire de la déesse ; elle était assise comme celles que nous voyons aujourd'hui.

[3] Pl., *Hist. nat.*, XXXIV, 19, 4.

[4] Une au Capitole (*salle dite du Gladiateur*), deux au Vatican (*Nuov. bracc.*, 71, *M. P. Cl.*, 265); l'Amazone de Strongylion, probablement une répétition de l'Amazone de Phidias ou de celle de Polyclète, avait reçu le surnom d'*Euknémos*. aux belles jambes; elle était à Rome, car Néron l'emportait toujours avec lui dans ses voyages (Pl., XXXIV, 19, 32). On a remarqué la beauté des jambes de l'Amazone du Capitole. Quant à celle du Vatican on n'en peut juger, car ses jambes ont été

torieux qui a dû être le plus souvent reproduit. On a supposé que cette Amazone tenait un arc; mais les Amazones n'ont jamais d'arc sur les bas-reliefs, bien que cette arme leur soit donnée par les poëtes grecs : l'arc faisait mieux dans un vers que dans une statue. Une pierre gravée a permis à M. O. Müller de retrouver l'attitude véritable de l'Amazone de Polyclète : elle tenait une lance ou un grand bâton pour le saut ou plus proprement pour la voltige [1].

Une autre Amazone, dont il y a aussi trois répétitions à Rome [2], nous fait connaître l'œuvre d'un troisième concurrent. Nous savons que ce concurrent, nommé Ctésilas ou plutôt Crésilas, était l'auteur d'une Amazone *blessée*. Les trois Amazones blessées de Rome ne peuvent être que des copies de la célèbre Amazone de Crésilas [3].

Sur l'une d'elles est inscrit le nom de l'auteur de la copie, c'était un Grec appelé Sosiclès.

---

indignement restaurées (Bouill., *M. des ant.*, t. i). Lucien parle d'une Amazone appuyée sur une lance. (*Imag.*, 5.)

[1] Ot. Müll., *De Amaz. Myrina.*, p. 19 et suiv.

[2] Pl., *Hist. nat.*, xxxiv, 19, 26. Une au Vatican, *Nuov. bracc.*, 44, deux au Capitole, salles des Hercules, 10 et 25.

[3] Ce Crésilas fut l'auteur du guerrier grec mourant (Pl., xxxiv, 19, 24) qui selon toute apparence a inspiré le prétendu Gladiateur mourant auquel s'applique merveilleusement bien ce que dit Pline du premier. Une inscription trouvée au Parthénon fait croire que cette statue du guerrier mourant était celle d'un chef athénien nommé Diitréphès (Paus., i, 23, 2) et que Crésilas en était l'auteur. Le nom de ce sta-

Les statues d'Amazones, pas plus que les Amazones des bas-reliefs, n'offrent jamais cette monstruosité du sein coupé, née d'une étymologie douteuse du mot *Amazone*, et que l'art antique a toujours repoussée ; tout au plus y faisait-il, en *voilant* un des seins des Amazones, une discrète allusion.

Phidias avait créé le type de Jupiter, Polyclète créa le type de Junon. Il a attaché son nom à cette conception qui lui appartient, par sa Junon colossale en or et en ivoire[1], comme était le Jupiter Olympien de Phidias, mais Alcamène[2] aussi avait fait une Junon. Alcamène fut le disciple de Phidias et son collaborateur au Parthénon ; l'idéal de Junon sortit donc primitivement, sinon de la main au moins de l'atelier de Phidias. Phidias lui-même[3] avait mis une Junon dans le bas-relief en or qui décorait le trône de Jupiter Olympien.

A Rome, une Junon surpasse toutes les autres par son aspect et rappelle la Junon de Polyclète par sa majesté[4] : c'est la célèbre Junon Ludovisi[5] que Gœthe

---

tuaire a été écrit tantôt Ctésilas, tantôt Désilas. (Br., *Gesch. d. gr. K.*, I, p. 260-1.)

[1] Paus., II, 17, 4.

[2] Paus., I, 1, 4.

[3] Paus., V, 11, 3.

[4] Τὸ σεμνὸν καὶ μεγαλότεχνον καὶ ἀξιωματικόν. Dion. Hal., *de Isocr.*, III.

[5] Les accessoires étaient différents dans l'original de Polyclète, car sur le large diadème de la déesse il avait sculpté les Grâces et les Heures, mais l'admiration dont la Junon de Polyclète fut l'objet me

admirait tant, et devant laquelle dans un accès de dévotion païenne, seul genre de dévotion qu'il ait connu à Rome, il faisait, nous dit-il, sa prière du matin.

Cette tête colossale de Junon offre bien les caractères de la sculpture de Polyclète : la gravité, la grandeur, la dignité ; mais ainsi que dans d'autres Junons qu'on peut supposer avoir été sculptées à Rome, l'imitateur de Polyclète, on doit le croire, adoucit la sévérité, je dirai presque la dureté de l'original, telle qu'elle se montre sur les médailles d'Argos, et celles d'Élis. La Junon de Polyclète devait exprimer quelque chose de cette âpreté conjugale[1] qui caractérise l'épouse grecque, depuis la hautaine Clytemnestre jusqu'à l'acariâtre Xantippe. La femme romaine, plus dépendante du mari, lui était plus soumise. Aussi parmi les Junons romaines, s'il en est qui conservent un air assez dur[2], trait caractéristique qui ne pouvait manquer à

porte à le regarder comme l'auteur du type reproduit si souvent après lui.

[1] La Junon d'Homère est une épouse difficile, querelleuse, hautaine, dont Jupiter craint la langue sans frein et qu'il menace de battre pour en avoir raison (*Il.*, xv, 17). Son fils même, Vulcain, se sert, en parlant d'elle, d'une expression qui semble désigner un caractère peu aimable et un aspect peu gracieux : il l'appelle κυνώπις, impudente : mot à mot *au regard de chien*. (*Il.*, xviii, 396.)

[2] Parmi les Junons de Rome qui me paraissent avoir mieux que d'autres gardé quelque chose du type sévère de la Junon d'Argos, tel que devait l'avoir exprimé Polyclète, j'indiquerai deux Junons de la villa Ludovisi, inférieures à la célèbre Junon de cette villa, mais plus voisines peut-être du type original. La Junon tenant un animal, de la

la Junon grecque, ce carctère est atténué chez la plupart d'entre elles[1]; elles sont majestueuses sans être dures, et en général d'une majesté un peu pesante, comme est souvent la beauté des femmes romaines.

Junon était surtout pour les Romains la déesse du mariage, la matrone divine, la reine auguste du foyer. La Junon Téléia, qui en Grèce présidait au mariage, dut être bien accueillie à Rome, où Junon remplissait les mêmes fonctions sous le nom de *Pronuba*, et où il y avait un vieil autel de Junon Juga (celle qui joint); c'est la Junon Téléia qui doit plus que toute autre avoir fourni le type des Junons romaines. Ce type est surtout reconnaissable dans une Junon du Vatican[2], qui est voilée comme l'était Junon Pronuba.

Junon allaitant Mars[3] est un sujet très-romain, car ici Junon est la mère de famille, et Mars sera le père de Romulus. Il est impossible à Rome de ne pas remarquer la ressemblance tout extérieure de ce groupe avec le groupe si fréquemment rencontré de la Vierge et du divin enfant; mais Junon mère et nourrice n'a rien et ne pouvait rien avoir de l'expression touchante

---

villa Albani (*Coffee House*) et surtout la Junon qui fait partie d'un bas-relief de l'*autel quadrangulaire du Capitole*.

[1] Outre les Junons de Praxitèle (voir plus loin) qui ont dû concourir à adoucir le type, il y en avait une à Rome de deux sculpteurs grecs, Denys et Polyclès. (Pl., xxxvi, 5, 22.)

[2] La Junon trouvée à Lorium.

[3] *M. Chiar.*, 241. Selon d'autres, Junon allaitant Hercule.

que les grands artistes italiens ont donnée à la Vierge-Mère. La Vierge représentée dans les plus anciennes Catacombes, par sa pose majestueuse et tranquille se rapproche ou plutôt est encore voisine de cette Junon.

Winckelmann a cru retrouver dans deux figures en terre cuite de la villa Albani [1] une reproduction de deux petites canéphores en bronze de Polyclète, que la cupidité de Verrès avait transportées à Rome [2]; mais leur style est plus ancien que celui de Polyclète, on pourrait plutôt les retrouver dans les canéphores en marbre de la même villa; l'*eximia venustas*, dont parle Cicéron, leur convient très-bien, de même qu'on découvre toute la majesté du style de Phidias dans la cariatide du Vatican [3].

Je suis bien tenté de rapporter à un original de Polyclète, qui aimait les formes carrées, le Mercure du Belvédère, qui n'est pas très-svelte pour un Mercure [4]. On a cru reconnaître que les proportions de cette statue se rapprochaient beaucoup des proportions prescrites par Polyclète [5]. Poussin, comme Polyclète, ami des formes

[1] Winck., *M. ined.*, 182, p. 240.
[2] Cic., *in Verr.*, II, 4, 3.
[3] *Nuov. bracc.*, 5. Ce n'est point pourtant, comme on l'a dit, une des cariatides de l'Érechthéum d'Athènes, mais une belle copie antique; une autre cariatide très-semblable à celle-là, et en fort mauvais état, est dans la cour du palais Giustiniani.
[4] *M. P. Cl.*, 53. Visconti le trouvait robuste; plusieurs statues de Mercure très-inférieures aident à compléter celle-ci; elles ont la bourse ou le caducée; celle du palais Farnèse a les ailes aux pieds.
[5] Cette carrure de formes, prescrite par le *canon* de Polyclète, n'avait, du reste, rien d'exagéré. (Luc., *de Salt.*, 75.)

carrées, déclarait le Mercure, qu'on appelait alors sans motif un Antinoüs, le modèle le plus parfait des proportions du corps humain; il pourrait à ce titre remplacer jusqu'à un certain point la statue de Polyclète, appelée *la règle*, parce qu'elle passait pour offrir ce modèle parfait, et *faisait règle* à cet égard. De plus, on sait qu'un Mercure de Polyclète avait été apporté à Rome[1]. Des formes robustes convenaient d'ailleurs à Mercure, qui, en Grèce, présidait aux palestres, où l'on plaçait sa tête au-dessus d'une gaîne[2]; l'abondance de ces Hermès fit donner leur nom à toutes les statues de ce genre qui devinrent à Rome l'ornement des villas antiques et où elles ornent encore fréquemment les villas modernes. Les Hermès, comme la palestre qu'ils décoraient, avaient une origine grecque; leur forme était un souvenir des statues de l'époque ancienne avant le dégagement des membres.

Une des œuvres les plus célèbres de Polyclète était le *Diadumenos*[3] : un jeune homme attachant un bandeau autour de sa tête, attitude gracieuse que Phidias

---

[1] Pl., *Hist. nat.*, xxxiv, 19, 7. M. Brunn, pour montrer par un exemple ce qu'entendait Pline quand il disait que dans les statues de Polyclète le corps portait sur une seule jambe, cite ce Mercure. Les jambes sont restaurées, mais leur position est celle qu'elles avaient dans l'antique. Pausanias (ix, 10, 2) cite un Mercure de Phidias, le Mercure du Belvédère n'a rien du style de Phidias.

[2] Un Mercure du Vatican (*M. Chiar.*, 450) s'appuie sur un terme, ornement ordinaire des palestres.

[3] Pl., *Hist. nat.*, xxxiv, 19, 6.

avait déjà donnée au beau Pantarcès, dont il avait placé l'image à Olympie, au pied du trône de Jupiter [1].

Cette composition de Polyclète est fidèlement reproduite dans une statue du palais Farnèse [2]; on la reconnaît dans un torse mutilé de la villa Borghèse [3] et sur un cippe funèbre du Vatican, par une allusion au nom de celui à qui le cippe a été érigé, et qui s'appelait *Diadumenus* [4].

On peut donc, à Rome, se faire, en rapprochant ces trois reproductions certaines du *Diadumenos* de Polyclète et du Pantarcès de Phidias, se former, au moins

[1] Paus., v, 11, 2; vi, 4, 3.

[2] La poitrine a une largeur qui rappelle la carrure attribuée par Pline aux ouvrages de Polyclète. Les *poitrines* de Polyclète étaient célèbres; il me semble reconnaître dans celles du diadumène Farnèse le *pectus polycletium*. (*Ad Herenn.*, iv, 6.)

[3] Sous le portique, près de la porte. On a dit que c'était un Apollon détendant son arc; mais le mouvement du bras gauche qui se dirige vers la place où serait la tête, si elle existait, ne permet pas de révoquer en doute l'action de la figure, quoiqu'il n'en reste que la portion supérieure du torse et une partie des bras. Ici encore, la poitrine est très-développée; le souvenir du *fecit molliter puerum* de Pline, à propos du *Diadumenos* de Polyclète, est si manifeste que j'ai vu des sculpteurs ne pas s'accorder sur le sexe de la statue à laquelle ce buste appartenait, et l'un d'eux être convaincu que c'était une femme.

[4] *M. P. Cl.*, 7. L'attitude de ce *Diadumenos*, qui tient de chaque main un des bouts de la bandelette, reproduit peut être mieux la donnée d'une sculpture de Polyclète ou de Phidias que l'attitude du *Diadumenos* du palais Farnèse, attitude gracieuse, mais dont l'élégance, qui semble un peu raffinée pour Phidias ou Polyclète, pourrait bien être du fait de l'imitateur.

sous le rapport de la composition, une idée exacte de ces chefs-d'œuvre perdus.

L'enfant qui tient des osselets et semble craindre qu'on ne les lui enlève [1] a sans doute été détaché par un copiste du groupe fameux des deux Enfants nus jouant aux osselets de Polyclète [2], comme la Jeune Fille aux osselets, maintenant dans notre collection du Louvre, a pour origine une des deux filles de Pandarus, que Polygnote avait peintes occupées à ce jeu [3]. Quand la peinture [4] et la poésie [5] antiques ont représenté l'Amour et Ganymède faisant une partie d'osselets, elles l'ont fait sans doute d'après Polyclète.

Il n'y a pas une statue dont l'original soit connu avec plus de certitude que le discobole [6]. Cet original fut l'Athlète lançant le disque de Myron.

[1] *M. Chiar.*, 338.

[2] Pl., *Hist. nat.*, xxxiv, 19, 6. L'autre enfant aux astragales est peut-être dans la salle des Candélabres (19).

[3] Paus., x, 30, 1. Les filles de Niobé qui jouent aux osselets, bas-relief cité par Müller (*Arch.*, p. 720), offrent un détail emprunté aux *joueurs d'osselets* de Polyclète.

[4] Philostr. Jun., 9.

[5] Apoll. Rhod., *Argon.*, iii, 111-20. Le geste de l'Amour, dans le poëme, est très-semblable à celui de la statue.

[6] *Vatican. M. P. Cl.*, 618. Avec le nom de Myron, placé là sans doute pour désigner l'auteur de la statue originale, sur laquelle il devait être inscrit, car nous savons que Myron avait inscrit le sien sur un autre de ses ouvrages, un Apollon (Cic., *in Verr.*, ii, 4, 43). Cette statue était vraisemblablement en bronze, Myron affectionnait le bronze. (Br., *G. d. gr. K.*, i, p. 146); le tronc d'arbre ajouté pour soutenir le marbre ne devait pas exister dans l'original.

C'est bien la statue se contournant avec effort dont parle Quintilien[1]; en effet, la statue, penchée en avant et dans l'attitude du jet[2], porte le corps sur une jambe, tandis que l'autre est traînante derrière lui. Ce n'est pas la main, c'est la personne tout entière qui va lancer le disque.

Outre le discobole du Vatican et celui du palais Massimi[3], il existait à Rome une troisième reproduction de l'œuvre de Myron : un sculpteur français, Monot, en a fait un guerrier tombé sur le genou en combattant[4], contre-sens bizarre dans une traduction trop

[1] Distortum et elaboratum signum. *Inst.*, xi, 13.

[2] Τὸν ἐπικεκυρότα κατὰ τὸ σχῆμα τῆς ἀφέσεως. Luc., *Philopseud.*, 18. Apollon lançant le disque ressemble très-exactement au discobole de Myron, dans une peinture décrite par Philostrate (i, 23). Voyez aussi Stace
      Et ahenæ lubrica massæ
   Pondera vix toto curvatus corpore juxta
  Dejicit.
       (St., *Theb.*, vi, 648.)

[3] Le plus beau et le mieux conservé; plus exactement semblable à la statue de Myron que celui du Vatican, dont la tête mal placée est moderne. La tête du discobole Massimi se retourne vers le bras qui lance le disque ἀπεστραμμένον εἰς τὴν δισκοφόρον. Cette tête est admirable, ce qui est encore une ressemblance avec Myron, qui excellait dans les têtes comme Polyclète dans les *poitrines* et Praxitèle dans les *bras*. (*Ad Herenn.*, iv, 6).

[4] M. Capit. Gal. 36. Meyer y a retrouvé une particularité de la sculpture de Myron dont parle Pline (xxxiv, 19, 9). *Pubem non emendatius fecisse quam rudis antiquitas instituisset.* Des reproductions de l'œuvre célèbre de Myron se trouvent dans les musées de Paris, de Naples, de Turin, de Londres et de Munich.

libre de l'antique faite à la manière des traductions du temps de Monot.

A côté du discobole penché en avant, on en a placé un autre debout[1], dont l'inventeur peut être Naucyde[2]; son discobole n'est point dit, comme celui de Myron, lancer le disque; il pouvait donc être debout[3] et le tenir à la main.

Tout le monde a remarqué dans le musée du Capitole[4] une vieille femme serrant des deux mains une bouteille, la bouche entr'ouverte, les yeux mourants tournés vers le ciel, comme si, dans la jubilation de l'ivresse, elle savourait le vin qu'elle vient de boire. Comment ne pas voir dans cette caricature en marbre une reproduction de la *Vieille Femme ivre* de Myron, qui passait pour une des curiosités de Smyrne[5].

Myron, célèbre, comme chacun sait, par son habileté à rendre le caractère des animaux, montra, avant Lysippe, et sa vieille femme ivre le prouve, une ten-

---

[1] *M. P. Cl.*, 615.

[2] xxxiv, 19, 30. Naucyde avait fait plusieurs statues d'athlètes vainqueurs, et celle-ci était probablement du nombre.

[3] Comme un discobole de Polyclète (Luc., *Philops.*, 18); probablement l'original de celui de Naucyde.

[4] Galer. 20.

[5] Pl., *Hist. nat.*, xxxvi, 5, 20. La célébrité de la composition de Myron a pu concourir à la diffusion du proverbe *anus ad armillum* cité par Lucile et par Apulée (Rich., *Dict. des ant.*, p. 55), la *vieille à la bouteille*. La statue du Capitole nous montre le proverbe sculpté pour ainsi dire.

dance prononcée au naturalisme [1], ce qui est bien remarquable chez un contemporain et un condisciple de Phidias. De même aussi que Lysippe, Myron semble avoir eu une prédilection pour le dieu qui personnifiait la force physique, pour Hercule.

On cite de Myron trois Hercules [2], dont deux à Rome; l'un de ces derniers a probablement servi de modèle à l'Hercule en bronze doré du Capitole.

Cette statue a été trouvée dans le marché aux Bœufs (*Forum Boarium*), non loin du grand cirque. L'Hercule de Myron était dans un temple élevé par Pompée et situé près du grand cirque [3]; mais la statue du Capitole, dont le geste est maniéré, quel que soit son mérite, n'est pas assez parfaite pour qu'on puisse y reconnaître une œuvre de Myron. Peut-être Pompée n'avait placé dans son temple qu'une copie de l'un des deux Hercules de Myron et la donnait pour l'ori-

---

[1] C'est ce qui résulte des expressions de Pline : primus hic *multiplicasse veritatem* videtur (xxxiv, 19, 9), *multiplicare* veut dire ici *augmenter, pousser plus loin*. Pline ajoute en parlant de Myron : et corporum tenus curiosus *Animi* sensus non expressisse. Petrone semble contredire Pline en disant de Myron : qui pæne hominum *Animas* ferarumque expresserat. Mais, c'est *Animus* et non pas *Anima* qu'on doit traduire par *l'âme*. *Anima* qui dans ce passage s'applique également aux hommes et aux brutes, c'est *la vie*.

[2] Strab., xiv, 1, 14; Cic., in Verr., ii, iv, 3; Pl., *Hist. nat.*, xxxiv, 19, 8.

[3] Pl., *Hist. nat.*, xxxiv, 19, 8. In æde Pompeii Magni. Ædes au singulier se prend pour *temple*.

ginal; peut-être aussi Pline y a-t-il été trompé. La vanité que l'un montra dans tous les actes de sa vie et le peu de sentiment vrai que trahit si souvent la vaste composition de l'autre s'accordent également avec cette supposition et la rendent assez vraisemblable[1]. Il y avait au même lieu un Hercule appelé l'Hercule triomphal, plus ancien que Myron, car on disait qu'il avait été consacré par Évandre.

Myron excellait à représenter les animaux par des statues, comme Nicias par des peintures; sa *Vache* surtout était célèbre[2], dont le mérite de naturel et de vérité, le plus frappant pour la foule, a été célébré à l'envi par les épigrammes de l'Anthologie[3].

---

[1] D'autres statues qu'on voit à Rome peuvent avoir pour original une œuvre de Myron, un athlète du Capitole, qui appartient à la belle époque de l'art peut être d'après Myron ou d'après Pythagoras dont le pancratiaste l'emporta sur celui de Myron (Pl., xxxiv, 19, 10). On appelait *pancratiastes* ceux qui excellaient dans les cinq combats de la palestre. M. Brunn pense expliquer l'attitude du Silène dansant de Saint-Jean de Latran par celle du satyre de Myron contemplant la double flûte qu'a jetée Minerve (Pl., xxxiv, 19, 8). *Ann. arch.*, 1858, p. 374), sujet représenté par un bas-relief qui est dans le même musée. (Garracci, *M. de Saint-Jean de Latran*, pl. 24, p. 36.)

[2] Pl., *Hist. nat.*, xxiv, 15, 1.

[3] On en a compté jusqu'à trente. Il y en a neuf d'un même auteur. La vache de Myron a dû en partie l'avantage d'être si souvent célébrée au hasard qui l'a conservée au moins jusqu'au sixième siècle. Ces petites poésies sont en général étrangères au sentiment de l'art et n'expriment que la vérité de l'imitation par des hyperboles de toute sorte. Un berger jette des pierres à la vache, croyant qu'elle a quitté le troupeau; un veau est trompé; un taureau est trompé. On ne peut

D'abord dans l'Agora d'Athènes, elle fut transportée, entre l'époque de Cicéron et celle de Pausanias[1], à Rome, où, au sixième siècle, Procope la vit encore[2].

Visconti a cru retrouver au Vatican une copie de la vache de Myron[3], mais elle n'est pas digne de cette origine. Une vache du musée de Saint-Jean de Latran (salle VII), bien que l'exécution soit loin d'en être parfaite, me paraîtrait mieux mériter un tel honneur. Elle a cet œil effaré qu'a souvent été exposé à remarquer le voyageur, dans les vaches rencontrées au milieu de la campagne romaine, s'enfuyant à son passage et ne tardant pas à revenir sur lui.

Le bœuf de bronze venu d'Égine, et placé dans le marché aux Bœufs, était-il de Myron? On n'a pour le croire qu'une faible probabilité. C'est que Myron, qui était *célèbre dans l'airain*, employait de préférence le bronze d'Égine, comme Polyclète le bronze de Délos[4].

Le bœuf de bronze du Capitole, dont j'ai déjà parlé,

---

même savoir si elle allaitait et si elle mugissait; on voit seulement qu'elle était en airain et très-vivante.

[1] Cicéron (*in Verr.*, II, IV, 60). Pausanias n'en parle pas.
[2] *Bell. goth.*, IV, 21.
[3] Visc., *M. P. Cl.*, VII; Pl., XXXI, 1; *M. P. Cl.*, 209; en marbre gris, tête moderne.
[4] Pl., *Hist. nat.*, XXXIV, 5, 4; XXXVI, 5, 20. Un Éginète plus ancien que Myron, Theopropos (Paus., X, 9, 2), était l'auteur d'un et peut-être de deux taureaux en bronze. (Brunn, *Gesch. d. Gr. K.*, I, p. 96.)

est assez beau pour être de Myron[1]. Ce bœuf a été trouvé, il est vrai, loin du Forum Boarium, sur l'autre rive du Tibre, mais il pouvait y avoir été transporté par un des deux ponts qui réunissaient ce marché à la rive opposée. De ce côté étaient plusieurs *jardins* ou villas, entre autres les *jardins* de Geta, qui, après sa mort, appartinrent à Caracalla, son frère et son meurtrier. Caracalla n'était pas homme à se gêner pour dépouiller un marché public au profit d'une villa impériale.

Le bœuf du Capitole peut être aussi un des quatre bœufs en bronze qu'Auguste avait placés devant le temple d'Apollon Palatin[2].

La *Salle des animaux* au Vatican est comme un musée de l'école de Myron; le naturel parfait qu'il donna à ses représentations d'animaux y éclate partout. C'est une sorte de ménagerie de l'art, et elle mérite de s'appeler, comme celle du Jardin des Plantes, une ménagerie d'*animaux vivants*[3].

Ces animaux sont pourtant d'un mérite inégal : parmi les meilleurs morceaux on compte des chiens qui jouent ensemble avec beaucoup de vérité, un cy-

---

[1] D'autres taureaux de bronze existaient du temps de Pausanias en Grèce et ont pu venir à Rome (Paus., v, 27, 6; x, 16, 3). Il en existait douze en airain dont l'auteur était Phradmon, contemporain et rival de Phidias et de Polyclète. (*Anth. pal.*, ix, 743.)

[2] Propert., iii, 29, 7.

[3] *Vivida signa,* disait Properce en parlant des bœufs de Myron.

gne dont le duvet, un mouton tué dont la toison sont très-bien rendus, une tête d'âne très-vraie et portant une couronne de lierre, allusion au rôle de l'âne de Silène dans les mystères bachiques.

Hors de cette salle est un chien qui pourrait bien nous offrir une copie du célèbre chien léchant sa blessure[1] qui devait être de Myron ou de Lysippe; car sa perfection était si grande, que les gardiens du temple de Junon sur le Capitole, où il avait été placé, en répondaient sur leur tête.

Des animaux, sans être d'après Myron, peuvent avoir eu un modèle grec. Un lion du Vatican rappelle par son attitude celle des lions de Venise[2], apportés

---

[1] Pl., xxxiv, 17, 3. *M. Chiar.*, 467. Cette action n'est pas représentée par le chien du Vatican, mais comme la mâchoire supérieure et l'extrémité des pattes sont modernes, on conçoit qu'elle a pu être celle de l'animal dans son intégrité. Son regard a une expression de langueur qui conviendrait bien à un chien souffrant. Peut-être le *chien léchant sa blessure* était-il de Lysippe (Brunn, *Gesch. d. gr. K.*, I, p. 368); à plusieurs égards Myron fut le devancier de Lysippe. Les animaux et en particulier les chiens peuvent avoir été sculptés d'après les peintures de Nicias, célèbre surtout par ses *chiens* (Pl., xxxv, 40, 8). Enfin il faut dire qu'on avait sculpté des figures d'animaux avant Myron. Pour ne parler ici que des chiens, on en citait un de Simon, statuaire éginète, plus ancien que Phidias (Pl., xxxiv, 19, 40). C'est d'après un chien de Lysippe (Pl., xxxiv, 19, 8) qu'ont dû être sculptés les deux beaux chiens qui semblent garder l'entrée de la *salle des animaux*. (Meyer, I, p. 74).

[2] Phidias paraît encore ici comme le créateur d'un type par ses lions sculptés sur le marchepied du trône de Jupiter Olympien (Paus., v, 10, 2). Un lion marchant, sculpté sur le trône d'Apollon à Amyclée (Paus.,

du Pirée, dont la provenance grecque n'est pas douteuse.

Au contraire, une origine grecque est invraisemblable pour certains animaux moins connus des Grecs que des Romains. Ceux-ci en devaient la notion aux jeux de l'amphithéâtre [1] ou de la naumachie. Les crocodiles, les rhinocéros, les éléphants, ont dû être copiés d'après nature; ils l'ont été souvent très-inexactement. Ceux qui ont eu l'occasion de voir des crocodiles ne sont point contents de leurs portraits romains. Une tête de rhinocéros est tout à fait de fantaisie [2].

En continuant nos promenades à travers les musées de Rome, nous ferons un second pas dans l'histoire de l'art grec. Nous avons vu l'énergique roideur qui caractérise l'époque primitive, la grandeur et la majesté chez Phidias et Polyclète, la *nature* chez Myron. Nous allons voir arriver le mouvement et le pathétique avec Scopas, l'auteur de *Niobé* et des *Niobides*.

En effet, c'est à Scopas qu'appartient la pensée de cette grande composition, formée de statues dispersées dans tous les musées de l'Europe, dont les plus

---

III, 18, 8), est le plus ancien aïeul du beau lion en bas-relief du palais Barberini.

[1] Nous savons qu'à Rome les artistes faisaient sur les animaux des études d'après nature par l'aventure de Pasitélès qui, copiant un lion dans les *navalia* où étaient exposées des bêtes féroces venues d'Afrique, faillit être dévoré. (Pl., xxxvi, 5, 26.)

[2] *M. P. Cl.*, 227.

nombreuses, sinon toutes les plus belles[1], sont à Florence, après avoir été à Rome, dans la villa Médicis.

Pline[2] ne savait s'il devait attribuer les Niobides à Scopas ou à Praxitèle. Je me décide, avec Schlegel et Wagner, pour Scopas[3]. Sans sortir de Rome, nous apprendrons à trop bien connaître le charmant génie de Praxitèle pour pouvoir le retrouver dans l'expression profonde de douleur héroïque et de désespoir sans abattement empreinte au front de Niobé; la jeune fille se pressant contre le sein de sa mère n'a pas la délicatesse exquise des compositions enchanteresses de Praxitèle. Praxitèle fut le sculpteur de la grâce et Scopas le sculpteur de l'expression[4].

[1] Le plus beau des Niobides est dans la Glyptothèque de Munich, si c'est bien un Niobide. Un groupe du pédagogue et d'un Niobide a été trouvé à Soissons; c'est une contre-épreuve tardive et assez barbare de l'original de Scopas.

[2] Pl., *Hist. nat.*, xxxvi, 5, 16.

[3] Dans l'antiquité Ausone et l'auteur d'une épigramme de l'Anthologie (*Anth. Pl.*, iv, 129) sont pour Praxitèle; ces autorités ne sont ni bien anciennes ni bien considérables; chez les modernes Winckelmann penche pour Praxitèle parce que la tête de Niobé ressemble à celle d'une copie de la Vénus de Gnide qui est au Vatican, mais cette ressemblance peut être du fait du copiste et ne pas remonter à Scopas. La Niobé de Florence n'est elle-même qu'une copie; malgré sa beauté elle ne peut être du temps de Scopas.

[4] Scopas avait décoré de bas-reliefs un des côtés du tombeau de Mausole. M. Newton (*Halicarnass.*, ii, 1, p. 237) a attribué avec raison à Scopas le combat d'Amazones du mausolée, en y signalant avec raison

Les statues de Niobé et de ses enfants, qui sont à Florence, la plupart du moins, ont été trouvées à Rome, près de Saint-Jean de Latran, là où les Plautii Laterani eurent leur magnifique demeure et leurs jardins, *horti Laterani*, qui ont donné à la basilique son nom.

Peut-être elles ornaient la villa de Plautius Lateranus, dans laquelle il conspira, avec Pison et Lucain, contre Néron. Le spectacle de divinités vengeresses punissant l'orgueil dut les exciter à le frapper sur le trône.

Les statues de Scopas décoraient très-probablement le fronton d'un temple[1] et d'un temple d'Apollon[2].

Mais les copies de Florence, trouvées la plupart près de Saint-Jean de Latran, ont pu être employées à or-

---

des attitudes voluptueuses et hardies, double caractère de ce génie ardent.

[1] En supposant Niobé, qui est debout, au milieu, les autres personnages tous plus ou moins inclinés, jusqu'à ceux qui sont tout à fait renversés, dessinent la double inclinaison des côtés de l'angle du fronton. Pline dit *in templo*, mais on disait *in circo* en parlant d'un temple hors et près du cirque.

[2] Pline nous apprend qu'il y avait une Niobé mourant avec ses enfants, dans un temple d'Apollon Sosianus. On ne sait ce qu'était ce temple et où il était. Pline (XIII, 11) dit seulement que dans ce temple il y avait une statue d'Apollon en bois de cèdre et qu'elle venait de Séleucie ; cela permet de penser qu'elle avait été apportée de Séleucie à Rome par Sosius, général d'Antoine qui fit la guerre en Orient. (D. Cass., XLIX, 22.)

ner une demeure privée, surtout une demeure magnifique, comme celle des Laterani[1].

L'œuvre de Scopas rappelait elle-même des œuvres plus anciennes qui avaient pu lui servir de modèle. Phidias avait sculpté la même scène au-devant d'un des pieds du trône de Jupiter à Olympie[2]. A Rome, on peut rapporter à la composition des Niobides une des filles de Niobé protégeant son frère, et un frère soutenant sa sœur qui s'affaisse à ses pieds[3], un Niobide tombé sur un genou[4], un Niobide et une Niobide penchée[5]

---

[1] Une circonstance vient à l'appui de cette supposition : la différence de style, de travail, de marbre entre les statues de Florence est assez grande pour faire supposer qu'elles provenaient de répétitions inégales en mérite de la composition de Scopas et avaient été réunies par un collecteur dans une villa.

[2] Paus., v, 11, 2. On la voyait aussi aux propylées d'Athènes et dans la grotte qu'a remplacée le monument choragique de Thrasyllus. (Smith, *Dict. of gr. and. r. geogr.*, I, p 285.)

[3] Groupe indiqué faussement sous le nom de Céphale et Procris (*M. P. Cl.*, 401). Le corps et la tête du frère peuvent être suppléés par une des figures de Florence, selon Müller (*Arch.*, p. 122). Ce groupe rappelle un peu un groupe des bas-reliefs de Phigalie. (Müller, *Att.*, I, 123.)

[4] *M. Capit.*, galerie, 40.

[5] *M. du Capitole*. C'est ainsi qu'on interprétait une figure (galerie, 41); on l'avait placée près du Niobide tombé (*ib.*, 40). Ot. Müller pense (*Arch.*, p. 122) qu'elle est bien la sœur de ce Niobide ; mais, pour le marbre et le style, elle ressemble beaucoup à une figure voisine (53), qui est une Psyché, car le commencement des ailes est antique, et dont l'attitude est d'ailleurs fort semblable à celle d'une Psyché de Naples, près de laquelle est l'Amour, mais on a pu dans l'antiquité faire une Psyché d'une Niobide en lui donnant des ailes.

fuyant[1], et des têtes de Niobé et de Niobides éparses dans diverses collections, quelquefois fort belles[2], enfin d'assez nombreux bas-reliefs représentant la Vengeance d'Apollon et Diane, sur lesquels nous reviendrons à propos des bas-reliefs dramatiques.

Ce qui était propre au génie de Scopas, ce que nous pouvons reconnaître encore dans les compositions qu'il a inspirées, c'est l'expression, le mouvement, avec un sentiment de la beauté qui n'abandonnait jamais le grand artiste. Tel il se montra dans les *Niobides*, tel aussi sans doute dans ce magnifique ensemble de divinités marines et d'êtres océaniques[3] faisant cortége aux fils de Pélée et l'accompagnant à l'île ou aux îles des Bienheureux[4], qui a été si sou-

---

[1] *Vatican, galerie des Candél.*, 264.

[2] La figure acéphale qui marche (*M. Chiar.*, 176) a été rapprochée par M. Gherard du torse d'une Niobide à Florence. (*St. R.*, III, 2, p. 50.)

[3] Cette vaste composition pour laquelle, dit Pline (xxxvi, 5, 13), une vie entière n'aurait pas été de trop, avait été transportée à Rome et placée dans le temple de Neptune, voisin du cirque Flaminien. Pausanias vit Neptune et Amphitrite, la mer et des tritons, Palémon sur un dauphin, dans le temple de l'isthme de Corinthe. (Paus., II, 1, 7, Voy. Quatremère de Quincy, *Jup. Olymp.*, p. 372.)

[4] C'est l'opinion de Bœttiger, M. Welcker et, d'après lui, M. Brunn (I, p. 322) ne la partagent pas; ils voient dans le groupe de Scopas Thétis suivie des néréides et des animaux marins et portant à son fils les armes forgées pour lui par Vulcain. Je ne nie point qu'on ait pu appliquer à cette intention la composition de Scopas, mais si c'eût été là son sens naturel et primitif, comment Achille était-il présent? comment s'expliquer l'emploi si fréquent de cette représentation sur les

vent reproduit partiellement par des bas-reliefs, des mosaïques, quelquefois des statues, et jusque sur des cuirasses, en guise d'ornement.

Les bas-reliefs décorent des sarcophages, et j'en parlerai en parlant des sarcophages. Parmi les mosaïques, je citerai la plus considérable de celles qui existent, la magnifique mosaïque du Vatican.

Les statues qui représentent des néréides assises sur des dauphins ou emportées par des tritons ou des centaures marins sont évidemment des groupes détachés de la grande composition de Scopas[1].

Je mentionnerai particulièrement le joli torse d'une néréide assise, dans la cour du Belvédère, près de l'entrée de la *Salle des animaux*, pour avoir occa-

---

sarcophages, qui s'explique au contraire très-bien s'il s'agit d'un sujet qui se lie à des idées de mort et d'immortalité? De plus, selon Euripide, les armes d'Achille sont *apportées par terre* (*Él.*, 445). Sur le coffre de Cypsélus, les néréides qui apportaient les armes d'Achille étaient sur des chars (Paus., v, 19, 2), ce qui n'a jamais lieu pour les bas-reliefs.

[1] L'idée du groupe formé par un centaure marin et une néréide (*M. P. Cl.*, 228) qu'on a fait servir à orner une fontaine doit remonter à Scopas; ainsi que le torse de triton (*M. P. Cl.*, 253); un autre torse acéphale et qui n'a ni jambes ni bras (salle lapidaire) peut être reconnu pour celui d'un triton à sa ceinture d'écailles, et sur ce faible indice rattaché à la même origine. Néréide ou Thétis tenant la queue d'un poisson (*Villa Borgh.*, iv, 39). Femmes sur des chevaux marins (*Nuov. br.*, 34 et 35). Souvent des Amours les accompagnent, un beau bronze au musée Kircherien (collége romain) représente un Amour qui embrasse un cheval marin.

sion de dénoncer et de flétrir l'indignité du mutilateur, qui, entre deux visites que j'ai faites au Vatican, a cassé les pieds de cette néréide, des pieds charmants, pour les emporter. Vol stupide!

Les tritons, soufflant dans leur conque, expriment le bruit des vents[1], et leur fougue l'impétuosité des vagues.

L'ardeur des tritons de Scopas, emportant les nymphes de la mer, est arrivée jusqu'à ceux de Raphaël dans sa belle fresque de Galathée[2], où l'inspiration de Scopas, transmise à Raphaël par les bas-reliefs et les mosaïques, vit encore; jusqu'à ceux des Carraches dans leur chef-d'œuvre, les fresques du palais Farnèse, où la licence païenne est portée plus loin que dans les originaux païens eux-mêmes.

D'autres statues peuvent dériver de la grande composition maritime de Scopas. Telles sont celles qui

---

[1] Moschus, *id.*, ɪɪ, 123. Sur un autel dédié aux vents (*M. Capit., salle du Faune*), un personnage qui est ici un des vents, souffle dans une coquille en spirale tout à fait semblable à celle dans laquelle souffle un triton. (*M. Chiar.*, 126.)

[2] A la Farnésine. Quelquefois dans les bas-reliefs antiques ces tritons et ces néréides font cortége à Vénus (b.-rel. de la villa Pinciana, Millin. Gal. myth., xʟɪɪ, 174. *Vill. Alb.* Bouillon, *M. des Ant.*, ɪɪɪ, *b. rel.*, Müll., *Arch.*, p. 584), ce qui alors forme une composition tout à fait analogue à celle de la Galathée de Raphaël. Un peintre de l'antiquité avait donné à celle-ci un char traîné par des dauphins (Philostr., ɪɪ, 18), comme l'a fait pour Galathée Raphaël qui semble s'être inspiré de ce tableau, dont il a reproduit plusieurs traits.

représentent l'Océan [1]; tel est le Palémon, assis sur un dauphin [2], de la villa Borghèse, d'après lequel a été évidemment conçu le Jonas de l'église de Sainte-Marie du Peuple, qu'on attribue à Raphaël [3]. Ainsi, à Rome, les créations de l'art grec peuvent être suivies, non-seulement dans les œuvres de l'antiquité, mais jusque dans les productions de l'art moderne; on n'a qu'à aller du Vatican à la Farnésine et de la villa Borghèse à l'église de Sainte-Marie du Peuple, qui en est tout proche, pour voyager de Scopas à Raphaël.

Neptune devait faire partie de cet ensemble de divinités marines qu'on plaça dans son temple [4]. Il ne devait pas y figurer, comme le dieu violent d'Homère,

---

[1] Belle tête (*M. P. Cl.*, 547) dans la barbe de laquelle sont artistement mêlés des poissons, des écailles, emblèmes ordinaires de l'Océan, et des raisins, probablement pour indiquer la Méditerranée. Aux raisins près, un accoutrement semblable est donné dans des bas-reliefs à l'Océan (*Villa Borgh.*, sarcophage sous le portique). La statue connue sous le nom de Marforio (cour du musée Capitolin) est l'Océan et non un fleuve, car elle tient à la main une coquille marine.

[2] *Villa Borgh.*, VI, 1. Dans le groupe de l'isthme de Corinthe se trouvait Mélicerte (Philostr., *Soph.*, II, 1, 9), ce qui entraînait Palémon son fils.

[3] Chapelle des Chigi. Il avait fait au moins le modèle. Castiglione parle d'un *enfant* exécuté en marbre par Raphaël et qu'un autre de ses contemporains dit avoir vu chez Jules Romain. (*St. Rom.*, III, 3, p. 322-3.)

[4] Sur un bas-relief (*M. Chiar.*, 45) sa présence parmi les néréides et les monstres marins est indiquée seulement par un trident.

qui ébranle la terre, qui brise les rochers, et que, pour cette raison, l'on représente armé de son trident, un pied sur un rocher[1] ou une proue de navire, attitude par laquelle on voulait exprimer la force, car on l'a donnée aussi à Melpomène. Le Neptune que Scopas avait placé dans le cortége d'Achille devait être plutôt un dieu paisible et secourable aux nautoniers, favorable aux pêcheurs, et, à ce titre, portant dans sa main un dauphin[2], dont la rapidité exprimait celle de la marche du dieu, tel que nous le fait voir un bas-relief du Vatican.

Ce Neptune semble glisser sur les ondes. Ainsi Neptune avait été reproduit comiquement par un ancien peintre grec, Cléanthe, dans une *Naissance de Minerve*, tableau où il avait placé Neptune apportant un thon à Jupiter qui gémissait dans les douleurs de l'enfantement[3], sujet traité sérieusement sur des bas-reliefs[4] et avec sublimité par Pindare, quand il représente Minerve s'élançant du front de Jupiter et

---

[1] *M. P. Cl.*, 460, et sur le *putéal* du Capitole. Le Neptune de l'isthme apporté peut-être à Rome par Mummius, tenait dans sa main droite un dauphin et avait le pied sur un rocher (Camée de Vienne, Müll., *Atl.*, II, 75); à Anticyre, Neptune était debout, tenant le trident; il posait le pied sur un dauphin. (Paus., x, 36, 4.)

[2] Quelquefois Neptune tenant également un dauphin est sur un char traîné par des hippocampes, peut-être Neptune était-il sur un char ainsi traîné, dans la composition de Scopas.

[3] Athen., VIII, p. 346.

[4] Bas-relief du palais Lancelotti.

poussant un immense cri dont le ciel et la terre sont épouvantés [1].

C'est de ce Neptune que doivent dériver la plupart des bustes [2] dont les cheveux semblent mouillés, dont la bouche ouverte exprime la grande voix de la mer et semble faire entendre ce cri puissant de son dieu, qu'Homère dit égaler le cri de dix mille hommes.

Le génie impétueux de Scopas avait exprimé le délire bachique dans sa Ménade tenant le reste d'un chevreau qu'elle a déchiré [3]. Parmi les ménades qui

---

[1] Pind., *Ol.*, vii, 36. Philostrate (ii, 27) décrit un tableau qui semble d'après Pindare.

[2] *M. Chiar.*, 606 A, et des statues de Neptune; celles du moins qui n'ont pas le pied sur un rocher ou une proue de vaisseau; dans une de ces statues (*M. P. Cl.*, 394), on a fait un sceptre du trident, mais le trident se reconnaît à son manche carré. Le trident de Neptune était dans l'origine cet instrument dont se servent les pêcheurs de Naples pour harponner le poisson. Dans un bas-relief archaïque du palais Mattei (2ᵉ cour), Neptune porte son trident sur l'épaule comme un instrument de pêche. Le trident fut aussi l'arme redoutable avec laquelle Neptune brisait les rochers et les montagnes :

> .... Trifida Neptunus cuspide montes
> Impulit adversos.
>
> (Claud., *R. Pr.*, ii, 179.)

Souvenir d'anciennes irruptions de la mer qui avait percé les montagnes. Le trident marin, fléau de la mer qui ébranle la terre, dit Eschyle (*Prom.*, 924). Une autre origine du trident, c'est qu'il avait été donné à Neptune par les Cyclopes pour combattre les géants. (*Apollod.*, i, 2, 1, 3.)

[3] Callistr., *Ekphr.*, 2.

paraissent sur les bas-reliefs, nous pouvons reconnaître à ce détail les imitations de la ménade de Scopas; elles sont assez nombreuses [1].

La violence de l'ivresse n'empêche pas leur pose d'être gracieuse, et j'attribue à une exagération des imitateurs de Scopas ces ménades dont le corps se ploie et se renverse avec une violence convulsive dans l'emportement de l'orgie sacrée [2].

Celui qui exprimait si bien l'ivresse avait représenté Bacchus [3], peut-être Bacchus en proie à l'ivresse qu'il communique, ainsi qu'il représenta Apollon livré à l'enthousiasme qu'il inspire, et probablement sous son ancienne forme de Bacchus barbu. Le type jeune et gracieux que devait créer Praxitèle était encore à naître [4]; car, s'il y a un idéal divin qui porte mani-

[1] L'une des plus belles est celle de l'*autel de Gabie* au Vatican, *M. Chiar.*, 182. On la voit aussi deux fois répétée sur un vase de la villa Albani (salle d'en bas); ici elle est armée d'un couteau, une troisième se voit au même endroit sur un autre bas-relief. Les ménades, dont l'attitude est semblable et qui portent un thyrse à la main sont des variantes de la ménade *au chevreau* de Scopas. Elle a été célébrée plusieurs fois par les poëtes de l'Anthologie, qui la voyaient encore à Constantinople. (*Anthol. Plan.*, IV, 57-8-9-60.)

[2] Telle est la ménade du bas-relief de la villa Borghèse, transformée en Cassandre, dans l'antiquité, en remplaçant par une statue de Minerve ce qui dans d'autres représentations toutes semblables est une statue de Priape.

[3] Pl., *Hist. nat.*, XXXVI, 5, 10. *Anth. Plan.*, IV, 257.

[4] Il y avait aussi un Bacchus de Calamis (Paus., IX, 20, 4); d'Alcamène (Paus., I, 20, 2), de Praxias (Paus., X, 19, 3), de Denys (Paus., V, 26, 5), de Bryaxis (Pl., XXXIV, 19, 24), avant celui de Praxitèle.

festement l'empreinte de la mollesse gracieuse, caractère du génie de Praxitèle, c'est le Bacchus jeune et presque féminin tant de fois reproduit.

Nous devons nous attendre que Scopas, qui fut le statuaire de la passion et des sens, n'ait pas oublié Vénus; en effet, on cite de lui trois statues de cette déesse [1] : l'une d'elles était à Rome, et quelques-uns la préféraient [2] même à la Vénus de Praxitèle; une autre était la Vénus vulgaire, banale (Pandémos), assise sur un bouc [3], en signe de lasciveté. Cette conception grossière, indigne du génie de Scopas, — comme la fondation du culte de Vénus Pandémos, était peu digne de la sagesse de Solon, — il faut le dire à l'honneur de l'art antique, ne nous a été transmise par aucune reproduction qui ait survécu. La volupté gracieuse des

---

[1] Une à Rome dans le temple de Mars (Pl., xxxvi, 5, 14); une autre en Samothrace (ib., 13); la troisième à Élis. (Paus., vi, 25, 2.)

[2] Pl., *Hist. nat.*, xxxvi, 5, 14. L'expression de Pline, *antecedens*, ne peut vouloir dire qui *précède* comme paraît l'admettre Müller, mais signifie certainement qui *surpasse*.

[3] La Vénus animale. Oppien (*Cyneget.*, 1, 392) lui fait exciter les amours des bêtes. Silène et les bacchantes sont assis sur un bouc (*relief bachique au Capitole, salle des Empereurs*). Scopas avait cependant représenté la chaste Vesta ou Estia. La Vesta assise de Scopas était à Rome dans les jardins des Servilii (Plin., xxxvi, 5, 13). Les effigies de Vesta qu'on croit posséder à Rome et la Vesta Giustiniani qu'on n'y possède plus peuvent venir de là. A Athènes, Vesta tenait un sceptre (Pind., Diss. *comm.*, p. 514). Sur le *puteal* du Capitole, Vesta tient une fleur. Dans la main de Vesta, la patronne de Rome, Rome plaça le palladium, son emblème.

Vénus de Praxitèle a fait oublier la Vénus impudique de Scopas. Elle avait cependant une place naturelle à Rome dans le temple de Vénus Érycine, la patronne des courtisanes; au lieu de cela, elle était à Élis, en regard de la Vénus Uranie de Phidias, sans doute pour faire contraste [1].

On a supposé, mais sans preuve, il me semble, que la Vénus embrassant Mars, et qui a le pied ordinairement posé sur un casque, la Vénus victorieuse, était originairement de Scopas [2]. Ce groupe, souvent répété, fut employé à représenter dans cette attitude un couple romain [3] et les adieux d'un époux qui va combattre à sa femme. On reconnaît alors facilement que Mars et Vénus sont des portraits, comme sur la porte Saint-Denis à Paris on reconnaît à sa perruque Louis XIV dans le costume héroïque d'Hercule.

Scopas, plus délicat cette fois, avait pour ainsi dire décomposé l'amour, et en avait exprimé, dans des œuvres distinctes, les divers degrés et les diverses nuances : le désir (*pothos*), le charme

---

[1] La Vénus *Pandémos* et la Vénus *Ourania* sont opposées l'une à l'autre dans une épigramme de l'Anthologie. (*Anth. pal.*, vi, 340.)

[2] Peut-être parce que la Vénus de Scopas était à Rome dans le temple de Mars. Mais nous verrons (chap. xii), que très-souvent il n'y avait aucun rapport entre les statues des divinités et le temple où on les avait placées.

[3] *Capit.*, salle des Hercules ; *villa Borgh.*, salle vi.

(*himeros*), enfin l'amour lui-même (*éros*)[1]. D'après cela, Scopas paraît avoir été l'inventeur ou l'un des inventeurs de ces petits génies que les Latins appelaient *cupidines*[2], que nous appelons des *amours*, et qu'à Rome on voit folâtrer sur les monuments de l'empire aussi souvent que dans les tableaux de la Renaissance, sur les murs et les plafonds des casins des dix-septième et dix-huitième siècles. Ils se jouent parmi les représentations océaniques imitées de la grande composition de Scopas.

Dans les bas-reliefs romains, ces Amours se livrent à tous les exercices, tous les jeux. De là sont venus les Amours enchaînés[3], vendangeant, pêchant, moissonnant, qu'on voit en statuettes ou en bas-reliefs, et figurant dans les peintures de Pompéi après celles qu'a décrites Philostrate[4].

L'Amour dormant est un sujet trop souvent reproduit pour ne pas avoir été traité par quelque sculpteur[5] célèbre aujourd'hui, jadis inconnu.

---

[1] A Mégare. (Paus., i, 43, 6.)

[2] En grec *pothoi;* ils avaient des ailes comme nos Cupidons. (*Anth. palat.*, ix, 570.)

[3] A la *villa Borghèse* (*S.* v) et dans l'Anthologie. (*Anth. gr.*, ii, p. 17, 258, 276; *Anth. Plan.*, iv, 195, 99.)

[4] Philostr., i, 6-9. Apollonius de Rhodes, *passim*, représente les Amours occupés à divers soins champêtres comme sur les bas-reliefs.

[5] C'est aussi un motif de sculpture décrit dans l'Anthologie. (*Anth. gr.*, ii, p. 128.)

Scopas avait groupé pour un temple de Samothrace Vénus avec un personnage mythologique peu connu, le Lumineux (Phaéton) et l'Amour [1].

Depuis Scopas, Vénus a été associée bien souvent avec l'Amour. Une impératrice romaine, en Vénus, ayant un Amour debout à côté d'elle [2], est un résultat bien éloigné, il est vrai, de l'association établie par Scopas entre ces deux divinités.

Scopas sut exprimer des ardeurs plus relevées que celles de sa Vénus vulgaire; il fut l'auteur de l'Apollon Citharède, l'Apollon qui joue de la lyre, l'Apollon inspiré; personnifier l'enthousiasme poétique dans le dieu qui le fait naître, était une conception hardie et digne du génie de Scopas. Comme Phidias pour Jupiter, il avait un modèle dans Homère peignant Apollon qui joue de la lyre au festin des dieux, et, après Homère, dans Hésiode et dans Pindare [3].

Nous savons que l'Apollon Citharède de Scopas était

---

[1] Pl., *Hist. nat.*, xxxvi, 5, 13. Une allusion à cette forme de la triade sacrée de Samothrace a été signalée par M. Gherard (*St. R.*, ii, 2, p. 258) dans un triple hermès du Vatican.

[2] *M. P. Cl.*, 43. Sallustia Orbiana, la femme d'Alexandre Sévère. Ce groupe trouvé près de Sainte-Croix de Jérusalem dans la villa des Varii qui appartenait à Alexandre Sévère a fait donner à des ruines de cette villa le nom entièrement gratuit de *temple de Vénus et de Cupidon*. Autre impératrice et Vénus avec deux Amours à ses côtés. (*M. Chiar.*, 673.)

[3] *Hymn. ad Apoll. Pyth.*, 515; Hés., *Boucl. d'Herc.*, 201.

dans le temple d'Apollon Palatin, élevé par Auguste [1]; les médailles, Properce et Tibulle, nous apprennent que le dieu s'y voyait revêtu d'une longue robe.

> Ima videbatur talis illudere palla.
> Tib., III, 4, 35.

> Pythius in longa carmina veste sonat.
> Prop. II, 31, 16.

Nous ne pouvons donc hésiter à admettre que l'Apollon de la salle des Muses au Vatican [2] a eu pour premier original l'Apollon de Scopas.

Nous savons aussi qu'un Apollon de Philiscus et un Apollon de Timarchide (celui-ci tenant la lyre), sculpteurs grecs moins anciens que Scopas, étaient dans un autre temple d'Apollon, près du portique d'Octavie, en compagnie des Muses [3], comme l'Apollon Citharède du Vatican a été trouvé avec celles qui l'entourent aujourd'hui dans la *salle des Muses*. Il est donc vraisemblable que cet Apollon est d'après Philiscus ou Timarchide, qui eux-mêmes avaient sans doute copié l'Apollon *à la lyre* de Scopas et l'avaient placé au milieu des Muses.

[1] Pl., *Hist. nat.*, XXXVI, 5, 13.
[2] *M. P. Cl.*, 516.
[3] Pl., *Hist. nat.*, XXXV, 5, 22. Pline ne dit pas que ces Apollons avaient une longue robe; mais comme il parle dans le même passage d'un autre Apollon nu, il est vraisemblable que l'un au moins des premiers devait être vêtu.

Apollon est là, ainsi que plus anciennement il avait été représenté sur le coffre de Cypsélus, avec cette inscription qui conviendrait à la statue du Vatican : « Alentour est le chœur gracieux des Muses, auquel il préside ; » et, comme a dit Pindare, « au milieu du beau chœur des Muses, Apollon frappe du plectrum d'or la lyre aux sept voix [1]. »

Il y a d'autres Apollons qui ont la lyre auprès d'eux ou la portent à la main et même la frappent du plectrum ; mais leur type semble postérieur à l'Apollon Citharède de Scopas. Ils sont nus ou presque nus, et le sien était vêtu, ce qui est toujours un signe d'antériorité. La plupart reproduisent le type d'Apollon tel qu'il fut conçu par Praxitèle. Les uns ont le bras posé au-dessus de la tête comme l'*Apollino* de Florence, qui est, nous le verrons tout à l'heure, d'après Praxitèle, ou une grâce féminine, ce qui est encore de Praxitèle.

Les Apollons assis [2] doivent avoir une autre origine et provenir des Apollons grecs, dont l'existence est attestée par les auteurs, mais sans désignation de leur attitude.

Le type de ces Apollons devait être antique, car

---

[1] Pind., *Nem.*, v, 22.
[2] L'Apollon berger de la villa Ludovisi (V. plus loin) et l'Apollon assis sur le trépied, tous deux conçus d'après une donnée religieuse antique. L'Apollon berger est le dieu Pélasge ; la position de l'Apollon assis sur le trépied est hiératique.

l'Apollon le plus archaïque que nous connaissions est assis. En général, après l'époque des idoles grossières, les divinités assises ont précédé les divinités debout[1].

Apollon nous conduit aux Muses.

Il n'y eut d'abord que trois Muses, comme trois Heures ou Saisons et trois Grâces. Elles désignaient trois dons : la mémoire, la méditation et le chant[2]; plus tard, il y en eut neuf; alors elles désignèrent diverses branches de la littérature et des arts. La diversité et la spécialité des attributs donnés aux Muses correspondent à une époque où les emplois de l'intelligence sont distincts et les genres déterminés. Cependant une certaine confusion entre les attributs des Muses montre que les genres auxquels elles présidaient n'étaient pas toujours nettement séparés.

Les statues des Muses, employées dans l'antiquité

---

[1] La Minerve Polias, le Jupiter et l'Esculape de Phidias ont précédé la Minerve du Parthénon, les Jupiters et les Esculapes debout. Les Heures *dansantes* ont d'abord été assises; Pindare les appelle celles qui ont de beaux trônes.

[2] Paus., ix, 29, 2. Suivant des interprétations plus modernes et plus raffinées : le chant, les instruments à cordes et les instruments à vent : les trois cordes de la lyre ou les trois genres de musique, le diatonique, le chromatique et l'enharmonique. Cicéron (*Nat. deor.*, iii, 21) en compte quatre primitives et neuf moins anciennes. Il y en a déjà neuf dans Homère et dans Hésiode. Il y en eut d'abord trois de Céphisidote dans le bois sacré de l'Hélicon, où ensuite on en plaça neuf nouvelles.

à décorer les demeures de tous ceux qui se piquaient de goût pour les belles lettres, étaient nécessairement fort nombreuses; elles le sont aussi beaucoup dans les collections romaines; surtout en tenant compte de celles qu'une restauration inexacte a transformées en diverses divinités. Quelquefois aussi on a fait une Muse de ce qui était tout autre chose. Les plus remarquables sont celles qu'on a réunies au Vatican dans la *salle des Muses*, et qui, presque toutes, ont été trouvées au même endroit, près de Tivoli, dans un bois d'oliviers où l'on croit qu'a existé une villa de Cassius[1].

Les attributs des Muses[2] représentent les divers

---

[1] Deux de ces Muses proviennent d'ailleurs : l'Uranie et l'Euterpe ; mais on a retrouvé depuis l'Uranie (*M. P. Cl.*, 270) de la villa de Cassius, si c'est bien une Uranie; elle est assise. Ces Muses ne sont pas toutes d'un mérite égal. Selon Visconti, l'Uranie assise et la Polymnie (*M. P. Cl.*, 508) sont d'un style plus ancien; elles doivent donc avoir une origine plus ancienne. Peut-être au moins, l'une des deux a-t-elle été faite d'après les Muses apportées d'Ambracie, ville où se trouvaient des objets d'art d'une haute antiquité (Pl., xxxvi, 5, 3). En effet, sur les monnaies d'Ambracie, la Polymnie est semblable à celle de la salle des Muses, tandis que la Melpomène, par exemple, est différente. On a trouvé dans la Sabine une répétition des Muses du Vatican. On en voit quatre à la villa Borghèse : Melpomène, Clio, Erato, Polymnie. (Salle iv, 8, 10, 16, 18.)

[2] Ces attributs ont été souvent donnés aux Muses par des restaurations peu intelligentes; ainsi on a donné à une Euterpe au lieu d'une flûte un glaive, la prenant pour Melpomène (*M. P. Cl.*, 13). Une confusion toute semblable est mentionnée dans l'Anthologie (*Anth. Plan.*, iv, 218); un peintre au lieu de Melpomène avait représenté Calliope.

genres de littérature grecque[1] et souvent les affinités de ces genres. Calliope tient les tablettes et Clio le rouleau de papyrus; attributs qui conviennent et à la Muse de la poésie héroïque et à la Muse de l'histoire : c'est que, dans l'origine, l'histoire fut la sœur de l'épopée. Il y a peu de différence entre les images d'Euterpe, d'Érato et de Terpsichore, qui président au chant lyrique, à la musique et à la danse, mêlés encore au temps de Pindare; Melpomène est parfois gigantesque, — la tragédie grecque était plus grande que nature : — telle est la Melpomène du Louvre ; elle vient du palais Riario, voisin du théâtre de Pompée, qu'elle décorait sans doute, et le palais Riario rappelle une tragédie sinistre, le meurtre du courageux et malheureux Rossi. Les pampres bachiques dont Melpomène est couronnée enseignent que la tragédie est née en Grèce des fêtes de Bacchus. Sa figure est sévère, sa pose est virile; elle a pour chaussure le haut cothurne, et pour emblème la massue et le masque tragique. Thalie est couronnée de lierre et tient à la main le tambour de basque, instrument bachique; car, chez les Grecs, l'origine de la comédie, aussi bien que de la tragédie, remontait à Bacchus. Thalie, dans le principe, Muse de l'églogue,

---

[1] Dans le *Musée* d'Alexandrie chaque Muse avait sa salle consacrée aux réunions des pensionnaires qui cultivaient tel ou tel genre de littérature.

autant que de la comédie, rappelle, par sa houlette [1] qu'elle tient à la main, comme Apollon berger, cette origine pastorale. Assise négligemment, elle est aussi aimable d'aspect que Melpomène, le pied posé sur un rocher, a de grandeur et de fierté dans son attitude. Polymnie est la Muse des hymnes sacrés, des enseignements mystérieux que le mythe à la fois cache et révèle, et dont la robe serrée, qui voile et dessine tout ensemble les formes de la Muse, est l'expressif et gracieux symbole. Avec le temps, cette idée de mystère, bien descendue de sa haute origine, s'appliqua au sens *enveloppé* des pantomimes [2], indiqué par le manteau dont s'entoure Polymnie.

Enfin Uranie, la Céleste, le globe à la main, personnifie la science, dont l'étude du ciel fut le premier objet, et qui avait aussi sa Muse, parce qu'à l'origine la science et la poésie ne faisaient qu'un.

Au Vatican, on a placé avec raison, à l'entrée de la salle des Muses, Mnémosyne [3], la mémoire, qui d'abord

---

[1] Thaleia présidait à la fertilité des champs. *Thaleia* a le même sens que *Flora*.

Nostra nec erubuit silvas habitare Thalia,

dit Virgile en parlant de la Muse champêtre.

[2] Mnémosyne et sa fille Polymnie propices aux danseurs; c'est-à-dire aux mimes. (Luc., *de Salt.*, 36.)

[3] La Mnémosyne du Vatican (*M. P. Cl.*, 535) avec son nom écrit en grec, ressemble à Polymnie; elles paraissent dériver de deux des trois Muses primitives, la Mémoire et la Méditation. Les Muses elles-mêmes se sont appelées *Mneiæ*, les *Mémoires*. (Plut., *Sympos*, ix, 14, 1.)

fut l'une d'elles, et qui, plus tard, est devenue leur mère; car, à mesure que le temps a marché, la tradition a joué un plus grand rôle dans les lettres, et la tradition se conserve par la mémoire.

Les attributs des Muses, comme leurs noms, sont grecs, et se rattachent, on vient de le voir, à l'origine grecque elle-même des arts, des lettres et des sciences; origine attestée par ces noms et ces attributs que les Muses conservèrent chez les Romains.

Quelques-uns de ces attributs sont très-anciens : le maître de Phidias, Agéladas, avait déjà placé la lyre de Terpsichore dans la main d'une des Muses antiques de l'Hélicon, et Canachus, dans la main d'une autre, la double flûte d'Euterpe[1]. A l'époque de Phidias, on cite des Muses de Praxias, élève de Calamis[2]; puis les nouvelles Muses de l'Hélicon, au nombre de neuf[3]; d'autres enfin durant l'époque romaine. C'est qu'en Grèce le culte des Muses ne fut jamais interrompu.

Les Muses du Vatican sont considérées par Visconti comme des copies de celles qui étaient à Rome dans le temple d'Apollon, près du portique de Metellus, depuis portique d'Octavie; et dont l'auteur était Philiscus[4], sculpteur rhodien, auquel nous ramèneront

---

[1] *Anall.*, II, p. 15, n° 35.
[2] Paus., x, 19, 5.
[3] Trois de Céphisodote, trois de Strongylion et trois d'Olympiosthène. (Paus., IX, 30, 1.)
[4] Pl., *Hist. nat.*, XXXVI, 5, 22.

deux statues célèbres, la Vénus de Médicis et l'Apollon du Belvédère.

Euphranor ne fut pas dans l'antiquité moins célèbre que Scopas. Le Vatican possède une statue de Pâris jugeant les déesses[1]. Cette statue est-elle, comme on le pense généralement, une copie du Pâris d'Euphranor?

Euphranor avait-il choisi le moment où Pâris juge les déesses? Les expressions de Pline[2] pourraient en faire douter : il ne l'affirme point ; il dit que dans la statue d'Euphranor on eût pu reconnaître le juge des trois déesses, l'amant d'Hélène et le vainqueur d'Achille.

Ne faut-il donc pas chercher plutôt le Pâris d'Euphranor dans les Pâris debout[3], dont l'attitude, plus indéterminée, se prête mieux à cette diversité d'expressions et de rôles que lui attribue la phrase de Pline?

Je n'oserais l'affirmer. La statue du Vatican est de beaucoup la plus remarquable des statues de Pâris.

---

[1] *M. P. Cl.*, 255.

[2] xxxiv, 19, 27.

[3] D'assez nombreuses statues, en général des statuettes, représentent Pâris debout ; quelques-unes ont été reconnues pour des Athis, d'autres sont des prêtres de Mithra (*M. P. Cl.*, 435). Quand ces Pâris debout ont l'attitude de la réflexion, la main près du menton, il semble que le sculpteur a voulu exprimer l'incertitude qui précéda le fameux *jugement;* mais on se figure mieux le juge assis, comme est la statue du Vatican que je crois d'après Euphranor.

On y sent, malgré ses imperfections, la présence d'un original fameux ; de plus, son attitude est celle de Pâris sur plusieurs vases peints et sur plusieurs bas-reliefs [1], et nous verrons que les bas-reliefs reproduisaient très-souvent une statue célèbre. Il m'est impossible, il est vrai, de voir dans le Pâris du Vatican tout ce que Pline dit du Pâris d'Euphranor. Je ne puis y voir que le juge des déesses. L'expression de son visage montre qu'il a contemplé la beauté de Vénus, et que le prix va être donné. Rien n'annonce l'amant d'Hélène, ni surtout le vainqueur d'Achille [2]; mais ce qui était dans l'original aurait pu disparaître de la copie. Plus vraisemblement cette diversité d'expressions données à une même figure, et qui répugne à la simplicité du génie de la statuaire antique, est-elle

[1] Quelques-uns sont à Rome : sur l'autel de Faventinus (*M. P. Cl.*, 44), *villa Panfili, villa Ludovisi, palais Spada.* Dans ces deux dernières, Pâris tourne la tête vers un Amour qui va lui dicter sa sentence. L'auteur du bas-relief a traduit par une composition allégorique ce que l'auteur de la statue du Vatican a rendu, d'après Euphranor, par l'expression donnée au visage de Pâris. Ces divers bas-reliefs, fort semblables entre eux, avaient pour originaux des bas-reliefs grecs dont l'un a été trouvé à Andres (Ross, *Reis. au. d. gr. inseln*, 11, p. 20). Le jugement de Pâris était déjà sculpté très-anciennement sur le coffre de Cypsélus (Paus., v, 19, 1). C'est le point de départ de tous ces *jugements de Pâris* en bas-relief, dont l'un, celui de la villa Ludovisi a inspiré, a-t-on dit, le *jugement de Pâris* de Raphaël.

[2] Je crois que Visconti y a mis un peu de bonne volonté et de déférence pour Pline quand il a découvert dans la physionomie gracieuse et tranquille de Pâris un *accorgimento misto d'ardire*.

une invention de Pline ou des auteurs qu'il suivait, et dont il a inséré souvent les jugements singuliers et les admirations démesurées pour l'illusion matérielle et pour la difficulté vaincue dans sa très-savante, mais très-peu critique compilation.

Une *femme priant* d'Euphranor[1] peut être considérée comme le plus ancien type connu de ces femmes aux bras étendus qu'on appelle des *Orantes*, attitude qu'on prêta souvent aux impératrices romaines avant de la donner aux figures plus saintes tracées sur les murs des catacombes.

Euphranor fut à la fois grand sculpteur et grand peintre. L'exercice de plusieurs arts par le même artiste n'était pas moins fréquent dans l'ancienne Grèce, où on l'attribuait à Dédale, le représentant mythologique du premier art grec, qu'il ne le fut en Italie à l'époque de la Renaissance[2].

Euphranor fut aussi écrivain[3]; de même qu'à cette époque[4], dans l'antiquité, bon nombre d'artistes ont été auteurs, quelques-uns poëtes ou philosophes, d'autres ont écrit sur les arts.

[1] Pl., xxxiv, 19, 27.

[2] Non-seulement Michel-Ange, mais Léonard de Vinci, bien qu'à un moindre degré Raphaël et une foule d'autres ont réuni la pratique de plusieurs arts. Le Dominiquin s'essaya dans la sculpture et Jules Romain fut architecte.

[3] Pl., xxxv, 40, 4.

[4] Je n'ai pas besoin de rappeler les beaux sonnets de Michel-Ange, les *Mémoires* de Benvenuto Cellini, les ouvrages sur l'architecture d'Alberti, de Palladio, etc.

Entre ceux qui réunirent le don de plusieurs arts, je ne citerai que les principaux.

Parmi les sculpteurs, il suffira de nommer Phidias [1]; Pythagoras, statuaire de Samos, qui, lui aussi, avait été peintre; Zeuxis, qui modelait en terre [2] comme Michel-Ange, et Protogène, qui moulait en bronze; Polyclète et Myron, qui furent peintres et sculpteurs. Cette réunion de talents était si commune, qu'elle existait même chez des artistes qui n'ont laissé aucune mémoire [3].

Des peintres et des sculpteurs furent aussi architectes, sans parler de Clisthène, peintre de décorations et architecte.

A une époque très-ancienne, le statuaire en bronze Théodore avait construit le labyrinthe de Samos. On attribuait à Callimaque, lequel était aussi peintre, comme statuaire, l'invention du trépan, et comme architecte l'invention de l'ordre corinthien. Polyclète construisit le théâtre d'Épidaure, qui passait pour le plus beau de la Grèce, et Scopas, le temple de Minerve Alea, à Tégée, qu'il décora de sculptures.

---

[1] Pl., *Hist. nat.*, xxxv, 34, 1. De plus il dirigea les travaux d'architecture du Parthénon. (Plut., *Pericl.*, 13.)

[2] Nous aurions peut-être à Rome les œuvres plastiques de ce grand peintre si la barbarie du goût romain ne les avait méprisées, sans doute à cause du peu de prix de la matière et ne les avait laissées dans la ville d'Ambracie. (Pl., xxxv, 36, 6.)

[3] Pl., *Hist. nat.*, xxxiv, 19, 35.

Clæétas, peintre, améliora la forme des *carcerès* de l'hippodrome d'Olympie, qui furent perfectionnés, après lui, par un autre sculpteur, Aristide. Sostrate, statuaire, bâtit le phare d'Alexandrie, et le plan de cette ville, improvisée par le génie d'Alexandre, fut l'œuvre de Dinocrate ; monument plus glorieux au conquérant que ne l'eût été le mont Athos, taillé, comme le proposait ce hardi sculpteur, pour lui faire une gigantesque statue.

L'un des plus anciens sculpteurs grecs, Bupalus, fut architecte; Mandroclès, peintre et ingénieur comme Léonard de Vinci, avait jeté un pont sur le Bosphore pour Darius allant combattre les Scythes, et avait ensuite peint le passage de l'armée persane sur ce pont.

Parmi les artistes en même temps poëtes ou écrivains, le sculpteur Gitiadas composa un hymne en l'honneur de Minerve. Le peintre Timagoras fit des vers à l'occasion d'une défaite éprouvée par lui dans un concours ; un autre peintre, nommé Apollodore, se plaignit en vers que Zeuxis lui *dérobât son art*. Comme le peintre grec Polyeidos, renommé pour ses dithyrambes, comme Euripide lui-même, qui avait peint dans sa jeunesse, à Rome, Pacuvius fut peintre et poëte. C'était chez cet imitateur de la tragédie grecque encore une imitation de la Grèce.

De même pour les philosophes. Platon et Pyrrhon avaient cultivé la peinture avant de se livrer à la philosophic. Ménédémus fut peintre de décorations en même temps que philosophe. Métrodore était peintre, comme Socrate sculpteur. Il y eut aussi un comédien sculpteur, Cratinas, à Athènes, où, du reste, l'art du comédien n'avait rien de déshonorant, puisque Sophocle, qui fut général, jouait dans ses pièces, et y lançait la balle avec grâce dans le rôle de Nausicaa. De même l'exercice d'un art libéral en Grèce n'empêchait point d'être un personnage militaire et politique. Témoin Ménédémus, le scénographe envoyé par les Érétriens au secours de Mégare ; témoin Hippodamus, architecte du Pirée et de la ville de Rhodes, qui, le premier introduisit l'usage des rues régulières à angle droit (je ne sais s'il faut l'en bénir); de plus, orateur, législateur, et qui, selon Aristote, embrassait toutes les sciences.

Les écrits des artistes anciens sur l'art qu'ils cultivaient furent excessivement nombreux. Ménechme, sculpteur, avait composé un traité sur son art, et Apelles avait dédié à un de ses élèves un traité sur le sien. On cite d'un sculpteur fécond, Xénocrate, un jugement sur le célèbre peintre Parrhasius, et l'on sait l'existence d'un écrit de ce même Xénocrate sur l'art de la ciselure, art que ne dédaignèrent point les plus grands statuaires, Phidias et Myron. Des artistes de toutes les époques et de tout genre avaient traité des différents arts à leur point de vue et à celui de leur temps. Ménechme avait composé sur la *torentique*, qu'il cultivait, un ouvrage encore plus digne de confiance que le bel ouvrage de Quatremère de Quincy. Protogène avait écrit sur le dessin et la figure, comme Euphranor sur la composition et le coloris, et Polyclète sur la proportion des parties du corps humain, dont son *Doryphore* offrait le modèle.

On n'en finirait point si l'on voulait énumérer tous les architectes grecs qui ont traité de l'architecture, souvent à propos des monuments dont ils étaient les auteurs. Que ne donnerions-nous pas pour avoir l'ouvrage qu'écrivit sur le fameux Mausolée, Satyrus, un de ses constructeurs, et Ictinus sur le Parthénon [1]? Pythagoras, faisant la théorie de cette universalité d'aptitude chez les artistes grecs, soutenait qu'un architecte doit être instruite en toutes choses.

Enfin, comme Vasari a composé un livre sur les peintres les plus illustres, Pasitelès en avait composé un sur les sculptures les plus renommées.

Rien ne montre mieux que cette énumération rapide et volontairement incomplète à laquelle nous a conduits le triple talent d'Euphranor, la richesse de l'organisation grecque et cette fécondité d'un même génie donnant plusieurs moissons, qui n'a reparu

---

[1] Ictinus suivait l'exemple de ses prédécesseurs, un des plus anciens artistes grecs Théodore, fondeur en bronze et architecte avait écrit sur son temple de Junon à Samos, Philénus sur son temple de Minerve à Priène, Hermogène sur son temple de Bacchus à Théos et son temple de Diane à Magnésie.

dans le monde qu'à l'époque de la renaissance italienne.

Avec Scopas nous sommes sortis de l'école de Phidias et de Polyclète, l'école du calme sublime, pour entrer dans l'agitation sublime; chez Praxitèle nous allons trouver la sublimité dans la grâce.

Nul sculpteur de l'antiquité, s'il revenait à la vie, ne trouverait ses œuvres plus souvent reproduites. Nous reconnaîtrons, à Rome, presque tous les types créés par l'aimable génie de Praxitèle en le suivant à la trace de son charme.

Dans quel musée n'y a-t-il pas une copie du Satyre de Praxitèle? Un jeune Satyre appuyé contre un arbre, l'air tranquille et le regard quelque peu malin. A Rome, on le voit plusieurs fois répété dans des copies de beauté inégale; la plus remarquable est celle du Capitole [1].

L'aimable adolescent vient de jouer quelque tour aux nymphes des bois; il s'est un peu fatigué à courir après elles, et maintenant, dans un gracieux repos, il rêve avec un demi-sourire aux espiègleries qu'il a faites et à celles qu'il médite. C'est une donnée bien peu sérieuse, c'est un sujet bien léger; mais on sent, en présence des belles reproductions du Satyre de Praxitèle, que le grand artiste avait mis dans ce personnage sans importance une profonde beauté [2].

[1] Salle dite du *Gladiateur mourant*, 15.
[2] Ce Satyre ne peut être celui que Pline appelle *le renommé*, car ce-

La gaieté et la malice, qui étaient dans le caractère traditionnel du Satyre, ont été exprimées fréquemment avec un certain caractère bestial [1]. Ces statues ne procèdent point de Praxitèle ; ce qui lui appartient, c'est d'avoir remplacé l'expression animale de ces sentiments par une expression fine et délicate.

On peut regarder comme des *variantes* du Satyre de Praxitèle diverses autres statues qui s'en rapprochent par la grâce élégante du type et par l'absence de cette expression animale qui caractérisait les Satyres avant lui.

Le jeune Satyre qui tient une flûte [2] est trop

---

lui-là faisait partie d'un groupe où entraient Bacchus et l'*Ivresse* (Pl., xxxiv, 19, 20), groupe reproduit par des statues (voy. plus loin) et par des bas-reliefs sur les sarcophages (*M. P. Cl.*, 99). L'original du Satyre *isolé* répété tant de fois d'après Praxitèle, était, ou son Satyre de Mégare (Paus., i, 43, 5), ou plutôt celui de la rue des Trépieds à Athènes (Paus., i, 20, 1); tous deux cités par Pausanias comme ne faisant point partie d'un groupe et ne devant pas pour cette raison être confondu avec celui dont parle Pline et qu'il appelle *le renommé*; — dénomination, je crois, mal appliquée par Pline, car elle devait appartenir au Satyre qui a été si fréquemment reproduit. — J'attribue cet honneur à celui de la rue des Trépieds plutôt qu'à celui de Mégare, parce que c'est le premier que Praxitèle voulut sauver de préférence, quand trompé par Phryné il crut ses ouvrages menacés par un incendie. (Paus., i, 20, 1.)

[1] On peut croire que le Satyre de Myron (Pl., xxxiv, 19, 8), sculpteur plus réaliste que Praxitèle et qui excellait dans la représentation du type animal, tenait davantage de ce type, et rapporter à Myron ceux des Satyres romains où il est plus prononcé.

[2] Vat., *Nuov. bracc.*. 120. *M. Cap., Gal.*, 12, 33. *Villa Borghèse*.

semblable à celui dont je viens de parler pour n'être pas de même une reproduction de l'un des deux Satyres isolés de Praxitèle, son Satyre d'Athènes ou son Satyre de Mégare ; on pourrait croire aussi que le Satyre à la flûte a eu pour original le Satyre de Protogène, qui, bien que peint dans Rhodes assiégée, exprimait le calme le plus profond et qu'on appelait *celui qui se repose (anapauomenos)* [1]; on pourrait le croire, car la statue a toujours une jambe croisée sur l'autre, attitude qui, dans le langage de la sculpture antique, désigne le repos. Il ne serait pas impossible non plus que Protogène se fût inspiré de Praxitèle ; mais en ce cas il n'en avait pas reproduit complétement le charme, car Apelles, tout en admirant une autre figure de Protogène, lui reprochait de manquer de grâce [2]. Or, le Satyre à la flûte est très-gracieux ; ce qui me porte à croire qu'il vient directement de Praxitèle plutôt que de Praxitèle par Protogène.

Un *Amour* de Praxitèle, celui de Thespies, n'eut pas moins de célébrité que son jeune *Satyre*, et il n'en faisait pas moins de cas lui-même. On le sait par une malice ingénieuse de Phryné. Praxitèle lui avait dit de choisir entre ses ouvrages celui qu'elle aimerait le mieux. Pour savoir lequel de ses chefs-d'œuvre l'artiste préférait, elle lui fit annoncer que le feu avait pris à son atelier. « Sauvez, s'écria-t-il, mon Satyre et

---

[1] Pl., *Hist. nat.*, xxxv, 36, 41.
[2] Ælian., *Var.*, xii, 41.

mon Amour! » Phryné, ainsi renseignée, choisit cet Amour et le consacra dans un temple de Thespies, sa ville natale, où le culte de l'Amour était ancien et dominant. La belle statue y devint le but de pèlerinages entrepris incessamment pour aller contempler ce chef-d'œuvre.

Il y a à Rome [1] un *Amour* qui ne ressemble à aucun autre : ce n'est pas l'Amour enjoué et souriant, tel qu'on le représente d'ordinaire; c'est un Amour pensif et presque triste. Son regard est baissé et profond ; il semble dire, comme dit un Amour dans l'Anthologie : « Je ne suis pas le fils de la Vénus vulgaire [2]. » C'est que l'antiquité a connu aussi la passion profonde et douloureuse, la passion de Phèdre et de Didon. L'extrême délicatesse et la grâce exquise de ce torse mutilé, mais ravissant, son expression [3], son attitude [4], me décident à y voir une admirable copie, et peut-être une réplique faite par Praxitèle lui-même, de son chef-d'œuvre préféré, l'Amour de Thespies [5].

---

[1] *M. P. Cl.*, 250. Un Amour fort semblable à celui-ci, et que l'on trouve encore plus beau, se voit à Naples; un autre, bien certainement grec, parmi les marbres d'Elgin. (Müll., *Arch. atl.*, i; Pl., xxxv, 145, p. 17.)

[2] *Anth. Plan.*, iv, 201.

[3] Praxitèle avait mis presque de la pensée dans un de ses Amours, dit Callistrate (iii, 4).

[4] Le col penché. (*Anth. gr.*, ii, 496.)

[5] Nous voyons par Cicéron (*In Verr.*, ii, 4, 2) qu'il y avait, outre le célèbre Amour de Praxitèle pour lequel on faisait le voyage de

S'il m'était donné, comme à Phryné, de choisir entre toutes les statues qui portent le cachet de Praxitèle, c'est celle-là que je prendrais.

Ce pourrait être aussi une copie d'un autre Amour de Praxitèle qui était dans la ville de Parium [1]; mais la probabilité est moins grande, car on ne voit pas que celui-ci soit venu à Rome.

Aucun de ces Amours de Praxitèle ne peut avoir fourni le modèle de l'Amour essayant son arc, qu'on

---

Thespies, un autre Amour très-semblable du même auteur, une réplique. Celui-là fut volé à Messine par Verrès. Pline (xxxvi, 5, 11.) fait faire entre eux à Cicéron une confusion qu'il ne fait point, car il dit l'un à Messine et l'autre à Thespies. Si la statue du Vatican était un original, ce que des sculpteurs n'ont pas jugé impossible, ce ne pourrait être le fameux Amour de Thespies donné par Praxitèle à Phryné, et qui, apporté à Rome par Caligula, rendu par Claude, repris par Néron (Paus., ix, 27, 3), y périt sous Titus, dans un incendie. Ce pourrait être la réplique volée par Verrès (Brunn, i, p. 341). Est-ce cette réplique que Pline, la confondant avec l'original, dit avoir existé de son temps dans un bâtiment dépendant du portique d'Octavie? Si l'on ne veut pas que la statue du Vatican, à laquelle on fait quelques reproches et dont la tête est plus admirable que le buste, soit de la main de Praxitèle on peut admettre que nous avons sous les yeux une copie faite pour la remplacer à Thespies par un sculpteur athénien, Ménodore (Paus., ix, 27, 3). L'Amour de Thespies avait des ailes (Anth. pal., vi, 260); derrière les épaules de l'Amour du Vatican on remarque les trous qui ont servi à en attacher.

[1] Pl., Hist. nat., xxxvi, 5, 11. Callistrate (iii) cite encore un Amour de Praxitèle en bronze; mais ce qu'il dit de sa main élevée et tenant un arc ne convient point à l'Amour du Vatican, et convient, au contraire, à une figure ailée trouvée récemment au Palatin par M. Rosa.

rencontre si souvent dans les collections [1] et qui doit, pour cette raison, avoir un original célèbre, car il n'est dit d'aucun de ses Amours qu'il essayât ou tendît son arc.

L'*Amour à l'arc* forme avec celui que nous venons de considérer le plus parfait contraste : c'est l'amour pétulant, folâtre ; il essaye son arc avec malice et s'apprête à lancer à droite et à gauche ses flèches, qui, toutes, portent coup. Il n'a pas la suavité de Praxitèle, il est plein de vivacité, d'entrain, de vie. D'après ces caractères, avec Visconti et Meyer [2], j'attribuerais très-volontiers son origine à Lysippe.

De la même famille est l'Apollon au lézard [3] (Sau-

---

[1] Le plus beau au Capitole (*Gal.*, 13) ; au Vatican (*M. Chiar.*, 495) ; villa Albani.

[2] Visc., *M. P. Cl.*, I, p. 12. Meyer, I, p. 129. Son attitude convient mieux au bronze qu'au marbre ; or, Lysippe préférait le bronze et Praxitèle le marbre : à en croire Properce, le marbre du mont Penthélique, voisin d'Athènes.

Praxitelem patria vindicat urbe lapis.

Placé à Thespies comme l'Amour de Praxitèle (Paus., IX, 27, 5), il a pu être confondu avec lui, et Callistrate paraît avoir déjà fait cette confusion, car la peinture qu'il nous a laissée (III) d'une statue de bronze qu'il attribue à Praxitèle convient mieux à cet autre Amour qu'à celui-ci, que sa grâce délicate nous force à revendiquer pour Praxitèle. « Emporté et riant, ses yeux brillent ; il élève son arc et penche un peu de côté. » L'Amour de Praxitèle ne tenait point un arc à la main, et le torse du Vatican n'a jamais élevé le bras.

[3] *M. P. Cl.*, 264, en marbre ; en bronze à la villa Albani, salle de l'Ésope.

rocthone). Apollon presque enfant épie un lézard qui se glisse le long d'un arbre. On sait, à n'en pouvoir douter, d'après la description de Pline et de Martial[1], que cet Apollon, souvent répété, est une imitation de celui de Praxitèle, et quand on ne le saurait pas, on l'eût deviné.

Je rattache aussi à Praxitèle le petit Apollon de Florence, à peu près du même âge, qui me paraît porter le même cachet de grâce et d'ingénuité, et par lui les Apollons qui ont de même la tête appuyée sur le bras[2].

Les Apollons nus et dont le caractère est féminin[3]

---

[1] Pl., *Hist. nat.*, XXXIV, 19, 21. Mart., *Ep.*, XIV, 172.

[2] *Vat.*, *M. Chiar.*, 648. Deux au Capitole. L'un, *salle du Gladiateur*, et l'autre, *salle des Hercules*. Type de l'Apollon Lycien tel qu'il est décrit par Lucien (*Anach.*, 7), la main droite sous la tête, de la gauche tenant sa lyre, appuyé à une colonne ; on a donné la même attitude à l'Apollon Delphique caractérisé par le trépied.

[3] *M. Capitolin, salle des Hercules.* Apollon dont la chevelure ressemble à celle de Vénus. Le caractère d'Apollon était féminin même avant Praxitèle ; Winckelmann a pris un Apollon citharède pour une Muse, et l'on ne sait pas encore trop bien si une statue du Vatican (*M. P. Cl.*, 582) est une Erato ou un Apollon ; dans les deux cas il s'agit d'un Apollon antérieur à Praxitèle, d'un Apollon citharède d'après Scopas, enveloppé d'une robe qui tombe jusqu'à ses pieds ; tandis que Praxitèle, qui représenta le premier Vénus nue et probablement aussi Bacchus nu (voy. plus loin) doit être le créateur des Apollons citharèdes nus, tels que l'Apollon très-féminin de la salle de la *Biga* au Vatican (*M. P. Cl.*, 614). On peut se représenter ainsi l'Apollon de Praxitèle qui était à Rome dans la maison de Pollion. (Pl., XXXVI, 5, 11.)

me semblent devoir nous reporter également au sculpteur dont le génie délicat a excellé à rendre la grâce féminine. Je crois antérieur à Scopas et à Praxitèle le type d'Apollon assis. Tel est l'Apollon *berger* de la villa Ludovisi. Cet Apollon *berger* est un dieu pélasge; son culte remonte à l'époque pastorale. J'ai dit qu'en général les dieux assis sont plus anciens que les dieux debout, en laissant de côté l'époque tout à fait ancienne. Mais ce type antique de l'Apollon berger a été rajeuni pour ainsi dire et a reçu un caractère de jeunesse et une grâce élégante d'une main qu'à travers l'imitation on sent avoir été la main de Praxitèle.

La ressemblance du type si fin de l'Apollon au lézard et du charmant bronze du Capitole *le Tireur d'épine* est trop frappante pour qu'on puisse se refuser à voir dans celui-ci une inspiration de Praxitèle ou de son école [1]. C'est tout simplement un enfant arrachant de son pied une épine qui l'a blessé, sujet naïf et champêtre analogue au Satyre se faisant rendre ce service par un autre Satyre [2]. On a voulu y voir un athlète blessé par une épine pendant sa course et qui n'en est pas moins arrivé au but; mais la figure est trop jeune

---

[1] M. Meyer (*Gesch. d. bild. K*, I, p. 303) croit y reconnaître le caractère du génie de Lysippe. J'y trouve bien plus la grâce exquise du génie de Praxitèle. On pourrait plutôt y découvrir quelques réminiscences d'un art un peu antérieur au sien.

[2] *Vat.*, *Salle des Candélabres*, 74. Idylle en marbre; petite scène d'après Théocrite. (IV, 54.)

et n'a rien d'athlétique. Le moyen âge avait donné aussi son explication et inventé sa légende. On racontait qu'un jeune berger, envoyé à la découverte de l'ennemi, était revenu sans s'arrêter et ne s'était permis qu'alors d'arracher une épine qui lui blessait le pied. Le moyen âge avait senti le charme de cette composition qu'il interprétait à sa manière, car elle est sculptée sur un arceau de la cathédrale de Zurich qui date du siècle de Charlemagne [1].

Praxitèle, le sculpteur de la grâce et de l'amour, s'était complu dans le gracieux type de Vénus. On connaît l'existence de six Vénus de Praxitèle [2].

La plus célèbre est la Vénus de Gnide; transportée à Constantinople, elle y a péri [3]; mais les médailles de Gnide en offrent une représentation exacte; grâce à elles, on peut lui comparer les Vénus qui existent à Rome.

[1] Je ne rapporte point à Praxitèle l'origine d'une autre statue de bronze qu'on admire au Capitole, le *Camille*, nom grec, il est vrai, mais donné par les Romains aux jeunes gens qui figuraient dans les cérémonies de leur culte. Cette statue représente un personnage religieux romain; elle a été faite pour Rome. D'ailleurs, bien que très-distinguée, elle n'a point la délicatesse parfaite des œuvres inspirées par Praxitèle; si ce Camille avait un original grec, c'était une peinture de Parrhasius. (Pl., xxxv, 36, 10.)

[2] La Vénus de Gnide, la Vénus de Cos, une Vénus de Thespies, où elle était placée dans un temple à côté du portrait de Phryné, une Vénus en bronze à Rome, devant le temple de la Félicité, une à Alexandrie près du mont Latmus, une à Mégare.

[3] Cedren., *Ann.*, 322.

La déesse était debout; une main s'abaissait avec un geste pudique, l'autre tenait un linge posé sur un vase.

Il y a au Vatican une [1] statue dont l'attitude est exactement celle de la Vénus de Gnide, chef-d'œuvre de Praxitèle. Des scrupules analogues à ceux qui firent préférer par les habitants de Cos sa Vénus vêtue à sa Vénus nue ont fait affubler d'une draperie la copie de la Vénus de Gnide au Vatican.

C'était une grande nouveauté de montrer Aphrodite sans voile. Praxitèle poussa même la profanation du type sacré jusqu'à prendre pour modèle la courtisane Phryné se baignant dans la mer pendant les fêtes de Neptune aux yeux de la Grèce assemblée. Dans une épigramme de l'Anthologie[2], Vénus dit : « Où Praxitèle

---

[1] *M. P. Cl.*, 574. Une statue (palais Chigi) exécutée, dit l'inscription qu'elle porte, par Ménophante, d'après la Vénus de Troas, nous ramène au type de Praxitèle à travers une double imitation ; ici le linge que tient Vénus n'est point posé sur un vase; il cache une partie du corps, ce qui n'avait pas lieu pour la Vénus de Gnide : c'est une donnée nouvelle : l'intention de *couvrir*, qui, par égard pour la décence vulgaire, altère la vraie chasteté de l'art, qu'on remarque dans un grand nombre de statues romaines et qui triomphe dans la Vénus de Canova. Plusieurs de ces statues semblent avoir été décrites par Christodore (*Anth. pal.*, Christod., *Ekphr.*, 79)

$$\text{ἀπὸ στέρνοιο δὲ γυμνὴ}$$
$$\text{φαίνετο μὲν, φᾶρος δὲ συνήγαγεν ἄντυγι μηρῶν.}$$

ou par ces mots :

$$\text{φάρει κόλπον ἔχουσαν ἐπίσκιον.}$$

[2] *Anth. gr.*, II, 200.

a-t-il pu me voir nue? » Phryné et toute la Grèce aurait pu répondre à sa question. Ce qui prouve combien la chose était nouvelle, c'est qu'on voit des Vénus vêtues ou à demi vêtues qui appartiennent certainement à une époque de l'art plus récente que Praxitèle; et même, sur un bas-relief bien postérieur à lui [1], Vénus se présente vêtue au jugement de Pâris. C'était cependant bien le cas ou jamais d'adopter l'innovation de Praxitèle.

Il fallait un prétexte à tant d'audace [2]. L'artiste supposa que la déesse venait de déposer ses vêtements pour entrer au bain, ou allait les reprendre pour en sortir. Ce prétexte avait été fourni par Phryné. De là

---

[1] Villa Ludovisi. Dans le bas-relief de la villa Panfili, Vénus s'entoure d'un voile flottant.

[2] Scopas aurait devancé Praxitèle dans cette hardiesse. Pline cite de lui une Vénus nue (Pl., xxxvi, 5, 14). Cependant la sensation que produisit la Vénus de Praxitèle et la préférence que les habitants de Cos accordèrent à celle qui était vêtue semblent indiquer une nouveauté. Peut-être *nue* veut-il dire ici, chez Pline, à demi vêtue, comme la Vénus de Milo. Le mot *nudus* se prend parfois dans ce sens.

Nudus ara, sere nudus

ne veut point dire qu'on doit semer et labourer dans le costume de la Vénus de Gnide.

Les Gnidiens montrèrent bien qu'une pensée voluptueuse les avait guidés dans leur préférence, par les précautions qu'ils prirent pour qu'on ne perdît rien des charmes de leur Vénus. Le temple où ils la placèrent avait deux portes également ouvertes aux spectateurs (Pl., xxxvi, 5, 10; Luc., *Am.*, 13). J'ai vu à Naples le même artifice employé pour faire valoir toutes les beautés de la Vénus Callipyge.

le voile posé sur un vase à parfums qu'on voit sur les médailles de Gnide et qu'on retrouve près de la Vénus du Capitole [1], bien que la disposition des mains ait déjà changé et que toutes deux soient dans *l'attitude pudique* [2] de la Vénus de Médicis. A cette différence près, ces deux Vénus dérivent de la Vénus de Gnide, dont la Vénus du Capitole est une imitation plus rapprochée.

Cette imitation est romaine. On le reconnaît à quelques détails du torse qui sont romains. La vérité et la complaisance avec lesquelles la nature est rendue dans la Vénus du Capitole faisaient de cette belle statue, — qui pourtant n'a rien d'indécent bien que par une pruderie peu chaste on l'ait reléguée dans un cabinet réservé, — faisaient de cette belle statue un sujet de scandale pour l'austérité des premiers chrétiens. C'était sans doute afin de la soustraire à leurs mutilations qu'on l'avait enfouie avec soin, ce qui l'a conservée dans son intégrité; ainsi son danger l'a sauvée. Comme on l'a trouvée dans le quartier suspect de la Subura, on peut supposer qu'elle ornait l'atrium élégant de quelque riche courtisane.

La Vénus de Médicis, qui n'est plus à Rome, mais qui y a été trouvée et dont le nom rappelle qu'elle y fut placée dans la villa des Médicis, la Vénus de Mé-

---

[1] Au musée Capitolin, cabinet réservé.
[2] Ce sentiment de pudeur gracieuse est exprimé par Philostrate (ii, 1), *nue et chaste*.

dicis est une imitation charmante, mais tardive et déjà assez éloignée de la Vénus de Praxitèle [1], dont elle a conservé la grâce, mais en y mêlant une coquetterie qui révèle un âge moins ancien. Le vase et le linge ont disparu, et avec eux toute allusion à l'idée du bain, toute excuse à la nudité. Vénus n'est nue que pour se montrer.

On attribue, en général, cette statue à Cléomène. Le nom de ce sculpteur se lit sur la plinthe qui porte la Vénus de Médicis. Il est reconnu que cette plinthe est moderne, et, par conséquent, l'inscription ; on croit qu'elle a été transportée d'une base antique sur la base qui l'a remplacée. Mais la chose n'est pas si assurée que cette attribution de la Vénus de Médicis à Cléomène soit hors de doute. Dans le cas où on ne l'admettrait pas, je proposerais pour l'auteur de la gracieuse statue Philiscus, dont la Vénus se trouvait dans le portique d'Octavie[2], près duquel a été découverte, dit-on, la Vénus de Médicis.

[1] A part la différence d'attitude, la Vénus de Médicis rappelle à plusieurs égards et mieux que la Vénus du Capitole la description que fait Lucien (*Am.*, 13-14, *Im.* 6) de la Vénus de Praxitèle. Elle en a conservé le sourire avec une grâce plus moderne que l'âge du sculpteur athénien. Ses cheveux étaient dorés et ses oreilles percées pour recevoir un ornement ; mais ce n'est pas là ce qui peut l'éloigner de l'époque antique, surtout les oreilles percées, qui se rencontrent dans des statues archaïques. Junon, dans l'*Iliade* (xiv, 182), se met des boucles d'oreilles, Vénus en porte aussi. (*Hymne à Vénus*, ii, 8-9.)

[2] Pl., *Hist. nat.*, xxxvi, 5, 22. Au même endroit était une Vénus de

Deux Amours folâtrent sur le dauphin[1] qui est à côté de la Vénus de Médicis, et qui est aussi, mais, sans Amours, près de la jeune sœur de la Vénus de Médicis, la statue tirée, il y a quelques années, des jardins de César[2]. Les Amours près de Vénus, dont l'idée remonte à Scopas, paraissent fréquemment dans des monuments assez modernes ; on voit un ou plusieurs Amours à côté des impératrices romaines déguisées en Vénus, comme des *Amours* accompagnent les portraits des grandes dames du dix-septième et du dix-huitième siècle, accoutrées aussi en déesses. Deux Amours, dont l'un sur un dauphin, se tiennent des deux côtés d'une vieille impératrice représentée en Vénus[3].

Phidias (*ib.*, 5); ce n'est pas d'elle que peut provenir la Vénus de Médicis évidemment d'après Praxitèle. Des têtes de Vénus d'une physionomie plus sévère peuvent seules nous transmettre, dans des imitations médiocres, quelques reflets de la beauté que Phidias avait dû donner à sa Vénus. On s'est défié avec raison de ce nom de Cléomène qui se lit sur sept statues conservées, la plupart très-belles, et sur un bas-relief. Cléomène avait sculpté des Thespiades imitées de celles de Praxitèle (*Anth. Plan.*, IV, 167), que Mummius avait transportées à Rome (Pl., XXXIV, 19, 20; Str., VIII, 23; Brunn, I, p. 342-546). On a pu, par une erreur facile à comprendre, graver le nom d'un imitateur de Praxitèle sur une imitation de Praxitèle dont il n'était point l'auteur.

[1] Ce dauphin n'a rien à faire avec l'idée du bain; il n'est là que pour indiquer l'origine de Vénus, née de la mer, car il accompagne une Vénus demi-vêtue placée dans un sanctuaire (*M. Chiar.*, 39). Ce dauphin pouvait encore avoir trait à la Vénus de Gnide, qui était une Vénus *Euploa*, favorable à la navigation.

[2] Aujourd'hui à Saint-Pétersbourg dans le palais de l'Ermitage.

[3] *M. Chiar.*, 673

Le motif du bain est encore indiqué dans la *Vénus accroupie*[1]. On ne saurait douter que son attitude n'exprime cette idée du bain, qui rappelle la Vénus de Gnide, car derrière une Vénus accroupie de la villa Ludovisi est un enfant tenant un linge pour l'essuyer[2]. On a donc pu, avec toute raison, reconnaître dans cette gracieuse Vénus le type souvent répété de la Vénus *qui se lavait*[3]. Près de la Vénus accroupie a été trouvée une base sur laquelle on lit le nom de Bupalus, sculpteur grec très-ancien, et on l'a reproduit sur la base moderne; mais

---

[1] *M. P. Cl.*, 429. Elle est assise sur un vase couché. Celle du Louvre répand sur elle des parfums.

[2] *Vill. Lud.*, I, 11. Une pierre gravée montre Vénus accroupie s'apprêtant à recevoir l'eau qu'on va verser sur ses épaules (Müll., *Atl.*, I, 280). Ailleurs elle va reprendre son vêtement (*ib.*, 281). La même attitude à peu près est donnée à Diane qui se baigne, dans un bas-relief d'Actéon, et à Danaé qui reçoit la pluie d'or. La Danaé de Praxitèle (*Anth. pal.*, III, p. 57) était peut-être dans cette position ce qui expliquerait par un original célèbre le grand nombre de répétitions de la Vénus accroupie. Il est honteux à Bœttiger d'avoir vu dans une attitude qui s'explique si naturellement une allusion indécente au vers de Juvénal :

Ad terram tremulo descendere clune puellæ.

A la Villa Borghèse (I, 21), une Vénus assise se frotte la jambe avec un linge, un petit Amour assis la regarde; traduction familière et prosaïque de l'idée du bain.

[3] Pl., *Hist. nat.*, XXXVI, 5, 23. La Vénus accroupie du Vatican attend qu'on verse l'eau sur ses épaules et qu'on les essuie. M. Meyer pense qu'elle pourrait être l'*original* dont parle Pline, lequel dérivait peut-être lui-même de la Danaé de Praxitèle. *Anth. Pl.*, IV, 262.

Bupalus ne pouvait être l'auteur de cette conception empreinte d'une grâce évidemment beaucoup plus récente. D'ailleurs Bupalus, qui avait représenté les Grâces *vêtues* [1], n'aurait pas représenté Vénus *nue*.

Quant à Vénus Anadyomène [2], elle est figurée dans de nombreuses répétitions, au moment où elle vient de *sortir des eaux*, tordant d'un mouvement gracieux ses cheveux encore humides.

On ne cite aucun sculpteur grec ancien comme ayant imaginé ce motif si heureux. Mais en Grèce on avait deux fois représenté Vénus sortant de la mer. Parmi les bas-reliefs en or qui décoraient la base du trône de Jupiter à Olympie [3] était une Vénus Anadyomène.

La Vénus Anadyomène dont les répétitions sont si connues ne peut descendre de celle-là ; il y a dans sa pose trop de grâce et je dirai trop de coquetterie pour qu'on en puisse faire remonter la conception au temps de Phidias.

---

[1] Paus., ix, 35, 2.

[2] *Vat., Nuov., br.*, 92. *Gal. des Cand.*, 111. Toutes deux à demi vêtues. On a combiné cette Vénus avec les Vénus dérivées de la Vénus de Gnide et avec les Vénus demi-vêtues, comme la Vénus de Milo (*M. Chiar.*, 352, *Villa Borgh.*, vii, 3.) Les deux Vénus Anadyomènes du Vatican (*Nuovo bracc.* et *M. Chiar.*) sont très-semblables à la Vénus dont parle Ovide.

> Nobile signum
> Nuda Venus madidas exprimit imbre comas.

[3] Paus., v, 11, 3.

Mais, à une époque toute différente et assez postérieure, Apelles avait peint Vénus sortant des flots, et le tableau d'Apelles [1] a très-bien pu servir d'original à la charmante Vénus Anadyomène que nous connaissons. Ce ne serait pas, nous le verrons, le seul exemple d'une statue ou d'un bas-relief ayant pour original un tableau [2]. Le tableau d'Apelles était

---

[1] Elle était exactement pareille à nos statues de Vénus Anadyomène, à en juger par la peinture des poëtes de l'Anthologie :

$$\text{Διάβροχον ὕδατος ἀφρῷ}$$
$$\text{θλίβουσαν θαλεραῖς χέρσιν ἔτι πλόκαμον.}$$
Anth. gr., II, p. 95.

Un autre de ces poëtes emploie presque les mêmes termes pour la décrire (*Anth. gr.*, II, p. 15). Les deux Vénus Anadyomènes du Vatican sont à demi vêtues, celle d'Apelles était nue (*Anth. Plan.*, IV, 179), comme une autre Vénus Anadyomène dont parle aussi l'Anthologie. (*Anth. Plan.*, IV, 180.)

[2] Je crois reconnaître la Vénus Anadyomène primitive du bas-relief d'Olympie dans un bas-relief du palais Colonna ; elle est vue de face et tient des deux mains les deux extrémités de sa chevelure divisée. Il y a là une simplicité, une symétrie qui sont dans le goût d'une époque encore sévère. J'en dirai autant d'une Vénus soutenue sur une coquille par deux Tritons (*cour du palais Mattei*); je crois également qu'on doit rapporter à une imitation de la Vénus Anadyomène du trône d'Olympie une tête de femme (*M. Chiar.*, 165) dont les cheveux semblent mouillés et dans laquelle on a cru voir la *pâleur* telle qu'elle est représentée sur les médailles romaines, tant le caractère de cette tête est sévère. Ce caractère nous rapproche de l'époque de Phidias. Un vers de l'Anthologie (*Anth. gr.*, II, p. 292) me paraît se rapporter à la famille de ces Vénus Anadyomènes plus simples que celles de Praxitèle et d'Apelles, et à laquelle appartiennent de petits bronzes

placé dans le temple d'Esculape à Cos. Les habitants de Cos s'étaient donc relâchés, au temps d'Apelles, de la sévérité qui leur avait fait repousser, à cause de sa nudité, la Vénus de Praxitèle.

La gracieuse Vénus Anadyomène, que chacun connaît, a donc le mérite de nous rendre une peinture perdue d'Apelles ; elle en a un autre encore, c'est de nous conserver dans ce portrait — qui n'est point en buste — quelques traits de la beauté de Campaspe [1], d'après laquelle Apelles, dit-on, peignit sa Vénus Anadyomène. De même les répétitions de la Vénus de Gnide nous conservent jusqu'à un certain point l'image idéalisée sans doute de Phryné. On voit que si la recherche des origines de la statuaire romaine a ses aridités inévitables, elle a aussi ses compensations [2].

---

dont un peut se voir dans l'atlas du *Manuel d'archéologie* de Müller (II, 284). Le vers de l'Anthologie se traduit ainsi : Elle a dénoué ses cheveux qui tombent le long de son cou.

[1] Campaspe ou Pancaste dont Apelles était amoureux, et que lui céda Alexandre (Pl., xxxv, 36, 24); d'autres disent Phryné (Athén., xiii, p. 590); mais c'est probablement une confusion avec l'histoire de la Vénus de Praxitèle.

[2] On a combiné le type de la Vénus Anadyomène et de la Vénus accroupie. Un bas-relief (*Vill. Borg.*, salle viii) nous montre une Vénus accroupie portée dans une coquille et soutenue par des tritons comme dans le bas-relief Mattei cité plus haut, qui représente Vénus Anadyomène. La *Mer* la soutenait dans le groupe de personnages marins de l'isthme de Corinthe (Paus., ii, 1, 7). La Vénus accroupie de Florence, au lieu d'être assise sur un vase à parfum, est assise sur une *coquille*.

La Vénus *Genitrix*, la Vénus Génératrice, la Vénus mère, est une Vénus romaine. C'est une Vénus sérieuse et chaste dont on ne voit aucun exemple dans les produits de l'art grec; en Grèce, du moins, car la Vénus *Genitrix* qui ornait le forum de César fut l'œuvre d'un sculpteur grec, Arcesilas, mais travaillant à Rome pour des Romains. Cette statue d'Arcesilas a été nécessairement le type des Vénus *Genitrix* qu'on voit dans les collections [1]. L'attitude est toujours la même. Le vêtement de dessus est ramené par un mouvement gracieux de la main, pour couvrir pudiquement un des seins montré nu en signe de fécondité [2].

Vénus Victorieuse, Vénus armée, ancien type hellénique [3], fut surtout pour les Romains Vénus qui triomphe de Mars et le désarme en l'embrassant, comme dans les beaux vers de Lucrèce [4]; elle a souvent le pied sur un casque posé à terre. On a vu le type de ces Vénus

[1] *Vill. Borgh.*, I, 5. *Vill. Lud.*, I, 34. *M. Chiar.*, 546. Ici, c'est l'impératrice Sabine, qui est représentée en Vénus mère, quoiqu'elle n'ait jamais eu d'enfants, ne voulant pas, disait-elle, perpétuer la race d'un mari qui lui était justement odieux. Cette Vénus est représentée sur les médailles de Sabine avec le mot *Genitrici*.

[2] Aristénète, I, 15. Ou bien, au lieu de le couvrir, le dévoile, ce qui exprimerait encore mieux la même idée; le geste des statues de Vénus *Genitrix* est incertain.

[3] Gher., *Gr. Myth.*, I, p. 384-5-93-7-8.

[4] *M. Capit.*, salle des Hercules, *Vill. Borgh.*, VI, 3, *M. Chiar.*, 627. Les groupes de Mars et Vénus sont tous de sculpture romaine, et souvent des portraits.

Victorieuses, ou une *Victoire* dans notre incomparable Vénus de Milo, mais on ne cite aucun artiste grec célèbre [1] à qui on puisse attribuer une Vénus Victorieuse soit groupée avec Mars, soit tenant un bouclier, comme on a supposé qu'était la Vénus de Milo. Ces deux suppositions ont leurs difficultés [2]. Pour trouver au chef-d'œuvre que nous sommes fiers de posséder une origine digne de lui, j'oserais proposer d'y voir la Vénus Céleste de Phidias [3].

Certes, notre Vénus n'est pas au-dessous de cette appellation et de cet auteur.

On a attribué la Vénus de Milo à Scopas; l'auteur de la Vénus au bouc peut difficilement être l'auteur de notre chaste et sublime Vénus.

---

[1] La *Victoire* de Brescia est assez belle pour avoir une origine grecque, et on peut considérer ce type grec d'auteur inconnu comme l'origine des nombreuses *Victoires* romaines jusqu'à celles, si grossières, de l'arc de Constantin.

[2] On n'a pas trouvé de Mars avec la Vénus de Milo, et le corps n'est pas assez penché en avant pour une *Victoire* écrivant sur un bouclier; d'ailleurs les traits sont trop divins. La Vénus de Milo pourrait avoir été à la rigueur une Vénus se mirant dans le bouclier de Mars, telle qu'on la voit sur une médaille de Corinthe (Müll., *Arch. atl.*, II, 269) et comme on suppose qu'était la Vénus de Capoue. Apollonius de Rhodes (*Arg.*, 1, 743-6) la montre ainsi.

[3] Phidias avait fait deux statues de Vénus-Uranie; l'une était à Élis, l'autre à Athènes (Paus., VI, 25, 1, 14, 6). La Vénus d'Élis avait le pied posé sur une tortue, symbole de la voûte céleste; la voûte d'un temple s'appelait *testudo*. La Vénus de Milo pose le sien sur un objet qui n'a pas pu être déterminé.

L'histoire des Grâces est la même que celle de Vénus. Elles furent d'abord vêtues [1]. Telles étaient sans doute, dominant la tête de Jupiter Olympien, les Grâces de Phidias [2]. Socrate, qui avait été sculpteur, les avaient représentées ainsi [3], et Apelles les peignit de même ; ce ne fut qu'après l'époque d'Alexandre qu'on osa les montrer nues, comme on peut les voir dans une salle attenante à la cathédrale de Sienne. Comme pour Vénus, on eut recours d'abord, afin d'excuser cette hardiesse, au prétexte du bain, et on plaça, pour y faire allusion, auprès d'elles des vases à parfum [4]. Les Grâces, dans l'origine, se confondaient avec les nymphes [5], qui se baignaient dans les fontaines, dont elles exprimaient le charme [6], comme les néréides

[1] Elles le sont sur le candélabre Borghèse d'intention archaïque (*au Louvre*).

[2] Paus., v, 11, 2.

[3] Si c'est le philosophe Socrate qui fut réellement l'auteur des trois Grâces de l'acropole d'Athènes (Pl., xxxvi, 5, 20; Diog. Laert., *Soc.*), ce dont on a douté, mais ce qui me semble assez probable puisque Socrate eut un sculpteur pour père. Lucien dit que Socrate avait abandonné la sculpture pour la philosophie. A Élis les statues des Grâces en bois et en marbre, signe d'antiquité, avaient des vêtements dorés. (Paus., vi, 24, 5.)

[4] Groupe des trois Grâces ayant auprès d'elles un vase (St., *R.*, iii, 2, p. 97), sur lequel sont jetés des vêtements (autrefois au Vatican).

[5] Hésiode les nomme ensemble. Welck., *Ep. cycl.*, ii, p. 89.

[6] J'ai parlé d'un bas-relief qui représente un homme à genoux devant les Grâces, près de lui sont Esculape et Mercure. Sur un autre bas-relief (*M. P. Cl.*, 474), les nymphes remplacent les Grâces, et Hercule,

exprimaient la grâce de la mer, et auxquelles leurs statues servirent souvent d'ornement.

C'est sans doute de Praxitèle, créateur de la Vénus gracieuse, que Bacchus reçut la douceur féminine [1] qui caractérise presque toujours les images de ce dieu dans lequel il y a de la Vénus [2]. La mythologie [3], qui prêtait les deux sexes à Bacchus, fut favorable à cette fusion de leurs deux types, qui était si fort dans le

dieu de la force, Esculape dieu de la santé ; au-dessous est écrit *ex voto Nymphabus*. Ces nymphes sont nues et groupées comme les Grâces. C'est à cause de cette analogie des nymphes et des Grâces que les statues de celles-ci ornaient si souvent les bains et que les bains leur étaient si souvent consacrés, comme on le voit dans l'Anthologie. (*Anth. Pl., passim.*)

[1] Outre le Bacchus groupé avec le satyre et l'Ivresse (Pl., xxxiv, 19, 20), il y en avait un de Praxitèle à Élis (Paus., vi, 26, 1), probablement en marbre selon l'usage de Praxitèle. Faut-il en reconnaître une copie dans le Bacchus que décrit Callistrate et dont le bronze semblait de la chair? (Callistr., 8.)

[2] Ayant les grâces de Vénus (Eurip., *Bacch.*, 236). Belle statue, *Vill. Alb.* (Müll., *Arch.*, p. 597.)

[3] Bacchus avait été déguisé en jeune fille (Sen., *OEd.*, 420); durant ses fêtes les hommes se déguisaient en femmes et les femmes en hommes comme chez nous pendant le carnaval : de là une statue virile avec un costume féminin *M. P. Cl.*, 495), et une tête de Bacchus avec une coiffure féminine (*M. Chiar.*, 604). Une tête d'Ariane (*M. Capit., salle du Glad.*) passe maintenant pour une tête de Bacchus; on a cru y reconnaître des cornes. Le caractère efféminé de Bacchus et l'ambiguïté de son sexe, à demi homme, dit Lucien, (*D. dial* 23) sont très-crûment exprimés par Aristophane faisant parler Eschyle (*Thesm.*, 134 et suiv.). *Virgineum caput* (Sen., *OEd.*, 408.)

goût des anciens, et qui, même avant Praxitèle, s'était montrée dans les Apollons [1].

Avant Praxitèle, Bacchus avait été représenté barbu et en robe traînante [2]. Dans les bas-reliefs archaïques, comme sur les vases archaïques, il a toujours une barbe pointue. Perfectionné par l'art, ce Bacchus a pris l'air majestueux qu'offrent les *Bacchus indiens* [3].

---

[1] Sur les rapports d'Apollon et de Bacchus, *fr. Eur.* Did. p. 735, V Fr. Lenormant *Inscriptions d'Éleusis*, p. 256. On a douté parfois qu'un torse appartînt à l'un et à l'autre de ces dieux, à tel point qu'on a restauré un Apollon en Bacchus (*M. Chiar.*, 178), bien que le carquois qu'on a laissé subsister près du prétendu Bacchus eût dû prévenir cette méprise. Les deux dieux placés en regard (*M. P. Cl.*, 610, 614) font voir le caractère féminin commun à l'un et à l'autre, surtout depuis Praxitèle.

[2] Nous savons qu'il était barbu sur le coffre de Cypsélus (Paus., v, 19, 2), tenant une coupe comme on le voit souvent sur les bas-reliefs, et vêtu, dans la procession d'Antiochus Épiphane (*Athen.*, v, 198). Nous le voyons jeune, mais portant une *longue robe*, dans un bas-relief du musée Chiaramonti (501). C'est un commencement de la transformation que devait subir l'ancien Bacchus de Calamis (Paus., ix, 29, 4) pour arriver à celui de Praxitèle, et dont ceux de Myron (Paus., ix, 30, 1), de Scopas en bronze (*Anth. gr.*, iii, p. 206), de son contemporain Bryaxis (Pl., xxxvi, 5, 10), devaient indiquer les principaux degrés.

[3] Sur les bas-reliefs bachiques des sarcophages, ceux en particulier qui représentent la visite de Bacchus chez Icarius, et dans la statue de Bacchus indien qui porte le nom de Sardanaple (*M. P. Cl.*, 608). L'idole adorée dans plusieurs bas-reliefs bachiques et qu'on appelle Sébasius ressemble à un Bacchus barbu et à robe longue. Des hermès accouplent Bacchus barbu et Bacchus imberbe (*M. Chiar.*, 47). C'est près du nouveau qu'était l'ancien Bacchus, celui en robe, ***palla velatus***.

330 L'HISTOIRE ROMAINE A ROME.

Bacchus armé, sujet rare qui se voyait à Delphes, se voit sur un bas-relief de la villa Albani [1].

Praxitèle fut donc le créateur du Bacchus nu, jeune [2] et féminin dont le type a prévalu, et qui se trouve à chaque pas dans les collections de Rome, soit seul, soit appuyé sur un adolescent [3] ou une jeune femme [4], en imitation du groupe de Praxitèle dans lequel le dieu était entre un satyre et l'Ivresse, groupe d'où, en

---

comme dit Pline (xxxvi, 5, 17) en parlant du Bacchus qu'un des quatre satyres placés dans la Curie d'Octavie portait sur ses épaules.

[1] Winckelm., *M. inéd.*, 6. Zoeg., *B. ril.*, 11. Bacchus avait pris part à la guerre contre les géants.

[2] Les deux Bacchus de Praxitèle étaient jeunes; celui d'Élis est considéré par Müller (*Arch.*, p. 123) comme le Bacchus jeune et ravissant de Callistrate (viii); l'autre était jeune aussi, bien qu'il soit appelé *liberum patrem* par Pline (xxxiv, 19, 20). Pline se sert ailleurs de cette expression pour désigner Bacchus enfant (xxxiv, 19, 37), et ici elle est appliquée au Bacchus, groupé avec un satyre et l'Ivresse que de nombreuses imitations nous montrent avoir été un Bacchus jeune. *Liber pater* ne veut pas dire autre chose que *Bacchus*. Bacchus est célébré déjà comme adolescent :

νεηνίῃ ἀνδρὶ ἐοικὼς
πρωθήβῃ...

dans un des hymnes homériques (*Hymn.*, v, 3-5); mais ces hymnes ne sont pas d'Homère et rien ne prouve que celui-ci soit antérieur à Praxitèle, ce Bacchus *jeune* est *vêtu*.

[3] *M. P. Cl.*, 99, 555. *Vill. Borgh.*, *salone* 11. *Vill. Lud.*, ii, 14. Tantôt un satyre, tantôt Ampelos, dont le nom veut dire en grec *la vigne*, comme on le voit par un groupe de Naples dans lequel l'adolescent sur qui s'appuie Bacchus est à moitié vigne.

[4] Dans les bas-reliefs bachiques cette jeune femme est Ariane.

général, ce dernier personnage a disparu, mais dont il fait encore partie dans un bas-relief du Vatican [1].

Bacchus avait, du reste, apparu sous cette forme gracieuse aux poëtes grecs. Sa chevelure est celle que décrit un hymne homérique [2], et O. Müller a reconnu dans un des Bacchus de Rome le *ventre* de Bacchus dont parle Anacréon.

Des figures attribuées à l'épouse mystique de Bacchus, Libera, celles-là seules sont certaines qui sont adossées à un Bacchus dans un double hermès. Le type de Libera existe à Rome depuis la fondation (en l'an 258 de Rome) du temple de Cérès, Bacchus et Libera, temple où se trouvait certainement sa statue, sans doute de travail grec, car c'est dans la décoration de ce temple que l'art grec fit à Rome sa première apparition.

Praxitèle avait aussi composé un groupe de Mércure *portant Bacchus enfant* [3]. Ce groupe a été reproduit par plusieurs bas-reliefs [4]; ils nous donnent lieu de croire que dans la composition de Praxitèle il s'agis-

[1] *M. P. Cl.*, 99.
[2] *Hymn.*, v, 4.
[3] Paus., v, 17, 1 ; sujet traité avant Praxitèle à Amyclée : Trône d'Apollon (Paus., III, 18, 7), à Sparte (*ib.*, II, 8) par la sculpture; par la poésie : Pindare (*Pyth.*, IX, 59-61) parle de Mercure enlevant l'enfant divin à sa mère et le portant à la Terre et aux Heures qui siégent sur de beaux trônes
[4] *M. P. Cl.*, 493; *M. Chiar.*, 183; *M. Capit.*, galer. 48.

sait du petit Bacchus confié aux déesses qui doivent l'élever. On peut aussi retrouver le motif du groupe de Praxitèle varié selon l'usage de l'art antique, lequel appliquait une donnée heureuse à des sujets analogues, dans des statues de satyres portant un enfant à cheval sur leur épaule [1], comme Mercure devait porter le petit Bacchus dans le groupe de Praxitèle et comme j'ai vu des mères grecques porter leur enfant. Cette manière de le porter convenait mieux que celle du bas-relief à une statue.

Peut être y a-t-il également une réminiscence de cet enlèvement du petit Bacchus dans le Silène, qu'on aurait substitué à Mercure, tenant dans ses mains Bacchus enfant [2], belle réplique au Vatican d'un marbre du Louvre encore plus beau.

Je pense que ce chef-d'œuvre est une imitation modifiée du *Mercure nourricier de Bacchus*, par Céphisodote, fils de Praxitèle [3]. On y a vu aussi une imitation d'un groupe célèbre, bien que l'auteur en soit inconnu, qui représentait Silène empêchant *un enfant de pleurer* [4]; mais Pline eût indiqué que cet enfant

---

[1] *Nuov. bracc.*, 29; *Vill. Alb.*, *salles d'en bas*. Dans celui-ci le corps de l'enfant est moderne, mais une cuisse qui est antique suffit pour le restituer. Deux hermès portant un enfant sur l'épaule (*M. de Saint-Jean de Latran*). Ailleurs (*M. P. Cl.*, 471), Mercure porte le petit Hercule.

[2] *Nuov. bracc.*, 11.

[3] Pl., xxxiv, 19, 37. Silène, nourricier de Bacchus. (*Pind.*, *fr. dith*, 15.)

[4] xxxvi, 5, 17.

était Bacchus, et Bacchus n'a nulle envie de pleurer.

Il en est de Mercure comme de Bacchus.

Avant le Mercure nu, jeune, imberbe, il y a eu le Mercure vêtu, âgé et barbu, avec cette longue barbe pointue que lui donnent les vases archaïques et les bas-reliefs archaïques, tels que le *putéal* du Capitole. Le premier passage de l'un de ces types à l'autre doit s'être opéré avant Praxitèle, peut-être dès le temps de Phidias, qui avait fait un Mercure [1], et plus certainement de Polyclète, qui en avait fait un autre, venu à Rome, dans lequel j'ai été conduit à voir l'original du Mercure du Belvédère [2]. De ce Mercure, aux formes un peu charnues, de Polyclète, durent procéder, comme on l'a dit, les Mercures de la Palestre, reconnaissables à leur carrure athlétique [3]. Ces Mercures-là sont bien représentés à Rome par une statue du dieu qui s'appuie sur un hermès [4], ornement ordinaire des palestres; comme le Mercure *des places publiques* par un

---

[1] Paus., ix, 10, 2; de plus dans les bas-reliefs de la base du trône de Jupiter à Olympie (Paus., v, 111, 3), où Mercure était à côté de Vesta comme sur le putéal du Capitole.

[2] Outre Phidias, Polyclète, Scopas et Naucyde (Pl., xxxiv, 19, 30) avaient représenté Mercure avant Praxitèle.

[3] *Cratus* le fort est une des épithètes que les poëtes grecs donnent à Hermès.

[4] M. Chiar., 450. Hermès Énagonios. ὅς ἀγῶνας ἔχει (Pind., *Ol.*, vi, 79). Mercure à l'état d'hermès dans les palestres (*Anth. gr.*, ii, p. 59), un tel hermès se plaint de n'avoir ni mains ni pieds.

Mercure trouvé dans le forum de Préneste [1]. Mercure Orateur, ayant le bras levé dans l'attitude qui désigne les orateurs [2], est aussi un Mercure *des places publiques*.

Mais Mercure *Messager des dieux*, Mercure leste, agile, type qu'a réalisé un sculpteur moderne, Jean de Bologne, dans une statue hardiment lancée, mais trop à l'effet pour qu'elle puisse nous rendre une donnée antique; ce Mercure Messager, c'est celui qui figurait dans le groupe célèbre de Praxitèle dont je viens de parler; c'est Mercure emportant le petit Bacchus tel qu'on le voit à Rome sur plusieurs bas-reliefs et tel qu'il est rappelé par diverses statues dans lesquelles un personnage bachique qui l'a remplacé emporte un enfant.

A ce Mercure de Praxitèle il faut donc rapporter ceux qui nous présentent le messager divin assis se reposant de ses courses à travers les airs, ou prêt à en entreprendre de nouvelles. En asseyant le dieu, on a changé l'attitude du Mercure de Praxitèle, mais on n'en a pas altéré le type. Le plus beau spécimen de Mercure messager et assis est à Naples; l'admirable bronze d'Herculanum est digne d'avoir été fait d'après Praxitèle. Un autre, beaucoup moins beau, se trouve au Vatican [3].

---

[1] Hermès Agoraios. (*M. P. Cl.*, 34.)

[2] Hermès Logios (*villa Ludovisi, salle* II, 30); semblable au prétendu Germanicus du Louvre qui est un orateur.

[3] *Gal. des Candél.*, 88. On peut rapprocher de ce Mercure assis deux

Quant aux autres statues de Mercure, dispersées dans les collections de Rome, plus elles ont de légèreté et d'élégance, plus il y a de probabilité qu'elles dérivent du Mercure de Praxitèle. La bourse que Mercure tient à la main ne paraît pas un attribut très-ancien [1]. Mercure dieu du commerce est une conception prosaïque plus romaine que grecque et qu'exprime son nom latin de *Mercurius*, le dieu de la marchandise. Homère donne au fils de Maïa le caducée et les ailes aux talons, et ne parle pas de bourse, mais l'idée du bonheur, de la richesse que peut procurer la verge magique de Mercure, est une idée plus générale et plus haute, d'où sont sorties celles de commerce et de bourse. Celle-là est déjà dans l'hymne à Mercure [2]. Cet hymne, attribué à Homère, est rappelé vivement par une jolie statue de Mercure enfant [3]; elle exprime très-

---

autres Mercures qui le sont également : le Mercure près d'Hersé du palais Farnèse et le Mercure tenant une lyre de la villa Borghèse (viii, 3). Une statue de Mercure décrite par Christodore était dans l'attitude du Jason, auquel elle a pu servir de modèle. Ce Mercure attachait sa chaussure comme il fait chez Homère : ὑπὸ πόσσιν ἐδήσατο κάλα πέδιλα (*Anth. pal.*, Christod., *Ekphr.*, 297), prêt à prendre sa course et le visage tourné en haut.

[1] Mercure semble tenir une bourse dans un bas-relief grec (Müll., *Arch. atl.*, ii, 329); mais est-ce bien une bourse?

[2] *Hymn. in Merc.*, 526. Mercure est appelé un dieu *utile, ἐριούνης*. (*Od.*, viii, 322; *Il.*, xx, 34.)

[3] *M. Chiar.*, 82. Statue acéphale qu'on rapproche de la première, (167), et, salle des Candélabres, un petit Mercure serrant une brebis contre son sein.

bien la malice du dieu qui, né à peine, avait déjà volé les bœufs d'Apollon, et dont l'hymne homérique raconte avec complaisance les espiègleries. Le petit Mercure pose son doigt sur ses lèvres, demandant le secret, comme il le demande dans l'hymne au vieux laboureur Onchoste. Une de ces espiègleries fut de mettre la main sur une tortue et avec son écaille de fabriquer en jouant une lyre, exploit enfantin auquel fait allusion la lyre dans la main de Mercure ou la tortue à ses pieds [1].

Il y avait à Rome des Ménades et des Silènes de Praxitèle [2]. Ces danseurs et ces danseuses bachiques bondissent encore à nos yeux dans un grand nombre de bas-reliefs qui décorent les sarcophages romains ; ils sont en général d'une mauvaise époque: ce qu'ils

---

[1] Mercure, une lyre à la main (*Vill. Borgh.*, viii, 3 ; *M. P. Cl.*, 417). La tortue au pied du Mercure orateur de la villa Ludovisi, comme de l'orateur (faux Germanicus) de Paris, atteste une assimilation remarquable de la musique et de l'éloquence. La tortue est près de Mercure s'adressant tendrement à Hersé (*Pal. Farn.*); là encore elle exprime l'éloquence employée par le dieu pour persuader la jeune fille.

[2] Pl., *Hist. nat.*, xxxvi, 5, 11. Avant Praxitèle, Praxias avait sculpté des Ménades sur le fronton du temple de Delphes (Paus., x, 15, 9). Pline, à propos des Ménades et des Silènes de Praxitèle, parle aussi de Canéphores. Les Canéphores de la villa Albani, que j'ai supposé dériver de Polyclète et dont l'attitude est fort élégante, peuvent aussi venir de Praxitèle. Les noms des sculpteurs Criton et Nicolas que porte une d'entre elles ne prouvent rien contre cette origine, car ces noms peuvent être ceux des copistes. Pausanias cite aussi des Canéphores à Mégalopolis qui portaient des corbeilles de fleurs et dont la robe descendait jusqu'aux talons. (Paus., viii, 31, 1.)

conservent de fougue gracieuse, ils le doivent sans doute à Praxitèle, dont les Silènes dansants et les Ménades durent être l'origine de la plupart des compositions de ce genre. Ces personnages bachiques furent reproduits aussi par des statues qu'on voit plusieurs fois répétées dans les collections romaines; tantôt ce sont de vieux Satyres, comme l'était, nous le savons [1], un des Silènes dansants de Praxitèle; tantôt ces Satyres dansants sont jeunes [2], et ce n'est pas une raison de les enlever à Praxitèle, qui aimait à représenter jeunes les personnages mythologiques, témoin Bacchus et Apollon.

Des personnages bachiques de Praxitèle qui étaient à Rome viennent, je crois, en droite ligne, soit les

---

[1] Par une épigramme (*Anth. pal.*, IX, 756) sur un vieux satyre dansant de Praxitèle. Beau satyre dansant de la villa Borghèse (VIII, 1); un autre dans la même salle et un dans le *salon ;* un au musée de Saint-Jean de Latran.

[2] Parmi les *Silènes* dansants de Praxitèle (*Silène* peut se prendre pour *satyre*), la plupart devaient être jeunes, car Praxitèle rajeunissait tout. On ne peut guère douter, je pense, que le beau satyre dansant de Pompéi qui a donné son nom à la maison *du Faune*, et le satyre de la tribune de Florence lequel ressemble à un Napolitain dansant la *tarentelle*, danse grecque comme *Tarente*, ne soient imités l'un et l'autre d'un satyre dansant de Praxitèle. A Rome, plusieurs des satyres que Visconti appelle *dansants* ne dansent point, car leur pied touche à terre tout entier; mais il en est qui dansent véritablement (*gal. des Candél.*, 176, 178). Enfin un pied qui subsiste seul de la statue à laquelle il appartenait (*ib.*, 167) suffit pour indiquer par sa position que cette statue, celle d'un satyre bien probablement, dansait.

ménades, reconnaissables à leur peau de panthère [1], soit les vieux Silènes, dont la plupart ont admirablement la physionomie de l'ivresse [2], mais qui parfois présentent un caractère de noblesse où l'on sent cette inspiration divine [3] par laquelle Silène, personnage à la fois grotesque et sublime, comme l'a très bien compris Rabelais, pouvait, ainsi qu'on le voit dans la sixième églogue, pénétrer les secrets de la nature et de l'avenir. Enfin Praxitèle serait-il le premier auteur d'un autre personnage bachique, Pan aux pieds de bouc, personnage assez rare, dont cependant les images devaient être nombreuses, à en juger par la quantité de pièces de vers dans l'*Anthologie* qui décrivent des statues de ce dieu.

L'*Œnophore* [4] de Praxitèle était un satyre portant une outre remplie de vin sur son épaule. Cette donnée a été plus d'une fois reproduite et variée; elle se trouve bien souvent à Rome [5] dans des figures de

---

[1] Ménade au repos, cour du palais des Conservateurs sous le portique. Il pouvait y avoir de telles ménades parmi celles de Praxitèle. Pline distingue parmi les statues dont il fait mention les thyades, dont le nom indique l'emportement bachique, des ménades dont l'état n'était pas nécessairement violent.

[2] *M. Capit., gal.* 5; *Vill. Borgh.*, iii, 17.

[3] *M. P. Cl*, 491.

[4] Pl., *Hist. nat.*, xxxiv, 19, 21; *Anth., gr.*, iii, p. 218. Aux pieds de bouc.

[5] *Gal. des Candél.*, 256. Ailleurs on voit les traces de l'outre sur l'épaule qui la portait. Petit hermès œnophore (*Vill. Borgh.*, iv, 20; *Vill. Alb.*, salle d'entrée). L'outre remplacée par un vase (*gal. des*

toute sorte qui peuvent provenir originairement de l'*Œnophore*. L'Œnophore de la villa Albani a paru à un historien de l'art antique ne pas être indigne de Praxitèle [1].

La souplesse fut un des caractères du facile génie de Praxitèle. Celui qui avait créé le type de la Vénus nue, du jeune Apollon et du jeune Bacchus, tous deux presque féminins, sut représenter la chaste Diane [2].

Une fois, et ceci n'étonnera point de la part de Praxitèle, ayant à figurer les douze grandes divinités, il s'était abstenu de l'austère Artémis et l'avait laissé exécuter par un autre statuaire [3], Strongylion.

Mais il sut plier aussi la mollesse de son voluptueux ciseau à ce type sévère. On connaît l'existence de plusieurs Dianes de Praxitèle [4]; en général, les statues de

---

Cand., 199), les deux sur un vase bachique (*M. Capit*, *galer.* 37), un satyre porte une *outre* sur le dos, un autre danse, un *vase* sur l'épaule. Ailleurs sont des enfants œnophores (*M. Chiar.*, 595), des satyres œnophores figuraient dans la procession d'Épiphane. On a fait servir l'outre et le vase d'un Œnophore à répandre l'eau d'une fontaine (*M. Chiar.*, 484, 485), « il versait l'onde argentée des naïades » (*Anthol. pal.*, ix, 827).

[1] Hirt, *Gesch.. d. b. K.*, p. 217.

[2] Le type de Diane incline à la virilité, les jambes sont légèrement masculines, le sein peu développé. On a pu accommoder en Diane une statue dont le sexe masculin est manifeste (*Val.*, *salle des Candél.*, 200.)

[3] Paus., i, 40, 2.

[4] Paus., i, 23, 9; x, 37, 1. Sans compter Diane avec Apollon et Latone (Paus., viii, 9, 1). Un bas-relief de la villa Albani (*gr. salle*) représente ces trois divinités.

Diane peuvent se rapporter à trois types principaux, tous trois sont représentés à Rome. Diane est lucifère, chasseresse ou vengeresse.

Diane Lucifère, qui tient un ou deux flambeaux [2], en rapport avec la lune, est considérée comme une puissance de la nature; c'est probablement le type le plus ancien de la déesse, après celui de la Diane d'Éphèse qui personnifiait la vie et la fécondité universelles.

Diane chasseresse que font reconnaître le carquois, et quand il a péri la courroie qui l'attachait restée sur la poitrine ou le pli quelle a laissé, le chien, la biche, la tête de sanglier.

Diane vengeresse qui perce de ses flèches les Niobides et les géants Tityus ou Orion.

Diane Lucifère est toujours vêtue d'une longue robe qui tombe jusqu'à ses pieds. Son manteau est souvent enflé derrière sa tête; elle marche, le mouvement de sa draperie flottante rappelle la Diane des bas-reliefs

---

[1] Dans Homère elle est chasseresse; Diane qui se plaît à lancer des traits. Eurip. de l'appelle *celle qui tue les bêtes sauvages* (*Iph. en Aul.*, 1569), mais il l'appelle aussi *Lucifère* (*Iph. en Taur.*, 21).

[2] Les deux flambeaux faisaient allusion au double caractère de Diane bienfaisante (sôteira), comme telle, présidant aux accouchements (eutokia), et Diane redoutable en tant qu'Hécate. Ainsi Proserpine, elle aussi déesse de la vie et de la mort, est dite dans une inscription de Paros (Bœck, *C. inscr.*, 2388) porter deux flambeaux, l'un pour donner la lumière, l'autre pour allumer l'incendie.

allant trouver Endymion et qui est la lumière nocturne, la Lune.

Diane chasseresse porte en général une courte tunique laissant voir le genou — *nuda genu*[1].

Celle-ci marche ou est immobile, elle tient son arc ou porte la main à son carquois pour en tirer une flèche. Assez fréquemment les attributs de la Diane Lucifère et de la Diane chasseresse sont réunis[2].

Une Diane de Damophon qui avait le carquois, portait d'une main un flambeau[3], de l'autre, tenait deux serpents. C'était donc une déesse triple, Diane, Lune et Hécate tout ensemble, comme la petite statue du Capitole, dont une main tient aussi un serpent.

Des deux Dianes de Praxitèle, l'une était à la fois une Diane lucifère et une Diane chasseresse[4], on ne

---

[1] Le *nodoque sinus collecta fluentes* s'observe sur beaucoup de statues de Diane à courte tunique, à plis flottants avec une ceinture au-dessus.

ἦν δ' ἐπὶ γούνιον
παρθένιον λεγνωτὸν ἀναζωσθεῖσα χιτῶνα.
Chrisostod., *Eck.*, 308.

[2] Comme ils l'étaient dans les mains de la Diane Pythique (Müll., *Arch.*, p. 555), comme les place Sophocle dans les mains de la déesse, l'appelant à la fois Eléphabolos et Amphipuros (Soph., *Trachin.*, 213.

[3] Paus., viii, 37, 2. Cicéron dit la même chose de la Diane de Ségeste. (*In Verr.*, ii, 4, 34.)

[4] Celle d'Anticyre (Paus., x. 37, 1), qui portait un flambeau, avait le carquois derrière l'épaule et près d'elle un chien. La Diane de Ségeste volée par Verrès (*In Verr.*, ii, 4, 34) avait aussi l'arc et le carquois.

sait ce qu'était l'autre, mais on peut penser qu'elle était la Diane chasseresse à la courte tunique [1].

Praxitèle l'avait débarrassée de sa longue robe, qui, à l'origine, a enveloppé Diane comme toutes les autres divinités. Le sculpteur hardi qui osa dévoiler le corps de Vénus, pouvait bien découvrir le genou de Diane. Scopas l'avait peut-être précédé encore ici, car c'est en tunique courte qu'est représentée sur les bas-reliefs la Diane vengeresse exterminant les Niobides [2]. Quand Diane saisit une flèche dans son carquois, mais n'est accompagnée ni du chien ni de la biche ni de la tête du sanglier, on peut y voir la Diane vengeresse de Scopas perçant les filles de Niobé de ses traits; les Dianes que la présence de ces divers attributs indique comme chasseresses et les Dianes à la fois chasseresses et lucifères proviennent plutôt de Praxitèle.

Différents types de Diane devaient exister avant Praxitèle et même avant Scopas. Mais, ou nous ne savons

---

[1] C'était la Diane Brauronia (Paus., I, 23, 9), la terrible Artémis des peuples du Nord (Gher., *Gr. Myth.* I, § 329-31), la Diane homicide qui aime le sang et qui, par conséquent, avait pu devenir facilement une Diane chasseresse. La déesse cruelle de la Tauride, qui fut transportée à Athènes (*Iph. in Aul.*, 1450-63), la Diane Brauronia a sur les bas-reliefs les attributs de Diane chasseresse. La Diane Laphria de Ménechme et Soïdas (Paus., VII, 18, 6) et de Damophon (Paus., IV. 31, 6), avant Praxitèle, portait la courte tunique. (Müll., *Att.*, II, 165.)

[2] Bas-relief de la villa Albani dans l'escalier, la Diane de Scopas est dite une déesse qui lance ses flèches de loin. (Luc., *Lexiph.*, 12).

rien¹, de la forme qu'on leur donnait, ou nous voyons qu'ils étaient différents² de ceux que nous trouvons reproduits à Rome, et que par conséquent, nous ne ferons pas remonter plus haut que ces deux grands sculpteurs.

Les deux types de la Diane de Praxitèle abondent à Rome, il serait trop long d'énumérer toutes ces Dianes, et chacun pourra facilement les ramener aux *groupes naturels* que j'en ai formés³; aucune d'ailleurs ne mé-

¹ Sur le trône d'Amyclée Diane et Apollon lançaient leurs flèches contre le géant Tityus, sur le trône d'Olympie contre les Niobides.

² Ainsi la Diane Lucifère des bas-reliefs archaïques diffère des statues qui la représentent; souvent elle tient à la main un énorme flambeau. Nous voyons par une médaille Etolienne (Müll., *Arch. atl.*, II, 165) que la Diane Laphria, qui était Lucifère et chasseresse, n'avait, dans la forme sous laquelle on la représentait, presque aucun rapport avec nos Dianes chasseresses ou Lucifères.

³ J'indiquerai seulement quelques spécimens bien caractérisés appartenant à chacun de ces groupes:

1° Dianes seulement Lucifères, en partie semblables à la Diane-lune des bas-reliefs d'Endymion. En général, leur vêtement gonflé derrière la tête, tenant un ou deux flambeaux, quelquefois un croissant au-dessus du front. Une des figures de la triple Hécate au Capitole, *sous le péristyle; gal.* 44; au Vatican (*M. Chiar.*, 548). Sur un bas-relief archaïque de la villa Albani, Diane tient deux flambeaux;

2° Dianes à la fois Lucifères et chasseresses, portant l'arc et le flambeau, sur les bas-reliefs archaïques, putéal, autel rond au musée du Capitole; *villa Albani, salle du grand bas-relief,* sur un bas-relief, une Diane ayant le carquois et tenant dans chaque main un flambeau;

3° Dianes chasseresses, en courte tunique, ayant près d'elles un chien, une biche ou une tête de sanglier. Le type le plus remarquable de ce groupe est notre admirable Diane de Paris (*Vat.*; *M. P. Cl.*, 622; *Nuov. bracc.*, 85; *M. Chiar.*, 122, 125);

rite d'être particulièrement signalée à l'admiration.

Mais je mentionnerai deux circonstances qui peuvent servir à expliquer la quantité des images de Diane d'après Praxitèle qu'on trouve à Rome.

Céphisodote son fils, son élève, et à ce double titre son imitateur, avait fait, vraisemblablement d'après lui, une Diane *qui était à Rome*[1].

A Rome était aussi, une Diane de Philiscus[2]. Philiscus avait pu s'inspirer pour cette Diane d'un des deux types créés par Praxitèle, comme il s'inspira de sa Vénus de Gnide, si Philiscus a été véritablement l'auteur de la Vénus de Médicis, ce que nous avons trouvé quelques motifs d'admettre.

La souplesse fut, comme je l'ai déjà remarqué, le caractère du génie facile de Praxitèle ; outre les divinités de son choix, les plus gracieuses, dont il renouvela et on peut dire créa les types destinés à dominer dans l'art après lui, Vénus, l'Amour, Apollon, Bacchus, Flore, il sut reproduire les traits de divinités d'un caractère différent, de Neptune, de Latone, de Cérès, de Junon. Plusieurs de ces statues de Praxitèle furent transportées à Rome, où elles durent servir de

---

4° Dianes vengeresses ou combattant, rien qui indique la chasse, mouvement de saisir la flèche ; en robe courte, et aussi en robe longue, dans les deux cas, l'attitude est la même. (Capitole, salle des Hercules, 32.)

[1] Pl., *Hist. nat.*, xxxvi, 5, 12.
[2] Pl., *Hist. nat.*, xxxvi, 5, 22.

modèles à un certain nombre de celles que nous y voyons aujourd'hui.

On sait qu'il y avait à Rome un Neptune[1] et une Cérès[2] de Praxitèle.

Le Neptune[3] nu avec le trident, remplaça sans doute depuis Praxitèle, s'il ne l'avait fait avant, le Neptune à la longue robe, que l'on voit sur les monuments archaïques.

Praxitèle avait figuré par un groupe de statues en bronze une scène pathétique que nous offre bien souvent le marbre des bas-reliefs : Cérès poursuivant sa fille enlevée par Pluton[4], et très-probablement, en pendant, un sujet, dont la reproduction est beaucoup plus rare, Proserpine ramenée à la clarté du jour[5]. La Cé-

[1] Pl., *Hist. nat.*, xxxvi, 5, 12.

[2] *Ibid.*, avec Flore et Triptolème, dans les jardins des Servilius. La Flore de Naples a été déterrée à Rome dans les thermes de Caracalla, pas très-loin des jardins des Servilius; mais l'association à Cérès et Triptolème me fait douter que Flore se trouvât avec eux. Je crois que la Flore dont parle Pline était plutôt une Proserpine (Cora, Libera).

[3] L'expression du caractère énergique du terrible dieu de la mer dut être complétée par le sculpteur dont le dieu de la force, Hercule, était le dieu favori, par Lysippe; Lucien (*Jup. tragœd.*, 9) cite un Neptune en bronze de Lysippe. On ne voit guère, après Scopas, en Grèce, d'autres statues de Neptune que ces deux-là.

[4] Pl., *Hist. nat.*, xxxiv, 19, 20. A Rome, bas-reliefs des sarcophages. (*Cap.*, *gal.*)

[5] Pline parle de ce second groupe immédiatement après avoir parlé du premier, ce qui porte à l'attribuer également à Praxitèle. Je ne connais point à Rome de bas-relief où ce sujet puisse être indiqué avec certitude, si ce n'est peut-être sur un des côtés d'un sarcophage dont

rès poursuivant Proserpine de Praxitèle, nous est rendue par la Cérès éplorée des bas-reliefs.

Il avait aussi groupé Cérès et Proserpine avec Bacchus[1], par allusion à leur association dans les mystères[2]. Un groupe semblable devait exister à Rome, où il y eut dès les premiers temps de la république, un temple dédié à ces trois divinités, mais ce groupe n'y a pas encore été retrouvé. Le type de la Cérès de Praxitèle doit être cherché à Rome dans les Cérès, dont la forme est la plus fine et la plus délicate[3].

---

la face est occupée par l'enlèvement de Proserpine et que San Bartoli (*Admirand. Romæ*, pl. 53-4) cite comme étant au palais Rospigliosi. C'est Mercure et non Cérès qui vient chercher Proserpine pour la ramener sur la terre. Une Saison portant des fleurs, et qui est le printemps, indique le moment de ce retour, lié symboliquement, dans les mystères, au retour de la végétation reparaissant avec le printemps.

[1] Paus., ι, 2, 4.

[2] Ce groupe, si ce n'est plutôt celui que formaient Déméter, Cora et *Triptolème* (p. 345), également de Praxitèle, paraît être l'original d'un bas-relief trouvé à Eleusis et d'une grande beauté. Il a été admirablement apprécié par M. Vitet, ce juge de l'art.

[3] La charmante petite statue du Vatican (*gal. des Candél.*, 233), la belle Cérès de la villa Borghèse (ι, 4), de laquelle il faut rapprocher une Cérès très-mutilée sous le portique de la même villa (23). Les épis que celle-ci tient à la main sont antiques, chose très-rare parmi les Cérès. C'est un des attributs dont il faut le plus se défier, car très-souvent on l'a prêté, dans les restaurations en général faites sans discernement, à des statues qui n'avaient rien de commun avec Cérès. Ainsi on a fait une Cérès d'une bacchante tout en lui laissant sa nébride (villa Borgh.). Cérès est en général fort enveloppée du *peplos* (Théocr., vii, 32, par allusion aux mystères; c'est pour la même raison qu'outre les

Quant à la Cérès féconde (*Mammosa*), reconnaissable à l'ampleur de sa poitrine et à la largeur de ses flancs, dont il existe un magnifique exemplaire au Vatican[1], il n'y a aucune raison d'attribuer à Praxitèle la création de ce type majestueux, dans lequel la grâce ne saurait dominer.

Il faut en reporter l'origine à d'autres statuaires grecs que nous savons avoir représenté Cérès et particulièrement à Sthénis, auteur d'une Cérès qui se voyait à Rome[2]. Ce fut dans la Sicile, dont la fertilité était célèbre que l'idéal de la Cérès *féconde* dût atteindre toute sa perfection et aussi toute son ampleur. Deux statues de cette déesse y furent dérobées par Verrès[3]. On n'en connaît pas les auteurs, mais on doit présumer qu'elles étaient belles, car Verrès était connaisseur, ou au moins bien conseillé. Il se peut que nous devions à ses larcins la belle Cérès *féconde* du Vatican.

épis elle tient souvent dans sa main les pavots dont était remplie la ciste sacrée d'Eleusis.

[1] *M. P. Cl.*, 544.

[2] Pl., *Hist. nat.*, xxxiv, 19, 40. Plutôt qu'aux deux Cérès de Damophon, dont l'une (Paus., viii, 31, 1) était groupée avec Proserpine et l'autre avec Junon (Paus., viii, 37, 1); la seconde était assise et tenait un flambeau; ce qui ne convient pas aux Cérès de Rome, toutes debout, seules et sans flambeau.

[3] L'une dans le temple, l'autre devant le temple de Cérès à Enna (Cic., *in Verr.*, ii, 4, 49). Cette dernière était groupée avec Triptolème comme la Cérès des jardins des Servilius.

Les Junons de Praxitèle[1] devaient avoir plus de douceur que la Junon de Polyclète et j'ai été en droit de leur attribuer, au moins en partie, l'adoucissement du type, que j'ai remarqué chez les Junons romaines.

D'autres sculpteurs grecs ont concouru à ce résultat. A Rome, le portique d'Octavie renfermait deux statues de Junon[2], l'une de Denys[3] et l'autre de son frère Polyclès, auteur de l'Hermaphrodite et duquel on ne devait pas attendre une bien grande sévérité d'expression. Polyclès était un disciple attardé de Praxitèle. C'est donc à celui-ci, soit directement, soit indirectement par ses imitateurs, qu'on doit faire remonter le caractère de douceur, qui remplace en général chez les Junons romaines, l'austérité[4] de la Junon de Polyclète, telles que nous la montre les médailles d'Argos.

Praxitèle nous a retenu longtemps dans son aimable compagnie. C'est qu'il n'y a pas un sculpteur grec dont les créations, et elles sont nombreuses, aient fourni

---

[1] Pausanias en cite deux: une assise (viii, 9, 4) et l'autre debout (ix, 2, 5); celle-ci était la Junon Téleia, la Junon conjugale.

[2] Pl., *Hist. nat.*, xxxvi, 5, 22 ; xxxiv, 19, 3.

[3] Je le nomme ainsi pour le distinguer d'un sculpteur beaucoup plus ancien que j'ai appelé Dionysius.

[4] L'ancienne austérité du type de Junon se fait jour, comme je l'ai dit, malgré cet adoucissement dans quelques Junons de Rome et surtout dans deux Junons de la villa Ludovisi, moins belles mais plus sévères que le buste célèbre qui est l'une des principales gloires de cette admirable collection à laquelle il ne manque rien que d'être placée dans un local moins indigne d'elle.

davantage à l'imitation romaine. Ce génie heureux, abondant, divers, qui excellait dans la grâce et savait tout rendre, a beaucoup inspiré, parce qu'il a beaucoup plu : là est le secret du grand nombre des reproductions de ses types. A Rome, les Vénus, les Amours, les Apollons, les Bacchus, les Dianes, les Cérès, les Junons, les Mercures, procèdent le plus souvent de Praxitèle. Il y a peut-être, dans les collections, deux cents statues qui viennent de lui.

Le fils de Praxitèle, Céphisodote, pour ne pas mentir à son sang, voulut être l'auteur d'une Vénus [1]. On disait que sous ses doigts le marbre devenait semblable à une chair vivante, genre de mérite bien digne du fils de Praxitèle. On est plus étonné de lui voir faire des portraits de philosophes [2], il est vrai qu'en réparation il fit des portraits de courtisanes [3].

Pline cité d'un autre sculpteur plus ancien, nommé aussi Céphisodote, un *Orateur*, parlant la main élevée, geste qui depuis caractérisa toujours les statues de ce

---

[1] Pl., *Hist. nat.*, xxxvi, 5, 12, à Rome, chez Pollion. Il y eut deux sculpteurs de ce nom. L'un d'eux représenta Mercure soignant Bacchus enfant. Quoi qu'en dise Pline (xxxv, 19, 37), je suis porté à attribuer cette composition au fils de Praxitèle, parce que Praxitèle avait traité à peu près le même sujet. Je vois là un exemple de plus d'un disciple imitant dans le choix d'un sujet le choix de son maître. De plus Céphisodote avait fait une Diane et une Latone (Pl., xxxvi, 5, 12), Praxitèle plusieurs Dianes et deux Latones. (Paus., iii, 21, 10; viii, 9, 1.)

[2] Pl., *Hist. nat.*, xxxiv, 19, 37.

[3] Tat., *Ad. gr.*, 32.

genre, et qui caractérise l'*Orateur* du Vatican[1]. Comme Céphisodote, fils de Praxitèle, avait Phocion pour beau-frère, on pourrait, en supposant une erreur de Pline, espérer retrouver dans la statue du Vatican les traits de Phocion, peut-être au moins un geste qui lui était propre ; mais si l'attitude donnée par Céphisodote à son Orateur a été conservée ; pour les traits et le costume, cette statue est devenue purement romaine. C'est probablement le portrait d'un citoyen d'Otricoli, lieu où elle a été trouvée, comme l'*Orateur* de Florence est le portrait d'un Romain et n'a rien d'étrusque.

C'était un devancier de Praxitèle dans le genre gracieux ce Léocharès[2], auteur d'un Ganymède enlevé par l'aigle de Jupiter, ou plutôt par Jupiter déguisé en aigle. Pline dit que l'aigle sentait qui il enlevait, et qu'en saisissant le vêtement, les serres de l'oiseau semblaient vouloir ménager le bel enfant[3]. Le Vatican possède une copie du groupe de Léocharès[4]

---

[1] *M. P. Cl.*, 592.

[2] Il avait été encore plus hardi que Praxitèle, car il avait représenté nue, non pas Vénus, mais Minerve, si dans Athénée il faut lire *leocharès* au lieu de *lacharès* (IX. p. 405). C'était probablement Minerve devant Pâris, comme elle était peinte dans la maison dorée de Néron. (Mirri, *Cam. di Tito.*)

[3] Pl., *Hist., nat.*, XXXIV, 19, 29.

[4] *Gal. des Candél.*, 119. Celui du musée Chiaramonti (674) est très-inférieur ; Ganymède semble porter l'aigle. Une répétition a été trouvée en Grèce, une autre existe à Venise, où elle a été sans doute apportée

dans laquelle la délicatesse de l'intention indiquée par Pline ne s'est pas conservée, mais dont la disposition est la même. Enfin, à Rome, on peut retrouver une répétition bien tardive de la composition de Léocharès, là où on ne s'attendrait pas à la rencontrer, sur la porte de bronze de Saint-Pierre; en regard du pape Eugène IV couronnant deux empereurs, les habitudes païennes de la Renaissance ont placé Ganymède et l'aigle, aussi bien que Léda et le cygne.

Ganymède debout [1], avec ou sans l'aigle à côté de lui, a une autre origine. Si le nom de Phaidimos qu'on lit sur le tronc auquel un de ces Ganymèdes est appuyé était authentique, on pourrait rapporter cette origine à un sculpteur grec, du reste inconnu, mais l'inscription est suspecte.

Nous arrivons à Lysippe.

Avec Lysippe l'art grec, sans renoncer à l'idéal, continue à se rapprocher de la réalité [2]. Il marche

---

de Grèce. Elle reproduit mieux que celle du Vatican le sentiment attribué par Pline à l'original; ici l'aigle a bien l'air de savoir ce qu'il fait.

[1] *M. P. Cl.*, 442. *Nuov. bracc.*, 38.

[2] Selon Pline (xxxiv, 19, 16), Lysippe disait qu'il représentait les hommes non tels qu'ils sont, mais tels qu'ils paraissent. C'était s'attacher plus à la réalité superficielle qu'à la vérité profonde. Quintilien dit : « Ad veritatem Lysippum et Praxitelem accessisse optime affirmant; » mais ce n'est pas l'excès, comme chez Démétrius, qui était *trop vrai* : « nimius in veritate reprehenditur et fuit similitudinis quam pulchritudinis amantior » (Quint., *Inst.*, xii, 10). Ce

de ce côté par la force comme Praxitèle y marchait par la grâce. Lysippe, qui avait été ouvrier en bronze, prit pour sa devise la réponse d'un autre artiste, le peintre Eupompe, auquel on demandait le nom de son maître ; Eupompe montra une foule qui passait et dit : Il faut imiter la nature. Le réalisme commençait à menacer l'art grec de prendre chez lui la place de l'idéal ; Lysippe annonçait la décadence avant d'y arriver : par son excessive facilité, il avait fait quinze cents statues, — véritable Lope de Véga de la statuaire ; — par la recherche minutieuse des détails[1] ; par le goût de l'allégorie, dont sa célèbre statue de l'Occasion[2] était un signe[3].

que confirme la description de sa statue de Pellicus par Lucien (*Philops.*, 18, 4). Démétrius avait fait le portrait de ce général avec « son front chauve, son gros ventre... les poils de sa barbe agités par le vent, les veines saillantes, tout *semblable à une personne vivante;* » comme on voit, presque une caricature. Lysistrate, frère de Lysippe, prétendant suivre la nature encore de plus près, moulait les visages en plâtre, remplissait ces moules de cire et formait ainsi un modèle qu'il retouchait (Pl., xxxv, 44, 1). Mais plus anciennement on négligeait la ressemblance pour la beauté. Lysistrate prenait aussi l'empreinte des statues. (*Ib.*) .

[1] « Argutiæ operum custoditæ quoque in minimis rebus, » dit Pline xxxiv, 19, 16).

[2] Une épigramme de l'Anthologie (*Anth. gr.*, ii, p. 49) nous fait connaître le détail de cette allégorie. L'*Occasion* marchait sur la pointe des pieds, car elle est toujours prête à s'enfuir et à nous échapper ; elle portait un rasoir (dont la présence est justifiée par une équivoque sur le mot *acmé*, qui veut dire à la fois *tranchant*, et *moment* favorable), une touffe de cheveux sur le front pour qu'on pût la saisir. On voit qu'il y avait plus d'un jeu de mots dans l'allégorie de Lysippe.

[3] On n'est jamais tout à fait le premier en rien ; bien avant Lysippe,

L'art grec, encore dans sa perfection, allait descendre.

C'est que la Grèce déclinait. Au lieu de Périclès gouvernant par le génie et l'éloquence Athènes libre, on avait Alexandre subjuguant Athènes et la Grèce par le génie et par les armes.

Aussi, à l'idéal de Phidias succédait le *naturalisme* de Lysippe. Avec Praxitèle, on s'était déjà acheminé, bien que de loin, à l'amollissement de l'art, né de l'amollissement des âmes. Cette mollesse a perdu les arts, s'écrie Pline : *Artes desidia perdidit.* C'est que les facultés de l'homme sont solidaires; quand la société perd son énergie, l'art s'affaiblit du même coup; quand le cœur est atteint, l'organisation souffre.

Mais les Grecs étaient si admirablement doués que leur déclin fut merveilleux. Ceux qui faisaient pressentir la décadence étaient des artistes du premier ordre. Ceux qui devaient en subir jusqu'à un certain point l'influence, tout en faisant vers la perfection un der-

---

Aristophon, frère de Polygnote, avait peint la *Crédulité* (Pl., xxxv, 40, 13). Du reste. l'*Occasion* (Kairos) n'était pas une pure abstraction : c'était une divinité véritable qui avait un autel à Olympie, à côté de celui de Mercure (Paus., v, 14, 7). Ménandre appelait *Kairos* un dieu (*Anth. gr.*, II, p. 431). La *Persuasion* (Peithô) est le nom allégorique de l'une des Grâces, et très ancien, car il remonte au temps où il n'y avait que deux Grâces, Charis et Peithô. Les personnages allégoriques, la *Sagesse*, la *Victoire*, la *Force*, la *Violence*, l'*Envie*, abondent dans les plus anciennes traditions mythologiques de la Grèce, et l'on parle d'un autel de la *Pitié* dans Athènes, qu'embrassèrent les fils d'Hercule.

nier retour, furent les auteurs de la Vénus de Médicis et de l'Apollon du Belvédère.

On a trouvé par hasard à Rome, il y a quelques années, une statue d'après Lysippe, aujourd'hui un des plus beaux ornements du Vatican : c'est l'Athlète se frottant le bras avec un strigile[1]. Ce sujet, qui offre à la sculpture un motif heureux, a été traité plusieurs fois dans l'antiquité ; il l'avait été avant Lysippe par Dédale de Sycione[2] et par Polyclète[3]. Lysippe, venu un peu tard, sous Alexandre, avait, on le voit par les sujets qu'il a choisis, plus d'habileté que d'invention. Il reproduisit les principaux types créés ou transformés par Praxitèle.

L'original de la statue du Vatican était en bronze, comme tous les ouvrages connus de Lysippe[4]; mais

---

[1] *Nuov. bracc.*, 67. Pl., *Hist. nat.*, xxxiv, 19, 6. Le strigile était un racloir de métal dont se servaient les athlètes pour enlever la sueur et la poussière, après leurs exercices. Cette admirable statue a été trouvée dans le *Trastevere* avec le cheval de bronze et le bœuf de bronze du Capitole.

[2] Pl., *Hist. nat.*, xxxiv, 18, 13.

[3] *Ib.*, 6. Le strigile était grec comme la palestre. Une pierre gravée grecque montre le héros Tydée se servant du strigile. L'usage en avait passé à Rome, où on s'en servait dans les bains. Des statues portent le strigile et d'autres objets de bain. (Vill. Alb., salle d'en bas, *Gal. des Candél.*, 240.)

[4] Ce qui le prouve, c'est que dans la reproduction en marbre on a été obligé de soutenir un des bras par un tenon. Cette reproduction serait-elle l'œuvre de Daippus, fils de Lysippe, qui fit un strigillaire (*perixyomenon*) (Pl., xxxiv, 19, 37) d'après son père; nouvel exemple d'un élève traitant un sujet que son maître avait traité.

elle a bien le caractère qu'on sait avoir été celui de ses ouvrages, ces statues pleines de vie, *animosa signa*, comme dit Properce ; c'est la vie et la nature même; ce sont les formes élancées que Lysippe substitua aux formes carrées que préférait Polyclète [1]. De plus, Lysippe exécuta plusieurs statues d'athlètes; nous en connaissons par Pausanias une demi-douzaine. Pour toutes ces raisons, Rome a le droit d'adresser à ceux qui viennent visiter son strigillaire[2], ce vers de Martial, moins la fin :

> Nobile Lysippi munus opusque vides.
> Tu vois un ouvrage fameux et un don de Lysippe.

[1] Quadratas veterum statuas permutando... (Pl., xxxv, 19, 7). Euphranor aussi s'en était écarté, mais il faisait les têtes grosses et Lysippe petites; ce qui donne de l'élégance aux statues. Chez Lysippe l'élégance subsistait à côté de la force. Le dieu de la force, Hercule lui-même, a la tête petite à proportion, dans la statue appelée l'Hercule Farnèse, qui, comme nous allons le voir, est imitée d'une œuvre de Lysippe.

[2] Dans la restauration, du reste très-légère, qu'a subie la statue, on a fait tenir un osselet au strigillaire. Ce n'est pas une erreur bien importante, mais c'est une triple erreur. Pline, à propos du strigillaire, parle d'un homme *talo incessentem*. D'abord ces mots ne s'appliquent point au strigillaire, mais à une autre statue. De plus ils ne veulent point dire qu'elle tenait un osselet, mais qu'elle frappait du talon ; enfin ces expressions, dans tous les cas, ne pourraient s'appliquer qu'au strigillaire de Polyclète, et c'est le strigillaire de Lysippe dont Rome possède une belle reproduction. Il n'était point d'ailleurs dans la simplicité du génie de la sculpture antique de prêter deux actions simultanées à un même personnage. Pour tous ces motifs, l'addition de l'osselet à la main du strigillaire est aussi malheureuse que possible.

Le strigillaire est le don, sinon l'ouvrage de ce sculpteur, car c'est à son inspiration que nous le devons.

S'il est un type divin que Lysippe se soit complu à reproduire, c'est celui d'Hercule. Phidias et Polyclète avaient créé les plus sévères : Jupiter, Minerve, Junon ; Scopas les plus animés : Apollon inspiré et chantant sur sa lyre, Apollon et Diane lançant leurs traits contre les Niobides représentés dans toutes les attitudes de la terreur et du désespoir; les divinités marines bondissant sur les flots; la Ménade dans l'emportement de l'ivresse. Praxitèle les plus gracieux : Vénus, l'Amour, le jeune Bacchus et le jeune Apollon. Lysippe, tout en renouvelant des types déjà créés, s'attacha de préférence à Hercule, dieu de la force, de la force qui, sous Alexandre, gouvernait le monde.

Les types renouvelés par Lysippe furent un Satyre [1], un Amour [2], un Bacchus [3], un Neptune [4]. On ne rencontre parmi eux ni une Vénus, ni une Diane, ni une Cérès, ni une Junon [5], ce qui semble prouver que ces types divins avaient été définitivement arrêtés par

---

[1] Pl., xxxiv, 19, 15.

[2] Qu'on plaça dans le temple de Thespies, en regard de l'Amour de Praxitèle. (Paus., ix, 27, 3.)

[3] Luc., *Jup. trag.*, 12; Paus., ix, 30, 1.

[4] Luc., *Jup. trag.*, 9, à Corinthe.

[5] Cedrenus (*Ann.*, p. 322) dit qu'il y avait à Constantinople une Junon de Lysippe et de Bupalus. Un renseignement si tardif, et qui renferme un anachronisme si grossier, ne mérite aucune confiance.

Praxitèle et ne furent pas sensiblement modifiés après lui, car Lysippe ne l'a pas fait, et à partir de Lysippe on ne trouve plus d'artistes assez célèbres pour l'oser. Parmi les œuvres connues de celui-ci, on remarque quatre Jupiters [1]. L'idéal de Jupiter avait peu varié après Phidias; cependant il fut présenté un peu autrement, debout, nu, tenant la foudre. On doit sans doute quelques-unes de ces modifications aux quatre Jupiters de Lysippe. L'un d'eux était colossal, comme un de ses Hercules. Le colossal était un signe des temps qui venaient, c'était le caractère de la monarchie d'Alexandre, comme ce devait être celui de l'empire romain. Un autre Jupiter de Lysippe était entouré par les Muses [2]; elles passaient d'Apollon à Jupiter, de l'inspiration libre au service de la puissance; elles devaient être conduites à Rome par Hercule (*Musagète*), c'est-à-dire traînées par la force.

On n'avait pas attendu Lysippe pour faire des statues d'Hercules; il y en avait d'antérieures [3] à l'âge de Phi-

---

[1] Le Jupiter colossal de Tarente (Pl., xxxiv, 18, 1) avait quarante coudées (Nonnius, s. v. *Cubitus*) et était le plus grand colosse avant le colosse de Rhodes, œuvre d'un élève de Lysippe. (Str., viii, 3, 1. Paus., i, 43, 6; ii, 9, 6; ii, 20, 3.)

[2] Paus., 1, 43, 6.

[3] Deux d'Agéladas, le maître de Phidias, l'une citée par Pausanias (vii, 24, 2), l'autre par le scoliaste des *Grenouilles* d'Aristophane, une autre en bois d'un sculpteur encore plus ancien, Laphäès. Paus., ii, 10, 1.)

dias, une de Polyclète[1], une de Scopas[2], trois de Myron[3], qui, à plusieurs égards, fut le prédécesseur de Lysippe. L'art, avant Lysippe, s'acheminait vers cet idéal d'Hercule que Lysippe devait achever de réaliser.

Aucun des Hercules de Lysippe n'était l'Hercule fondateur des jeux d'Olympie et vainqueur dans ces jeux, institués par lui. Mais des statues consacrées à cet Hercule existaient certainement en Grèce, notamment à Olympie. On peut donc signaler une provenance grecque dans les Hercules romains qui portent la couronne de peuplier ou d'olivier, deux arbres apportés par le héros pour ombrager le stade d'Olympie[4], et dont le dernier servait à former les couronnes des athlètes vainqueurs[5]. Cette provenance grecque n'est pas moins évidente dans les Hercules dont les oreilles sont écrasées par le ceste, ce qui est une allusion à la victoire remportée à Olympie par le fils de Jupiter

---

[1] Pl., *Hist. nat.*, xxxiv. 19, 7.

[2] Paus., ii. 10, 1.

[3] Toutes trois vinrent à Rome et peuvent par conséquent disputer à Lysippe un certain nombre des imitations romaines, parmi lesquelles cependant, précisément parce qu'il est venu après Myron, il peut revendiquer la meilleure part ; l'une était au Capitole (Str., xiv. 1, 14), l'autre près du grand cirque (Pl., xxxiv, 19, 8), le troisième dans la galerie volée de Verrès. (Cic., *in Verr.*, ii, 4, 3.)

[4] Pind., *Ol.*, iii, 13. Paus., v, 14. 3. A Olympie l'Hercule de la palestre était couronné de feuilles d'olivier sauvage.

[5] On voit la couronne d'olivier sculptée sur une colonne imitant la *meta* d'un cirque, dans le jardin de la villa Albani.

dans le *pancratium*, dont le pugilat formait la partie principale.

On sait l'existence de quatre Hercules de Lysippe [1] au moins. Deux restèrent en Grèce, mais deux furent apportés à Rome ; l'un était au Capitole [2], l'autre, d'une dimension assez médiocre pour pouvoir être placé sur une table (Epitrapezios) [3], dans la maison d'un particulier. Il y a à Rome, dans la villa Albani, un petit Hercule [4] en bronze qu'on pourrait mettre sur une table, mais qui, du reste, ne ressemble en rien à l'Hercule Epitrapezios de Lysippe, car il est debout et l'autre était assis. En revanche, il ressemble beaucoup à l'Hercule Farnèse de Naples que l'on croit, avec raison, imité d'un Hercule de Lysippe. A Florence, sur une statue très-semblable à cet Hercule, sont écrits en grec ces mots : Ouvrage de Lysippe [5].

Le nom de Glycon l'Athénien, qui se lit sur l'Hercule Farnèse, s'est retrouvé sur la base d'un autre Her-

---

[1] Br., *Gesch. d. gr. K.*, I. p. 362.

[2] Pl., xxxiv, 18, 1. Plut., *Fab.*, 22. Strab., vi, 3, 1.

[3] Stat., *Silv*, iv, 6, 37. Mart., *Ep.*, ix, 44, 2-6. De plus, un Hercule désarmé par l'Amour, sans parler d'Hercule répété douze fois dans les douze travaux.

[4] Salle de l'Ésope ; répétition en bronze encore plus petite au musée Kirchérien.

[5] Au palais Pitti. On dit que cette statue a été trouvée dans les thermes de Caracalla, aussi bien que l'Hercule Farnèse. Si l'inscription, comme le croit M. Meyer (I, p. 128), est antique, ce serait alors une copie assez grossière de la statue de Lysippe.

cule. La forme des lettres placerait l'Hercule Farnèse sous l'Empire [1]; sans doute cette statue célèbre n'appartient pas à la plus grande époque de l'art, mais elle ne saurait en être rejetée si loin, et Glycon, dont le nom n'est pas cité une fois par les anciens, m'a tout l'air d'avoir été un copiste.

Eutycrate, fils de Lysippe, fit un Hercule [2] comme le fils de Praxitèle une Vénus, et Daippus, autre fils de Lysippe, un Athlète au strigile; à cela près, Eutycrate préféra un genre austère au genre plus gracieux de son père.

Il est un célèbre torse d'Hercule qu'on appelle par excellence le *torse*. Quelle a été l'original du *torse* d'Hercule au Vatican [3], ce chef-d'œuvre que palpait de ses mains intelligentes Michel-Ange aveugle et réduit à ne plus voir que par elles? Heyne a pensé que ce pouvait être une copie en grand de l'Hercule *Epitrapezios* de Lysippe, mais par le style cette statue me semble antérieure à Lysippe [4]. Cependant on lit sur le torse le nom d'Apollonios d'Athènes, fils de Nestor [5], et la forme des lettres ne permet pas de placer cette inscription plus haut que le dernier siècle de la République.

Comment admettre que cette statue aussi admirée par Winckelmann que par Michel-Ange, ce débris

[1] Brunn, I, p. 549.
[2] Pl., *Hist. nat.*, xxxiv, 19, 17.
[3] *M. P. Cl.*, 5.
[4] On a trouvé ce nom sur quelques autres statues (Brunn, *Gesch. de*

auquel on revient après l'éblouissement de l'Apollon du Belvédère, pour retrouver une sculpture plus mâle et plus simple, un style plus fort et plus grand; comment admettre qu'une telle statue soit l'œuvre d'un sculpteur inconnu dont Pline ne parle point [1], ni personne autre dans l'Antiquité [2], et qu'elle date d'un temps si éloigné de la grande époque de Phidias, quand elle semble y tenir de si près?

Pour moi, chaque fois que je me suis arrêté devant le torse, c'est-à-dire chaque fois que je suis allé au Vatican, je me suis toujours plus pénétré de l'idée que cette supposition était inadmissible. J'ai cherché quel pouvait être l'auteur original de cet Hercule ; je crois,

gr. K., I, p. 542-4), mais, pour la seule dont on vante la beauté, rien ne prouve que c'était le même Apollonios, Athénien et fils de Nestor.

[1] Le silence de Pline a été expliqué pour les statues plus récentes que les derniers temps de la république par la supposition assez vraisemblable que Pline avait surtout puisé dans l'ouvrage de Pasitelès sur les sculptures célèbres. Mais Pasitelès vivait probablement encore sous Auguste (Brunn, *Gesch. d. K.*, I, p. 595), et le *torse* est plus ancien. Il se pourrait à la rigueur que Pausanias n'eût jamais rencontré une statue d'Apollonios, mais il serait toujours singulier que le nom de l'auteur d'un ouvrage comme le torse du Belvédère, que Visconti appelle, ce qui est trop, le plus grand statuaire de l'antiquité, ne fût arrivé à nous que par l'inscription du Vatican.

[2] Je viens de dire pourquoi je ne pouvais y voir une répétition en grand de l'Hercule *Epitrapezios* de Lysippe, qui d'après la description qu'en font Stace et Martial, lui ressemblait assez. Pour l'Hercule de Tarente, également de Lysippe, son attitude ne peut avoir été celle de l'Hercule du Belvédère. (Müll., *Arch.*, p. 152.)

d'après le style, qu'on doit remonter au delà du siècle d'Alexandre, au delà de Lysippe.

Pour rattacher le *torse* à la sculpture grecque, il faut d'abord déterminer ce que la statue mutilée qui est devant nous représentait.

C'était Hercule; la peau de lion dont un lambeau subsiste en est la preuve. Mais que faisait cet Hercule? On a beaucoup discuté sur ce point [1]; une chose paraît certaine, c'est qu'une autre figure était près de lui [2]. On a supposé que cette figure était celle d'une femme qu'entourait un des bras d'Hercule, Iole, s'il était sur la terre, et s'il était dans l'Olympe, Hébé.

Mais quand on a voulu reproduire cette attitude supposée en complétant la statue, il s'est trouvé qu'elle n'avait jamais pu être la sienne [3].

Ainsi près d'Hercule était une autre figure, mais non une figure embrassée par lui. Le personnage le plus souvent associé à Hercule sur les monuments de tout genre est Minerve [4]. Il y avait à Thèbes une Minerve

---

[1] Selon Winckelman il avait le bras derrière la tête, attitude du repos; Visconti a très-bien répondu que cette attitude ne convenait point à la statue du Belvédère, elle est plutôt un peu penchée en avant. J'ai remarqué une pose très-analogue dans un petit bas-relief du musée Chiaramonti (566).

[2] On l'a reconnu à une trace restée sur le flanc et le genou gauches de la statue.

[3] Catalogue des plâtres du musée de Berlin, page 84. (Müller, *Arch.*, p. 684.)

[4] Sans parler des vases peints où cette association est très-fréquente,

et un Hercule d'Alcamène, disciple de Phidias [1].

Pourquoi le torse du Vatican ne serait-il pas d'Alcamène ou, si l'on veut, d'après Alcamène, par Apollonios [2]? La statue placée près du demi-dieu aurait été celle de Minerve que certainement il n'embrassait pas. Si le torse est une merveilleuse copie, Apollonios serait le nom du copiste comme Sosiclès pour l'Amazone blessée de Crésilas, Ménophante pour la Vénus de Praxitèle, Glycon pour l'Hercule de Lysippe. Les originaux des grands sculpteurs sont tellement rares à Rome, qu'on a toujours quelque peine à en admettre un ; cependant la juste admiration que le *torse* a inspiré à Michel-Ange, à Winckelmann, à Visconti, m'autorise à voir dans ce chef-d'œuvre mieux qu'une imitation. Mais alors il faudrait supposer que l'inscription, très-postérieure à la statue, est mensongère, ce qui n'est pas sans exemple, comme Phèdre nous l'a appris. Un Cynocéphale du musée égyptien porte aussi les noms de deux préten-

elle remontait à un très-ancien sculpteur grec Dontas (Paus., vi, 19, 9), et aux sculptures plus anciennes encore du coffre de Cypsélus.

[1] Paus., ix, 11, 4.

[2] Un passage du Commentaire de Chalcidicus sur le *Timée* de Platon a révélé l'existence à Rome d'une statue de Jupiter par un Apollonios (Brunn, *Gesch. d. gr. K.*, i, p. 543). Cette statue, dans laquelle entrait l'ivoire, ne peut guère avoir été faite longtemps après l'époque de Phidias. Son auteur Apollonios, peut-être notre Apollonios, serait donc lui-même voisin de cette époque, ce qui rendrait raison de la beauté de sa copie.

dus fils de Phidias; or, jamais un fils de Phidias n'a pu être l'auteur de ce vilain singe. Le *torse* a été trouvé près du théâtre de Pompée, dont on peut croire qu'il était un ornement. Nous avons déjà trouvé un Hercule dans un temple élevé par Pompée qui, comme tous les caractères faibles, devait avoir le culte de la force [1].

Si le *torse* venait d'Alcamène, il éveillerait en nous, avec un profond sentiment d'admiration, un beau souvenir de liberté, car l'Hercule d'Alcamène fut dédié dans le temple de Thèbes par Thrasybule, après qu'il eut délivré sa patrie des trente tyrans [2].

Lysippe, dit Pline, fit un char du soleil et des quadriges de diverses sortes [3], c'est-à-dire destinés à des usages divers, les uns à honorer les vainqueurs de l'Hippodrome, les autres à être dédiés dans les temples à la suite d'une victoire de ce genre. Ces chars étaient ou des biges (à deux chevaux) ou des quadriges (à quatre chevaux). Aristodème fut célèbre pour ses biges [4]. Une salle du Vatican a été nommée salle de la *biga*, à cause d'un char à deux chevaux en marbre, très-restauré, qu'on y conserve [5]. On a placé dans le musée

---

[1] On peut penser aussi aux trois Hercules de Myron, tous trois à Rome. Mais nous ne savons rien d'eux qui nous permette de les rapprocher du *torse*.

[2] Paus., ix, 11, 4.

[3] Pl., *Hist. nat.*, xxxiv, 19, 15.

[4] Pl., *Hist. nat.*, xxxiv, 19, 56. Plus anciennement Calamis l'avait été pour ses biges et ses quadriges (*ib.*, 22).

[5] M. P. Cl., 625.

étrusque un char en bronze qui, trop petit pour avoir jamais servi, a dû être offert dans un temple comme le premier. Celui-ci, par une destinée singulière, a passé de là dans une église, celle de Saint-Marc à Rome, où il faisait fonction de chaire épiscopale. Du reste, cet emploi de la sculpture était très-ancien en Grèce, où il se liait à l'usage d'élever des statues aux athlètes vainqueurs. Agéladas, qui fut le maître de Phidias, plaça la statue de Cléosthène sur un char à quatre chevaux [1] avec celle de l'homme chargé de conduire le char qu'à ce qu'il paraît Cléosthène n'avait pas conduit lui-même ; on *faisait courir* à Olympie comme à Londres ou à Paris. Il y a à Rome deux images de conducteurs de char [2], les rênes entortillées autour du corps, avec un couteau, pour les couper en cas d'accident. Enfin les chars servaient aussi à décorer un monument comme le quadrige en terre ouvrage étrusque placé sur le temple de Jupiter Capitolin ou ceux dont les arcs de triomphe étaient surmontés. Avant d'être étrusque ou romain, cet usage était grec [3].

---

[1] Paus., vi, 10, 2.

[2] *M. P. Cl.*, 619. Statue. Villa Albani, bas-relief où le conducteur est représenté sur le char comme celui de Cléosthène l'était sur le sien, et comme avaient fait Calamis et Aristodème.

[3] Le sculpteur Pythis en avait placé un en marbre sur le monument funèbre de Mausole (Pl., xxxvi, 5, 19). Auguste en plaça un, ouvrage du sculpteur grec Lysias, et portant Apollon et Diane, au-dessus de l'arc élevé par lui à son père sur le Palatin. (Pl., xxxvi, 5, 23.)

Pas plus que Myron, duquel on peut dater les premières tendances au naturalisme dans l'art grec, Lysippe ne dédaigna les sujets qui tournaient au grotesque, comme le prouve sa joueuse de flûte ivre[1] qui pouvait faire pendant à la vieille femme ivre de Myron. Aussi bien que Myron, Lysippe se plut à la représentation des animaux. Outre ceux qui figuraient dans sa Chasse d'Alexandre, il était l'auteur d'un lion tombé, apporté à Rome de Lampsaque par Agrippa[2], et qui put servir de modèle aux lions qu'on voit à Rome, parmi lesquels le plus beau, le plus vrai, est le lion du palais Barberini. Pour la chienne léchant sa blessure, on hésite entre lui et Myron[3]. Ceci montre combien ce que nous savons de ces deux sculpteurs établit entre eux d'analogie[4].

Si le cheval de bronze du Capitole n'était revendiqué par l'école de Phidias, on pourrait l'attribuer à Lysippe, auteur d'un cheval qui semblait prêt à s'élancer et à courir, suivant l'expression d'un poëte de l'Anthologie, et auquel *l'art avait donné la vie*[5].

---

[1] Pl., *Hist. nat.*, xxxiv. 19, 14.
[2] Str., xiii. 1, 19.
[3] Pl., *Hist. nat.*, xxxiv. 17, 3. (Brunn, i, p. 368.)
[4] En effet si Properce en parlant des bœufs de Myron les a appelés des statues vivantes (*vivida signa*), il a employé presque les mêmes expressions à propos des œuvres de Lysippe:

    Gloria Lysippi est *animosa* effingere signa.

Ici *animosa* veut dire *pleins de vie*.
[5] *Anth. pal.*, 225.

L'art grec fleurit dans les royaumes nés de l'empire d'Alexandre, mais un art d'imitation. Cet art transplanté prit parfois un air étranger; cependant son caractère natif prévalut même en Orient.

Le génie de la Grèce et le génie oriental se rencontrèrent dans Alexandrie, ville égyptienne et grecque, mais moins égyptienne que grecque. L'art aussi y fut plus grec qu'égyptien.

L'art égyptien continua à reproduire les anciens types sacrés presque sans altération.

Chose remarquable : en général, on reconnaît que la Grèce a influé sur l'Égypte à l'infériorité de la sculpture égyptienne, quand elle a subi cette influence. Les statues égyptiennes du temps des Ptolémées n'ont plus le caractère de la grande époque de l'art national sous les Thoutmosis ou les Ramsès.

Le génie égyptien était d'une nature si particulière, si exclusive, que le goût grec qui, à Rome et partout ailleurs, a introduit la perfection, en Égypte n'a amené que l'abâtardissement. Pour s'en convaincre que l'on compare les hiéroglyphes de l'Obélisque de Saint-Jean de Latran [1], *les plus beaux du monde*, avec ceux de l'époque des Ptolomées dans le musée égyptien du Vatican [2]; et, sans sortir de ce musée, la

---

[1] Érigé en l'honneur de Thoutmosis IV. On peut juger facilement de la beauté de ces hiéroglyphes au moyen d'une empreinte en plâtre qu'on a placée dans la première salle du musée égyptien au Vatican.

[2] Sur des fragments disposés près des fenêtres dans la salle longue de ce musée.

statue de la mère[1] de Sésostris, sculpture en partie de convention, mais pleine de fierté, avec les statues lourdes et froides de l'époque Alexandrine[2] et l'on verra la différence.

Cependant, à son premier contact avec la Grèce, l'art égyptien en avait éprouvé une heureuse influence. Voyez les beaux lions du Vatican ; un sentiment nouveau de la nature se trahit dans les muscles, à côté du style convenu qui subsiste dans la crinière. Ces lions, qui portent le nom du roi Nectanébo, sont de l'âge qui précède immédiatement celui d'Alexandre[3].

Mais laissons l'art égyptien dont je n'ai parlé que pour indiquer le contraste que présentent l'action de la Grèce sur cet art qu'elle fait dégénérer et l'action de la Grèce sur l'art romain dont elle crée la beauté.

Il faut qu'il y ait une certaine analogie entre les peuples pour que l'imitation de l'un soit salutaire à l'autre. Si leurs génies sont trop différents, ils se repoussent ou n'agissent l'un sur l'autre que pour se dénaturer mutuellement. Les unions ne sont fécondes qu'entre des êtres de même espèce ; entre des êtres

---

[1] L'inscription hiéroglyphique gravée derrière la statue nous fait connaître le personnage historique dont elle offre les traits.

[2] Par exemple un Ptolémée dans le petit musée égyptien de la villa Albani.

[3] Avant la fondation d'Alexandrie quelques communications s'étaient établies entre l'Égypte et la Grèce dans la ville de Naucratis. Les lions très-beaux aussi de la rampe du Capitole sont d'un art purement égyptien.

trop différents, si elles produisaient quelque chose, elles produiraient des monstres.

Heureusement pour lui, l'art grec à Alexandrie resta grec. Il n'emprunta à l'art égyptien ni ses types ni ses procédés; il ne lui emprunta que certaines matières comme le basalte et le porphyre. L'usage de ces matières avant l'empire, car alors leur usage pénétra partout [1], prouve pour les statues où elles sont employées une provenance alexandrine.

Or, on ne peut placer sous l'empire certaines statues en porphyre et en basalte, parce que leur style est antérieur à l'empire [2], ou parce que leur sujet ne convenait pas à l'empire. Pourquoi aurait-on fait sous l'empire le portrait d'une reine d'Égypte [3], quand il n'y avait plus de royaume d'Égypte, ou le portrait d'un grand citoyen de la république comme Scipion [4] quand il

[1] A Rome on ne commença à se servir du porphyre pour les statues que sous le règne de Claude. (Pl., xxxvi, 11, 3.)

[2] La *Rome* de la place du Capitole peut dater de l'empire, mais un fragment de statue en porphyre rouge (auprès de l'escalier qui conduit au premier étage) est du plus grand style grec et ne saurait être fort éloigné par sa date de l'époque de ce grand style. Le chef-d'œuvre dans l'art de tailler les pierres dures est un torse en basalte vert du musée de Florence.

[3] Une belle tête de femme en basalte vert, appelée Cléopâtre, Bérénice ou Ars'noé, certainement une reine d'Égypte. (*Villa Alb.*, *Coffee house.*)

[4] Le beau buste de Scipion en basalte, du palais Rospigliosi n'est probablement pas très-postérieur au temps de Scipion. Dans cette énergique sculpture on a remarqué que l'art de travailler les matières

n'y avait plus de république et de citoyens; d'un Cornélius, après que la gens Cornelia a disparu de l'histoire et lorsque d'autres familles envahissaient son tombeau ?

Avant l'empire, l'on ne dut guère reproduire à Rome les images des divinités égyptiennes dont le culte y était nouveau et peu autorisé. Ces productions au contraire, abondent sous Adrien, quand l'Orient a envahi Rome. Les divinités égyptiennes s'embellissaient sous le ciseau grec ou romain. En Égypte, Ammon avait de grandes cornes de bélier ; considérez au Vatican un beau masque d'Ammon [1], Ammon est devenu Jupiter ; seulement on a indiqué son origine égyptienne par deux très-petites cornes de bélier qui ne le déparent point. Du reste, le dieu Ammon fut adopté de bonne heure en Grèce par la mythologie et par la poésie aussi bien que par l'art.

Il ne faut pas compter parmi les divinités vraiment égyptiennes le dieu Sérapis ; Sérapis était un Pluton grec transporté en Égypte et affublé d'un nom égyptien [2].

---

dures n'était pas encore arrivé à la perfection qu'il atteignit depuis. (Meyer, III, p. 88.)

[1] *M. P. Cl.*, 546. Calamis avait fait un Jupiter Ammon (Paus., IX. 16, 1); Pindare, qui l'avait dédié, appelle déjà Ammon le maître de l'Olympe.

[2] Sérapis ne paraît jamais sur les monuments égyptiens, tandis qu'un Sérapis d'Égypte était l'œuvre d'un statuaire grec Bryaxis. Clément d'Alexandrie dit Sésostris; mais c'était bien un Sérapis

Le caractère infernal de Pluton et de Sérapis est souvent indiqué par la couleur sombre du basalte [1]. Le célèbre sculpteur Bryaxis, contemporain de Scopas, avait donné ce caractère à son Sérapis, en étendant une teinte noire sur les diverses matières dont il était composé.

Quelquefois les rayons dont la tête de Sérapis est entourée [2] font du dieu ténébreux un dieu en même temps solaire ; dans cette association, constante en Égypte, du principe infernal et du principe lumineux, l'idée égyptienne reparaît. On peut dire que Sérapis, qui succéda aussi à Esculape par ses oracles, détrôna Pluton ; on rencontre moins d'images de Pluton que de Sérapis. Je ne connais pas un grand sculpteur [3]

(Br., I, p. 384). Le signe distinctif de Sérapis est le modius, espèce de corbeille, emblème de fécondité souterraine que le dieu infernal prit dans la féconde Égypte et qu'on donna à Pluton après qu'on l'eut confondu avec lui. Un véritable Pluton, car il est accompagné de Cerbère (M. Chiar., 74), porte des traces évidemment antiques du modius.

[1] Sérapis en basalte noir (M. P. Cl., 299), statuette en marbre gris (M. Chiar., 255), beau buste en basalte vert avec un manteau de marbre noir (vill. Alb., Coffee-house). Il y a au Capitole (sal. des Hercules) un Jupiter infernal en marbre noir, identifié ici à Pluton comme Jupiter est identifié avec Hadès (Pluton) dans un fragment d'Euripide ; d'autre part Jupiter est confondu avec Sérapis, dans une statue de la villa Albani qui porte le modius et l'aigle.

[2] M. P. Cl., 549.

[3] Hadès figurait sur le trône de l'Apollon d'Amyclée et sa statue se trouvait à Athènes dans le temple des Furies (Paus., I, 28, 6), mais Pausanias ne nous apprend point le nom de l'auteur de cette statue.

grec cité comme auteur d'un Pluton. Ce dieu lugubre ne souriait pas au génie des Grecs, et pour cette raison il occupa rarement le ciseau imitateur des Romains [1].

Par une autre raison les Romains représentèrent rarement Saturne, l'ancien dieu latin [2]. Leur art était si peu original que lorsqu'ils ne pouvaient s'inspirer de l'art grec ils négligeaient leurs propres divinités.

L'art grec conserve toute sa beauté dans des statues qui n'ont rien d'égyptien que le sujet et la destination. Il en est ainsi pour le Nil, qui ornait à Rome un temple d'Isis [3]. Cette admirable statue n'est pas plus égyp-

---

[1] Parmi les bustes qui peuvent se rapporter à l'un ou l'autre des deux personnages infernaux, Visconti n'en reconnaît qu'un qu'on doive attribuer à Pluton, Müller en admet deux autres.

[2] Il y a au Vatican deux têtes de Saturne voilées comme l'origine des choses, dont il était le symbole (*M. P. Cl.*, 277, *gal. des Candél.*, 185). Saturne, auquel Rhéa présente emmaillottée la pierre qu'il va dévorer (*M. Capit.*, autel quadrangulaire, salle des Hercules), est un sujet grec que traita Praxitèle et qui n'a rien à faire avec l'antique dieu agricole du Latium, confondu plus tard avec le Kronos des Grecs, et phénicien d'origine. La danse des Corybantes qui accompagne ce bas-relief (et au Vatican, *M. P. Cl.*, 489) trahit par le style un original grec. Ces Corybantes ne ressemblent point aux Saliens, dont on connaît par des médailles l'accoutrement singulier ; ils sont dans la nudité héroïque grecque.

[3] *Vat.*, *N. bracc.*, 109. Cette très-belle statue a été trouvée derrière l'église *de la Minerve*, sur l'emplacement d'un temple d'Isis, avec des sculptures réellement égyptiennes et les lions de la rampe du Capitole d'autres statues ont été déterrées non loin de là, il y a quelques années :

tienne que le Tibre de Paris qui lui servait de pendant, et lui ressemble par la qualité du marbre et la nature de l'exécution, toutes raisons de conclure que *le Nil* a été sculpté à Rome [1], où *le Tibre* a dû l'être [2].

L'original alexandrin était plutôt ce Nil en basalte que l'on conservait dans le temple de la Paix [3]. Le fleuve y était de même, ainsi que dans un tableau grec [4], entouré d'enfants représentant les seize coudées dont le nombre constituait la crue normale du Nil [5].

l'une d'elles venue d'Égypte, les autres évidemment de fabrication romaine. On voit que les deux classes de monuments étaient réunies par le culte romain de la déesse égyptienne.

[1] D'ailleurs le Sphinx n'a pas le caractère purement égyptien et le fleuve s'appuie sur une urne.

[2] J'en dirais autant du *Nil*, également mis en regard du Tibre sur la place du Capitole, si ce *Nil* n'avait pas été, à ce qu'il paraît, un *Tigre*. Quoi qu'il en soit, la pensée d'associer le Nil au Tibre était plutôt égyptienne que romaine; l'orgueil romain l'eût difficilement admise, mais les prêtres égyptiens ont pu l'imaginer, eux qui dans leur pays donnaient aux empereurs romains les attributs de leurs dieux et qui appelaient le Tibre Nil.

[3] Pl., *Hist. nat.* xxxvi, xi, 4.

[4] Philostr., 1, 5. Dans ce tableau, les enfants que Philostrate appelle *coudées*, se pendaient à la chevelure du fleuve, grimpaient sur sa poitrine, ses bras et ses épaules comme dans la statue du Vatican.

[5] Cette allusion à un fait local de l'Égypte a disparu dans des statues du Nil, qui ainsi sont devenues tout à fait romaines. Quand le marbre est gris, ce choix n'a pas été fait sans dessein ; le marbre gris remplace et rappelle alors le basalte noir d'Égypte, comme nous l'avons vu pour un Sérapis, dans la villa Albani, où se trouve aussi un Nil en marbre gris. La couleur noire désignait celle des habitants de la haute Égypte.

L'art du portrait fleurit à Alexandrie, on en peut juger par les beaux camées des Ptolémées. Quant aux prétendus Ptolémées des collections de Rome, ce sont en général des athlètes. L'on fit beaucoup de portraits d'athlètes durant l'époque alexandrine ; souvent ces athlètes sont d'un style plus ancien qu'on imite volontiers à cette époque d'archaïsme savant [1].

Trogue Pompée, répété par Justin, affirme que tous les successeurs d'Alexandre étaient beaux [2] ; il ne pouvait le savoir que par leurs camées, leurs médailles ou leurs statues. Cela prouve seulement que ces rois étaient rois absolus, rois orientaux, et que l'art devenu servile dans le servile Orient avait, comme l'éloquence, ses *panégyristes*.

L'Orient ouvert à la Grèce par Alexandre, en adopta bientôt les arts ; on voit Antiochus-Épiphane, celui qui relevait les monuments d'Athènes, promener dans sa procession célèbre cent sculptures en marbre des premiers artistes athéniens [3].

Le royaume de Pergame — ses souverains rivalisaient avec les premiers Ptolémées pour la protection des lettres et l'encouragement des arts, sa biblio-

[1] Il n'est pas étonnant que ces statues d'athlètes présentent souvent un caractère archaïque ; leurs originaux peuvent avoir été fort anciens, car on fit de bonne heure, en Grèce, des portraits d'athlètes. Pausanias parle de statues érigées à des vainqueurs dans les jeux, dès la 59e olympiade, près d'un siècle avant Phidias.

[2] Justin, XIII, 1.

[3] Athén., v, p. 196.

thèque le disputait à la bibliothèque d'Alexandrie, — le royaume de Pergame eut aussi ses sculpteurs célèbres; Pline en cite plusieurs, dont les statues se rapportaient aux événements des guerres d'Eumène et d'Attale contre les Gaulois [1], statues, dont selon quelques-uns, le Gaulois blessé, du Capitole, et le Gaulois qui se tue, de la villa Ludovisi [2], sont des originaux ou des imitations.

Un sculpteur de Pergame, Stratonicus, avait gravé sur une coupe un satyre endormi, peut-être celui qui dormait au bord de la mer, quand survint la belle Amymone. Stratonicus l'avait *placé* sur la coupe, plutôt qu'il ne l'y avait gravé [3], disait-on pour exprimer la vérité avec laquelle était représenté le sommeil du satyre. Cette vérité se retrouve dans une belle statue de satyre endormi connue sous le nom de Faune Barberini, qui, déterrée auprès du mausolée d'Adrien, a été portée à Munich, après avoir probablement servi de

[1] Pl., *Hist. nat.*, xxxiv, 19, 54. Attale avait dédié dans l'Acropole d'Athènes une sculpture représentant la destruction des Gaulois en Mysie. (Paus., i, 25, 2.)

[2] Pausanias (x, 23, 4) raconte que dans la déroute de Delphes les Gaulois tuèrent ceux qui ne pouvaient fuir.

[3] Satyrum gravatum somno collocasse verius quam cælasse dictus est (Pl., *Hist. nat.*, xxxiii, 55, 2). Philostrate (i, 21) commence la description d'un tableau ainsi : « Le Satyre dort, parlons bas de peur de l'éveiller. » Ces deux traits d'esprit sont fondus dans une épigramme de l'Anthologe qui attribue le satyre dormant à un artiste nommé Diodore (*Anth. pal.*, iv, 248). Il s'agit sans doute d'une reproduction du satyre de Stratonicus.

projectile aux soldats de Bélisaire, lorsque assiégés par les Goths, dans ce mausolée dès lors transformé en forteresse, comme il l'est encore aujourd'hui, ces soldats lancèrent contre les assaillants les statues dont il était décoré. Le chef-d'œuvre imité de Stratonicus est allé dans le pays d'où venaient les Goths ; mais il est resté à Rome une statue qui par sa disposition lui est analogue, bien que l'exécution en soit très-inférieure [1].

Esculape debout tenant le bâton autour duquel s'enroule le serpent, cet Esculape dont presque chaque galerie possède des exemplaires [2], est celui de Pyromaque de Pergame ; car il est très-exactement représenté sur des médailles de cette ville, la plus célèbre par le culte d'Esculape, après Épidaure [3].

Sur ces médailles le dieu a auprès de lui Hygie dont on le voit sans cesse accompagné ; entre eux, est le petit Télesphore, à l'aspect riant, symbole de la santé, rendue par la médecine, et qui en effet avec sa longue robe et son capuchon, a assez l'air d'un convalescent [4]

---

[1] *M. P. Cl.*, 267. Dans la galerie des Candélabres (52), un satyre endormi en *basalte vert* ; l'attitude n'est pas semblable à celle du faune Barberini, qui n'a de rival en beauté que le satyre en bronze trouvé à Herculanum.

[2] *M. Chiar.*, 454, 684. *M. Capit.*, *salle des Hercules*, en marbre noir. *Vill. Ludov.* Esculape et Hygie, frise du Parthénon. (Beulé, *Acrop.*, II, p. 146.)

[3] Luc., *Icaromenipp.*, 24.

[4] Télesphore qui *apporte la fin* de la maladie. Ce dieu était venu près du lit du philosophe Proclus et aussitôt celui-ci avait été guéri d'une maladie.

en robe de chambre et en bonnet de nuit [1].

Cet Esculape de Pergame devint l'Esculape romain; le serpent enroulé autour du bâton du dieu figurait le serpent sous la forme duquel Esculape était venu dans l'île du Tibre. Une statue trouvée dans cette île est à Naples, et on voit encore le bâton et le serpent d'Esculape sculptés sur la proue en pierre de l'île à laquelle on avait donné la forme d'un vaisseau.

Carthage aussi était devenue très-grecque avant d'être soumise aux Romains. Annibal écrivait en grec et avait auprès de lui des Grecs, pour écrire l'histoire de ses campagnes; Diogène de Laërce parle d'un philosophe carthaginois appelé Asdrubal, qui prit le nom grec de Clitomachus. La ville conquise renfermait diverses productions de l'art grec et l'on sait que le sculpteur grec Boëthos, auteur d'une composition gracieuse et souvent répétée : l'enfant qui serre le cou d'une oie, vivait à Carthage [2]. Pausanias parle d'un enfant assis, de Boëthos [3]; et Pline dit qu'il s'attachait

---

[1] Esculape avec Télesphore (*Vill. Borgh.*, vi, 15). Télesphore sans Esculape (*Vill. Borgh. S.*, iii, et *Vat., gal. des Candél.*, 517). On doit voir dans ces statues isolées et dans quelques Hygies les différents personnages du groupe de Pyromaque, complet sur les médailles de Pergame.

[2] Pl., *Hist. nat.*, xxxiv, 19, 54. Nombreuses répétitions à Rome. *Vat., M. Chiar., gal. des Candél. M. Capit.*, salle du Faune, 21. *Vill. Borgh., Vill. Ludov.*

[3] Paus., v, 27, 1; et l'Anthologie d'une statue d'Esculape enfant. *Anth. gr.*, ii, p. , 384.

à représenter des enfants [1], comme l'a fait dans les temps modernes un sculpteur très-distingué ami du Poussin, Duquesnoy qui excellait dans ce genre et qui a très-habilement restauré les enfants qui entourent la statue du Nil au Vatican.

Dans le siècle qui suivit le règne d'Alexandre, l'art grec subit une décadence que Pline a signalée. L'époque de cette décadence est celle de la Grèce délivrée et asservie par les Romains ; elle aboutit à une sorte de renaissance, dont Rome, dans le dernier âge de la république, fut surtout le théâtre; Rome aussi était déchirée alors par les factions, mais elle était encore libre.

En Asie, en Égypte, où se fondent du moins des monarchies stables, dans l'île de Rhodes, dont l'activité commerciale soutient la force et défend l'indépendance, l'interruption de la marche de l'art n'a pas lieu au même degré, et la décadence est moins visible. Les plus beaux jours de l'art grec étaient passés; mais, je l'ai dit, il y avait dans cet art un tel fond d'énergie productive qu'il devait jeter encore un vif éclat. Oui, la sculpture fleurira de nouveau, elle

[1] Ce qui me porte à lui attribuer les originaux de plusieurs statues dont les sujets sont analogues à l'enfant qui serre le cou d'une oie : l'enfant qui tient un canard (*gal. des Candél.*, 102. 211, 214. *Vill. Borgh.*, S., III); l'enfant qui tient (*G. des C.*, 194) et l'enfant qui bat un cygne (*ib.*, 193); des enfants sur des canards, sarcophage (*M. Ch.*, 13). Ces différents sujets étaient fréquents dans les peintures antiques. Philostr., *Im.*, I, 9.)

sera toujours belle, mais elle sera moins grande.

Dans cette époque, la grâce prédomine sur la force et tourne à la mollesse; le dramatique l'emporte sur le *caractère* et tourne à l'exagération.

Cet amollissement de l'art est sensible dans la Vénus Anadyomène, la Vénus accroupie, la Vénus de Médicis, enfin dans le voluptueux *hermaphrodite* de Polyclès.

Le plus beau des hermaphrodites a passé de la villa Borghèse au Louvre, mais il en reste à Rome une réplique fort belle aussi, et un souvenir assez piquant : la façade d'une église. La statue avait été trouvée dans le jardin des religieuses de Sainte Suzanne, sur l'emplacement des jardins de Salluste. Le cardinal Scipion Borghèse offrit aux bonnes sœurs de réparer leur église, si elles voulaient lui abandonner leur hermaphrodite, dont elles ne savaient que faire, et qui ne scandalisait point le cardinal.

Polyclès, dont l'âge touche à l'époque de renaissance indiquée par Pline[1], était auteur d'un hermaphrodite[2]; célèbre statue en bronze qui doit avoir été le type des hermaphrodites couchés, les plus nombreux comme les plus beaux[3]. Cette conception gracieuse, et cette œuvre admirable[4], convenaient bien à l'épo-

---

[1] Pl., *Hist. nat.*, xxxiv, 19, 5. L'art s'arrêta, dit-il, après la 121e olympiade, pour reprendre après la 156e.

[2] Pl., *Hist. nat.*, xxxiv, 19, 31.

[3] Un à Paris, un à Florence, un à Rome, villa Borghèse.

[4] Müller l'attribue à un autre Polyclès beaucoup plus ancien

que de Polyclès, celle de la renaissance de l'art antique, renaissance qui conserva dans ses plus beaux ouvrages des traces de l'affaiblissement qui l'avait précédée.

Ce type rendu d'abord avec une simplicité grave dans les hermaphrodites debout, puis avec une grâce molle dans les hermaphrodites couchés, finit par aboutir à des groupes tout à fait licencieux.

Continuons à suivre dans les musées de Rome la marche de l'art grec après Lysippe. L'excès de l'expression est avec l'excès de la grâce le caractère de cet art à une époque d'admirable décadence. L'excès de l'expression se rencontre ou est près de se rencontrer dans une composition sublime, le Laocoon[1]. Toute belle qu'elle est, la tête de Laocoon exprime surtout la douleur physique, et le découragement du désespoir. Ce n'est plus cette héroïque fermeté que Niobé conservait dans sa majestueuse désolation ; Laocoon est trop un pa-

---

(120ᵉ olympiade), antérieur à l'introduction de la grâce dans l'art par Praxitèle, ce qui me semble inadmissible. On trouve un autre type de l'hermaphrodite debout (*galerie Colonna*, en bas-relief; *musée Campana*, à Paris, en statue), qui est moins voluptueux. Celui-ci peut être, si l'on veut, d'après le premier Polyclès auteur d'un statue d'Alcibiade. La statue de la villa Panfili est un hermaphrodite bien douteux, et le prétendu hermaphrodite du Vatican (*M. Chiar.*. 658) est évidemment une femme. Un hermaphrodite debout, à Constantinople. (Christod., ek. 102.)

Le mélange des deux natures double la beauté, dit Lucien. *Musc. encom.*, 12.)

[1] *Vat.*, *M. P. Cl.*. 74.

tient, pas assez un héros; il dépasse les limites que l'art grec s'était presque toujours imposées, sa bouche crie, ou au moins gémit ; c'est trop.

Ce que l'on a dit de la compassion qu'il ressent pour ses enfants, de son indignation contre le ciel qui lui envoie un supplice immérité, de sa résignation dans la douleur [1], est pure imagination pour qui regarde le Laocoon sans parti pris d'y trouver ce qui n'y est point ; il souffre, il souffre admirablement, voilà tout.

Par la nature du sujet, les muscles sont gonflés, les nerfs sont tendus, les veines font saillie [2]. Tout cela est d'un ciseau merveilleux, tout cela est ennobli et adouci autant que possible par le génie d'un grand artiste ; mais le calme, condition ordinaire de la belle sculpture grecque, est forcément absent.

De là une impression pénible qui, en présence d'une sculpture trop douloureuse, trouble un peu la pure jouissance de l'art. Elle a été finement exprimée dans une épigramme de l'Anthologie [3], dont l'auteur s'écrie à propos du Philoctète de Parrhasius : « O le meilleur des peintres, tu es parfait, mais laisse à la fin ton héros, qui a tant souffert, se reposer de sa souffrance. »

[1] A father's love and mortal agony
With an *immortal's patience* blending.
Byron, *Childe Harold*.

[2] Comme chez Pythagoras, contemporain de Myron ; *hic primus* nervos et *venas*, expressit. Pl., xxxiv, 19, 10.

[3] *Anth. Plan.*, iv, 106.

Malgré ma profonde admiration pour le Laocoon, quand je l'ai trop longtemps admiré je ne puis m'empêcher de lui adresser cette douce plainte du poëte de l'Anthologie.

Je ne suis pas le seul, le sculpteur Daneker n'aimait pas à le regarder longtemps; mais je ne vais pas si loin qu'un autre Allemand, Kotzebue; celui-ci disait ridiculement : « Le Laocoon me rappelle *le Mangeur d'hommes*, que dans mon enfance j'ai vu *rouer* à Weimar. »

Ce groupe immortel est un ouvrage grec transporté à Rome; nous savons par Pline le nom des trois sculpteurs rhodiens qui travaillèrent ensemble au Laocoon[1] : ce furent Agésander, Athénodore et Polydore, probablement un père et ses deux fils[2], qui exécutèrent l'un la statue du père, et les autres celles des deux fils, touchante analogie entre les auteurs et l'ouvrage.

Le Laocoon a été trouvé, non dans la maison dorée de Néron, sous les thermes de Titus, — où les *ciceroni* montrent, dans une niche, une base trop étroite pour lui, — mais près de là, vers les *Sept-Salles*, dans

---

[1] Pl., *Hist. nat.*, xxxvi, 5, 24.

[2] On en est certain pour l'un d'eux, Athénodore; on a lu sur trois bases de statues (l'une d'elles à la villa Albani) le nom d'Athénodore Rhodien, fils d'Agésandre (Brunn, *Gesch. d. gr. Künstl.*, i, p. 470). Pline (xxxiv, 19, 36) cite parmi les *ciseleurs* auxquels il attribue des ouvrages qui sont évidemment des statues en bronze, un Athénodore; cela ne suffit pas pour faire supposer que le Laocoon a eu un original en bronze.

une vigne appartenant à un Romain nommé Félice de Frédis, comme l'atteste l'inscription gravée sur son tombeau dans l'église d'Araceli. Le palais de Titus, que décorait le Laocoon, et qui auparavant avait fait partie de la maison dorée de Néron, était dans cet endroit, non loin de l'amphithéâtre de la famille Flavienne, le Colisée, dont la porte d'entrée et la loge impériale étaient pour cette raison de ce côté.

A quel moment de l'art grec peut appartenir le Laocoon ? Lessing, qui croyait que les auteurs avaient eu devant les yeux, en le composant, les vers de Virgile, le plaçait sous l'Empire. Nous verrons que si le Laocoon a une origine poétique, ce n'est pas dans l'*Énéide* qu'il faut la chercher, mais dans une tragédie perdue de Sophocle [1].

Winckelmann et Meyer [2] placent le Laocoon à une époque belle encore de l'art grec, celle qui suivit la mort d'Alexandre. Un passage de Pline, dans lequel Lessing avait cru trouver la preuve que le groupe célèbre était du temps de l'empire, ne le prouve nullement [3], et il me paraît impossible de faire descendre

---

[1] V. chap. xi. Il n'est pas question de Laocoon dans Homère à propos du cheval de Troie, mais bien dans les *Posthomériques* de Quintus de Smyrne (xii, 444). Le récit de Virgile lui est venu par les Alexandrins qu'il imitait beaucoup.

[2] Meyer, iii, p. 68.

[3] l., *Hist. nat.*, xxxvi, 5, 24. Après avoir parlé du Laocoon qui est dans le palais de Titus et avoir nommé ses auteurs, Pline ajoute :

si bas la date d'un tel chef-d'œuvre. Son exécution est d'un meilleur temps [1], et la violence même de l'expression, qui semble devoir l'en écarter, ne l'en éloigne pas absolument. La douleur physique avait été exprimée dans l'âge du grand style par le sculpteur Pythagoras, puisqu'on croyait sentir la douleur de son *blessé* en le regardant [2].

Ceux qui voulaient que le Laocoon ne remontât pas au delà du premier siècle de l'empire ont fait remarquer que Pausanias n'en parle point. Il leur a été répondu que Pausanias ne nous a pas laissé un catalogue complet de toutes les statues antiques ; d'ailleurs, si le Laocoon n'existait point au temps de Pausanias, il serait postérieur au second siècle, ce qui est impossible. Un argument historique me semble

---

Similiter palatinas domos Cæsarum replevere probatissimis signis Craterus cum Pythodoro, Polydectes cum Hermolao..... ce qui veut dire seulement que d'autres chefs-d'œuvre de l'art grec ornaient également à Rome les palais impériaux, et n'implique nullement que celui-là eût été fait pour Titus. M. Brunn (1, p. 475), a très-bien remarqué que dans cette partie de son trente-sixième livre Pline rapproche les objets d'art non d'après les époques auxquelles avaient vécu leurs auteurs, mais d'après les lieux où ils se trouvaient à Rome.

[1] On n'a qu'à comparer le Laocoon avec les sculptures de l'arc de Titus pour voir que ces sculptures, œuvres d'un maître habile, ne sauraient être du même temps que la statue du Vatican.

[2] Pl., *Hist. nat.*, xxxiv, 19, 20. Il est curieux de comparer la tête du Vatican avec une tête de Laocoon au palais Spada, qu'on attribue au Bernin ; celle-ci, encore plus expressive que la tête antique, décidément l'est trop.

achever de donner raison à Winckelmann contre Lessing.

Les auteurs du Laocoon étaient Rhodiens, ce peuple auquel, dit Pindare [1], Minerve a donné de l'emporter sur tous les mortels par le travail habile de leurs mains, et dont les rues étaient garnies de figures vivantes qui semblaient marcher. Or, le grand éclat, la grande puissance de Rhodes, appartiennent surtout à l'époque qui suivit la mort d'Alexandre. Après qu'elle se fût délivrée du joug macédonien, presque toujours alliée de Rome, Rhodes fut florissante par le commerce, les armes et la liberté [2], jusqu'au jour où elle eut embrassé le parti de César; Cassius prit d'assaut la capitale de l'île et dépouilla ses temples de tous leurs ornements [3]. Le coup fut mortel à la république de Rhodes, qui depuis ne s'en releva plus.

C'est avant cette fatale époque, dans l'époque de la prospérité rhodienne, entre Alexandre et César, que se place le grand développement de l'art comme de la puissance des Rhodiens, et qu'on est conduit naturellement à placer la création d'un chef d'œuvre tel que le Laocoon [4].

[1] Pind., Ol., VII, 50-2.
[2] Ils ne fleurirent pas seulement sur mer, mais encore sur terre; douce lumière de la liberté qui ne sait pas servir. *Anth. gr.* III, p. 199.
[3] App., *B. civ.*, IV, 73; D. Cass., XLVII, 33. Ces mots : *les ornements des temples* désignent surtout les statues. C'est vraisemblablement alors que le Laocoon fut transporté à Rome.
[4] Divers fragments du Laocoon font croire qu'il a existé des répé-

L'école de Rhodes se rattachait à Lysippe par son disciple Charès [1], auteur du fameux colosse de Rhodes qui avait 105 pieds, la hauteur de la colonne Trajane. Lysippe avait poussé très-loin l'expression. Un poëte de l'*Anthologie* a dit de lui : « Lysippe, main hardie, artiste brûlant, l'airain de ton Alexandre semble du feu [2]. » De là procède l'expression si vive et presque démesurée du Laocoon. On peut y trouver, dit O. Müller, quelque chose du caractère de l'éloquence un peu asiatique des Rhodiens; leur sculpture dut s'éloigner de la sculpture attique par une tendance plus marquée à l'effet. L'école rhodienne, comme Lysippe lui-même, auteur du plus grand colosse après celui

titions de ce groupe célèbre. Flaminius Vacca avait vu des genoux et des bras qui paraissaient très-semblables à ceux du Laocoon. La tête de la collection du duc d'Aremberg est fort belle; M. Ravaisson, dont le coup d'œil est, comme le goût, très-fin, en a trouvé une qu'il estime plus belle encore Des doutes se sont élevés sur l'authenticité de la tête du duc d'Aremberg et des doutes du même genre s'élèvent en ce moment à Rome, au sujet d'un bas-relief qui représente Laocoon entre ses deux fils dont chacun est entouré d'un serpent. Que le sculpteur appartienne à l'antiquité ou à la renaissance, il n'a pas imité le Laocoon du Vatican, ni puisé aux mêmes sources que ses auteurs; il a évidemment voulu rendre le premier moment du récit de Virgile : Laocoon venant au secours de ses fils, déjà saisis par les serpents. Quant à la restitution du bras droit de Laocoon, on prétend que Michel-Ange, ce que j'ai peine à croire de lui, n'osa pas la tenter. On reproche à Montorsoli d'avoir placé ce bras trop en avant.

[1] Pl., *Hist. nat.*, xxxiv, 18, 5.
[2] *Anth. gr.*, ii, p. 49.

de Charès, aimait le colossal. Outre le colosse de Charès, on en voyait cent autres à Rhodes, et, signe de la facilité rhodienne — nous avons remarqué la facilité chez Lysippe — trois mille statues. Cette école, en toutes choses, penchait vers le démesuré. Dans le Laocoon, l'expression ne va pas jusqu'au démesuré, mais elle en approche beaucoup.

Une dernière question se présente : le Laocoon est-il un original ou une magnifique copie? Pline dit que les trois statues dont se compose le groupe étaient d'un seul morceau, et ce groupe est formé de plusieurs, on en a compté jusqu'à six. Ceci semblerait faire croire que nous n'avons qu'une copie, mais j'avoue ne pas attacher une grande importance à cette indication de Pline, compilateur plus érudit qu'observateur attentif. Michel-Ange, dit-on, remarqua le premier que le Laocoon n'était pas d'un seul morceau; Pline a très-bien pu ne pas s'en apercevoir plus que nous et répéter de confiance une assertion inexacte.

Le grand problème, c'est l'Apollon du Belvédère, cette statue la plus vantée de Rome, et dont les anciens ne parlent pas. Rien ne fait mieux sentir combien il est quelquefois difficile d'assigner une œuvre d'art à son véritable auteur quand il n'a pas signé :

. . . *Non inscriptis auctorem reddere signis.*

On connaît l'enthousiasme de Winckelmann pour

l'Apollon du Belvédère. Les louanges que Winckelmann lui a données sont justes, seulement, il n'a pas tenu compte de la beauté plus haute de chefs-d'œuvre qu'il ignorait. Prodiguant au sujet de l'Apollon du Vatican les termes d'une admiration enthousiaste, il n'a rien laissé à ajouter pour les marbres du Parthénon. S'il eût connu ce *nec plus ultra* de l'art grec, il eût gardé pour lui l'éloge suprême; Winckelmann ne s'est pas trompé de note, mais de gamme, ou, si l'on veut, de clé. Son dithyrambe est un beau chant qu'il faut transposer; il faut le faire descendre dans l'échelle des tons, en réservant les portées les plus hautes pour Phidias et pour les maîtres qui l'ont suivi.

L'Apollon du Belvédère, on le reconnaît généralement aujourd'hui, n'est pas un produit de l'art grec à son point de croissance le plus parfait, c'est une ravissante fleur née plus loin de la racine.

Chose étrange, on ne saurait affirmer que l'Apollon du Belvédère soit l'original ou la reproduction d'une des statues mentionnées par les anciens, on ne sait à quelle œuvre grecque le rapporter.

Ce ne peut être aux Apollons de Calamis, comme le voulait Visconti. Rome possédait, il est vrai, deux Apollons de Calamis [1], mais ce que l'on sait de la dureté du style de Calamis [2] ne peut convenir à l'Apol-

---

[1] L'un en marbre, dans les jardins des Servilius (Pl., xxvi, 5, 25); l'autre apporté par Lucullus, au Capitole. (Str., vii, 6, 1.)

[2] Qu'ntil., xii, 10. Cic., *Brut.*, 18.

lon du Belvédère, qui est le contraire de la dureté. De plus, ce type, contemporain de Phidias, ne saurait être facilement celui de l'Apollon du Belvédère, qui lui est si postérieur. La même objection, tirée de la différence des styles et des dates, s'applique aux Apollons de Myron[1], à celui d'Euphranor, à celui de Phidias[2], et encore mieux aux Apollons antérieurs à Phidias.

D'autres ont pensé que l'Apollon du Belvédère pourrait être l'Apollon perçant de ses flèches les Niobides, dans la grande composition de Scopas ; outre la diversité des styles, l'original de l'Apollon du Belvédère était en bronze, on le voit à la draperie, comme l'a reconnu Canova, et l'Apollon de Scopas, qui très-probablement décorait le fronton d'un temple, était en marbre. Ce ne peut même être une copie de Scopas ; les bas-reliefs où ce sujet est traité d'après Scopas montrent Apollon immobile et lançant ses flèches ; l'Apollon du Belvédère marche et il a lancé les siennes.

Une opinion tout à fait invraisemblable est celle qui veut reconnaître dans l'Apollon du Belvédère la statue de l'Apollon Palatin, consacrée par Auguste à célébrer la victoire d'Actium. Les médailles et Properce nous

---

[1] L'un volé à Agrigente par Verrès (Cic., *in Verr.*, ii, 4, 43), l'autre à Éphèse, par Antoine, et rendu par Auguste. (Pl., xxxiv, 10, 8.)

[2] Paus., i, 24, 8. Elle ne s'applique point aux trois Apollons de Léocharès (*Brunn*, i, p. 388), mais on ne voit pas que Léocharès ait créé aucun type, et il n'y a pas de raison de lui attribuer celui-là plutôt qu'à Praxitèle, dont il fut le continuateur dans le genre gracieux.

apprennent que l'Apollon Palatin était représenté vêtu d'une robe longue et jouant de la lyre.

Quant à y voir un portrait idéalisé d'Auguste, auquel l'Apollon du Belvédère ne ressemble point, ou de Néron, auquel il ne ressemble pas davantage, et qui se faisait représenter sous les traits d'Apollon Citharède, ces opinions ne sont pas soutenables; grâce au ciel, un chef-d'œuvre de l'art n'est pas un chef-d'œuvre de bassesse.

Est-ce Apollon qui vient de percer le serpent Python de ses traits[1] comme le pensait Winckelmann? Non, le dieu n'abaisse pas ses regards vers un reptile vaincu ; il regarde devant soi et regarde plus loin. D'ailleurs, la mort de Python fut un exploit d'Apollon *enfant*, et même accompli selon quelques-uns presque le jour où il vint au monde[2]. Je ne puis donc partager l'illusion d'un savant allemand, M. Thiersch, qui croit voir errer sur les lèvres de l'Apollon du Belvédère les paroles que, dans l'hymne attribué à Homère, le dieu triomphant adresse au reptile vaincu.

Ce n'est pas davantage Apollon chassant de son temple les Furies qui sont venues poursuivre Oreste jusque-là ; car dans les *Euménides* d'Eschyle[3], Apollon

[1] L'Apollon de Pythagoras combattait Python. (Pl., xxxiv, 19, 10.)
[2] Selon Hygin (140), à l'âge de quatre jours; quand il était encore dans les bras de sa mère, selon Euripide (*Iph. in Taur.*, 1250); ce serait plutôt Apollon venant de percer le géant Tityus, qui voulait faire violence à Latone (*Posthom.*, III, 394-5.)
[3] *Eumen.*, 180.

menace les Euménides de ses traits, et ne les lance pas contre elles ; comme nous le verrons, le plus probable est qu'Apollon tenait un arc à la main, mais l'expression de son visage dit qu'il s'en est servi.

On a aussi supposé que l'Apollon du Belvédère figurait le dieu repoussant les Gaulois de son temple [1]. Quand il s'agit d'une œuvre de l'art antique et surtout de la statue d'un dieu, il y a presque toujours à parier pour la mythologie contre l'histoire.

Une statuette en bronze venue de Grèce et maintenant en Russie [2] a donné lieu à une nouvelle supposition sur le complément à donner à l'Apollon du Belvédère dont les mains et les deux avant-bras sont des restaurations modernes, et, par suite, sur l'action dans laquelle le dieu aurait été représenté.

Cette statuette ne tient ni l'arc ni la lyre [3], mais l'égide, la peau de chèvre avec la tête de Gorgone, que les poëtes et Homère en particulier placent dans la main

[1] Paus., x, 23, 3-5. Un passage de Justin (xxiv, 8) mentionne le bruit de l'arc du dieu lançant des flèches sur les profanateurs.

[2] Apollon Boëdremios... Ludolf Stephani. St. Petersburg, 1860.

[3] Un Apollon citharède (*M. P. Cl.*, 614) est représenté marchant et dans une attitude assez semblable à celle de l'Apollon du Belvédère, mais il tient sa lyre autrement qu'aurait pu le faire celui-ci. D'ailleurs l'expression irritée du dieu suffit pour rendre inadmissible tout rapprochement de ce genre : *contra si citharam teneat mitis est*, dit Servius (*Æn.*, III, 138). Le même contraste entre les deux caractères d'Apollon est indiqué par Horace (*Carm.*, II, 10, 18-20). Tous les Apollons citharèdes de Rome, vêtus et non vêtus, confirment l'assertion de Servius et d'Horace.

d'Apollon. La grande ressemblance de la statuette de bronze du comte Stroganoff et de l'Apollon du Belvédère a décidé plusieurs savants et parmi eux un archéologue très-expérimenté, M. Brunn, a admettre que l'Apollon du Belvédère tenait aussi dans sa main gauche l'égide.

Cette ressemblance et l'autorité de M. Brunn parlent bien haut. Cependant j'ai quelque peine à me figurer au bout du bras de l'Apollon, d'où pendent deux lais de draperie, la peau de chèvre qui formerait un troisième appendice du même genre. L'œil, ce me semble, en serait désagréablement frappé[1], et j'ai vu plusieurs sculpteurs partager cette impression. L'arc, en somme, me paraît avoir moins d'inconvénients, et je m'y tiens provisoirement.

Malgré cette légère différence, l'Apollon Stroganoff et l'Apollon du Belvédère proviennent évidemment d'un même original, et le premier ayant été trouvé en Grèce, c'est une raison de croire que cet original commun à tous deux était grec.

Je crois donc qu'il faut en revenir à l'idée d'Apollon qui vient de lancer ses flèches; mais, d'après les raisons que j'ai alléguées, ce ne peut être ni contre le serpent Python, ni contre les Niobides, et rien ne me paraît mieux rendre compte de l'attitude victorieuse et de

[1] Dans l'Apollon Stroganoff, la draperie ne s'écarte pas beaucoup du corps et ne pend point du bras; d'où il résulte que la peau de chèvre placée à l'extrémité de ce bras n'a rien de disgracieux.

l'allure superbe du dieu que la supposition d'après laquelle l'artiste, s'inspirant d'Homère, comme l'avait fait bien avant lui Phidias pour Jupiter, aurait voulu montrer Apollon qui vient d'atteindre de ses traits l'armée des Grecs et marche sur les montagnes le cœur rempli de joie. D'autres têtes, fort semblables à celle de l'Apollon du Belvédère [1], font voir qu'il en existait plusieurs répétitions, et c'est une preuve de plus de la célébrité du mystérieux original qu'elles reproduisent.

Quel est-il cet original si difficile à découvrir, et quel artiste a exécuté cette statue dont il coûte de laisser la gloire à un sculpteur anonyme! S'il fallait absolument prononcer un nom propre, je proposerais celui de Philiscus, né à Rhodes, comme les auteurs du Laocoon, et auteur d'un Apollon qui existait à Rome [2]. Le goût de l'éclat et de l'effet, caractère de l'école rhodienne, la plus brillante du reste des écoles grecques après Alexandre, pourrait se retrouver dans l'Apollon du Belvédère, et le choix de ce dieu, si nous avons bien compris son action, — agissant comme dieu-soleil en lançant ces traits qui donnent la mort, ce qu'on peut entendre des ardeurs de l'été répandant les conta-

---

[1] La plus belle est dans la galerie Pourtalès, à Paris. Quelques-unes d'un type plus sévère semblent se rapporter à une plus grande époque.

[2] Un des deux Apollons dans le temple du dieu, près du portique d'Octavie. (Pl., xxxvi, 5, 22.)

gions, — le choix d'Apollon-soleil ne messiérait pas à un enfant de cette île que Pindare appelle l'épouse du Soleil [1], dont les habitants avaient la religion du soleil; comme le font connaître et la tradition suivant laquelle ce dieu eût été après un déluge le créateur d'une race nouvelle, celle des Héliades, et le fameux colosse, qui était une gigantesque image du soleil.

La statue de Philiscus était, dit Pline, dans le temple d'Apollon; or, Apollon était à Rome le dieu salutaire, le dieu *Médecin*, c'est-à-dire, d'une manière générale, celui qui écarte les maux. Si Philiscus a, comme la nature du marbre nous forcera à l'admettre, travaillé à Rome, il est naturel qu'il ait voulu approprier le dieu terrible, qui *donne les maladies*, au culte qu'à Rome on rendait à celui qui pouvait les guérir; de là le serpent placé auprès de la statue du Belvédère. Cet attribut d'Esculape était celui d'Apollon *médecin* [2].

---

[1] Pind., *Ol.*, vii, 14. Le soleil épousa Rhodè, fille de Neptune et d'Amphitrite. (Apollod., i, 4, 4, 6.)

[2]   Qui salutari levat arte fessos
   Corporis artus.
    Horat., *Carm. sæcul.*, 63-4.

L'Apollon delphique assis sur le trépied de la villa Albani, dont les cheveux sont disposés comme ceux de l'Apollon du Belvédère, tient à la main le serpent, emblème du pouvoir de guérir, de rendre la *vie*, chez Esculape. C'est aussi le sens qu'il faut donner au serpent qui est près de l'Apollon du Belvédère et que cette position même montre n'avoir rien à faire avec le serpent Python objet de la colère d'Apollon et but de ses flèches. Le tronc de palmier qui est auprès de lui est une allusion à celui qu'il fit pousser à Délos (Callim. *in Ap.*, 4.)

LA GRÈCE A ROME DANS L'ART.

Unir dans un même symbole le dieu formidable et le dieu secourable, celui qui frappait et celui qui guérissait, était dans le génie des religions antiques[1], et a passé de là dans les superstitions modernes. On m'assure que les gens de la campagne, en Italie et même en France, croient que tel saint ne guérit de telle maladie que parce que c'est lui qui l'envoie.

Mais Philiscus devait avoir un modèle. Ici je proposerai timidement Praxitèle, dont il y avait un Apollon à Rome[2]; nous aurions une copie de cet Apollon modifiée par Philiscus. L'original de l'Apollon du Belvédère peut bien, ce me semble, appartenir à la gracieuse famille des Apollons de Praxitèle, et il serait devenu plus théâtral dans la reproduction de Philiscus sous l'influence du goût rhodien.

Mais pour cela il faudrait que Philiscus fût venu à Rome, ce qui n'a rien d'invraisemblable, mais ce que nous ne savons point.

---

[1] C'est ainsi qu'on rapportait un Apollon de Calamis à la peste d'Athènes bien qu'il fût antérieur à ce fléau. (Paus., I, 3, 3.)

[2] Pl., *Hist. nat*,. xxxvi, 5, 11. Cet Apollon devait être nu, car Praxitèle fit prévaloir le nu dans la sculpture et en particulier dans le type d'Apollon. Visconti hésite pour l'Apollon du Belvédère entre Calamis et Praxitèle; sa seconde supposition est de beaucoup la plus vraisemblable. On a remarqué entre l'Apollon du Belvédère et la Diane du Louvre un certain air de famille, M. Wagner incline à les croire du même sculpteur. J'ai rapporté à Praxitèle la création du type de notre Diane chasseresse, celui de l'Apollon du Belvédère aurait la même origine.

Car il paraît certain que l'Apollon du Belvédère a été exécuté à Rome ; le marbre de la statue est regardé généralement aujourd'hui comme un marbre italien[1]. Après bien des discussions, on en est revenu à l'opinion de ce minéralogiste français, lequel, au milieu de l'enthousiasme sans borne qui proclamait cette statue le chef-d'œuvre de l'art grec, à l'inspection déclara que le chef-d'œuvre de l'art grec ne venait point de Grèce, ce qui n'empêchait point du reste qu'il ne pût avoir été exécuté à Rome par un ciseau grec d'après un modèle grec.

Quelle que soit la provenance de l'Apollon du Belvédère, s'il n'efface pas tout ce qu'il y a de sculpture dans le monde, et même à Rome, il n'en est pas moins une œuvre d'une singulière beauté. La réaction de dédain provoquée par les louanges sans mesure dont il a été l'objet, est beaucoup plus injuste que ces louanges n'étaient exagérées, et j'aimerais mieux être coupable des phrases les plus ridicules du président Dupaty que d'avoir à me reprocher ce blasphème d'atelier : L'Apollon ressemble à un radis ratissé.

Quand on trouverait, en le comparant aux marbres

---

[1] Brard, *la Minéralogie appliquée aux arts* (II, p. 277-80 ; d'après l'opinion de Dolomieu. — Il ne s'ensuit pas que l'Apollon du Belvédère ne puisse être plus ancien que l'empire ; le passage de Pline qu'on cite pour établir que le marbre de Carrare n'a pas été employé avant cette époque (XXXVI, 5, 4) ne le prouve point ; Pline dit seulement qu'on a trouvé récemment un marbre plus blanc que le *marbre de Paros* dans les carrières de Luni.

du Parthénon, les muscles trop adoucis, on ne pourrait s'empêcher d'admirer l'élégance suprême de toute la statue, certains détails rendus avec un sentiment exquis; et la tête, la physionomie triomphante et radieuse! Un poëte grec disait, en parlant de l'ancien Apollon d'Onatas : « Beau par la tête et le regard[1]. » Il eût dit de même à propos de l'Apollon du Belvédère.

Quelle est donc cette statue, la seule peut-être parmi les belles statues de Rome dont il soit impossible d'indiquer l'origine grecque? J'y vois comme un résultat mystérieux du travail des siècles, comme une fleur dont la semence inconnue a été apportée par tous les vents. Peut-être l'Apollon du Belvédère provient-il d'un type ancien modifié, transformé par bien des générations d'artistes.

A travers Onatas, Calamis, Phidias, Myron[2], Pythagoras, Léocharès, Praxitèle, Lysippe et beaucoup d'autres, passant par le bois, l'airain, l'ivoire et le marbre, ce type est arrivé à la main ignorée qui, à une époque d'élégance et d'habileté, a mis plus de charme encore que de grandeur dans une conception d'où le charme pourtant n'a pas banni la sublimité.

[1] Comme son père Jupiter, dit une épigramme de l'Anthologie (*Anth. gr.*, ii, p. 14.)

[2] La beauté de la tête de l'Apollon fait songer à Myron, célèbre pour ses *têtes;* sans fournir complétement la donnée de l'Apollon du Belvédère, Myron a pu contribuer à lui donner l'animation et la vie qu'il excellait à rendre.

Chacun de ces statuaires a pu concourir pour sa part à préparer de loin l'Apollon du Vatican. L'Apollon de l'Éginète Onatas était déjà remarquable par la tête et le regard. L'Apollon de Calamis était l'Apollon *qui chasse les maux;* le type de l'Apollon dorien est reproduit selon O. Müller dans l'Apollon du Belvédère [1]. Myron, célèbre par la beauté de ses têtes, n'est peut-être pas étranger à la beauté de la sienne, Léocharès à sa grâce, et encore moins Praxitèle s'il a fourni l'original de la statue. Lysippe enfin, par son influence sur l'école de Rhodes, a pu transmettre quelque chose de son ardeur au Rhodien Philiscus, pour moi auteur présumé de l'Apollon du Belvédère.

Ce chef-d'œuvre ainsi compris serait le dernier terme d'une série dont les premiers seraient l'Apollon Agyeus, qui était une pierre conique [2], et l'Apollon d'Amyclée, lequel, sauf le visage, à peine indiqué, sauf les pieds et les mains, qui faisaient saillie, ressemblait à une colonne [3]. Le terme extrême est cet Apollon si svelte, si dégagé, dont le visage est si fièrement animé, et que Maxime de Tyr semblait avoir devant les yeux quand il peignait un jeune homme qui, l'arc à la main, marche avec les pieds d'un dieu.

En présence des belles œuvres de la dernière heure telles que la Vénus de Médicis, l'Apollon du Belvédère,

[1] *Dor.*, ii, p. 357.
[2] Gher., *Gr. myth.*, § 313, 2.
[3] Paus., iii, 19, 2.

une opinion s'est formée qu'il faut combattre : on a cru que l'art grec s'était soutenu à la même hauteur pendant cinq siècles. Visconti a été jusqu'à dire, en parlant d'ouvrages postérieurs à Alexandre, et même datant de l'empire, qu'ils avaient surpassé les chefs-d'œuvre de l'ancienne école.

Les choses ne sont point allées ainsi, et, j'ose le dire, au Vatican, en présence de l'Apollon du Belvédère, parce qu'au Vatican je me souviens du Parthénon.

L'histoire des arts et des lettres montre partout une époque de rudesse et de vigueur précédant une époque de perfection, après laquelle vient une époque de grâce et de raffinement que suit une ère de décadence avec des retours momentanés et incomplets vers la beauté des âges qui ont précédé. Cette marche, en quelque sorte nécessaire, et que l'art suit fatalement, peut être étudiée à Rome dans les transformations d'un type qu'on y rencontre fréquemment, la tête de Méduse. Cette tête a commencé par être hideuse. A l'état ancien, la Gorgone a d'énormes dents de sanglier et tire la langue en faisant une horrible grimace[1]. Avec le temps, la tête de Méduse change d'aspect, elle n'est plus que terrible, elle devient même belle. La bouche, d'abord affreusement béante, ne fait plus que s'entrouvrir. Les serpents, ne se montrent plus qu'à

---

[1] Par exemple sur une urne funèbre, salle du Lapidaire au Vatican.

peine dans la chevelure et finissent par en disparaître : le mouvement et l'entortillement fantastique des cheveux les figure et les remplace[1]. On s'explique ainsi comment Cicéron, parlant d'une sculpture volée par Verrès, a pu dire : *Gorgonis os pulcherrimum*[2], « un très-beau visage de Gorgone, » et comment le peintre Timomaque était renommé pour la beauté qu'il avait donnée à la Gorgone[3]. Selon Lucien, c'est par la beauté que les Gorgones pétrifient[4].

L'art grec a passé par ces phases, il est arrivé à un art grand avant Phidias, parfait avec Phidias et ses premiers successeurs, gracieux avec Praxitèle. Après Lysippe, il y a eu interruption, comme nous l'apprend Pline, et, comme il nous l'apprend encore, au bout d'un siècle et demi environ il y a eu une renaissance, mais une renaissance incomplète, et les traces de l'affaiblissement subsistent même après la résurrection[5].

L'Apollon du Belvédère à Rome, la Vénus de Médicis à Florence, le *Combattant* d'Agasias à Paris, sont des produits admirables de cette époque de l'art grec

---

[1] Têtes de Méduse, *villa Alb.. Nuov. br.*, 27, 40.

[2] *In Verr.*, ii, 4, 56. Cinctum anguibus doit exprimer ici les serpents devenus des cheveux à forme de serpents.

[3] Pl., *Hist. nat*, xxxv, 40, 11.

[4] Luc., *de Dom.*, 19.

[5] Pl., *Hist. nat.*, xxxiv, 19, 3. Ceux qui vinrent après la renaissance de l'art, dit Pline, furent dignes d'estime, mais très-inférieurs aux artistes qui les avaient précédés.

entremêlée de chutes et de retours. C'est une seconde vie de l'art antique; mais la seconde vie dans les arts n'est pas comme la seconde vie de l'homme, elle est toujours plus imparfaite que la première. Cet arbre, quand il repousse, ne s'élève jamais autant qu'avant d'être coupé. Dans la physique des arts, le fleuve qui se précipite ne remonte pas à la hauteur de sa source.

L'histoire explique cette marche des choses. L'époque héroïque des républiques grecques, et en particulier d'Athènes, l'époque de Marathon et de Salamine prépare l'âge de Périclès; puis l'esprit public diminue, les caractères s'abaissent et la Grèce tombe aux pieds d'Alexandre. Comme toujours, la plus brillante servitude est punie justement par les misères qui la suivent. Après Alexandre, la Grèce est déchirée et l'art semble périr.

Une tradition de l'art grec se conserve dans les royaumes sortis du fractionnement de l'empire d'Alexandre, chez les rois de Pergame et surtout en Égypte; mais une tradition amoindrie, car la grande inspiration a fini sans retour avec la liberté. Cette tradition se perpétue surtout dans la république commerciale de Rhodes, tandis que s'y conservent, avec la liberté, la richesse et la puissance. Après que les Romains ont pacifié la Grèce en l'asservissant, le génie des arts, indomptable chez les Grecs, refleurit sous la domination étrangère et dans la capitale des vainqueurs. Mais rien ne serait plus faux, malgré des produits éclatants de l'imitation, que de comparer cette époque du talent reproductif avec les époques de génie créateur. Sous l'empire, l'art n'a comme l'humanité que des moments, et les très-bons ouvrages sont des exceptions presque autant que les très-bons empereurs.

Cependant, selon Visconti et quelques autres, l'art se serait soutenu à la même hauteur durant cinq siècles, et à la fin de ce temps on le verrait plutôt se perfectionner que déchoir.

Quand j'entends un homme tel que Visconti soutenir une thèse aussi contraire aux enseignements de l'histoire et aux lois de l'esprit humain, je m'étonne; mais je me rappelle bientôt que cette thèse fut celle des dernières années de sa vie, lorsqu'il était venu vivre en France sous un souverain plus sympathique à l'empire romain qu'aux républiques grecques, et à qui probablement il ne déplaisait pas qu'on mît le siècle d'Auguste au-dessus du siècle de Périclès. Je crains que la liberté d'esprit de Visconti ne se soit pas assez soustraite à ces influences[1], surtout quand je vois une telle opinion se produire, soit sous son nom, soit sous le nom d'autrui, dans des ouvrages qu'il inspirait et

---

[1] On en peut juger par le résultat auquel cette fausse vue de l'ensemble a conduit parfois un si habile archéologue. Le motif unique, dit-il, que j'ai pour croire la Vénus de Médicis postérieure à la Vénus du Capitole, ou au moins à son plus ancien archétype, n'est autre que la supériorité de la beauté idéale de la première. Le fait admis, c'était une conclusion absolument contraire qu'il en eût fallu tirer.

dont la publication était ordonnée par celui qui en France avait fondé l'empire.

Peut-être l'influence dont je parle n'a-t-elle été pour rien dans l'opinion que je combats. Cette opinion a été partagée par d'autres critiques éminents, comme M. Thiersch, qui n'avait aucun motif particulier de la soutenir. Je n'accuse donc personne, et si je me suis laissé aller à une défiance peut-être injuste, c'est qu'en écrivant ce livre j'ai eu plus d'une fois occasion de remarquer combien la complaisance, directe ou indirecte, a faussé l'histoire. C'est à ceux qui ne veulent flatter personne à y chercher la flatterie sous tous ses déguisements pour l'en bannir.

XI

SUITE DE LA GRÈCE A ROME DANS L'ART.

Les héros de la Grèce. — Hercule. — Trépieds, candélabres, trônes. autels, coupes. — Thésée. — Expédition des Argonautes. — Guerre de Thèbes. — Guerre de Troie, l'*Iliade*, l'*Odyssée* et les poëmes cycliques dans la sculpture. — Le théâtre grec dans la sculpture. — Eschyle, Sophocle, Euripide. — Tragédies perdues, retrouvées par les statues et les bas-reliefs. — La comédie grecque. — Sculptures d'après des tableaux. — Les héroïnes. — Portraits de personnages grecs. — Philosophes. — Orateurs et Rhéteurs. — Poëtes. — Hommes d'État et hommes d'action. — Portraits d'Alexandre, jugement sur Alexandre et sur César.

Jusqu'ici, je n'ai guère parlé que des types divins tels que l'art grec les a exprimés et qu'on les retrouve à Rome exprimés d'après lui; mais on y retrouve aussi les types héroïques, et c'est dans ces types que je vais chercher à Rome les créations du génie grec.

Euphranor, peintre et sculpteur, réalisa le premier les types héroïques de la Grèce dans toute leur grandeur [1]. Et cette grandeur, là où nous la rencontrerons, nous saurons qu'originairement elle vient de lui.

[1] Pl. *Hist. nat.*, xxxv. 40, 4.

Je commencerai par Hercule, car Hercule fut un héros avant d'être un dieu. Nous allons voir sa vie tout entière se dérouler dans des bas-reliefs et des statues ; ce sera pour nous comme si nous lisions quelque Héracléide perdue.

Ce poëme sculpté commence avec la vie du héros.

La naissance d'Hercule, reçu, comme le petit Bacchus, par Mercure, est figurée sur un bas-relief du Vatican [1].

Hercule au berceau faisait déjà des prodiges. Un jour, il étouffa deux serpents que lui envoyait la haine de Junon. C'était le sujet d'un tableau de Zeuxis [2]. Une idylle de Théocrite [3] a pu s'inspirer du tableau et une ode de Pindare [4] a pu l'inspirer ; car si les poëtes traduisaient parfois les artistes, plus souvent les artistes traduisaient les poëtes.

A Rome, le tableau de Zeuxis est reproduit par plusieurs statues d'Hercule étouffant les serpents, et par un bas-relief [5].

---

[1] *M. P. Cl.*, 471.

[2] Pl., *Hist. nat.*, xxxv, 56, 4. *Anth. Plan.*, iv, 90. Deux statues d'Hercule enfant à Olympie. (Paus., v. 25,4.)

[3] Théocr., xxiv, 26-8.

[4] Pind., *Nem.*, i, 43-7.

[5] Statues : *Vatic., cour du Belv., gal. des Candélabres*, 228, *M. Chiar.*, 671, *Capit., gal.*, 26. Bas-relief : *M. P. Cl.*, 441. Ce bas-relief nous donne une idée assez exacte du tableau de Zeuxis, car on y voit Alcmène qui contemple avec effroi le premier exploit d'Hercule. Am-

Agéladas, qui eut l'honneur d'être le maître de trois grands sculpteurs grecs, Phidias, Polyclète et Myron, avait fait une statue d'Hercule imberbe [1]. Cet ouvrage du maître de Phidias dut susciter en Grèce des imitations, d'où dérivent sans doute plusieurs des Hercules adolescents [2] qui existent à Rome, et dans lesquels s'est effacé complètement le caractère de la sculpture grecque avant Phidias [3].

On voit au Capitole une statue d'Hercule très-jeune, en basalte, qui frappe assez désagréablement, d'abord, par le contraste, habilement exprimé toutefois, des formes molles de l'enfance et de la vigueur caractéristique du héros [4]. L'imitation de la Grèce se montre même dans la matière que l'artiste a choisie : c'est un basalte verdâtre, de couleur sombre. Tisa-

---

phitrion tire son glaive, comme dans l'ode de Pindare et dans un tableau décrit par le second Philostrate (Phil. Jun., 6), qui était probablement d'après Zeuxis. L'attitude du héros enfant varie un peu dans les statues ; celle qu'il a dans le bas-relief doit être considérée comme la plus semblable au tableau de Zeuxis.

[1] Paus., vii, 24. 2.

[2] Une telle statue est mentionnée dans l'Anthologie. (*Anth. gr.*, iii, 188.)

[3] *M. Chiar.*, 55, 87. Deux à la villa Borghèse (salle des Hercules) ; l'un d'eux plein de vivacité. Au Vatican (salle Lapidaire), un jeune Hercule est triste, comme s'il prévoyait les grandes épreuves qui l'attendent et dont la perspective le jeta dans une noire mélancolie.

[4] Quand les statues d'Hercule jeune portent comme celle-ci la peau de lion, il s'agit du lion de Cithéron dont la mort fut un des premiers exploits d'Hercule.

goras et Alcon[1] avaient fait un Hercule en fer, pour exprimer la force[2], et, comme dit Pline, pour signifier l'énergie persévérante du dieu.

Les douze[3] travaux d'Hercule, représentés soit par des statues, soit surtout par des bas-reliefs[4], l'avaient été en Grèce dès avant Phidias[5], et le furent de son

---

[1] Paus., x, 18, 5, Pl., xxxiv, 40, 1.

[2] La force physique : Amycus a une chair de *fer* (Théocr., xxii, 47 et aussi la vigueur morale : Adraste est appelé au cœur de *fer* par Eschyle (*Sept.*, 52). A Messène était le portrait d'Epaminondas en *fer*. Paus., iv, 51, 8.

[3] Le nombre de douze ne date pas seulement, comme on l'a dit, de l'époque alexandrine, mais a été fixé définitivement entre celle de Cimon et celle de Périclès. Il n'y avait que dix travaux d'Hercule sur le temple de Thésée ; il y en avait douze au temple de Jupiter à Olympie (Paus., v, 10, 2). Pausanias n'en indique que onze, mais comme il parle de métopes placées symétriquement sur les deux faces du temple, leur nombre devait être le même de chaque côté.

[4] Les principaux sont : M. *Capit.*, 1re S. *d'en bas*; *villa Ludovisi*, neuf travaux ; *villa Borghèse* (S. 2), sur deux sarcophages; *villa Albani*, autour d'un grand cratère.

[5] Avant Phidias, sur le coffre de Cypsélus, quatre exploits d'Hercule ; douze sur le trône d'Apollon d'Amyclée ; mais là ne sont pas tous ceux qui formèrent depuis l'ensemble consacré des ***douze travaux***. Plusieurs exploits d'Hercule à Sparte, dans le temple de Junon Chalciœcos (Paus., iii, 17, 3). Homère suppose déjà des combats d'Hercule contre des sangliers, des lions, des ours — ceux-ci ne se retrouvent pas depuis, — ciselés sur le baudrier que l'ombre du héros porte aux enfers (*Od.*, xi, 610). Dans les *posthomerica* de Quintus de Smyrne, tous les *travaux* d'Hercule sont représentés sur le bouclier d'Eurypylus (vi, 199). La tradition, en germe, dans Homère, s'est développée et complétée.

temps¹ et après lui² par Polyclète, par Praxitèle, par Lysippe.

A Rome, nous voyons encore ce sujet reproduit d'après des modèles grecs : Hercule attaque l'hydre, ainsi que l'avait représenté Polyclète³. L'hydre s'entortille autour de la jambe d'Hercule⁴ ; elle a une tête de femme⁵, et, sauf l'expression, qui est celle de la terreur, ressemble singulièrement au serpent à tête de femme que Michel-Ange et Raphaël ont enroulé autour de l'arbre du Paradis terrestre, figurant l'esprit tentateur, sans le savoir, d'après Polyclète.

¹ Panænus, frère ou au moins parent de Phidias, peignit à Olympie Hercule et Atlas, Hercule et le lion de Némée, Hercule délivrant Prométhée, deux Hespérides tenant les fruits d'or dans la main, Hercule allant combattre les Amazones. (Paus., v, 11, 2.)

² Par Praxitèle à Thèbes (Paus., ɪx, 11, 4); par Lysippe à Alyzie en Acharnanie (Str., x, 2, 21), d'où ils furent transportés à Rome, et pour cette raison ont dû être la principale origine des représentations romaines des travaux d'Hercule.

³ Cic., *de Orat.*, ɪɪ, 16 : même sujet sur le coffre de Cypsélus et au temple de Delphes. (Eur., *Ion*, 191.)

⁴ Au Capitole, sous le portique (à l'entrée), jambe d'Hercule appartenant au n° 30, et retrouvée après que celui-ci avait été complété par l'Algarde. Cet entortillement de l'hydre autour de la jambe d'Hercule, qui reparaît souvent, semble avoir été consacré par un exemple célèbre; il est mentionné par Apollodore (ɪɪ, 5, 2, 4). Au Capitole, Hercule est représenté brûlant les têtes de l'hydre, ce qu'il fit pour empêcher celle qui était immortelle de renaître.

⁵ Sans doute par une confusion de l'hydre, serpent à plusieurs têtes, avec Echidna qui avait un corps de femme, car elle fut tout à fait femme avec Hercule, et des pieds de serpent. Cette association fait songer aux fréquentes attaques de la poésie grecque contre les femmes.

Hercule perce les oiseaux de Stymphale, nettoie les étables d'Augias, deux *travaux* omis par Praxitèle¹. Sa gracieuse imagination avait évité ces sujets, dont le dernier l'avait sans doute rebuté. L'art antique parvint cependant à le rendre sans qu'il offrit aux yeux rien de déplaisant, en l'indiquant seulement par la corbeille et la fourche qui avaient servi à l'exécuter, par l'eau courante d'un fleuve et par une figure de femme qui représente cette eau. Hercule traîne Cerbère² et le lion de Némée³, tue le roi de Thrace Diomède⁴ et Géryon⁵, arrive au jardin des Hespérides⁶, dont les fruits d'or étaient peut-être bien des oranges, car ils étaient parfumés. Ce fruit ne sem-

¹ Paus., ix, 11, 4.
² *M. P. Cl.*, 213.
³ *M. P. Cl.*, 134. En général, sur les monuments grecs et dans la poésie grecque, Hercule étouffe le lion de Némée en le serrant contre sa poitrine; *temple de Thésée, bas-reliefs et pierres gravées*, (Eurip., *Herc. fur.*, 154; Théocr., xxv, 266 suiv.). La peau de lion n'est devenue le costume d'Hercule et il n'a porté la massue que depuis Pisandre, d'après Strabon (xv, 1, 9), ou depuis Stésichore, selon Athénée (xii, p. 512); à Olympie, une statue en bronze (Paus., v, 25, 7) le représentait avec la massue.
⁴ *M. P. Cl.*, 137.
⁵ *M. P. Cl.*, 208. Géryon a ici trois têtes, comme dans Hésiode (*Théog.*, 287); ailleurs il a trois corps, comme chez Eschyle (*Ag.*, 879) et chez Euripide (*Herc. fur.*, 423). Géryon est plus petit qu'Hercule; les hommes sont plus petits que les divinités sur le bouclier d'Achille (*Il*., xviii, 519); les sujets sont plus petits que les rois, et les vaincus que le Pharaon vainqueur, sur les bas-reliefs égyptiens.
⁶ *Villa Albani, salon.*

ble pas avoir été connu des Romains dans les temps historiques ; mais les Grecs paraissent en avoir eu une notion légendaire et mythologique dans la tradition des fruits d'or du jardin des Hespérides, situé, d'après les récits les plus anciens, aux extrémités occidentales de la Méditerranée, en Lybie ou en Espagne, aux bornes de Neptune, dit Euripide [1].

Hercule et les Hespérides faisaient partie d'une composition très-ancienne de Théoclès [2], où entrait aussi Atlas soutenant le ciel. Ce dernier sujet, figuré isolément, se voit à Rome, assez semblable à ce qu'il était dans les compositions des anciens artistes grecs. Atlas porte le ciel, où sont figurés les douze signes du zodiaque [3], représentation de cette partie du

---

[1] Là où Neptune termine le ciel que soutient Atlas. (*Hipp.*, 742-7.)

[2] En bois. (Paus., vi, 19, 5.) Le dragon entourait l'arbre, de même qu'il l'entoure dans un bas-relief de la villa Albani ; nouvelle ressemblance avec Michel-Ange et Raphaël. On voit dans ce bas-relief Hercule, des Hespérides, l'arbre et le dragon comme dans le groupe de Théoclès.

[3] *Villa Alb. Coffee House.* Cet Atlas rappelle par plusieurs traits, un tableau qu'a décrit Philostrate (ii, 20), dans lequel Atlas était courbé sous son accablant fardeau et un genou en terre ; des constellations étaient de même indiquées sur le ciel qu'il portait. L'Atlas d'Homère (*Od.* i, 53-4), est autre : il soutient les colonnes du ciel et de la terre. Chez Hésiode (*Théog.*, 517-20), Atlas ressemble déjà à celui que nous présentent les monuments d'une époque avancée ; il supporte le ciel de la tête et de ses mains infatigables ; il est au pays des Hespérides ; cet Atlas soutient donc le ciel avec sa tête et avec ses mains, comme celui de la villa Albani. Dans le Prométhée d'Eschyle, Atlas porte sur

mythe d'Hercule, conçue à une époque scientifique et surtout astrologique.

Le tour de force d'Hercule avec les cinquante Thespiades n'avait pas été négligé par Praxitèle [1]. On avait placé leurs statues à Rome [2] devant le temple de la Félicité, sans doute en mémoire du *bonheur* d'Hercule. Ces figures devaient être charmantes, car l'une d'elles rendit amoureux un chevalier romain. On n'en a pas encore retrouvé une seule, mais on sait où était le temple de la Félicité [3], et elles mériteraient 'd'être cherchées.

Certaines aventures d'Hercule, représentées quelquefois sur des bas-reliefs avec celles qu'on y rencontre plus ordinairement, doivent, comme les autres, avoir eu leurs modèles dans des produits perdus de l'art grec dont ces bas-reliefs nous révèlent l'existence [4] ; c'est Hercule instruit à jouer de la lyre par Linus, que le vio-

ses épaules la colonne du ciel et de la terre dans les régions hespériennes. (348-9.)

[1] Pl., *Hist. nat.*, xxxiv, 19, 20.

[2] Elles étaient déjà sculptées sur le trône de l'Apollon d'Amyclée. (Paus., iii, 19, 4.)

[3] Entre le marché aux Bœufs et le grand Forum, près du Vélabre. Pline, en disant qu'une Vénus de Praxitèle, placée sans doute à l'intérieur du temple, a péri dans un incendie, ne dit pas que les Thespiades, qui étaient *devant* le temple, aient péri avec lui.

[4] Sur deux bas-reliefs d'un remarquable travail (*M. P. Cl.*, 432-434) et dans lesquels sont placées les divinités en rapport avec Hercule, comme les dieux protecteurs des héros, figurent dans les épopées grecques.

lent écolier devait tuer dans un moment d'impatience; c'est Hercule apprenant à tirer de l'arc ; c'est la guerre d'Hercule contre le roi des Myniens, Erginus, célébrée anciennement par les poëtes grecs [1], et qui désignait sans doute d'antiques différents de Thèbes et d'Orchomène.

Hercule *furieux*, ce sujet pathétique, fréquemment traité par la poésie, l'a été rarement par l'art. Je ne l'ai pas rencontré à Rome. Sans doute, il faut accuser de cette omission le même scrupule qui a fait passer sous silence la fureur d'Hercule à Pindare dans le chant qu'il lui a particulièrement consacré [2].

Enfin, Hercule apparaît divinisé sur un bas-relief où on lit, écrit en grec, *Hercule qui se repose* [3]. Au-dessous, une victoire lui verse à boire dans une coupe; c'est la coupe de l'immortalité. L'Hercule du Vatican (le Torse) est un Hercule divinisé, à en juger par le calme de l'attitude et la tranquillité majestueuse de la sculpture.

De tous les hauts faits d'Hercule un des plus importants est Hercule délivrant Prométhée du vautour. Ce sujet d'une peinture de Panænus à Olympie [4] se

---

[1] C'était, selon Welcker, le sujet de la Myniade, épopée perdue.

[2] La troisième isthmique. (Diss., Pind., II, p. 558.) Philostrate parle d'un tableau d'*Hercule furieux*. (Phil., II, 25).

[3] *Vill. Alb.*, salle de l'Ésope.

[4] Paus., v, 11, 2.

retrouve à Rome sur un curieux bas-relief[1] et parmi de charmantes peintures du Columbarium de la villa Pamphili.

Un ancien sculpteur grec, Aristoclès, était auteur d'un groupe en bronze d'Hercule combattant la reine des Amazones à cheval[2]. Un groupe en marbre représente une Amazone à cheval, aux prises avec deux guerriers que l'on a crus Hercule et Thésée[3]; mais de tels héros ne seraient pas renversés par une Amazone.

Je ne sache pas une sculpture célèbre de l'antiquité qui montrât Hercule ayant pris les habits d'Omphale et maniant le fuseau ; mais ce sujet avait été traité souvent par la peinture; un des tableaux dont parle Lucien[4] nous est peut-être reproduit dans une mosaïque du Capitole. Cependant, Hercule devait avoir été représenté filant, par quelque sculpteur grec, car un tel Hercule se voit à Rome[5].

Un sujet bien grec et en Grèce bien anciennement traité, c'est le trépied d'Apollon enlevé par Hercule[6]. Aussi l'avons-nous à Rome exécuté en style

---

[1] *Mus. Capit.* Bas-relief de la formation de l'homme par Prométhée.

[2] Paus., v, 25, 6. Le type des Amazones dans la statuaire est donc antérieur à Phidias qui n'a pu que le fixer, c'est ce que prouvent encore les combats d'Amazones du temple de Thésée.

[3] *Villa Borgh.*, S. 2.

[4] Luc., *Quomod. hist. conscrib.*, 10.

[5] *Villa Borghèse*, S. 1.

[6] Dans le temple de Delphes (Paus., x. 13. 4), Hercule et Apollon se

archaïque [1] à l'imitation des antiques représentations de ce sujet sacré qui faisait sans doute allusion à une rivalité des deux cultes dont il ne reste pas d'autre mémoire. La *dispute du trépied*, c'est-à-dire de l'oracle, n'est-ce point à Delphes la guerre du nouveau culte hellénique représenté par Apollon et du vieux culte pélasge représenté encore cette fois par Hercule, comme elle le fut à Athènes par Athéné et Neptune?

Le trépied delphique se voit lui-même à Rome placé auprès de plusieurs statues d'Apollon [2]. On peut s'y faire une idée de sa forme comme si on avait visité le temple de Delphes. On reconnaît sa concavité et son couvercle sur lequel s'asseyait la Pythie.

Puisque j'ai prononcé ce mot *trépied*, je saisis cette occasion de parler des trépieds et de ces autres décorations du Vatican, les candélabres, les autels, les trô-

---

disputant le trépied ; du côté d'Hercule Minerve, du côté d'Apollon Diane, ce qui autorise Muller (*Arch.*, p. 541) à croire qu'un groupe très-ancien dont les auteurs étaient Dipænus et Scyllis, et qui se composait des mêmes personnages, représentait la lutte d'Apollon et d'Hercule pour la possession du trépied, peut-être aussi leur réconciliation. Près de Mégalopolis, Hercule arrachait le trépied à Apollon. (Paus., VIII, 37, 1.)

[1] *Vill. Alb.*, Zoeg., *b. r.*, II, pl. 66. Sans intention d'archaïsme, *M. P. Cl.*, 141. *Gal. des Candél.*, 187. En Grèce, sur un bas-relief du Péloponèse publié par Paciaudi.

[2] *M. Capit., villa Borghèse*. Trépied dédié à Apollon, *M. Chiar.*, 114. Visconti pense qu'un trépied du Vatican fait connaître la forme des trépieds delphiques portés dans les pompes triomphales décrites par Athénée.

nes, les vases, les coupes, qui sont aussi des imitations de l'art grec.

Car en Grèce ces objets usuels étaient des œuvres d'art. Ils sont mentionnés par les auteurs avec les autres chefs-d'œuvre. On vit alors ce qu'on a vu depuis à la Renaissance, l'art répandre sur chaque chose la beauté. Quand le sentiment du beau existe, il se mêle à tout.

Les trépieds figurent parmi les monuments des plus anciens temps [1] de la sculpture grecque. Ils étaient le prix des vainqueurs dans les jeux [2] et les concours dramatiques [3]. On les dédiait dans les temples ; ils ornaient les demeures opulentes déjà au siècle d'Homère ; ils sont souvent mentionnés parmi les dons [4]. Ils servaient à chauffer l'eau du bain [5] ; il y avait à Athènes une rue des trépieds. Après avoir rempli les temples [6], ils ont trouvé leur emploi dans le culte chrétien ; un des trépieds du Vatican vient d'une église où il servait de bénitier. Entre les jambages des trépieds ou sur leur base étaient placés, comme nous le

---

[1] Gitiadas et l'Éginète Callon firent des trépieds d'airain ornés de figures de déesses. (Paus., III. 18, 5.)

[2] Dans l'*Iliade* (xxiii, 259), prix proposés : une femme, un trépied, des bœufs.

[3] Athén., v, p. 198.

[4] *Odyss.*, iv, 129.

[5] *Il.*, xxii, 443 ; xxiii, 41.

[6] Nombreux trépieds d'or dans le temple d'Apollon Isménien. (Pind., *Pyth.*, xi, 4-5.)

voyons encore au Vatican¹, des personnages divins ou des scènes mythologiques. Les trépieds eurent, en général, des originaux en bronze, souvent anciens; leur marbre, plus récent, garde volontiers le double caractère du bronze et de l'antiquité.

Comme les trépieds, les candélabres étaient déposés dans les temples; les chrétiens leur donnèrent une place dans les églises. Quatre beaux candélabres du Vatican² proviennent du tombeau de sainte Constance; trois de ces candélabres avaient été transportés dans l'église voisine de Sainte-Agnès, où l'un d'eux est resté.

Les *trônes* des dieux avaient aussi leurs modèles dans la plus haute et la plus belle antiquité grecque. Le trône d'Apollon à Amyclée; après lui, le trône de Jupiter à Olympie étaient couverts de sculptures. D'autres, de dimensions moindres, étaient conservés dans les temples³. On peut rapprocher d'eux un trône de Bacchus et un trône de Cérès au Vatican. Des trônes d'or et d'ivoire furent portés dans la pompe triomphale d'Antiochus Épiphane⁴.

---

¹ Hercule combattant les Ligures, près de la porte du Musée étrusque; candélabres Barberini, *M. P. Cl.*, 412, 413, plusieurs divinités; *Gal. des Candél.*, 35, supplice de Marsyas.

² *Gal. des Candél.*, 93, 97, 157, 219.

³ Les divinités étaient assises sur des trônes, dans les temples; Diane sur le sien dans l'Agora de Thèbes (Soph., *OEd. R.*, 161). Sur l'importance et le nombre des trônes, voy. Quatremère de Quincy, *Jup. Ol.*, p. 314 et suiv.

⁴ Athén., v, p. 202.

Les *autels* recevaient aussi des ornements de la main des sculpteurs les plus illustres. L'autel de Diane à Éphèse était, dit Strabon [1], *tout rempli* d'œuvres de Praxitèle. Peu de choses pouvaient être comparées à un autel de son fils Céphisodote [2]. A Parium, Hermocréon avait construit un autel d'Apollon et de Diane, dont les côtés avaient un stade de longueur [3].

Il n'y a, on le pense bien, rien de semblable à Rome. Mais on y voit des autels de plusieurs divinités, ornés de figures et de symboles en bas-reliefs [4].

Ceux même qui semblent consacrés à un culte national, si l'on en juge d'après les sujets romains qui les décorent, se rattachent à la mythologie grecque, comme s'y rattachaient ce culte lui-même et les origines du peuple romain [5].

Enfin ces belles coupes, ces cratères magnifiques, ces vases merveilleux, splendides ornements de la collection vaticane et des collections Albani et Borghèse, ou ont été enlevés par la conquête romaine, ou lui

---

[1] Str., x, 4, 25.
[2] Pl., *Hist. nat.*, xxxiv, 19, 24,
[3] Str., x, 5, 7; xiii, 1, 13.
[4] Autel de Jupiter (*Gal. des Candél.*, 271), d'Apollon (Vill. Alb.); au Capitole, autel des Vents, du Calme; autel des douze grands dieux. Tous ces autels sont garnis de figures comme les autels grecs dont parlent les anciens.
[5] Autel de Faventinus (*M. P. Cl.*, 14), Mars et Vénus surpris par Vulcain, le jugement de Pâris, Hector traîné par Achille, y servaient d'introduction à la naissance et à l'enfance de Romulus et de son frère.

ont été dérobés en quelque sorte par l'art romain [1].

L'art de ciseler les coupes, de les entourer de figures en relief [2] est un art grec très-ancien [3] qu'on faisait remonter aux temps héroïques [4], et que ne dédaignèrent ni Calamis [5], ni Myron [6], ni Euphranor [7].

L'un des plus célèbres artistes en ce genre fut Mentor [8]. Martial vante deux coupes de lui : dans l'une rampait un lézard, dans l'autre un serpent ; ce qui fait penser à certains ouvrages de Benvenuto Cellini et de B. de Palissy ; deux autres étaient d'une si grande perfection, que les possesseurs n'osaient s'en servir. Verrès, dans son goût pour les collections d'art à tout prix, volait, pour enrichir la sienne, un beau vase comme une belle statue [9].

[1] Six coupes d'or offertes à Delphes, par Gygès, roi de Lydie, pesaient trente talents (Hérod., I, 14), ce qui, d'après une évaluation de Larcher, donne une valeur de deux millions. Parmi les cratères ornés de figures qu'on portait au triomphe de Paul Émile, était une coupe d'or que lui-même avait fait fabriquer et qui valait le tiers de cette somme (Plut., *P. Em.*, 33.)

[2] Comme était une coupe d'argent placée sur un quadrige et traînée par six cents hommes. (Athén., v, p. 199.)

[3] La coupe que les Lacédémoniens firent faire pour Crésus. (*Hérodote*, 1, 70).

[4] Dans la Télégonie, épopée perdue, Ulysse recevait un cratère sur lequel étaient sculptées les aventures de Trophonius et d'Agamédès (Welck, *Ep. Cycl*, II, p. 301).

[5] Pl., *Hist. nat.*, xxxiv, 18, 7.

[6] Mart., *Ep.* vi, 92.

[7] Pl., *Hist. nat.*, xxxv, 40, 4.

[8] Mart., *Ep.*, iii, 41.

[9] Il vola une *hydria* de Boéthus, le gracieux auteur de l'*Enfant à*

Il est déjà parlé dans Homère de cratères, savant ouvrage des Sidoniens[1] ou de Vulcain, destinés aux dons de l'hospitalité[2]; et de l'usage de déposer un cratère dans un temple par suite d'un vœu[3]; chez Sophocle[4], de vases d'argent et de vases dorés proposés en prix; et Théocrite, qui en ce moment pensait plus au palais d'Alexandrie qu'aux pâturages de la Sicile, donne au chevrier Comatas un vase, ouvrage de Praxitèle[5].

Les coupes et les vases dont parlent les auteurs grecs sont généralement en métal. Comme pour les trépieds et les candélabres, le marbre a remplacé l'or, l'argent ou le bronze.

Quelquefois un produit de cet art permet de remonter à un très-ancien produit de l'art grec dont il est une imitation comparativement récente.

Six cent quarante ans avant notre ère, des marchands de Samos faisaient fabriquer un cratère soutenu par trois figures colossales à genoux[6]. Visconti n'hésite pas à reconnaître dans un cratère du Vatican une composition qui dérive du cratère de Samos.

---

l'oie (Cic., *in. Verr.*, II, 4. 14), et fit tout ce qu'il pût pour s'approprier un vase de Mentor (*ib.*, 18).

[1] *Il.*, XXIII, 742.
[2] *Od*, XV, 102-4.
[3] *Il.*, VI, 528, 741.
[4] Soph., *Fragm*, Did., p. 333.
[5] v. 105.
[6] Hérod., IV, 152.

Comme les candélabres, les trépieds et les trônes : les vases, les coupes, les cratères, ou au moins leurs modèles, ont donc décoré les temples de la Grèce avant de décorer les temples de Rome ; ils faisaient ressembler les édifices sacrés à des musées et donnent aujourd'hui au musée du Vatican l'air d'un temple.

L'aspect de ces monuments retrace vivement aussi l'aspect des palais antiques, soit qu'on se promène à travers la galerie du Vatican dite *des Candélabres*, soit qu'on se place au milieu de cette salle de la villa Borghèse, où des vases et des coupes formés des matières les plus précieuses, sont distribués avec une magnificence pleine de goût. On peut se croire chez Périclès ou chez Néron.

Le trépied d'Apollon enlevé par Hercule nous a entraîné bien loin de ce héros qui aurait dû nous conduire à Thésée auquel on l'associe souvent[1]. Sur les murs du temple de Thésée à Athènes on retraça les exploits d'Hercule ; dix métopes lui furent consacrées et huit seulement à Thésée. Une trace de cette association des deux cousins subsiste dans deux beaux hermès de la villa Ludovisi : Thésée fait pendant à Hercule, il tient la massue[2] ; comme il a la peau de lion sur des médailles de Nicée. Un bas-relief de Rome nous conserve

---

[1] Phidias les avait réunis dans un combat livré en commun aux Amazones (Paus., v, 11, 2).

[2] On disait que Thésée avait pris au géant Périphétès sa massue après lui avoir donné la mort. (Apollod., III, 16, 1, 3.)

une preuve de l'amitié des deux héros : Thésée tiré des enfers par Hercule[1].

Parmi les bas-reliefs qui se trouvent à Rome, plusieurs se rapportent à divers hauts faits de ce héros, déjà figurés dans l'antiquité grecque : Thésée découvrant le glaive de son père sous la pierre qui devait le cacher jusqu'à ce que le fils d'Egée fût assez fort pour la soulever[2]; Thésée vainqueur du Minotaure[3], du taureau de Marathon[4], ou combattant les Amazones[5] avaient

---

[1] Sur le grand cratère d'Hercule, de la villa Albani.

[2] Bas-relief de la villa Albani; Thésée découvrant le glaive et les sandales que son père avait cachés sous une pierre, était dans l'Acropole d'Athènes (Paus., i, 27, 8); c'est le plus ancien original que l'on connaisse de ce bas-relief.

[3] *Vill. Alb.*, dans le jardin. Une tête de Minotaure (*M. P. Cl.*, 232) a sans doute fait partie d'un groupe qui représentait la lutte de Thésée et du monstre. Sur le trône d'Amyclée, Thésée *conduisait* le Minotaure dompté. (Paus., iii, 18, 7.) C'est une version un peu différente et peut-être plus ancienne de la tradition. Dans le remarquable groupe de la villa Albani, comme au temple de Thésée, Hercule *tue* le Minotaure.

[4] Zoeg., ii, pl. 63. *Métope du Théséum*. Selon quelques-uns, le même que le Taureau de Crète dompté par Hercule, ce qui contribue encore à établir entre les deux héros le rapprochement dont les deux hermès de la villa Ludovisi nous ont fourni un indice.

[5] Dans le groupe en grande partie restauré de la villa Borghèse, Salle ii), si Thésée, ce que j'ai peine à croire pour lui comme pour Hercule, est un des deux guerriers foulés aux pieds par une Amazone à cheval; je le verrais plutôt dans de beaux fragments du palais Farnèse et du Vatican (*M. Chiar.*, 300-2). Selon Visconti, le prétendu *Gladiateur* du Louvre serait Thésée combattant une Amazone. Thésée est aux prises avec des Amazones et des Centaures dans la frise du temple

été représentés par la sculpture grecque avant de l'être par des bas-reliefs ou des statues qu'on voit à Rome.

Il y avait à Delphes une statue de Thésée qu'on attribuait à Phidias [1], érigée aussi bien que d'autres statues héroïques, parmi lesquelles elle se trouvait, avec la dîme du butin qui provenait de la bataille de Marathon, ainsi que l'avait été la grande Minerve en bronze de l'Acropole [2]. A Rome, plusieurs statues et plusieurs temples, à commencer par celui du Capitole, ont été de même payés des glorieux deniers de la victoire.

Il faut placer parmi les *Héros* des personnages dont le nom ne rappelle rien d'héroïque, mais auxquels les Grecs avaient voué un culte que des héros seuls pouvaient recevoir : Hyacinthe, Adonis, Narcisse [3]. A Rome

---

de Phigalie. Ces deux combats étaient peints, le premier sur les murs du Pœcile (Paus., i, 15, 2), l'un et l'autre dans l'intérieur du Théséum (*ib.*, i, 17, 2). A Olympie, Thésée combattant les Centaures, sur le fronton postérieur du temple de Jupiter (Paus., v, 10, 2), et Thésée combattant les Amazones, sur la traverse de la base du trône de Jupiter. L'Amazone blessée de Rome, comme l'Amazone morte de Naples, peuvent avoir pour première origine ces combats de Thésée et d'Hercule contre les Amazones.

[1] Paus., x, 10, 1. Une autre statue de Silanion (Plut., *Thés*, 4). Le Thésée du Parthénon n'est pas un Thésée; selon M. Beulé, c'est un Hercule. (*Acropole d'Athènes*, ii, p. 69.)

[2] Paus. I, 28, 2.

[3] Les fêtes d'Adonis à Alexandrie sont bien connues; les fameux jardins d'Adonis (Pl., xix, 19, 1) avaient été transplantés à Rome. Sur un fragment du plan antique de Rome on lit (*a*) *donea*. Hyacinthe

on hésite entre les deux premiers, ne sachant auquel doivent se rapporter de gracieuses statues du Vatican[1] et du Capitole[2].

Les images d'Adonis avaient un type consacré dans les statues que portaient en pompe les femmes d'Alexandrie et de Byblos. Narcisse avait été sans doute représenté par l'art; mais je n'ai trouvé nulle indication d'une statue d'Adonis ou de Narcisse attribuée à un artiste grec. Ces statues ont dû exister pourtant, car celles que nous voyons à Rome, et dont une surtout est fort belle, ont eu certainement un original grec, comme l'était le culte d'Adonis, et le mythe, peu ancien d'ailleurs, de Narcisse.

Il en est de même des bas-reliefs d'Adonis blessé par un sanglier et mourant dans les bras de Vénus[3].

était l'objet d'un culte national à Sparte et ses fêtes célébrées pendant trois jours à Amyclée. (Str., vi, 3, 2; Paus., iii, 19, 3.)

[1] *M. P. Cl.*, 443 et 396. Celui-ci a plutôt le mouvement de Narcisse, étonné du charme de son image, que d'Adonis effrayé de sa blessure, expression trop indigne d'un héros victime de son courage. On n'est pas d'accord sur l'existence de la blessure, qu'admettait Visconti. M. Gherard n'y voit qu'un éclat du marbre. Pour Visconti, d'abord un Narcisse, puis un Apollon; pour Welcker, cette statue est un Narcisse.

[2] *S. des Hercules*, un jeune homme en style archaïque, pris pour un Ptolémée, cru par Winckelmann un Apollon. (*S. du Gl.*, 13), celui qu'on appelle un Antinoüs; mais il n'a point la figure un peu sombre et si individuelle d'Antinoüs, ni ses cheveux. Levezow dit un *Antinoüs* en *Narcisse*.

[3] *M. Chiar.*, 455, *Gal. Lapid.*, *Vill. Borgh.*, sous le portique. L'Ado-

Ils sont trop nombreux et la donnée en est trop gracieuse pour qu'ils ne fassent pas supposer un original grec célèbre, mais aujourd'hui inconnu[1].

Pour le jeune Hyacinthe tué involontairement par le disque d'Apollon, il faut renoncer à le trouver dans les collections romaines où il n'a jamais été indiqué avec certitude[2].

La Grèce n'est pas présente à Rome seulement par l'imitation de son art, mais encore, et déjà quelques indications ont pu le faire pressentir, par la reproduction de sa poésie. Les divers cycles épiques y vivent pour ainsi dire dans les représentations figurées des principaux événements et des principaux personnages que leurs auteurs ont célébrés, sans parler de la poésie

---

nis du palais Spada, avec la tête de sanglier, me semble plutôt être un Méléagre.

Le roi d'Égypte Philopator avait composé une tragédie d'*Adonis*, et Philostrate décrit un tableau de Narcisse (*Im.*, I, 22), Callistrate, une statue (5) ; ce sujet a dû être traité d'abord par la peinture, à laquelle l'image réfléchie de Narcisse convenait mieux.

[1] Une terre cuite, qu'on croit représenter Vénus et Adonis, a été trouvée dans un tombeau grec (Mull., *Arch*, p. 585).

[2] Rien n'autorise ces attributions. Un bas-relief de Saint-Jean-de-Latran, où l'on a cru voir Apollon soutenant Hyacinthe dans ses bras, représente plutôt Pylade secourant Oreste saisi par ses *fureurs*; ce groupe se retrouve dans plusieurs bas-reliefs d'*Iphigénie en Tauride*; sans cela, on pourrait le rapprocher de deux tableaux décrits par les deux Philostrates (Phil. *Im.*, 23, Ph. Jun., 15). Hyacinthe avait été peint par Nicias (Paus., III, 19, 4). Ce tableau, sans doute le même dont parle Martial (*Ep.*, XIV. 173), fut apporté à Rome d'Alexandrie par Auguste. (Pl., XXXV, 40, 7.)

lyrique des Grecs qui a fourni aussi sa part d'inspiration aux sculpteurs romains. Comme les premiers poëtes latins transportèrent à Rome les légendes héroïques de la Grèce, la sculpture romaine les traduisit dans son langage, en marbre ou en airain.

Le plus ancien de ces cycles épiques par la date des personnages, est celui des Argonautes, peints par Cydias et sculptés par Lycius, fils de Myron [1]. Sauf l'épisode de Médée dont le bas-relief s'est emparé comme la tragédie, et, nous le verrons, d'après elle, ce cycle a inspiré à la sculpture antique peu de monuments; de ces monuments un plus petit nombre encore a été conservé. A Rome on ne peut guère citer que l'admirable ciste du musée Kirchérien [2], sur laquelle est tracée avec un art presque purement grec bien que l'auteur soit un Latin, le dénoûment du combat au ceste de Pollux et d'Amycus; un bas-relief représentant la fabrication du navire *Argo* à la villa Albani, enfin la statue de Jason, le prétendu Cincinnatus [3], qui est à Paris, et dont il existe à Rome une réplique en petit [4], fort inférieure

---

[1] Pl., *Hist. nat.*, xxxv, 40, 6; xxxiv, 19, 29. Deux tableaux décrits par le second Philostrate. (Phil. Jun., 9. 12.)

[2] Amycus a été attaché à un arbre par Pollux d'après une des deux versions de ce récit; d'après une autre version, Pollux tuait Amycus. (Heyne, *Apollod.*, ii, p. 76.)

[3] Le soc de charrue à terre est moderne. Il se peut que cette restauration ait été déterminée par un reste de soc antique, car Apollodore nous apprend que Jason *cultivait la terre*. (Apollod., i, 9, 16, 3.)

[4] *Gal. des Candél.*, 6.

en beauté, dont la disposition est tout à fait semblable.

Ces deux statues représentent un jeune héros grec et non un vieux patricien romain ; mais on a eu longtemps la manie de tout interpréter par des sujets tirés de l'histoire romaine[1]. Ces sujets sont rares, et au contraire les sujets empruntés à la mythologie ou à la poésie héroïque des Grecs sont très-nombreux.

Jason chausse un de ses pieds, l'autre est nu ; ceci rappelle *l'homme au seul soulier* duquel l'oracle avait averti le roi Pélias de se défier. Cet homme était Jason qui, convoqué avec d'autres chefs pour un sacrifice, par Pélias, parut devant lui n'ayant un soulier qu'au pied droit[2].

De là sortit l'expédition des Argonautes ; car Pélias, pour se débarrasser de Jason, l'envoya conquérir la toison d'or.

L'attitude prêtée à Jason est à très-peu de chose près celle d'une figure du Parthénon[3], et la description que

---

[1] Oreste et Électre étaient pris pour le jeune Papirius et sa mère. Piranesi a vu dans Priam implorant Achille le roi Acron, et dans Achille s'éloignant sur son char un Romulus.

[2] Pind., *Pyth.*, iv, 95. Apoll., *Arg.*, ii, 95. Philostr., *Ep*, 18, 1. Apollod., 1, 9, 16, 3. Tous ces auteurs, excepté Pindare, racontent que Jason parut ainsi devant Pélias parce qu'il avait perdu un soulier en passant le fleuve Anaurus ; Pindare n'en dit rien. Le pied nu de Jason peut s'expliquer alors parce que le héros ne l'a point chaussé. C'est donc la donnée de Pindare que le sculpteur a suivie.

[3] Frise de la cella du Parthénon.

fait Christodore[1] d'une statue de Mercure y correspond tout à fait ; exemple de plus d'une donnée semblable appliquée à des sujets différents; ce qui ajoute à l'intérêt des objets d'art que nous avons sous les yeux, car ils sont pour nous des représentations indirectes même de compositions dont le sujet est sans analogie avec le leur.

Le bas-relief de la villa Albani, où l'on voit Minerve auprès d'Argo, tandis qu'il construit le fameux vaisseau qui doit porter son nom, s'accorde avec le poëme grec des Argonautes, dans lequel Minerve est dite avoir dirigé la fabrication du vaisseau merveilleux et même y avoir mis la main[2].

Quant au bel Hylas, enlevé par les nymphes[3] pendant l'expédition des Argonautes, et qui fut si souvent célébré par la poésie ancienne, *cui non notus Hylas?* on donne son nom avec assez de vraisemblance à des statues d'adolescent portant un vase sur l'épaule[4], mais je ne saurais indiquer un original grec d'où elles puissent dériver[5].

La *Thébaïde* de Stace n'est qu'un écho affaibli et une redite ampoulée des épopées grecques sur la

---

[1] Christod., *Ekphr.*, 297.
[2] Apoll., *Argon.*, I, 19. 111.
[3] Bas-relief de Bonifatius, au Capitole.
[4] *M. Capit.*, sous le portique.
[5] Une peinture d'Herculanum représente Hylas qu'entraînent les nymphes.

guerre de Thèbes. Les collections de Rome contiennent comme les débris d'une Thébaïde grecque en marbre.

Disjecti membra poematis.

Un bas-relief de la villa Pamfili[1] offre aux yeux les plus fameux héros de l'expédition contre Thèbes; elle en résume l'ensemble, elle en est l'argument. Les origines même de Thèbes sont rappelées par le bas-relief qui retrace les noces de Cadmus, son fondateur, et d'Hermione[2].

Adraste est le principal représentant de cette opiniâtre inimitié d'Argos contre Thèbes, qui produisit deux guerres tragiques. Plusieurs statues furent élevées en Grèce à ce héros[3]. Une statue du Vatican[4], attribuée d'abord, contre toute possibilité, à Phocion, puis à Adraste, ne saurait être la copie d'une de ces statues[5].

Un incident de cette guerre, souvent reproduit par l'art parce qu'il se liait à l'origine des jeux Néméens,

---

[1] R: Rochette (*Mon. in.*, pl. 67 A). Les statues des sept chefs étaient à Delphes (Paus., x. 10, 2). Onasias avait peint, à Platée, la première expédition contre Thèbes. (Paus., ix, 4, 1.)

[2] Déjà sculptées sur le trône d'Apollon Amycléen par Bathyclès. (Paus., iii, 18, 7.)

[3] A Delphes par Hypatodore et Aristogiton (Paus., x, 10, 2).

[4] *M. P. Cl.*, 616. Un buste (*M. Chiar.*, 531 A).

[5] Euripide (*Suppl.*, 165) montre *Adraste* comme déjà vieux : *polios*, en cheveux blancs; la statue du Vatican n'est point celle d'un vieillard.

la mort de l'enfant Archémore tué par un serpent, a fourni le sujet d'un bas-relief expressif du palais Spada.

Un marché de Rome portait le nom d'Archémore[1], et le devait sans doute à quelque œuvre d'art qui représentait la mort de cet enfant comme le bas-relief du palais Spada.

Parmi les héros de cette terrible guerre de Thèbes, Capanée se distingue par le courage sacrilége qui lui fit défier la foudre de Jupiter. Des statues et des tableaux[2] consacrés en Grèce à immortaliser ce héros impie, on ne peut se faire à Rome quelque idée que par le bas-relief Pamfili, où il paraît avec son échelle, et par un autre bas-relief que Winckelmann et Zoega ont cru tous deux représenter Capanée foudroyé. Le guerrier éperdu est tombé sur un genou et porte sa main à sa tête, que la foudre a frappée[3].

---

[1] On a cru reconnaître le nom, et par suite l'emplacement, du *Forum Archemori*, dans le nom d'une église de Rome, *San Nicola degli Arcioni ;* mais il n'y a à cela nulle vraisemblance. *Arcioni* désigne plutôt de *grands arcs*, quelques restes d'antiquité, peut-être ceux d'un aqueduc, qui se trouvaient là ; comme à Paris, d'autres arcs ont donné son nom à l'église de Saint-André-*des-Arcs*, et non pas *des arts*. C'est parce que l'on croyait que le *forum Archemori* était près de *San Nicola degli Arcioni* qu'on a donné le nom d'Adraste à la statue du Vatican qui a été trouvée dans le voisinage de cette église.

[2] Statue (Paus., x, 10, 2), tableau par Tauriscus (Pl., xxxv, 40, 19).

[3] Villa Albani. Overbeck n'est pas de leur avis ; cependant le geste de Capanée portant la main à sa tête lui convient bien. Dans un temple d'Ardée, Capanée était peint atteint à la tête selon Servius (*Æn.*, I, 44). Stace imitateur des poëtes cycliques, montre Capanée qui sent

L'événement central de la première expédition contre Thèbes est la mort ou plutôt la disparition d'Amphiaraüs, descendant vivant sur son char aux sombres bords; aussi cet événement forme le centre du bas-relief Pamfili. Amphiaraüs, doué du don de prophétie, savait qu'il périrait dans la guerre et avait résolu de n'y point prendre part. Séduite par l'appât du collier d'Hermione, Eriphile, son épouse, le pousse à partir; il cède, mais en recommandant à ses fils de le venger. Cette aventure, à laquelle fait allusion notre bas-relief, est déjà indiquée dans Homère par ce vers malin de l'*Odyssée* : « Amphiaraüs périt à Thèbes, grâce aux dons des femmes [1].

Bien plus que dans le cycle thébain, l'art antique avait puisé dans le cycle célèbre de la guerre de Troie, dont font partie l'*Iliade* et l'*Odyssée*. On trouve à Rome de nombreux bas-reliefs qui mettent devant nos regards soit les portions de ce cycle que nous possédons dans les poëmes d'Homère et dans ceux de ses imitateurs, soit la portion plus considérable que nous avons perdue et que ces précieux documents restituent pour nous jusqu'à un certain point.

L'ensemble de la guerre contre Troie est contenu dans un abrégé figuré qu'on appelle la Table iliaque [2],

---

brûler son casque et sa chevelure (*Théb.*, x, 932). seulement Stace lui fait braver les dieux jusqu'à la fin en restant debout (x, 935).

[1] *Od.*, xv, 247.

[2] *M. Capit.*, salle des Colombes.

petit bas-relief en stuc destiné à offrir un résumé visible de cette guerre aux jeunes Romains et à servir dans les écoles soit pour l'*Iliade*, soit pour les poëmes cycliques comme d'un *Index parlant*[1].

La Table iliaque est un ouvrage romain fait à Rome. Tout ce qui touche aux origines troyennes de cette ville, inconnues à Homère et célébrées surtout par Stésichore avant de l'être par Virgile, tient dans le bas-relief qui nous occupe une place importante et domine dans sa composition ; le petit sanctuaire renfermant les pénates destinés à devenir les dieux protecteurs de Rome et que porte Anchise, y est répété trois fois. Au-dessous du groupe d'Énée et des siens, on lit : *La destruction de Troie, d'après Stésichore*[2], et un peu plus loin : *Énée partant pour l'Hespérie*. La Table iliaque a donc été conçue, comme l'*Énéide*, avec l'intention de mettre en relief ce qui, dans le cycle de Troie, se rapportait aux origines de Rome ; et son auteur, comme Virgile, a voulu sans doute plaire à

[1] On y lit ces mots: Μάθε τάξιν Ὁμήρου, apprends l'ordre (du poëme) d'Homère.

[2] Presque tout dans la Table iliaque peut se rapporter aux fragments conservés de Stésichore, dit M. Welcker ; mais on y reconnaît aussi des scènes empruntées à l'*Iliade* et, pour ce qui concerne la prise de Troie, à Arctinus, auteur de l'*Æthiopis* et de la *Petite Iliade*, et à Leschès, auteur de la *Destruction de Troie ;* la Table iliaque serait donc, si elle n'était pas mutilée, un abrégé à peu près complet du cycle de la guerre de Troie. Il existe d'autres fragments analogues de bas-reliefs en stuc, qui, composés pour l'enseignement des écoles, ont dû être fort multipliés.

Auguste ou à l'un de ses premiers successeurs, dont la prétention était de se rattacher par César au sang d'Énée. Ce qui montre cette intention, en même temps que patriotique adulatrice, c'est que le bas-relief a été trouvé à Boville, où était la chapelle domestique de Jules.

Une suite de bas-reliefs nous rend les sujets traités par des poëtes qu'on disait, bien que sans fondement, avoir devancé Homère, Mélisandre, par exemple, qui passait pour avoir chanté, dans l'époque anté-homérique, la guerre des Centaures et des Lapithes [1]; ou nous présente les événements qui ont précédé, accompagné, suivi la guerre de Troie, et que font connaître, à défaut d'Homère, des poëtes plus récents que lui; rejetons affaiblis de l'antique tradition au sein de laquelle a poussé le chêne vigoureux d'Homère, mais dont le mérite est d'indiquer pour ainsi dire les contours effacés de cette tradition, à peu près comme de maigres taillis croissant là où une forêt a été incendiée en indiquent l'ancienne étendue.

La Table iliaque n'étant pas une œuvre d'art, — pas plus que le sommaire en vers des faits de la guerre de Troie par Tzetzès n'est de la poésie, — mais, étant un index [2] en

---

[1] Ælien., *Var*, xi, 2. Deux de nos contemporains ont cherché, comme Mélisandre, à retrouver la poésie anté-homérique des Centaures et des Titans, Ballanche dans d'admirables pages de son *Orphée*, et un poëte bien supérieur à sa renommée, M. Leconte Delisle.

[2] Cependant M. Welcker pense qu'elle peut rappeler en quelques parties une des grandes compositions de Polygnote à Delphes, et de

relief, la Table iliaque doit avoir été exécutée d'après les sculptures et les peintures grecques qui embrassaient l'ensemble ou une partie de cette guerre.

Ces sculptures et ces peintures furent les sources grecques des monuments qui à Rome se rattachent au cycle troyen. Ce cycle y est figuré dans ses incidents principaux, depuis le jugement de Pâris[1] et l'enlèvement d'Hélène[2] jusqu'aux horreurs qui accompagnèrent la prise de Troie.

peintures de Cléanthe. Les événements de la guerre de Troie furent sculptés au-dessus des colonnes du temple de Junon près de Mycènes, c'est-à-dire sur le fronton de ce temple (Paus., II, 17, 3). Ils furent retracés à Rome par des peintures de Théon et non Théoros (Voy. Brunn, II, p. 255-6), dans l'intérieur du portique de Philippe. Mys les avait ciselés sur une coupe, selon son usage, d'après le dessin de Parrhasius (Brunn., II, p. 102). Il y avait à Rome de ces coupes *homériques*. (Suét., *Ner.*, 47.) Vitruve (VII, 5, 2) cite les combats iliaques et les aventures d'Ulysse comme formant une décoration habituelle des édifices, et Pétrone (29) nous montre en effet les sujets de l'*Iliade* et de l'*Odyssée* peints sous un portique, comme Virgile supposait les premiers peints dans le palais de Didon. Enfin, la mosaïque fut aussi employée à en retracer l'ensemble dans le fameux vaisseau d'Hiéron (Ath., v, p. 207).

[1] L'Amour placé près de Pâris dans les bas-reliefs est une traduction allégorique de la promesse que lui fait Vénus de lui donner la plus belle des femmes, d'après les *Cypria* de Stasinus, dans les *Posthomérica* de Quintus de Smyrne. Cette présence des Amours dans les bas-reliefs est encore expliquée par un passage du poëme de l'*Enlèvement d'Hélène* par Coluthus, dans lequel il est dit (84) que Vénus, se rendant au fameux jugement du mont Ida, se fit accompagner par les Amours.

[2] Le bas-relief du palais Spada ne représente point, comme on l'a cru, Hélène prête à partir avec Pâris, mais Pâris qui va quitter Œnone. Pâris, à demi nu, est en costume de berger, non de prince;

Entre les termes extrêmes du cycle de la guerre de Troie, qui, comme le cycle de la vie humaine, commence gracieusement et finit tristement, se placent des scènes homériques que les bas-reliefs ont reproduites.

Pâris est ramené à Hélène par Vénus [1]; dans le bas-relief, c'est l'Amour ou peut-être l'Hymen qui reconduit Pâris vers Hélène, assise près de Vénus; au-dessus de leurs têtes est la statue de Peithô, la persuasion, une des grâces; elle figure l'éloquence *persuasive* qu'Homère a prêtée à Pâris.

Une déesse qui descend d'un rocher [2] a été reconnue avec beaucoup de vraisemblance pour Junon descendant de l'Olympe dans l'île de Lemnos [3], et on a cru apercevoir dans un fragment de bas-relief Vénus blessée par Diomède [4]; dans un autre bas-relief, Ménélas consacrant à Apollon les armes [5] d'Euphorbe. Ce sont comme des débris d'Homère.

mais on ne peut mettre en doute le sujet d'un autre bas-relief dans lequel Pâris enlève Hélène sur un char.

[1] *Il.*, III, 421-25.
[2] *Vill. Alb.*, *Coffee house.*
[3] *Il.*, XIV, 225.
[4] Garacci, *M. de Saint-Jean-de-Latr.*, XLVI, 2; *Il.*, V, 335.
[5] *M. P. Cl.*, 587. A cause de la petite figure d'Apollon, qui est celle de l'Apollon didyméen; or, Diogène de Laërce raconte que Pythagore, dont l'âme avait habité le corps d'Euphorbe, étant entré dans le temple d'Apollon didyméen, y reconnut son propre bouclier que Ménélas, vainqueur d'Euphorbe, y avait suspendu jadis à son retour de Troie.

Sur le fond d'aventures héroïques contenues dans l'*Iliade*, et, pour celles qui précèdent la querelle d'Agamemnon et d'Achille, dans les poëmes perdus ou conservés qui ont raconté ses premières aventures, se détache la figure du héros par excellence, d'Achille, celui dont la sculpture nous a le plus souvent transmis les gestes épiques. Tantôt elle a réuni sur un seul monument les diverses parties de cette fameuse histoire [1], tantôt elle en a dispersé sur une foule de bas-reliefs les événements les plus mémorables.

On peut, au moyen des bas-reliefs qui sont à Rome, remonter plus haut que la naissance du héros; jusqu'au moment où elle est préparée par Junon, qui engage Thétis à épouser Pélée [2] et à former cette union d'où Achille devait sortir. Ailleurs [3], les dieux

---

[1] Au Capitole, monument de forme ronde en porphyre, travail si grossier qu'on pourrait presque le croire du moyen âge et y voir une des *Achilléides* de cette époque. Toute la vie du héros grec est là condensée dans ses principaux moments, depuis sa naissance jusqu'à la vengeance exercée sur le cadavre d'Hector; on y voit Achille plongé dans les eaux du Styx, ce qui est rare sur les monuments.

[2] *M. Chiar.*, 641.

[3] Beau bas-relief de la villa Albani. Les dieux apportent des présents, en partie seulement d'après Homère. Un trait qui vient d'autre part, c'est Éris, la Discorde, chassée par l'Amour; allusion aux résistances de Thétis, maintenant domptée, et à la rivalité de Jupiter et de Neptune au sujet de Thétis (*Érisan*, Heyne, Apollod., II, p. 313 Pind., *Isth.*, VII, 28). Un Amour tient un flambeau renversé, signe prophétique de la mort précoce d'Achille que Thétis connaît d'avance dans Homère. (*Il.*, XVIII, 459.) Le même sujet, avec des différences dans la composition (deuxième cour du palais Mattei).

et les déesses apportent des présents aux nouveaux époux ; par une ingénieuse allégorie dont l'idée appartient à un poëte cyclique, un Amour chasse la Discorde, Éris, de leur demeure. Puis l'art avait représenté, d'après les poëtes, Achille adolescent, Achille instruit dans l'art de la lyre par le centaure Chiron [1], Achille à Scyros confondu parmi les compagnes de Deïdamie jusqu'au jour où, redevenant homme à la vue d'un glaive, il s'arrachait des bras de la jeune fille trompée pour s'élancer vers la gloire et la mort [2].

C'était le sujet d'un tableau d'Athénion, mort jeune et qui, dit Pline, s'il eût vécu, n'eût été surpassé par

---

[1] Dans un columbarium près du tombeau des Scipions, Chiron enseigne au jeune Achille à jouer de la lyre. Sur le monument rond du Capitole Chiron porte son élève sur son dos ; il en était de même dans un tableau décrit par Philostrate (II, 2). Ces ressemblances de détail révèlent un même original pour la peinture grecque et le bas-relief romain.

[2] Bas-relief du sarcophage dit d'Alexandre Sévère (*M. Capit.*, dernière salle d'en bas). Ce bas-relief ne représente point, comme on l'avait cru, la querelle d'Achille et d'Agamemnon. Pour s'en assurer, il faut le comparer à un bas-relief de la cour du Belvédère qui lui est fort semblable, et dont le sujet ne peut être douteux. Ici, il y a près d'Achille un Amour, ce qui, sans parler de la corbeille de femme à terre, du casque dont le héros s'empare en y posant le pied, tranche la question. Un tableau décrit par le second Philostrate (Phil. Jun., 1), était fort semblable aux bas-reliefs. Polygnote avait peint Achille à Scyros (Paus., 1, 22, 6). Selon O. Müller (*Arch.*, p. 697), le prétendu Clodius vêtu en femme de la villa Pamfili est un *Achille à Scyros*.

personne ¹. Ce jeune artiste avait peint le jeune Achille, auquel sa destinée trop courte devait le faire ressembler.

Achille, l'Achille d'Homère, assis à l'écart sur le rivage et qui rêve à l'injustice d'Agamemnon en regardant les flots, tel est, je n'en saurais douter, le vrai nom de la belle statue appelée ordinairement le Mars de la villa Ludovisi ².

En effet, Mars est en général debout, barbu, le casque sur la tête, même lorsqu'il est surpris avec Vénus ³; tenant son épée et son bouclier, non son bouclier près de lui et son épée sur ses genoux. Il y avait bien un Mars assis de Scopas, et ce Mars était à Rome ⁴; mais un dieu dans son temple devait être assis sur un trône et non sur un rocher, comme le prétendu Mars Ludovisi. On a donc eu raison, selon moi, de reconnaître dans cette belle statue un Achille ⁵, à l'expression pensive

---

[1] Pl., *Hist. nat.*, xxxv, 40, 9.

[2] Salle ii, 1. Zoéga à propos d'une autre statue hésite entre Mars et Achille; même hésitation dans le *musée des antiques*, pour le Mars du Louvre.

[3] Winckelm, *M. in.*, 27, 28.

[4] Pl., *Hist. nat.*, xxxvi, 5, 14.

[5] Cette opinion de Raoul Rochette est aussi celle à laquelle incline Welcker. O. Müller, qui la rejette, reconnaît (*Arch.*, p. 574-5) que le personnage de la villa Ludovisi diffère du type ordinaire de Mars; Overbeck, qui est d'un avis contraire au mien, cite lui-même une pierre gravée de Florence, qui montre Achille dans la même attitude que l'Achille Ludovisi (*gal.*, p. 409; voy. Millin, *Myth.*, cxlvi, 587, Méléagre *soucieux*), et reconnaît que Polygnote avait ainsi exprimé la

de son visage, et surtout à l'attitude caractéristique que le sculpteur lui a donnée, lui faisant embrasser son genou avec ses deux mains, attitude qui, dans le langage de la sculpture antique, était le signe d'une méditation douloureuse. On citait comme très-beau un Achille de Silanion, sculpteur grec habile à rendre les sentiments violents [1]. D'après cela, son Achille pouvait être un Achille indigné ; c'est de lui que viendrait l'Achille de la villa Ludovisi. L'expression de dépit, plus énergique dans l'original, eût été adoucie dans une admirable copie.

Tandis qu'Achille demeure assis sur son rocher,

tristesse d'Hector. (Paus., x, 1, 2.) Divers auteurs mentionnent la signification de cette attitude (Welck., *Ep. Cycl.*, p. 332) ; cependant, je dois avouer qu'elle n'est pas exclusivement un signe d'affliction, car elle est celle d'un satyre sur le monument choragique de Lysicrate, et qu'elle a été donnée, dans la frise de la cella du Parthénon, peut-être à un Mars (Beulé, *Acrop.*, II, p. 149) ; mais un petit nombre d'exemples ne saurait prévaloir contre un plus grand ; d'ailleurs l'Achille Ludovisi, par l'expression de sa physionomie au moins pensive, offre plutôt le caractère d'un homme que d'un Dieu. Le petit Amour qui est près de lui conviendrait mieux à Mars, mais cet Amour peut avoir été mis là pour indiquer qu'Achille songe à remplacer Briséis et faire allusion au genre de consolation que Thétis conseille à Achille affligé de la mort de Patrocle : *il est bon de jouir de l'amour d'une femme* (*Il.*, XXIV, 130) ; c'est la même idée que semblent exprimer deux femmes esclaves dans une peinture de Pompéi, représentant les envoyés d'Agamemnon reçus par Achille.

[1] C'est ce qu'on devait attendre de celui qui, faisant le portrait d'un autre sculpteur d'humeur chagrine, avait fait, dit Pline (XXXIV, 19, 32), le portrait de la colère.

Hector tue Patrocle. La mort de Patrocle est le nœud de l'*Iliade* ; suite funeste de la colère d'Achille, elle cause le trépas d'Hector et c'est ainsi que toute l'*Iliade* sort de cette *colère*, le premier mot du poëme et qu'on peut dire aussi, à l'appui de l'unité trop souvent méconnue de cette grande composition, en être le dernier.

Le sculpteur grec, premier auteur d'un groupe plus d'une fois répété, Ménélas[1] soutenant le cadavre de Patrocle qu'il emporte pour le soustraire aux Troyens, ce sculpteur inconnu mais excellent, en choisissant cet incident entre tous les incidents de l'*Iliade*, pour le reproduire dans un chef-d'œuvre, a montré qu'il pensait comme moi sur l'importance de la mort de Patrocle dans l'économie du poëme.

La destinée de l'un des exemplaires de ce beau groupe a été singulière : Ménélas[2] est devenu Pasquin.

---

[1] *Il.*, xvii, 718. *Porte le corps* (de Patrocle), dit Ajax à Ménélas, et nous le défendrons. Outre deux répétitions qui sont à Florence, et dont l'une sur le Ponte-Vecchio, passait pour une statue de Mars au temps du Dante, on a déposé au Musée du Vatican (*M. P. Cl.*, 293) les débris d'une quatrième reproduction de ce groupe héroïque : la tête, les jambes, une cuisse de Ménélas, et une épaule de Patrocle, avec la marque de la blessure qu'il avait reçue d'Euphorbe, avant celle qui lui coûta la vie.

[2] Pour l'explication du groupe on a pensé aussi à Ajax enlevant le corps d'Achille (Ov., *gal.* p. 551), mais cette supposition est inadmissible à cause de la blessure à l'épaule qu'avait reçue Patrocle, et que ne pouvait avoir reçue l'invulnérable Achille. Dans la Table iliaque, le corps d'Achille, défendu par Ajax et Ulysse, est représenté tout différemment. Sur le fronton du temple d'Égine des guerriers entourent

A l'angle que forment deux rues de Rome[1] se voit encore *il Pasquino*, nom donné par le peuple à un des plus beaux restes de la sculpture antique. Bernin qui exagérait, disait le plus beau ; cette assertion fut sur le point d'attirer un duel à celui qui se l'était permise. Tout homme qui s'avise d'avoir une opinion sur les monuments de Rome s'applaudira pour son compte, en le regrettant peut-être, qu'on ne prenne plus si à cœur les questions archéologiques.

La statue de Ménélas a reçu ce grotesque baptême parce qu'on y affichait les épigrammes attribuées à un tailleur du voisinage nommé *Pasquino*. On n'affiche plus dans cet endroit les réflexions suggérées à Pasquin par les circonstances, mais on lui prête encore les épigrammes que le gouvernement romain ou d'autres gouvernements peuvent s'attirer. Les derniers événements ont beaucoup fait parler Pasquin et pas seulement sur la politique romaine. Je citerais bien quelques-uns de ces quolibets, mais je craindrais que

---

Patrocle tombé, comme dans l'*Iliade*; c'est le commencement de l'action dont le groupe de Patrocle et Ménélas représente la fin. A moins qu'il ne s'agisse ici d'Achille et non de Patrocle, comme le soutient Overbeck (*gal.*, p. 544), cette fois avec de meilleures raisons que pour Pasquin.

[1] Au-dessous du palais Braschi. Dans l'origine on affichait en ce lieu, dit-on, les bulles et les indulgences. On avait trouvé le groupe en démolissant l'ancien palais Orsini, bâti comme le palais moderne sur l'emplacement du théâtre de Marcellus, que cette belle œuvre d'art concourait sans doute à décorer.

malgré sa force, le bras de Ménélas, lequel en est seul responsable, ne suffit pas à me protéger.

La sculpture antique avait aussi fait les frais du personnage qui se chargeait de répondre à Pasquin et qui s'appelle Marforio[1]. C'est une statue de l'Océan trouvée près du Capitole où siégeaient les magistrats municipaux. Cette circonstance avait sans doute fait choisir Marforio pour être le défenseur officieux de l'autorité. La presse de l'opposition a-t-elle la vie plus dure que la presse officieuse? L'opposition est-elle à Rome sans réplique, je l'ignore ; ce que je sais c'est que Marforio ne dit plus rien et que Pasquin parle toujours.

Revenons à Achille. Patrocle mort, Thétis va demander à Vulcain des armes pour son fils[2] qui venge

[1] Maintenant au fond de la cour du Musée Capitolin, auparavant au pied du Capitole, dans un endroit appelé au moyen-âge *Martis forum*, d'où *Marforio*, près de l'*Église de S. Martina*, qui doit peut-être elle-même son nom à un temple de *Mars*. Ce double indice ferait supposer que près de là était le petit temple de *Mars ultor* (D. Cass. LIV, 8) tel qu'on le voit sur les médailles et qu'il ne faut pas confondre avec le grand temple de Mars vengeur, dont il subsiste de si beaux restes. On ne peut penser à celui-ci pour l'origine du *Martis forum ;* il en était trop loin. L'autre temple dédié à Mars vainqueur est indiqué *sur* le Capitole, ce serait pour *sur le penchant* du Capitole ; cette détermination topographique entraînerait celle du petit temple de Jupiter Feretrius, situé dit Dion Cassius, du même côté.

[2] *Musée Capitolin, galerie*. Beau fragment de bas-relief au Vatican (*M. P. Cl.*, 548), suivant Visconti, qui le rapproche doublement de l'*Iliade*, en admettant que la femme, bizarrement accoutrée, sur laquelle s'appuye Vulcain, est une de ces figures d'airain auxquelles il

Patrocle sur Hector dont il traîne les restes autour des murs de Troie[1]. L'art antique n'est pas demeuré étranger à ces farouches représailles de l'amitié. Il a étalé sur des bas-reliefs la pompe funèbre qui accompagne le cadavre d'Hector rapporté dans Troie et le désespoir d'Andromaque éperdue[2]. Enfin il n'a pas été indifférent à la scène la plus émouvante qui ait été offerte aux regards des hommes : Priam pleurant Hector aux pieds d'Achille, Achille pleurant Patrocle et rendant à Priam le corps d'Hector qui a tué Patrocle.

Sur ce même sarcophage du Capitole où paraît Achille s'élançant vers les armes, dans toute la beauté de la jeunesse et de l'amour, on le voit aussi qui se prépare à venger Patrocle; puis, la vengeance accomplie, qui va accorder au malheureux vieillard le cadavre de son fils.

Le héros détourne la tête[3] avec un mouvement très-pathétique. Cette scène qui a passé de la poésie grecque

---

avait donné le mouvement Déjà sur le coffre de Cypsélus, Thétis recevait de Vulcain les armes d'Achille.

[1] A Rome, je ne puis citer qu'une mosaïque trouvée près de la porte Saint-Laurent, le monument rond en porphyre du Capitole et l'autel de Faventinus (*M. P. Cl.*, 44).

[2] *Vill. Alb*, Winck., *M. inéd.*, 134-5. Andromaque, le sein nu, soutient la tête du cadavre porté devant elle; le jeune Astyanax la suit en pleurant. Sur un autre bas-relief (*M. Chiar.*, 690), on lit ces mots : *Antinoi Adr. Cæs. consecr.;* mais il semble s'être rapporté primitivement aux funérailles d'Hector.

[3] *M. Capitolin*, sur un des côtés du sarcophage dit d'Alexandre Sévère.

dans la sculpture était traduite aussi, mais assez librement, de la sculpture grecque. Sur un bas-relief de Thessalonique[1] Achille regarde Priam avec compassion et l'attire défaillant sur son genou.

Ici Homère nous abandonne. La suite des destinées de Troie a été racontée dans l'*Æthiopis* d'Arctinus, la *Petite Iliade* de Leschès, la *Destruction de Troie*, aussi d'Arctinus, poëmes dont nous n'avons que des fragments et des extraits, et par Coluthus, Tryphiodore et Quintus de Smyrne. Dans l'*Æthiopis* figurait Memnon, fils de l'Aurore, qui était venu du fond de l'Éthiopie tomber sous les coups d'Achille. Cet exploit, célébré par la poésie de Pindare[2], ét très-anciennement figuré sur des monuments grecs[3], ne l'est à Rome que sur un bas-relief de la villa Albani[4].

Dans ce poëme l'*Æthiopis* était aussi racontée l'histoire des Amazones venues au secours de Priam avec

[1] Ce bas-relief trouvé en Grèce établit l'origine grecque de ceux de Rome.

[2] Pind., *Nem.*, III, 64, VI, 52.

[3] Sur le coffre de Cypselus, avec les mères des deux héros (Paus. v, 19, 1). Sur le trône de l'Apollon d'Amyclée (Paus., III, 18, 7); plus tard, par Lycius élève et peut-être fils de Lysippe. (Paus., v, 22, 2.)

[4] Façade du Casin. Sujet révoqué en doute par Overbeck (*gal.*, p. 528-9), on n'y voit point *les mères*, c'est-à-dire l'Aurore et Thétis, comme on les voyait dans le groupe de Lycius, et comme on les trouve sur plusieurs vases peints ; tout au plus, l'une d'elles est-elle cette femme voilée qui sort de terre, et l'Orient et l'Occident sont-ils représentés par deux fleuves, dont, en ce cas, l'un pourrait être le Nil.

leur reine Penthésilée. Le poëme est perdu, mais d'assez nombreux bas-reliefs, dont plusieurs sont à Rome, réparent jusqu'à un certain point cette perte en faisant passer devant nous des scènes de l'*Æthiopis*.

Un bas-relief de la villa Borghèse[1], fort supérieur à tous ceux qui l'entourent, nous montre, d'après l'*Æthiopis* et Quintus de Smyrne, les Amazones venant au secours des Troyens. La reine de ces femmes barbares, ce que n'eut point fait une grecque, touche la main à Priam. « Alors, dit Quintus de Smyrne[2], l'âme de Priam qui était plongée dans l'affliction et gémissait beaucoup fut un peu soulagée; tel un homme qui a longtemps souffert de la perte de ses yeux et qui désire revoir la douce lumière ou mourir; si, par l'art d'un médecin habile, ou par le secours d'un dieu qui le délivre des ténèbres, il revoit la lumière de l'aurore, il en est réjoui, mais non comme auparavant; cependant il respire un peu d'une longue calamité, bien qu'il sente encore sous ses paupières la cruelle souffrance de la maladie. Ainsi à l'aspect de la vaillante Penthésilée le fils de Laomédon éprouva quelque joie, mais moins grande que la douleur de la mort de ses fils. »

Ces vers pathétiques complètent pour nous le sens du groupe de Priam et de Penthésilée qui les rappelle, comme Andromaque tenant dans le bas-relief l'urne funèbre d'Hector pourrait prononcer les plaintes déses-

[1] *Vill. Borgh.*, salle des Hercules.
[2] *Posthom.*, 1, 69 et suiv

pérées que le poëte met dans sa bouche[1]; derrière elle, Hélène tourne le dos à Pâris; tous deux, dans l'attitude de la réflexion, semblent contempler les maux qu'ils ont amenés sur Troie et ne plus vouloir de l'amour funeste qui les a causés. Pendant ce temps les Amazones avec une indifférence toute militaire préparent leurs chevaux et leurs armes.

Homère[2] fait mention d'une expédition plus ancienne des Amazones contre les Phrygiens et Priam leur allié. A cette expédition se rattachent les monuments où l'on voit des Phrygiens aux prises avec des Amazones et a été rapporté un guerrier phrygien[3] qu'on suppose tombé devant le cheval d'une Amazone.

Le plus célèbre et le plus touchant épisode de l'autre expédition des Amazones est la mort de Penthésilée, tuée par Achille. De nombreux bas-reliefs représentent Achille qui vient de frapper l'Amazone et la soutient dans ses bras[4], tandis que la beauté de la guerrière expirante remplit d'un amour soudain le cœur de son meurtrier, situation qui ressemble un peu à celle de Tancrède immolant, sans le savoir il est vrai, son adorée Clorinde et qui a pû inspirer de loin le Tasse.

[1] *Posthom.* 100 et suiv. Il paraît qu'Andromaque est représentée deux fois dans le même bas-relief; la *veuve* tenant l'urne qui contient les cendres de son époux, et la *mère* auprès d'Astyanax.

[2] *Il.*, III, 189.

[3] *Gal. des Candél.*, 269.

[4] Déjà du temps de Phidias dans les peintures de Panænus à Olympie. (Paus, v, 11, 2.)

Il est assez curieux de suivre à travers les diverses représentations d'un même fait les progrès de la *sentimentalité*. Dans le bas-relief du Vatican[1] qui appartient à une époque avancée, Achille lève les yeux au ciel et semble vouloir sauver de toute atteinte le corps expirant que son bras soutient ; cette expression conviendrait assez bien au templier de W. Scott enlevant Rebecca. Sur des vases qui ont mieux conservé la brutalité héroïque primitive, Achille a frappé Penthésilée et va redoubler, bien qu'elle tende vers lui une main suppliante. Sur un des côtés d'un bas-relief du Louvre, il l'a saisie par les cheveux et lui met le pied sur le ventre ; l'autre côté du même sarcophage présente Achille et Penthésilée sous un autre aspect : le guerrier tient l'Amazone nue sur son genou et la regarde avec un certain intérêt ; la beauté commence à émouvoir la férocité[2].

De même le poëme de Quintus de Smyrne garde encore quelque chose du sauvage héroïsme que devaient respirer les anciennes épopées. Achille, qui d'un même coup a transpercé le corps de l'Amazone et son cheval, retire froidement sa lance, et, tandis que tous deux palpitent[3], il s'écrie : « Sois gisante dans la poussière, la proie des oiseaux et des chiens ! » C'est quand la beauté de la jeune fille a frappé toute l'armée et lui-

---

[1] *M. P. Cl.*, 49.
[2] Voyez Overb., *gal.*, pl. xxi, et le texte, p. 506-11.
[3] *Posthom.*, i, 665. Comme dans le bas-relief du Louvre.

même qu'il se reproche de ne l'avoir point prise pour femme au lieu de la tuer.

La barbarie héroïque se montre d'une autre manière : Thersite ayant raillé l'amour subit d'Achille pour sa belle ennemie, Achille assomme Thersite. Dans la poésie de Quintus de Smyrne[1], c'était d'un coup de poing tout homérique; dans le bas-relief de la Table iliaque, c'est d'un coup de bâton.

De la petite iliade de Leschès, l'aventure de l'enlèvement du palladium par Ulysse et Diomède est venue à Virgile, lequel n'a eu garde d'oublier ce qui concernait le palladium de Troie devenu le palladium romain. Cette aventure a passé aussi dans un bas-relief du palais Spada, après avoir fourni le sujet d'un des tableaux qui ornaient la galerie de peintures des Propylées[2]. Le bas-relief paraît provenir aussi d'une autre source, les *Lacédémoniennes*, tragédie perdue de Sophocle comme on verra plus loin.

C'est aussi aux récits contenus dans la petite iliade que Virgile a emprunté l'histoire du Cheval de Troie. Cette histoire est racontée pour ainsi dire par un bas-relief de la villa Albani[3].

---

[1] *Posthom.*, I, 742.

[2] Paus., I, 22, 6. Pline (XXXIII, 55, 5) parle d'une coupe d'argent sur laquelle était ciselé l'enlèvement du Palladium, par Ulysse et Diomède, qu'on a retrouvé, coïncidence curieuse! figuré sur un des vases d'argent de Bernay.

[3] Winckelm., *M. inéd.*, 140.

Au cheval de bois se liait l'aventure tragique de Laocoon, inconnue à Homère et qui vit à Rome dans un groupe immortel. J'ai déjà dit que la composition de ce chef-d'œuvre n'avait point été inspirée par Virgile, elle ne pouvait, par conséquent, venir des cycliques grecs, ses modèles, et il faut plutôt demander son origine à une tragédie perdue de Sophocle.

Du poëme de *la destruction de Troie* dont l'auteur était Arctinus, et du poëme auquel Tryphiodore a donné le même nom, viennent les bas-reliefs où cette destruction et les scènes qui la suivirent sont représentées.

On les voit très-détaillées sur la Table iliaque, car la ruine d'Ilion se liait, par la fuite d'Enée, aux origines de Rome, principal objet de cette composition. A cela près les bas-reliefs romains qui se rapportent à la grande catastrophe finale du cycle de Troie, aux meurtres de Priam, d'Astyanax, de Polyxène ne sont pas très-nombreux; les vases grecs le sont, au contraire, beaucoup. Il semble que les artistes romains se soient moins complu que les artistes grecs à reproduire les misères des Troyens qu'ils regardaient comme leurs aïeux.

Un de ces crimes de la victoire le plus souvent répété, c'est l'attentat d'Ajax contre Cassandre.

Cet attentat, du reste, dans l'ancienne tradition grecque, se bornait de la part d'Ajax à arracher Cassandre de l'autel de Minerve et à entraîner avec elle la statue de la déesse [1] qu'elle avait embrassée. C'est ainsi que le présente le bas-relief de la villa Borghèse qui porte tous les caractères de la belle époque. Il n'en est pas de même de la Table iliaque, monument très-postérieur où Ajax se rue vers Cassandre. Dans un bas-relief qui ne doit pas non plus être ancien [2], Ajax porte la main sur le sein de la prêtresse, sans violence, mais avec une familiarité indécente qui est d'un autre temps.

Achille et Ulysse personnifient le caractère grec sous son double aspect ; mais Ulysse rusé, quelquefois menteur, toujours prudent, brave quand il le faut, est encore plus grec qu'Achille. Ulysse est le Grec de la mer, Achille le Grec des montagnes, Ulysse est le matelot des îles, Achille le Clephte du Pinde.

L'*Odyssée* n'a pas moins prêté à la sculpture que

---

[1] Philostrate (Voy. Overb., *Gal.*, p. 636) dit positivement que l'outrage fait à Cassandre est un mensonge des poètes. Sur le coffre de Cypsélus (Paus., v, 19, 1) Ajax *arrachait seulement* Cassandre de l'autel. A propos des peintures de Pananus à Olympie (v, xi, 2) et de celles de Polygnote à Delphes et à Athènes (x, 26, 1. 1, 15, 3), Pausanias emploie des expressions qui peuvent s'appliquer à un acte sacrilége aussi bien qu'à un acte impudique : Παρανόμημα, Τολμημα. La *violence* est clairement exprimée dans Quintus de Smyrne, poëte peu ancien (*Posthom.*, xiii, 422) ; mais Virgile (*Æn.*, ii, 403) ne dit rien qui puisse la faire supposer. Arctinus, son modèle, ne parlait que de Cassandre arrachée à l'autel avec la statue de Minerve ; il en est de même d'Euripide dans les *Troyennes* (70.)

[2] Winckelm., *M. in.*, 141.

l'*Iliade* [1]. Dès une époque ancienne, Onatas avait fait une statue d'Ulysse [2] qui, transportée par Néron à Rome, y fit connaître le type grec du héros tel qu'il nous apparaît dans les statuettes et les bas-reliefs qu'on y a trouvés. Plus tard, Lycius, fils de Myron, en fit une autre [3]. Il n'y a pas à Rome une statue héroïque d'Ulysse qu'on puisse croire d'après Onatas ou Lycius, comme nous avons pu croire que l'Achille Ludovisi était d'après Silanion.

Un buste d'Ulysse, découvert en fouillant le quartier le plus fréquenté de Rome, la place d'Espagne [4], ne peut avoir pour original ni la statue d'Onatas, ni même celle de Lycius, car elle a le bonnet qui ne fut pas donné à Ulysse avant le siècle d'Alexandre [5]. Ce

---

[1] L'*Odyssée* avait aussi sa table *Odyssiaque* dont il reste des fragments qui viennent du palais Rondanini, à Rome. L'ensemble des aventures d'Ulysse était peint sur les murs des demeures opulentes (Petr., *Satyr.*, 29); Polygnote avait peint dans le temple de Minerve à Tégée (Paus., ıx, 4, 1) le massacre des prétendants qui forme le dénoûment du poëme.

[2] Paus., v, 25, 5.

[3] Paus., v, 22, 2. Ulysse fut peint par Parrhasius (Pl., xxxv, 36, 10) et Aristophon (Pl., xxxv, 40, 13). Une épigramme de l'*Anthologie* (*Anth. Plan.*, ıv, 125) badine agréablement sur une peinture effacée par la mer, et qui représentait Ulysse auquel la mer fut toujours fatale.

[4] *M. Chiar.*, 418 A. Ces fouilles ont été interrompues trop tôt, contre le désir de M. Visconti qui les avait commencées et qui poursuit avec un zèle infatigable et une méthode habile les fouilles toujours fructueuses d'Ostie.

[5] Ce bonnet fut donné à Ulysse pour la première fois par Nico-

bonnet, qui désignait les voyages maritimes du fils de Laërte, est assez semblable à celui que portent aujourd'hui les marins de la Méditerranée.

Toutes les statues représentent Ulysse dans quelque action particulière et répondent à quelque scène de l'*Odyssée;* Winckelmann a cru reconnaître dans une peinture tirée de la bibliothèque[1] vaticane une allusion à l'une des plus touchantes; il a cru y voir Hélène versant à Télémaque le népenthès, qui fait oublier tous les maux. Voici à quelle occasion :

Télémaque est allé chercher auprès de Ménélas des nouvelles de son père ; Ménélas ne peut lui en donner, mais parle d'Ulysse avec un souvenir affectueux et triste. « Ce disant, il fit naître chez tous ceux qui étaient là le désir et le charme de pleurer. La fille de Jupiter, l'argienne Hélène pleurait; pleuraient aussi Télémaque et Ménélas l'Atride, et les yeux du fils de Nestor n'étaient pas sans larmes, car il se souvenait dans son cœur du vaillant Archiloque tué par l'illustre fils de la brillante Aurore. Puis Ménélas dit : Laissons là les larmes et souvenons-nous du repas. Hélène alors mêle dans le vin qu'elle offre aux convives le népenthès, remède divin qui fait oublier toutes les douleurs [2]. »

maque (Pl., xxxv, 36, 44 ; Paus., x, 26, 1 ; Serv., *Æn.*, ii, 44); seul, un scholiaste d'Homère, dit par Apollodore.

[1] Winck., *M. in.*, 160.
[2] *Od.*, iv, 183-226.

L'attente de Pénélope nous est présente, et, pour ainsi dire, dure encore pour nous dans cette expressive Pénélope du Vatican, dont le torse nous a montré un spécimen de l'art grec sous la forme la plus ancienne [1]. Un bas-relief [2] nous fait voir Ulysse fermant la bouche à la vieille Euryclée qui vient de le reconnaître et pousse un cri, tandis qu'il se retourne avec inquiétude, craignant qu'on ait entendu ; c'est un vers d'Homère rendu vivement [3]. »

Ce sont les *aventures* d'Ulysse qu'on retrouve le plus fréquemment exprimées par la sculpture, et parmi ces aventures, celles surtout qui se rapportent à son séjour dans l'antre de Polyphème. L'intérêt populaire s'était particulièrement attaché à ce comique récit qui a tout l'intérêt des *Mille et une nuits* auxquelles son souvenir ne fut pas étranger.

L'histoire d'Ulysse trompant le Cyclope, racontée plaisamment par Homère, avant d'être mise sur la scène par Euripide, a fourni le sujet de plusieurs sculptures qu'on voit à Rome : c'est Polyphème qui va dévorer

---

[1] *M. P. Cl.*, 261.

[2] *Vill. Alb.*, Winck., *M. in.*, 161. Il y avait à Éphèse une Pénélope et une Euryclée de Thraso (Strab., x, 4, 23); les deux sujets sont réunis sur des terres cuites, l'une d'elles est au musée Campana, maintenant à Paris, la Pénélope ressemble exactement à la statue du Vatican; l'association avec Euryclée réfute l'opinion de Raoul Rochette, qui dans cette statue voyait une Électre.

[3] *Od.*, xix, 480, l'action d'Ulysse est encore plus énergique, il saisit Euryclée à la gorge.

un des compagnons d'Ulysse, statue grossière [1], dans les mains de laquelle on a placé une flûte de roseaux, la faisant passer ainsi du cyclope d'Homère au cyclope de Théocrite; c'est Ulysse présentant la coupe à Polyphème [2] avec une inquiétude visible et paraissant lui dire comme dans l'Odyssée : « Après avoir mangé de la chair humaine, bois du vin [3]; » c'est Ulysse, s'échappant de la caverne du cyclope en s'attachant au ventre d'un grand bélier [4].

La visite d'Ulysse chez les Lestrigons est le sujet de quelques peintures découvertes il y a peu d'années, sur le mont Esquilin. Les Lestrigons étaient des Anthropophages que l'imagination reléguait aux extrémités du monde connu et dont on a cru retrouver la fabuleuse patrie aux environs de Terracine [5].

[1] *M. Capit.*, sous le portique. Le cyclope qui n'a qu'un œil chez Homère et chez Théocrite en a ici trois. Un Polyphème jouant de la lyre, à la villa Albani; celui-ci est réellement le Polyphème de Théocrite.

[2] *M. Chiar.*, 701.

[3] *Ód.*, ix, 347.

[4] *Vill. Alb.* Sindbad le marin sort aussi de prison en crevant l'œil unique d'un géant, comme Ulysse sort de l'antre du cyclope. Dans les *Voyages de Sindbad* sont d'autres contes dont l'origine est évidemment grecque; le renard au moyen duquel Sindbad parvient à sortir du gouffre où il doit mourir de faim, ressemble au renard que suit Aristomène pour échapper à un sort semblable. On sait que la littérature philosophique et scientifique des Arabes leur est venue des Grecs; ceci prouve qu'ils leur ont emprunté quelque chose aussi de leur littérature populaire.

[5] Opinion mise en avant sans beaucoup de succès par l'abbé Ma-

Je regrette que la chose ne soit pas plus certaine ; il serait piquant que l'on eût placé dans une maison de l'Esquilin des peintures qui rappellaient une époque où le lieu qui devait voir s'élever la ville magnifique dont l'Esquilin faisait partie, était pour les Grecs *au delà* des pays des fables.

Deux mosaïques du Vatican [1] présentent une partie des aventures maritimes d'Ulysse : Ulysse qui s'est fait attacher au mat de son vaisseau pour ne pas céder au chant des Sirènes ; l'affreuse Scylla qui a saisi un de ses compagnons ; Leucothoé avec l'écharpe qu'elle donna à Ulysse.

Les Sirènes ont des corps de femme et des pieds d'oiseau [2]. Quelquefois elles ont une tête humaine sur un corps d'oiseau, et alors elles ressemblent tout à fait à l'hiéroglyphe qui désignait l'âme chez les Égyptiens. L'on a trouvé de ces oiseaux à tête humaine dans les tombes étrusques. Je crois que cette forme des Sirènes identique à la figure de l'âme dans l'écriture des Égyptiens, est la plus ancienne. Je crois aussi que les Sirènes représentées comme l'était l'âme en Égypte, furent primitivement des *âmes* considérées

---

tranga, à l'occasion des peintures de l'Esquilin. D'autres placent, et ceci semble mieux s'accorder avec le récit de l'*Odyssée*, les Lestrigons en Sicile.

[1] *Nuov. bracc.* et *Salle ronde.* Pamphile avait peint Ulysse sur son vaisseau *in rate* (Pl., xxxv, 36, 14). Dans la première de ces mosaïques, les Sirènes sont elles-mêmes sur de petits esquifs.

[2] Une sirène de la villa Albani. (Winkelm., *M. in*, 46.)

comme des puissances souterraines et mauvaises, ainsi que les larves malfaisantes. Le rapport que la mythologie établissait entre les Sirènes et Proserpine [1] dont elles étaient les compagnes, confirme cette origine infernale. Sophocle les appelait celles qui disent les lois de Pluton [2]. La fascination qu'à ce titre elles exerçaient sur les vivants a été le point de départ de la croyance au pouvoir séducteur et homicide de leur chant. Le génie de la Grèce, on le reconnaît bien là, a donné une forme gracieuse à un mythe sombre.

Ulysse consultant Tirésias chez les ombres [3] est aussi un sujet reproduit par les bas-reliefs [4], probablement d'après les peintures célèbres de Polygnote et de Nicias, elles-mêmes d'après Homère [5]. Dans le bas-relief de Rome, Tirésias tient le bâton prophétique

[1] Leur culte était en rapport avec la religion des tombeaux. (Gher., *Gr. Myth.*, § 553.)

[2] Dans les *Phéaciens*, tragédie perdue de Sophocle. (*Fragm.*, éd. Didot, p. 294.)

[3] *Od.*, x, 492.

[4] *Vill. Alb* Selon Winckelmann (*M. in.*, p. 211), ils sont dans l'attitude que leur avait donnée Polygnote (Paus., x, 29, 4) d'après la Myniade (*ib.* 28, 1). Ulysse tenait son épée pour écarter les ombres ; mais, dans la peinture de Polygnote, il était agenouillé au bord de la fosse où elles venaient boire le sang ; suivant Homère (xi, 48), assis ; dans le bas-relief, il tient aussi son épée, mais il est debout.

[5] Necyomantia *Homeri*, dit Pline (xxxv, 40, 7) en parlant d'un tableau de Nicias. Une épigramme de l'*Anthologie* (*Anth. pal.*, ix, 792) nous apprend aussi que le type de la composition de Nicias était emprunté à Homère.

qu'il a chez Homère, origine du bâton augural [1] que les Romains reçurent des Étrusques, que les Étrusques, comme les Grecs, avaient reçu des Pélasges.

Après avoir relu en partie Homère et ses continuateurs sur les bas-reliefs de Rome, et y avoir lu, pour la première fois, quelques fragments des poëtes cycliques aujourd'hui perdus, nous pourrons, grâce à ces bas-reliefs, assister à des scènes de la tragédie antique, et ce sera réellement assister à une représentation de théâtre, car souvent ils sont animés d'un mouvement théâtral et d'une expression dramatique.

Presque tous les sujets des bas-reliefs héroïques ont été traités par les tragiques grecs, et, ce qui achève d'expliquer la présence de ces bas-reliefs à Rome, presque toutes les tragédies grecques ont été transportées sur la scène latine [2] par les anciens poëtes latins de la république, Livius Andronicus, Attius, Navius, Pacuvius, Ennius. La *Clytemnestre* d'Attius fut jouée sur le

---

[1] Cicéron (*de Div.*, I, 40) range Tirésias parmi les *augures*.

[2] Voy. Welcker (*Gr. tr.*, p. 1336-1408). On trouve dans l'énumération des tragédies grecques imitées par les Romains, les titres d'un grand nombre de celles que nous avons perdues, et quelquefois les preuves de l'existence d'originaux qui nous sont tout à fait inconnus. C'est par Euripide que cette imitation a commencé; d'Euripide on s'est élevé ensuite à Sophocle et à Eschyle. Ces imitations du théâtre grec étaient encore représentées au commencement du quatrième siècle (Welck., *Gr. tr.*, p. 1478). Cela est important à noter ici parce que les bas-reliefs romains à sujets dramatiques grecs sont souvent d'une époque avancée; leurs auteurs n'en ont pas moins pu avoir devant les yeux le spectacle des tragédies antiques et s'en inspirer.

théâtre de Pompée, et nous savons quelle émotion produisait, dans l'*Iphigénie en Tauride*, le moment où Oreste et Pylade se disputaient la joie de mourir l'un pour l'autre, chacun d'eux disant qu'il était Oreste. Sous l'empire, les tragiques grecs eurent d'autres imitateurs, parmi lesquels il suffit de citer, outre Sénèque, Varius, Ovide, auteur d'une *Médée* célèbre, Lucain, qui n'eut pas le temps de finir la sienne. Auguste composa une tragédie d'*Achille;* il avait commencé un *Ajax* qu'il eut le bon goût, méritoire chez un empereur, de reconnaître mauvaise et d'abandonner. Peut-être, doublure en tout de César, voulut-il faire un *Achille* parce que César avait fait un *OEdipe*. Germanicus, le frère héroïque de Claude, laissa des tragédies grecques, et Claude, le frère souvent burlesque de Germanicus, composa en grec une comédie.

On cite bien quelques tragédies romaines sur des sujets romains, un *Brutus*, un *Decius*, un *Marcellus*, un *Caton*, mais, chose remarquable, les sujets de ces tragédies historiques ne se voient jamais sur les bas-reliefs romains : c'est que les sujets sont de la république et les bas-reliefs de l'empire. Le sujet d'une tragédie de Nævius, *Romulus et Remus nourris par la louve*, est retracé sur plusieurs bas-reliefs [1]. Ceci n'était point la république, c'était la royauté, à laquelle l'empire voulait se rattacher. Auguste avait songé à pren-

---

[1] *Romuli et Remi alimoniæ. Autel de Faventinus.* (*M. P. Cl.*, 44; *ib.*, 446, 465.)

dre le nom de Romulus, et personne ne voulait renoncer à la louve et à ses nourrissons; elle et eux sont encore les armoiries de la Rome papale. C'est donc à l'art dramatique grec presque exclusivement qu'il faut demander l'origine des bas-reliefs dramatiques romains, comme de la littérature dramatique des Romains elle-même.

Le plus souvent, le théâtre a été l'intermédiaire à travers lequel la poésie épique est arrivée à la sculpture, qui a pu aussi recevoir directement l'inspiration de cette poésie. Homère était la grande source où les artistes puisaient comme les poëtes. On sait que Sophocle puisait volontiers aussi dans les poëtes cycliques. Agathon avait compris tous les événements de la prise de Troie dans une seule pièce qui en présentait le résumé à peu près comme la Table iliaque du Capitole.

On reconnaît que le passage s'est fait, de l'épopée à la sculpture par le théâtre, au caractère émouvant des bas-reliefs dont les sujets ont été traités et par l'épopée et par le théâtre. En voyant par exemple le meurtre d'Égisthe et de Clytemnestre, ou l'extermination des Niobides, on découvre dans le pathétique de la composition un souvenir et une imitation de l'effet dramatique. Mais le théâtre grec, sur lequel la tragédie se produisait toujours avec une majesté imposante, au milieu de ses plus grandes terreurs, n'a pu communiquer la véhémence, parfois l'exagération, que je signale dans ces œuvres tourmentées [1]; je pense qu'elles la doivent surtout aux imitations latines de la tragédie grecque, dont la mise en scène, moins majestueuse, devant un public moins délicat, était nécessairement plus à *l'effet;* surtout aux pantomimes qui envahirent la scène romaine sous l'empire, et dans lesquelles l'expression du geste devait être d'autant plus forcée qu'on était obligé de suppléer par elle à la parole.

La plupart des sujets grecs furent mis en pantomime, nous le savons pour plusieurs : Néron ne rougit pas de représenter l'accouchement de Canacé, et, meurtrier de sa mère, il osa jouer les fureurs et simuler les remords d'Oreste matricide [2]. Au quatrième siècle, la tragédie avait été, même en Grèce, à peu près entièrement remplacée par la pantomime, ce drame silencieux introduit à Rome sous Auguste, qui aimait le silence; mais, si la pantomime a pu donner en partie aux bas-reliefs leur caractère, leur composition n'en remonte pas moins aux tragédies

---

[1] Dans un bas-relief, Oreste a le pied sur la hanche de Clytemnestre qu'il tient par les cheveux. Le désordre impétueux des scènes bachiques, fréquemment répétées sur les sarcophages, a pu contribuer encore à donner aux bas-reliefs romains dont les sujets sont dramatiques, et qui presque tous sont destinés à orner des sarcophages, ce caractère tumultueux, qu'on y remarque si souvent et qui diffère tant de la tranquillité des bas-reliefs grecs.

[2] L'*Agavé* de Stace était une pantomime, car ce fut au mime Paris qu'il la vendit. Ausone dit : *Saltare Nioben (epigr.* 84.)

grecques, dont les pantomimes romaines n'étaient qu'une traduction dans un langage muet et violent : violent, parce qu'il était muet.

Ainsi les bas-reliefs romains nous offrent pour ainsi dire une *illustration* de la scène antique ; ils mettent sous nos yeux tantôt les événements qui se passaient sur le théâtre, tantôt ceux qu'on n'exposait pas aux yeux des spectateurs ; ils refont pour nous cette scène, la résument et la complètent.

Commençons par les tragédies grecques que le temps a conservées.

L'*Orestéide* d'Eschyle, cette magnifique trilogie qui s'ouvre par le meurtre d'Agamemnon [1], se continue par la vengeance qu'en tire Oreste [2] et l'apparition des furies qui le poursuivent jusque dans le temple d'Apollon, et se termine au sein de l'Aréopage par l'acquittement du meurtrier ; cette magnifique trilogie se joue encore pour nous, en quelque sorte, sur plusieurs bas-reliefs romains.

L'événement le plus terrible de la triple tragédie, l'immolation de Clytemnestre et d'Égisthe, qu'Eschyle avait soustraite aux regards des spectateurs, leur est

---

[1] Sujet plus rare que le meurtre d'Égisthe et de Clytemnestre avec lequel on l'a quelquefois confondu.

[2] *M. Chiar.*, 687, *Gal. des Candél.*, 82. Musée de Saint-Jean-de-Latran. Villa Albani. M. Welcker pense (*Ep. cycl.* p. 286-7) qu'un poëte plus ancien qu'Homère avait traité ce formidable sujet ; il le fut à Rome par Livius Andronicus, Attius, Ennius, par Sénèque et plus tard par un poëte nommé Maternus. (Welck., *Gr. tr.*, p. 1488.)

montrée. L'acte accompli, on voyait les deux cadavres gisant sur la scène, comme on les voit dans les bas-reliefs. Le cadavre d'Égisthe, violemment renversé, rappelle ce vers de Livius :

Ipse se in terram saucius fligit cadens.

Le sein de Clytemnestre est nu, parce que dans Eschyle elle avait montré ses mamelles à son fils [1].

Les Furies sont bien ces êtres terribles, tenant des serpents, dont parle Eschyle. Cependant leur visage n'est pas hideux, comme le visage de ses Euménides qu'il dit semblables aux Gorgones [2]. Les Furies de Scopas devaient encore moins ressembler à celles-là, car Pausanias nous assure qu'elles n'avaient rien de terrible [3]. Les Furies apparaissent immédiatement après le meurtre sur les bas-reliefs romains, ainsi que dans la tragédie; elles n'ont point d'ailes, comme Eschyle le mentionne expressément [4]. Euripide leur en donne [5], et elles en ont sur les bas-reliefs des urnes étrusques: L'addition des ailes aux personnages mythologiques

---

[1] Eurip., *Or.*, 527. Clytemnestre était pour la même raison *deminue* dans un tableau décrit par Lucien (*de Dom.*, 23).
[2] *Choeph.*, 1048.
[3] Deux Furies de Scopas. (Cl. Al., *Protrept*, 50; Paus., i, 28, 6.)
[4] *Eumen.*, 51.
[5] *Or.*, 276.

est une des modifications les plus ordinaires que l'art étrusque a introduit dans leurs représentations.

On voit sur les bas-reliefs romains les Furies dormir comme elles dormaient sur le théâtre d'Athènes, tandis qu'Oreste leur échappe, ainsi qu'*une bête sauvage échappe aux chasseurs*[1]; il est là, touchant l'autel et tenant un glaive[2], comme dans les *Euménides* : et son jugement par l'Aréopage, représenté par l'art dans l'antiquité, l'est également sur des monuments dont Rome possède ou a possédé quelques-uns[3].

C'est donc l'*Orestéide* d'Eschyle qui a été suivie de préférence par les auteurs des bas-reliefs; l'ancienne peinture grecque[4] s'était abstenue du *matricide* et n'avait osé tracer que le meurtre d'Égisthe.

Sophocle est celui des trois grands tragiques grecs qui a le moins fourni aux bas-reliefs romains; son génie tranquille convenait moins à l'expression agitée, ordinaire à ces bas-reliefs, que la grande fougue d'Eschyle ou l'emportement passionné d'Euripide. Cependant, on y a trouvé quelques souvenirs du second Œ-

---

[1] *Eumen.*, 147.

[2] *Eumen.*, 40-3.

[3] Zopyros, artiste grec, avait sculpté sur deux coupes d'argent (Pl., xxxiii, 55, 2) le jugement d'Oreste. Winckelmann parle d'une coupe d'argent représentant le même sujet, à Rome, palais Corsini.

[4] Dans la galerie de tableaux des Propylées, Polygnote n'avait peint que le meurtre d'Égisthe (Paus., i, 22, 6). Plus tard, Théodore peignit le *matricide*. (Pl., xxxv, 40, 19.)

dipe [1], d'*Ajax* [2] et de *Philoctète* [3]; mais des statues aussi ont été inspirées par la scène grecque.

[1] Selon Winckelmann, un bas-relief (*Mon. in.*, Pl., 104, p. 139) donne seul l'explication complète d'un passage d'Œdipe à Colone, et tout le détail de la cérémonie de l'expiation s'y trouve. Cette interprétation n'est pas certaine.

[2] Sur la Table iliaque; mais l'auteur a suivi l'*Æthiopis* d'Arctinus et non la tragédie de Sophocle; rien ne fait allusion à l'égorgement des animaux que le héros dans son délire prend pour ses ennemis. Ajax se tue de désespoir parce qu'on lui a refusé les armes d'Achille, et non de la honte que lui cause sa démence, comme dans Sophocle. C'était ainsi qu'il était conçu dans le fameux tableau de Timomaque, d'après ce vers d'Ovide qui se rapporte à ce tableau :

Utque sedet vultu fassus Telamonius iram.
(Ov., *Trist.*, II, 1, 525.)

et où il n'est parlé que de colère et point de démence.

[3] Les bas-reliefs des urnes étrusques suivent toujours la tragédie de Sophocle transportée dans la langue latine par Attius (Ov., *Gal.*, p. 575). Le Philoctète assis (*vill. Alb.*, bas-relief dans l'escalier du Casino) ressemble beaucoup à une personnification du mont Palatin sur un bas-relief du Vatican (*M. P. Cl.*, 465). Cependant je crois que c'est un Philoctète à Lemnos, qu'on a peut-être copié sur le bas-relief du Vatican en changeant, comme il arrive assez souvent, le sens de la figure. Il semble que l'auteur du bas-relief Albani ait voulu attirer l'attention sur la jambe mise en avant, qui serait la jambe blessée; les cheveux sont dans un certain désordre comme ceux du Philoctète peint dont parle le second Philostrate (18), et du Philoctète en bronze mentionné dans une épigramme de l'Anthologie (*Anth. Plan.*, IV, 113). Le Philoctète très-expressif de Pythagoras peut avoir été pour quelque chose dans l'origine de ces bas-reliefs. Une tête qui exprime une vive douleur (*M. Chiar.*, 555) peut être une tête de Philoctète souffrant, d'après Sophocle et Pythagoras, ou d'après une peinture d'Aristophon. (Plut., *de Aud. poet*, 3.)

Un beau groupe de la villa Ludovisi, diversement interprété et dont l'auteur fut un sculpteur grec vivant à Rome [1], me paraît s'expliquer d'une manière très-satisfaisante par Oreste et sa sœur ayant ensemble l'entretien qu'ils ont après s'être retrouvés dans l'*Électre* de Sophocle et dans l'*Électre* d'Euripide.

Électre tient enfin ce frère, qui lui est rendu ; elle le tient dans ses mains, comme le dit Sophocle [2] ; elle le ramène à la douce mémoire de l'amitié fraternelle [3], comme parle un poëte de l'*Anthologie*.

Électre est plus grande qu'Oreste ; mais c'est qu'elle était le personnage principal de la tragédie et qu'elle lui donnait son-nom. Il ne faut pas l'oublier, la taille des personnages est souvent dans la sculpture antique la mesure de leur importance. Et puis elle est plus âgée [4] ; elle a été pour Oreste enfant comme une mère secourable [5]. Les cheveux d'Électre sont courts, parce qu'elle les a coupés en signe de deuil, dans la tragédie de Sophocle, elle vient

---

[1] D'après l'inscription, Ménélas, élève de Stéphanos qu'une autre inscription de la villa Albani nous apprend avoir été élève de Pasitélès.

[2] Soph., *El.*, 1226.

[3] *Anth. gr.*, III, p. 216.

[4] Hélène, dans Euripide (*Or.*, 72) lui reproche d'être une vieille fille.

[5] Le mot *mère* est appliqué à Électre par elle-même dans les *Choéphores* d'Eschyle (240). Oreste que j'ai laissé *à la mamelle*, dit Iphigénie. (*Iph. in Taur.*, 231.)

d'aller en déposer une partie sur la tombe de son père; dans celle d'Euripide, elle parle plusieurs fois de ses cheveux coupés comme ceux d'une esclave[1]. Nous avons devant les yeux une scène de l'*Électre* de Sophocle[2] et aussi une scène de l'*Oreste* d'Euripide[3]; il semble, en contemplant le frère et la sœur se retrouvant après leur infortune, qu'on leur entend prononcer ce vers d'une si touchante simplicité :

O sein d'une sœur, ô cher embrassement !

et dans l'*Électre* d'Euripide[4] :

ÉLECTRE.
O toi qui m'apparais après si longtemps, je t'ai donc contre toute espérance.

ORESTE.
Et moi je te tiens après un temps bien long.

ÉLECTRE.
Je ne l'ai jamais pensé.

ORESTE.
Je ne l'ai jamais espéré.

N'est-ce pas, dans le sentiment du bonheur inespéré comme dans le sentiment du malheur inattendu :

Rodrigue, qui l'eût cru?
                Chimène, qui l'eût dit?

---

[1] *El.*, 108, 148, 241, 356.
[2] Soph., *El.*, 1226.
[3] Eurip., *Or.*, 1051.
[4] 578-80.

Des trois grands tragiques grecs, Euripide est le plus dramatique, dans le sens moderne du mot, celui, pour cette raison, auquel la tragédie moderne a emprunté le plus grand nombre de sujets [1] et qui a fourni à la tragédie romaine plusieurs de ses œuvres les plus célèbres [2]; aussi est-il celui dont les compositions théâtrales paraissent le plus souvent sur les bas-reliefs romains, qui affectionnent le dramatique. Nous y trouvons des scènes de l'*Iphigénie en Aulide*, de l'*Hécube*, et tout l'ensemble de l'*Iphigénie en Tauride*, de l'*Hippolyte*, de l'*Alceste* et de la *Médée* d'Euripide.

L'antiquité a beaucoup vanté le peintre Timanthe pour avoir éludé, en homme d'esprit, une difficulté qu'il désespérait de vaincre, et couvert d'un manteau le visage d'Agamemnon présent au sacrifice d'Iphigénie, pour faire comprendre la douleur d'un père par cet artifice mieux que par toute expression qu'il aurait pu lui donner. Timanthe avait pris cette idée à un autre homme d'esprit, Euripide [3]. Quatre écrivains, aussi très-ingénieux, Cicéron, Quintilien, Lessing et Voltaire, l'en ont loué. Il y a dans tout cela beaucoup

---

[1] La *Phèdre* et l'*Iphigénie en Aulide* de Racine, l'*Iphigénie en Tauride* de Gœthe, la *Médée* de M. Legouvé où le sujet antique est traité très-dramatiquement.

[2] La *Phèdre*, l'*Hécube*, la *Médée*, l'*Hercule furieux* de Sénèque, la *Médée* perdue d'Ovide.

[3] *Iph. en Aul.*, 1550. Euripide avait supposé également qu'Oreste couvrait ses yeux de son manteau avant de frapper sa mère. (*El.*, 1221.)

d'esprit, et peut-être trop dans l'appréciation de la conception de Timanthe : voiler sa tête est un signe de la douleur fort ordinaire chez les poëtes[1] et qui se trouve ailleurs chez les artistes grecs[2]. Quoi qu'il en soit, on doit reconnaître dans les bas-reliefs et les peintures antiques où Agamemnon se voile la tête[3] des imitations de Timanthe peignant d'après Euripide.

Nous avons le personnage même d'Hécube dans la *Pleureuse* du Capitole[4]. Cette prétendue pleureuse est une Hécube furieuse et une Hécube en scène, car elle porte le costume, elle a le geste et la vivacité du théâtre, je dirais volontiers l'exagération de la pantomime.

Je crois même qu'on peut déterminer dans quelle scène de la tragédie d'Euripide Hécube paraît ici. La violence et la fureur de son geste ne peuvent convenir à l'abattement désespéré qui suit sa séparation d'avec sa fille, mais conviennent très-bien, au contraire, aux imprécations que lance contre Polydore Hécube se justifiant devant Agamemnon d'avoir égorgé les enfants du meurtrier de son fils et de lui avoir ar-

---

[1] Overbeck en cite huit exemples. (*Gal.*, p. 316.)

[2] Une Hécube dont parle Christodore. (*Ekphr.*, 179.)

[3] Je ne connais point à Rome de composition semblable; mais deux bas-reliefs de Florence et deux peintures antiques de Naples peuvent en tenir lieu.

[4] Salle des Hercules, 28 ; c'est l'opinion de Winckelmann. Raoul Rochette (*M. in.*, pl. 57, p. 315) a attribué à Hécube une tête de vieille femme de la villa Albani.

raché les yeux. C'est une mère qui plaide comme une furie.

Son regard est tourné vers le ciel, sa bouche lance des imprécations ; on voit qu'elle pourra faire entendre ces hurlements, ces aboiements de la douleur effrénée que l'antiquité voulut exprimer en supposant que la malheureuse Hécube avait été métamorphosée en chienne, une chienne à laquelle on a arraché ses petits.

Tous les principaux moments de l'*Iphigénie en Tauride* sont représentés sur plusieurs bas-reliefs[1] : la prêtresse de Diane conduisant les victimes à la mort et, comme dans la tragédie, n'étant là que pour répandre l'eau sacrée sur leur tête, tandis qu'un Scythe va les immoler[2]; la lettre écrite par Iphigénie à son frère, et dont elle charge Oreste avant de l'avoir reconnu ; la reconnaissance du frère et de la sœur ; le départ des deux Grecs emmenant Iphigénie qui emporte la statue de Diane[3]. En voyant dans un de ces bas-reliefs Oreste

---

[1] *Vill. Alb.*, salles d'en bas; palais Mattei, seconde cour; Musée de Saint-Jean de Latran.

[2] *Iph. in Taur.*, 621-4.

[3] Sur quelques bas-reliefs le dénoûment diffère de celui d'Euripide, le roi Thoas est tué par Oreste; ce dénoûment était celui du *Doulorestès*, tragédie latine de Pacuvius; M. Welcker suppose que Pacuvius l'avait emprunté à une tragédie grecque portant le même titre (*Gr. tr.*, p. 1164-5), mais on n'a pas besoin de cette supposition, car Thoas pouvait être tué par Oreste dans une tragédie d'Eschyle dont le sujet était, ce semble, le même que celui d'Iphigénie en Tauride et qui avait pour titre : Ἱρεῖαι (Esch., *Fr. Did.*, p. 234); Lucien (*Toxaris*, 5-6) en dit autant d'une suite de peintures qu'on voyait dans

et sa sœur en présence, M. Welcker croit les entendre, comme nous l'avons cru tout à l'heure pour Oreste retrouvant Électre, s'adresser les paroles qu'ils s'adressent dans Euripide. Winckelmann pensait que les bas-reliefs offrent une combinaison de deux tragédies d'Euripide, son *Iphigénie en Tauride* et son *Oreste*. Pylade, tenant dans ses bras Oreste, que ses fureurs ont repris [1], offre une expression visible de l'amitié touchante qui, dans cette dernière tragédie, lui fait *soutenir* le corps et le courage de son ami [2].

Les nombreux bas-reliefs consacrés à l'amour de Phèdre pour Hippolyte [3], contiennent toute la tragédie d'Euripide : Phèdre, en proie à sa passion, la nourrice qui va trouver le jeune chasseur, la mort d'Hippolyte.

Dans Euripide, Phèdre, emportée par l'amour,

---

un temple de Scythie consacré à Oreste et Pylade, et parmi lesquelles était la mort de Thoas.

[1] Dans plusieurs bas-reliefs ; dans celui dont faisait partie un groupe détaché à Saint-Jean de Latran ; selon Winckelmann, ce groupe a pour origine un tableau de Théodore que Pline désigne ainsi : *Orestis insania*, les fureurs d'Oreste. (Pl., xxxv, 40, 19.)

[2] *Or.*, 801. Dans l'*Iphigénie en Tauride*, Pylade prend soin d'Oreste au moment où celui-ci est ressaisi par son égarement. *Iph. en Taur.*, 281-311.

[3] Zoega en connaissait une dizaine ; le plus complet est celui d'Agrigente. A Rome, *villa Panfili* et *villa Albani*. De plus, une peinture dans les Thermes de Titus (*Pitture dei Thermi di Tito*, pl. 43), dont M. Thiersch a dit qu'elle expliquait l'*Hippolyte* d'Euripide. (Dissert., *vet. artific. opera vet. poet. carm. explicari*, p. 21.)

s'écrie[1], avec une impétuosité de passion et une convenance de détails que n'égalent pas les beaux vers de Racine, dont les deux derniers sont un peu étrangers à la situation :

> Dieux, que ne suis-je assise à l'ombre des forêts !
> Quand pourrai-je, au travers d'une noble poussière,
> Suivre de l'œil un char fuyant dans la carrière !

« Conduisez-moi dans la montagne; je vais dans la forêt, parmi les pins... Dieux immortels, je veux exciter les chiens par mes cris; je veux entourer d'un rameau thessalien mes cheveux blonds et tenir dans ma main un javelot à la pointe aiguë... O Arthémis, reine du marais sacré et des gymnases où résonnent les pas des chevaux; que ne suis-je sur le sol qui t'est consacré, domptant des coursiers! »

Les chiens, les chevaux, l'appareil de la chasse, en présence desquels l'imagination de Phèdre, exaltée par l'amour, la transporte, tout cela est dans les bas-reliefs présent au spectateur ; ce que Phèdre rêve, il le voit.

La nourrice de Phèdre va trouver Hippolyte et lui révéler la passion qu'a conçue pour lui sa maîtresse. Dans le premier *Hippolyte* d'Euripide, aujourd'hui perdu, Phèdre, comme dans Sophocle, Sénèque[2] et Racine, déclarait elle-même sa passion. C'est donc le

[1] *Hipp.*, 215-231.
[2] Dans la *Phèdre* de Sophocle également perdue, la reine devait déclarer son amour elle-même, car la nourrice l'en détournait. (Welck., *Gr. tr.*, p. 398.)

second *Hippolyte*, le seul conservé, qu'ont suivi de préférence les auteurs des bas-reliefs[1]; ce n'est ni le premier *Hippolyte* d'Euripide, ni la *Phèdre* de Sophocle.

Dans la tragédie d'Euripide, Phèdre se pend, et Thésée trouve dans sa main la lettre qui accuse Hippolyte. Des peintures, découvertes à Rome, dans la Maison Dorée de Néron, montrent l'épouse de Thésée tenant la corde fatale. Déjà on la voyait pendue dans la Lesché de Delphes, peinte par Polygnote. L'art et la poésie grecque avaient adopté l'une et l'autre ce genre de mort honteux par lequel Phèdre vengeait sa honte suivant la tradition; Racine l'a remplacé par le poison et par un genre de mort plus distingué.

Enfin, le dénoûment tel qu'il est raconté par Euripide et par Sénèque dans des récits qui ont servi de modèle à celui de Théramène, — Hippolyte précipité de son char, — ce dénoûment se voit retracé sur les bas-reliefs, d'après Euripide; il se voyait dans un tableau qu'Antiphile avait composé d'après lui sans doute et qui était à Rome[2]; Antiphile y avait représenté Hippolyte épouvanté par le monstre.

L'*Alceste* d'Euripide est aussi tout entière sur les

---

[1] Dans le bas-relief Panfili, Phèdre semble être en présence d'Hippolyte, c'est une illusion. Deux parties du sujet sont rapprochées comme il arrive souvent par les conditions du bas-relief, mais elles sont censées distinctes.

[2] Pl., *Hist. nat.*, xxxv, 37, 2; Philostr., ii, 4.

sarcophages[1], où ce dévouement sublime de l'amour conjugal fait une allusion poétique aux vertus d'une morte et au regret d'un époux, plus tendre, je l'espère pour lui, que l'Admète d'Euripide, lequel cède si volontiers à Alceste sa place chez les Ombres. On y suit la marche de la tragédie grecque, avec les diversités que comporte la différence de la sculpture et de la poésie. L'oracle d'Apollon, annonçant qu'Admète sera sauvé si quelqu'un de sa famille veut mourir à sa place, est exprimé par la présence du dieu lui-même et par le trépied fatidique; puis on voit Alceste qui s'est offerte à la mort pour son époux et qui, du lit où elle est couchée, lui tend la main, lui recommandant ses deux enfants, tandis que sa jeune fille, un genou en terre, étend les bras vers elle avec un mouvement très-dramatique. Ceci est une scène, et une scène admirable d'Euripide[2], admirable au moins de la part d'Alceste. Le poëte a fait ce qu'il a pu pour *sauver*, comme on dit, le triste rôle d'Admète; mais sa situation est trop fausse pour intéresser, et on en a bien le sentiment en présence de la piteuse figure qu'il fait sur le bas-relief du Vatican. La tête d'Admète est un portrait dont le caractère ignoble ne va pas mal aux sentiments que ce personnage exprime dans une autre scène d'Euripide, celle où il reproche à son vieux père de n'avoir pas voulu mourir pour

---

[1] *M. Chiar.*, 179; *vill. Alb.*
[2] *Alc.*, 280 et suiv.

Alceste, que lui, Admète, a laissé mourir à sa place, et où le père indigné, traitant son fils comme il le mérite, témoigne brutalement de son amour pour la vie. Cette odieuse scène est indiquée aussi sur les bas-reliefs. Puis le sculpteur, ce que n'a pu faire le poëte, suit dans la demeure de Pluton Hercule, qui va y chercher Alceste, puis la ramène, voilée comme l'on représente les Ombres, et rappelant l'imagination bizarre dont s'est avisé Euripide. Dans la pièce de celui-ci, où le bouffon et le pathétique s'allient ainsi que chez Shakspeare, Hercule présente à Admète son épouse voilée, comme une femme esclave qu'il le prie d'accepter. Il faut dire à l'honneur d'Admète qu'il n'accepte pas et mérite la joie de la surprise que lui fait Hercule en lui montrant Alceste. Sophocle, qui avait écrit aussi une *Alceste*, avait placé dans la bouche d'Admète ce vers, qui faisait plus d'honneur à sa franchise qu'à sa générosité : « Si un autre meurt, je ne me soucie point de mourir avec lui[1]. »

Une mosaïque du Vatican[2], où sont figurées des scènes de tragédies, a paru en offrir une qui se passe entre Hercule et Alceste. Hercule, comme d'autres

---

[1] Welcker, *Gr. tr*, p. 545. On pourrait mettre, il est vrai, ce vers dans la bouche du chœur; mais il va trop bien à la bassesse naïve des sentiments d'Admète pour le lui enlever. Dans tous les cas ce serait de la part du chœur qui moralisait toujours une triste morale.

[2] *Salle des Muses*.

figures de la mosaïque, y paraît dans la longue robe tragique du théâtre.

Les bas-reliefs nous rendent également presque tout entière la *Médée* d'Euripide [1].

Jason va épouser Glaucé; Médée, furieuse, envoie d'abord par ses enfants à sa rivale des ornements empoisonnés qui doivent la consumer, puis, pour punir l'infidèle, elle égorge ces pauvres enfants, monte sur un char attelé de dragons qui doit l'enlever à travers les airs, et de là, implacable, elle insulte l'époux dont elle s'est vengée [2]. Ces diverses scènes de la *Médée* d'Euripide se déroulent tragiquement sur plusieurs bas-reliefs très-semblables et qui paraissent tous avoir pour original commun la tragédie grecque.

En présence de ces bas-reliefs, on peut se donner à sa fantaisie le spectacle, soit de la totalité, soit d'un acte détaché de la *Médée* d'Euripide; c'est un *libretto* sculptural au moyen duquel on pourrait, comme pour l'*Iphigénie en Tauride*, comme pour l'*Hippolyte* et l'*Alceste*, en recomposer l'ensemble, si elle était perdue.

Médée est assise dans le vestibule de sa maison, lieu de la scène où se passe la tragédie d'Euripide, dont

---

[1] Ils nous montrent même l'avant-scène du drame : Médée aidant Jason à vaincre le dragon, villa Ludovisi (II, 17). Le dragon s'élance contre Jason, et Médée se prépare à l'endormir au moyen d'un gâteau soporifique.

[2] *M. P. C.*, 603.

nous avons ainsi comme la décoration ; au-dessus d'elle plane un génie de la mort : c'est une expression de la Némésis qui planait sur la tragédie. Créon, père de Glaucé, et sa nourrice, sont des personnages d'Euripide.

Horace, dans son *Art poétique*, ne voulait pas que Médée tuât ses enfants sous les yeux des spectateurs. Euripide s'était soumis d'avance à cette loi du goût qu'avait violée sans doute quelques-uns de ses imitateurs latins. Les auteurs des bas-reliefs l'ont observée, ainsi que les auteurs des statues et des peintures qui représentaient Médée dans le moment le plus terrible et le plus troublé : elle ne frappe point ses enfants, mais, triste, elle les regarde qui jouent à ses pieds. Telle elle était dans le tableau de Timomaque, — qui avait dû s'inspirer d'Euripide pour sa *Médée*, aussi bien que pour son *Oreste* et son *Iphigénie en Tauride* —« voulant tuer ses enfants et voulant les sauver, » comme il est dit dans un vers de l'*Anthologie* [1]; telle elle était dans deux statues qui montraient des larmes dans ses yeux irrités, et son âme, passant de la colère à la compassion et de la compassion à la colère [2], l'art, développant ainsi ce qui n'est qu'indiqué dans la tragédie [3]. Les

---

[1] *Anth. gr.*, III, p. 214, et à en juger par une peinture de Pompéi.
[2] *Anth. gr.*, *ibid.*, et II, p. 499 ; *Anth. Plan.*, IV, 138.
[3] Callistrate (13) décrit une Médée hésitant entre le désir de la vengeance et l'amour maternel, statue qui, dit-il, semblait exprimer ces sentiments d'après Euripide.

bas-reliefs du reste suivent Euripide pas à pas et font passer devant nos regards son œuvre presque complète ; il est même des parties de l'action tragique que le public d'Athènes ne voyait pas et que nous voyons à Rome : ainsi la mort de la nouvelle épouse de Jason, qui n'est qu'en récit dans Euripide, est représentée pour nous sur les bas-reliefs.

Les *Phéniciennes* d'Euripide, dont le sujet est le même que celui des *Sept Chefs devant Thèbes* d'Eschyle, contiennent un récit du combat d'Étéocle et de Polynice [1] qui n'a pas été étranger aux bas-reliefs où est retracé ce dénoûment de la guerre fratricide [2], et où l'on voit Polynice tombé sur un genou [3] comme le montrait ce récit [4].

Dans le Capanée de la villa Albani, je vois une réminiscence d'Eschyle, qui ne dit pas quand le sacrilége fut frappé par la foudre [5], ce qui permet de supposer que ce fut à terre ; plutôt qu'une réminiscence d'Euri-

---

[1] Eurip., *Phén.*, 1599-1424; Esch., *Sept*, 894.

[2] *M. P. Cl.*, 454.

[3] Il était ainsi sur le coffre de Cypsélus (Paus., v, 19, 1). Pythagoras avait représenté le combat d'Étéocle et Polynice. (Tat., *Or. ad Gr.*, 54.)

[4] On y voit aussi d'ordinaire une Furie derrière chacun des deux frères ennemis, figurant à l'extérieur celle qui remplissait leurs âmes. Sur le coffre de Cypsélus, près d'eux, était une femme horrible, aux longues dents, aux ongles crochus, à peu près comme la *Mort* d'Orcagna, au *Campo Santo* de Pise. En effet, c'était une déesse de la mort, une *Kèr*, qu'ont remplacée les furies.

[5] Le chœur prédit seulement qu'il sera foudroyé. (*Sept*, 444-6.)

pide qui le montre tombant de l'échelle, déjà mort et embrasé. Capanée porte dans les *Phéniciennes*[1] cette échelle qu'il porte dans le bas-relief de la villa Panfili. Souvenons-nous aussi que Tauriscus, le peintre de Clytemnestre, et qui paraît avoir aimé les sujets tragiques, avait peint Capanée[2]. Le Capanée de la villa Albani a une attitude violente qui semble d'après un tableau plus que d'après une statue.

Un seul bas-relief à Rome[3] retrace Penthée mis à mort par sa mère Agavé et ses sœurs Ino et Autonoé, qui rendues furieuses et folles par Bacchus, dont Penthée avait méprisé le culte, le poursuivirent sur les montagnes comme une bête sauvage et le déchirèrent. A ce sujet terrible se rapportent trois figures de femmes en relief, d'un caractère tragique[4]; mais on ne peut affirmer que les trois figures soient d'après Euripide, car la mort de Penthée fut mise avant lui et après lui[5] sur la scène. Un sujet où était célébré le triomphe de Bacchus et où dominait l'emportement bachique, devait être en Grèce aussi ancien

[1] Eurip., *Phén.*, 1180, 1189-90.
[2] Pl., *Hist. nat.*, xxxv, 40, 19.
[3] Cour du palais Giustiniani.
[4] *M. Chiar.*, 150.
[5] Par plusieurs de ces poëtes tragiques d'imitation, dont les œuvres plus récentes ont dû exercer sur l'art de l'époque avancée une action que nous ne pouvons apprécier. Pour *Penthée*, on nomme Jophon, Cléophon, Xénoclès, Héraclide, Lycophron. Il faut citer aussi à Rome *Penthée*, tragédie d'Attius, et *Agavé*, pantomime de Stace.

que le théâtre, dont l'origine tenait au culte de Bacchus; aussi y avait-il un *Penthée* de son fondateur Thespis[1].

On voit que la tragédie grecque est vivante, pour ainsi dire, dans les tableaux dramatiques des bas-reliefs romains; il y a plus, nous pouvons, à l'aide des bas-reliefs dont ils ont fourni le sujet, nous faire quelque idée de plusieurs tragédies perdues.

Par exemple, des deux parties perdues du *Prométhée* d'Eschyle; le même bas-relief[2] réunit ce qu'on voyait le même jour sur le théâtre d'Athènes : *Prométhée ignifère* pétrissant l'homme, et *Prométhée délivré* du vautour par Hercule.

Dans le *Prométhée enchaîné*, le Titan n'est dit nulle part avoir créé les hommes, mais bien avoir ravi en leur faveur le feu, principe des arts et de la civilisation. Cependant un vers du premier *Prométhée*[3] semble indiquer que le *Titan* avait formé la femme avec de l'argile, ainsi qu'on le voit sur les bas-reliefs, fabriquant par ce moyen des hommes et des femmes[4].

Outre le bas-relief capitolin, le *Prométhée délivré*

---

[1] Et un *Penthée* d'Eschyle.

[2] *M. du Cap.*, salle des Colombes.

[3] Τοῦ πλάστου σπέρματος θνητὴ γυνή. (*Esch.*, *Fr.* Did., p. 189.)

[4] Il y a une femme dans un bas-relief du musée Pio-Clémentin, 251, qui par là se rapproche tout à fait du vers d'Eschyle que j'ai cité. Dans Hésiode (*Op.*, 63), une femme est formée d'argile; mais c'est par Vulcain, et cette femme est Pandore, que Prométhée ne créa point puisqu'il la reçut de Jupiter.

d'Eschyle a fourni le sujet d'une peinture très-fine qui décore le *Columbarium* de la villa Panfili.

Un événement indiqué dans un fragment du *Prométhée délivré* nous a été conservé, selon l'opinion de Zoega, par quelques figures en relief placées entre les jambes d'un trépied [1]. J'en parle d'autant plus volontiers que le passage du *Prométhée délivré* auquel cette sculpture peut faire allusion, contient la plus ancienne nation de la Gaule qui existe dans la poésie grecque. Prométhée annonçant à Hercule ses futurs exploits lui prédit qu'il viendra dans le pays des Ligures, qu'ils lui feront la guerre et qu'au moment où il sera près d'être accablé par eux, Jupiter fera pleuvoir une grêle de pierres pour qu'il puisse s'en servir contre ses ennemis. C'est évidemment l'origine mythologique de la *Crau*, plaine peu éloignée de Marseille, — par conséquent alors dans le pays des Ligures, — qui est, en effet, un champ de cailloux, laissés là par quelque *diluvium* géologique, et qu'une légende grecque, probablement d'origine massaliote, supposait avoir été lancés par Jupiter pour défendre son fils [2].

Le rachat du corps d'Hector par Priam formait le

---

[1] *M. P. Cl.*, 601. Visconti, dont Ot. Müller partage l'opinion, croit plutôt que les adversaires d'Hercule sont les Hippocoontides. Rien ne désigne ceux-ci; leur nombre était différent. Les massues dont les adversaires d'Hercule sont armés indiquent plutôt des barbares, comme les Ligures.

[2] Strabon (IV, 1, 7) et Pline (III, 5, 4) désignent avec précision le lieu. On ne peut douter que ce *champ de pierres* ne soit la Crau.

sujet des *Phrygiens*, tragédie d'Eschyle[1], et aussi d'une pièce perdue de Sophocle. Le bas-relief du Capitole et ceux où, comme dans celui-ci, Mercure ne paraît point, sont plutôt d'après Sophocle que d'après Eschyle, car nous savons que Mercure intervenait dans la pièce d'Eschyle[2], ainsi qu'il intervient dans l'*Iliade*, et rien ne fait supposer qu'il en fût de même dans la pièce de Sophocle. Dans toutes deux le héros gardait devant Priam un long silence. C'est l'obstination de ce silence qu'a voulu exprimer l'auteur du bas-relief capitolin. Le sculpteur a donné à Achille, qui se détourne, une attitude si expressive qu'elle paraît forcée; il la doit sans doute, dans l'origine, à l'acteur qui jouait soit dans la tragédie d'Eschyle, soit dans celle de Sophocle, ou dans celles d'Ennius ou d'Attius, car tous ces poëtes avaient traité ce pathétique sujet.

Parmi les tragédies perdues de Sophocle, il en est plusieurs dont les sujets se retrouvent sur les bas-reliefs romains, mais sans qu'on puisse, au moyen des maigres analyses des grammairiens et de quelques fragments échappés à la destruction, faire la part de leur influence; d'autant plus que très-souvent les sujets de ces tragédies perdues de Sophocle ont

---

[1] Müller (*Arch.*, p. 711) ne juge pas impossible que des statues de Phrygiens avec des cratères, dont l'une est au Vatican, aient appartenu à un groupe faisant partie du chœur de *Phrygiens* dont la pièce d'Eschyle portait le nom.

[2] Overb., *Gal.*, 465-6. *Fragm. Soph*. éd. Did., p. 264.

été également traités par Eschyle, par Euripide et par d'autres; mais, seul des trois grands tragiques, Sophocle avait mis sur le théâtre l'enlèvement du Palladium, dans ses *Laconiennes*. D'après le peu qu'on sait de cette tragédie, durant l'expédition il survint un sujet de querelle entre les deux héros qui s'en étaient chargés; c'est ce que font entrevoir dans le bas-relief du palais Spada les regards irrités qu'ils se lancent, le geste violent d'Ulysse et l'air résolu et sombre de Diomède [1].

Le *Dédale* de Sophocle n'avait point pour sujet la fuite du père d'Icare, et les deux bas-reliefs de la villa Albani qui représentent celui-ci fabriquant des ailes, ne peuvent être inspirés par cette pièce qui paraît avoir été un drame satirique [2]; si on veut leur chercher une origine dans la tragédie grecque, il faut la demander aux *Crétois* d'Euripide dont la fuite de Dédale était le sujet [3].

Achille à Scyros était encore un sujet traité par Sophocle et que traita aussi Euripide. Ce sujet, qui ne figure point dans les récits de la poésie Cyclique, dut donc arriver aux artistes par la tragédie de Sophocle, et par celle d'Euripide. Polygnote, il est vrai, lui avait

[1] Welck., *Gr. tr.*, p. 150. Braun a refait toute une scène des *Laconiennes*, à l'aide des bas-reliefs, mais cette restitution est un peu risquée.

[2] Welck., *Gr. tr.*, p. 75.

[3] *Ib.*, p. 802. Statues d'Icare dans *des bains* à Constantinople. (*Anth. gr.*, II, p. 498-9.)

donné place dans ses peintures de Delphes ; mais la scène a dans les bas-reliefs une animation, l'attitude d'Achille et celle de Déidamie une vivacité et une véhémence que ne pouvait leur avoir communiquées le maître austère dont la vaste composition renfermait un grand nombre de sujets et de personnages sans rapport entre eux et qui devaient ressembler, par leur ordonnance tranquille, aux fresques florentines du quinzième siècle à Santa-Maria-Novella. Il y a donc toute raison de retrouver la scène principale de l'*Achille à Scyros* de Sophocle ou d'Euripide dans les bas-reliefs qui montrent le jeune héros s'élançant au son de la trompette soudainement entendu. C'est un vrai coup de théâtre.

Si nous ne pouvons pas tirer grand'chose des bas-reliefs pour découvrir le contenu des tragédies perdues de Sophocle, nous pouvons, avec beaucoup de vraisemblance, dériver de l'une d'entre elles la composition d'un chef-d'œuvre du Vatican, le Laocoon.

L'opinion de Lessing, qui, dans un ouvrage, du reste, plein de vues ingénieuses, donnait pour original au groupe du Vatican le récit de Virgile, est aujourd'hui abandonnée. Dans Virgile, Laocoon accourt avec des armes pour secourir ses enfants attaqués par les serpents. Dans le groupe il en est autrement : Laocoon s'était assis sur l'autel pour s'en faire un refuge quand les serpents sont venus l'assaillir. Ses enfants épouvantés, se sont rapprochés de lui, et tous trois ont été enveloppés. Dans Virgile, les serpents dominent Laocoon de leurs cols élevés ; dans le groupe, rien de semblable, et le col des serpents domine si peu le malheureux père, qu'un d'eux lui mort le flanc. Dans Virgile ils entourent de deux replis le corps du père et de deux replis le corps des enfants, ce qui ne se voit point dans le groupe. De plus, la sculpture a encore trop de grandeur pour ne pas être antérieure à l'empire et, comme je l'ai dit, l'origine rhodienne des sculpteurs fait placer leur date avant la prise et la chute de Rhodes, qui tombent dans les dernières années de la république romaine. Il faut donc chercher à ces chefs-d'œuvre une source plus ancienne que la description de Virgile, et on a pensé [1], selon moi avec toute vraisemblance, que cette source pouvait être la tragédie perdue de Sophocle, devenue ainsi une tragédie retrouvée; elle devait contenir un récit de la catastrophe où les auteurs du *Laocoon* ont pu puiser l'inspiration vraiment tragique [2] qui anime leur composition immortelle.

L'absence de tout sentiment d'indignation contre la destinée, qu'il faut, quoi qu'on en ait dit, reconnaître

---

[1] Herder a eu le premier cette idée, comme le reconnaît M. Welcker qui la partage. (*D. akad. K. Mus. in Bonn.*, p. 154.)

[2] Dans Arctinus, qui suivait l'ancienne tradition épique, les serpents ne tuaient qu'un des enfants avec son père; les auteurs du Laocoon ont dû puiser à une autre source puisqu'ils ont supposé deux enfants, ce qui convenait mieux à la symétrie du groupe sculptural.

dans l'expression seulement douloureuse de Laocoon, et qui étonnerait, s'il était puni, comme chez Virgile, pour avoir donné un sage conseil à ses concitoyens, s'explique, au contraire, très-naturellement, si Laocoon entraîné par l'amour a pris une épouse contre la volonté d'Apollon dont il était le prêtre [1], ou a manqué de respect au temple du dieu, tradition qu'avait suivie Sophocle dans sa tragédie. Un mortel puni pour avoir oublié la soumission aux dieux, c'était un sujet bien approprié au génie de la tragédie grecque.

A la mort de Laocoon se rattache l'épisode du *cheval de Troie*, qui l'amène. Nous avons rencontré cet épisode sur un bas-relief de la villa Albani; il avait été mis sur le théâtre à Rome par Nævius. La tragédie latine devait avoir pour original grec le *Sinon* de Sophocle et plus vraisemblablement encore l'*Epeius* d'Euripide. — Epeius était celui qui avait construit le cheval de Troie. — On voyait, sans doute, dans la pièce grecque les guerriers descendre de l'intérieur du cheval, comme on les voyait sortant du cheval conservé à l'Acropole d'Athènes en mémoire de celui de Troie, et comme on les voit encore sur le bas-relief Albani. Mais les trois mille cratères qui figuraient dans la pièce de Nævius [2], offraient un spectacle tout romain. Les Romains aimaient à donner à

---

[1] Hyg., 135.
[2] Cic., *ad Fam.*, vii, 1.

une représentation dramatique l'air d'une pompe triomphale. Là où le sentiment de l'art baisse, on attache à la mise en scène une importance exagérée.

Il est une œuvre mémorable de la sculpture antique dont on peut, je crois, trouver aussi l'origine dans une tragédie perdue de Sophocle, c'est la mort des Niobides.

Les statues qui se rapportent au grand ensemble de sculptures sorti de la main des Scopas, et les bas-reliefs plus ou moins beaux ou plus ou moins médiocres [1], qui reproduisent, à leur manière, la même catastrophe, ont un caractère tragique [2]. Dans les derniers, comme je l'ai dit, le pathétique est poussé jusqu'à l'excès. La violence des gestes et des attitudes est extrême ; une tragédie, une représentation dramatique est au fond de tout cela [3].

---

[1] En général, leur exécution est médiocre et évidemment romaine, sauf peut-être celui de la villa Albani (escalier). Un seul, transporté de la villa Borghèse à Paris, a mérité que Meyer y ait cru voir une imitation du style de Phidias, ce serait plutôt du style de Scopas. A Venise est un bas-relief des Niobides, venu de Grèce, qui montre que les bas-reliefs romains sur ce sujet ont été précédés par des bas-reliefs grecs.

[2] Paus., I, 23, 10. Ce caractère théâtral se montre aussi dans une peinture de Pompéi, une des Niobides semble déclamer en s'adressant aux spectateurs.

[3] En parlant d'une Niobide, Feuerbach (*Vat. Apoll.*, p. 342) dit que son attitude tendue est manifestement calculée pour l'effet tragique. Il ajoute : « Le mouvement des Niobides n'est pas autre chose qu'une danse tragique. »

Quant aux statues, je ne sais jusqu'à quel point Scopas, qui les conçut, avait devant les yeux la *Niobé* de Sophocle ou la *Niobé* d'Eschyle, — car les deux plus grands maîtres de la scène grecque s'étaient exercés sur cet émouvant sujet [1], lequel est déjà tout entier dans Homère [2]; mais ce qui me semble visible, c'est que dans l'histoire de la sculpture grecque, Scopas occupe une place correspondante à celle qui appartient à Sophocle dans le développement de la tragédie grecque. Chez Scopas, ce n'est plus la majestueuse sévérité de Phidias exprimant plutôt l'idée que la passion, c'est la passion, c'est le sentiment qui dominent, mais la passion et le sentiment unis à la grandeur. On n'en est pas encore à l'époque où la passion sera remplacée par une sensualité exquise et où Praxitèle noiera tout dans la grâce. De même chez Sophocle on ne trouve plus le grandiose surhumain d'Eschyle, mais on n'en est pas encore au triomphe de la sensibilité et de l'esprit qui caractérisera les œuvres d'Euripide. Je trouve aux Niobides, à ceux du moins qui ont conservé l'empreinte du génie de Scopas, le pathétique élevé mais tempéré de Sophocle avec une suavité que n'a point Eschyle et sans la mollesse d'Euripide ; c'est pourquoi

---

[1] Peut-être aussi Euripide, mais Hermann rejette l'existence d'une *Niobé* d'Euripide. (Esch., **Fragm.**, Did., p. 218.)

[2] *Il.*, XXIV, 602. La tradition n'avait pas encore atteint le caractère tragique que le théâtre devait lui donner; Homère dit, dans sa naïveté, que la douleur de Niobé ne l'empêchait pas de manger.

je crois que l'artiste qui en a créé les modèles s'inspira plutôt de la *Niobé* de Sophocle que de celle d'Eschyle.

Quelques vers conservés de la tragédie de Sophocle s'appliquent assez bien aux statues d'après Scopas. La sœur qui cherche à protéger son frère en étendant sur lui son vêtement est celle qui aimait particulièrement l'aîné de ses frères [1].

Le Pédagogue, qu'on reconnaît à son costume barbare, courait ainsi tout effaré sur le théâtre en gémissant sur la beauté de ses élèves qui ne devait pas les sauver.

Les bas-reliefs des Niobides [2] rappellent aussi Sophocle. La nourrice, personnage qui paraît fréquemment dans la tragédie grecque est là, relevant de terre et soutenant dans ses bras une fille de Niobé, comme elle faisait sans doute dans la tragédie perdue, quand elle s'écriait : « C'est moi qui les réchauffais, les ranimais dans des langes de laine finement tissue, échangeant sans relâche la fatigue du jour contre celle de la nuit [3].

M. Welcker dit avec raison que dans la tragédie les fils ne périssaient pas sous les yeux de leur mère; elle était dans son palais et eux dans l'hippodrome,

---

[1] Welck., *Gr. tr.*, p. 291. Ἡ γὰρ φίλη 'γω τῶνδε τοῦ προφερτέρου.
[2] *Gal. des Candél.*, 204; *M. Chiar.*, 457; *M. de Saint-Jean de Latran*.
[3] *Fragm.*, Soph., éd. Did., p. 310.

occupés aux jeux de la palestre [1], ce qui a fait penser que les deux *lutteurs* de Florence étaient deux Niobides. Le Pédagogue venait sans doute raconter leur mort à cette mère muette et pétrifiée par avance; il y a dans la profonde douleur de la Niobé de Florence une immobilité morne, qui semble préparer ce lugubre dénoûment ; puis ses filles tombaient l'une après l'autre sous ses yeux, atteintes par les flèches invisibles de Diane. Les convenances du bas-relief, qui ne sont pas les convenances de l'art théâtral, ont forcé le sculpteur de présenter le spectacle autrement, en rapprochant les deux parties de la catastrophe; mais il est à remarquer que dans les bas-reliefs, Niobé n'est mise en rapport qu'avec ses filles présentes sur le théâtre, et non avec ses fils absents.

L'inspiration, non plus de Sophocle, mais d'Eschyle, se manifeste sur un bas-relief où Niobé est assise près du tombeau de ses enfants [2], comme s'y asseyait la Niobé d'Eschyle [3], tandis que le chœur faisait entendre ses lamentations, silencieuse et désespérée.

Je l'ai dit, dans ces bas-reliefs, l'action théâtrale atteint ses dernières limites. Niobé n'a plus ce calme majestueux du désespoir dans une âme héroïque que nous montre la statue de Florence et qu'exprimait, d'une manière sublime, la *Niobé* de So-

---

[1] Ou chassant sur le Cithéron. (Apoll., III, 5, 6, 3.)
[2] Sur un sarcophage au musée de Saint-Jean de Latran.
[3] Ov., *Gal.*, p. 316; Esch., *Fragm.*, Did., p. 219.

phocle, répondant au tonnerre souterrain qui annonçait la colère des dieux : Pourquoi m'appeler? je viens. Elle est agitée par la douleur et comme furieuse; tantôt serrant contre ses genoux un fils encore enfant, tantôt disputant au courroux des dieux une petite Niobide qui, se pressant contre sa mère, semble vouloir rentrer dans son sein, motif qui est dans le groupe de Florence, mais rendu avec moins de violence. Ce n'est plus la poésie d'Eschyle ou de Sophocle, c'est celle d'Ovide que traduit cette sculpture éperdue [1].

« Une dernière restait encore ; sa mère la couvrait de tout son corps, de tout son vêtement. «Laisse-m'en
« une seule, la plus petite ; elles étaient beaucoup, je
« te demande la plus petite. »

C'est que ces bas-reliefs ont été faits à Rome, où Ovide écrivait; peut-être d'après une *Niobé* latine, celle d'un certain Bassus, ou d'après une pantomime de Niobé, que nous savons par Ausone avoir existé.

C'est dans Euripide, comme je l'ai dit, le plus dramatique des poëtes tragiques grecs, que puisèrent surtout les auteurs des bas-reliefs dramatiques [2] ; aussi trouve-t-on dans leurs compositions la trace, en assez grand nombre, des tragédies perdues d'Euripide.

Protésilas, rendu pour un moment à l'amour de

---

[1] Ovide a imité Sophocle selon M. Welcker.

[2] Dans le temple de Cyzique étaient sculptés des sujets tragiques *empruntés surtout* à Euripide. (*Fragm. Eurip.*, Did., p. 778.)

Laodamie, est un des sujets qu'on rencontre le plus fréquemment sur les sarcophages. Ce sujet attendrissant était emprunté à Euripide[1], car nous ne connaissons que lui parmi les Grecs qui l'ait traité. Protésilas était le premier qui eût touché le sol troyen, et en y mettant le pied il avait reçu la mort ; les bas-reliefs nous le montrent en effet sur le rivage, cadavre d'abord, puis ombre voilée conduite par Mercure. Ceci devait être mis en récit dans la tragédie. Plus loin, Laodamie apparaît couchée au pied du portrait de son époux, portrait célèbre dans la tradition, avec lequel, mariée à un autre époux, elle passait ses nuits ; la tradition ajoutait que forcée par son père de le brûler, elle se jeta avec lui dans les flammes. Elle devait dire, dans Euripide, des choses touchantes en présence de ce portrait ; en n'en a conservé que ce vers :

Combien ment l'espérance aux mortels insensés !

---

[1] *Gal. des Candél.*, 112. On a cru reconnaître sur un de ces bas-reliefs les trois portes du théâtre (Feuerbach, *Ap. Vat.*, p. 331) ; ce serait une preuve bien manifeste que l'auteur du bas-relief pensait à une représentation dramatique. Il ne paraît pas que ce pût être une représentation donnée sur un théâtre romain, car la *Protesilaodamia*, attribuée à Nævius, n'était point une tragédie et n'était point de Nævius (Welck., *Gr. tr.*, p. 1368-1372). Les signes bachiques, masque, thyrse et cymbales, qu'on remarque sur un bas-relief, font-ils aussi allusion au théâtre ? Je crois que c'est plutôt une de ces allusions aux mystères de Bacchus que nous verrons être si fréquentes sur les bas-reliefs des monuments funèbres.

Puis Protésilas, rendu momentanément à la vie, converse avec Laodamie. Cette scène, que la sculpture ne fait qu'indiquer, devait aussi être bien touchante. Enfin, Protésilas redevenu Ombre, est reconduit par Mercure dans la demeure de Pluton, où le poëte dramatique ne pouvait le suivre et où le sculpteur l'accompagne.

Euripide était l'auteur d'un *Méléagre*. La chasse au sanglier de Calydon, la tête ou la peau du sanglier donnée par Méléagre à la belle Atalante, l'indignation de ses oncles maternels, la douleur d'Atalante privée par eux de cette offrande, la colère de Méléagre qui cause leur mort, la fureur d'Althée, mère de Méléagre, le tison auquel les jours du héros étaient attachés et que, pour venger ses frères, elle jette dans les flammes, la mort de Méléagre, l'affliction de sa femme Cléopâtre et d'Atalante qu'il aimait, tous ces incidents de la tragédie d'Euripide sont répétés sur de très-nombreux sarcophages [1]. Ici, l'on ne peut affirmer que tout vienne d'Euripide, car Eschyle [2] avait composé une *Atalante*, Sophocle un *Méléagre*, et tous

---

[1] Il en existe à peu près dans toutes les collections. M. Welcker pense, d'après les fragments de la tragédie d'Euripide, que les événements de la chasse étaient *racontés*, et l'incident du tison jeté dans le feu par Althée *représenté* sur la scène. (*Gr. tr.*, p. 757-9.)

[2] Ce sujet fut souvent traité depuis, en Grèce, par Aristias, Sosiphanès, Antiphon; à Rome, par Attius, qui avait *traduit* Euripide, par Ennius et Gracchus. Les tragédies de ceux-ci furent les sources immédiates des bas-reliefs romains.

trois avaient été devancés par Phrynicus. Mais le côté pathétique du sujet qui prévaut dans les bas-reliefs n'avait pas dû être aussi développé par les deux grands prédécesseurs d'Euripide. Cléopâtre et Atalante éplorées près du lit de mort de Méléagre, Althée, saisie au cœur par une furie, qui élève devant elle un flambeau, et se renversant violemment en arrière, au moment de livrer aux flammes le tison fatal, toutes ces choses sont là comme elles devaient être sur le théâtre, alors que le théâtre admettait la vive expression d'une passion et d'une douleur de femme plus qu'il ne pouvait le faire au temps d'Eschyle et même de Sophocle. Phrynicus avait le premier donné pour motif à la mort de Méléagre le coup désespéré de sa mère[1] ; mais sans doute l'amour de Méléagre pour Atalante n'était point la cause de sa mort dans l'œuvre du vieil auteur grec, comme dans le *Méléagre* d'Euripide et dans les bas-reliefs qui en dérivent[2].

A l'une des extrémités d'un des bas-reliefs sur

[1] Paus., x, 31, 2. Il n'est pas encore question de cet amour chez Homère (*Il.*, ix, 544). La dispute pour la peau et la tête du sanglier de Calydon amène une guerre entre les Étoliens et les Curètes dans laquelle survient le meurtre des frères d'Althée. Althée, dans son ressentiment, se décide à brûler le tison auquel les jours de son fils sont attachés. Le fond de la tragédie est donc déjà dans Homère. comme les bas-reliefs de la chasse de Calydon étaient en germe dans cette chasse sculptée par Scopas sur le fronton du temple de Minerve à Tégée (Paus., viii, 45, 4) et dans laquelle figurait Atalante.

[2] Atalante paraissait dans la tragédie d'Eschyle, car elle lui donnait son nom.

lesquels se déroule cette action tragique, est la Fortune, le pied sur sa roue, personnification du Destin, dont la puissance est souveraine et contre lequel la volonté humaine ne lutte guère dans la tragédie antique. Devant la Fortune est Némésis, cette équité aveugle du Destin, inflexible comme lui, qui maintient toute chose, bonne ou mauvaise, sous l'égalité de son niveau. Elle tient ici ce glaive destiné à frapper ce qui le dépassera. Le chœur de la tragédie antique est comme l'oracle de Némésis, et Némésis représente ici le chœur à côté du drame.

Je m'arrêterai moins à plusieurs pièces d'Euripide, dont l'influence sur les bas-reliefs est moins considérable et moins évidente. Cependant, il est parfois impossible de la méconnaître. Ainsi, ce n'est pas l'*Œdipe* s'aveuglant lui-même de Sophocle, mais l'*Œdipe* d'Euripide privé de la vue par les guerriers vengeurs de Laïus que représentent des urnes étrusques[1]. Le bas-relief[2] où l'on voit l'enfant Opheltès qu'Hypsipyle a abandonné, mort et entouré par les replis d'un serpent, tandis que les témoins de l'événement expriment avec vivacité leur surprise et leur douleur, ce bas-relief a tout l'air d'avoir été composé d'après une scène de l'*Hypsipyle* d'Euripide. La position singulière de

[1] O. Müller a dit que les urnes étrusques étaient avec Hygin la meilleure source d'où pourrait sortir la reconstruction des tragédies grecques perdues; ces urnes avaient des modèles grecs.
[2] *Palais Spada.*

l'enfant, placé verticalement la tête en bas dans le bas-relief, convenait à la scène et permettait de le mieux voir que s'il eût été couché.

Deux bas-reliefs à Rome [1] se rapportent à l'*Andromède* d'Euripide [2]. Dans le bas-relief du Capitole, Persée, qui a tué le monstre, aide à Andromède à descendre du rocher, le poing sur la hanche, avec une courtoisie un peu maniérée [3] : on dirait un galant chevalier donnant la main à une élégante châtelaine. De même, la pièce d'Euripide était animée d'un sentiment chevaleresque; la beauté d'Andromède faisait naître dans le cœur de Persée un amour à première vue, comme il arrive si souvent dans les romans de chevalerie. Il exprimait une tendre compassion pour

---

[1] *Palais Spada. M. Capit., salle des empereurs.*

[2] Andromède attachée par les bras au rocher, telle que l'a peinte Ovide (*Met.*, iv, 58), telle que la montrent les peintures antiques et les planisphères célestes et telle qu'elle paraissait au commencement de la tragédie d'Euripide, selon M. Welck. (*Gr.*, *tr.*, p. 646), qui décrit avec beaucoup de vraisemblance toute la décoration, Andromède en cét état ne figure sur aucun bas-relief; mais à Rome on peut retrouver cette première scène de la tragédie perdue d'Euripide dans l'*Andromède* du Guide au palais Farnèse. En présence de cette blanche figure de femme, Persée pourrait s'écrier encore : « Quelle est cette image d'une belle vierge de marbre? » (*Fragm. Eurip.*, p. 649) et nous pouvons dire avec Ovide (*Met.*, iv, 61) : *Marmoreum ratus esset opus.*

[3] Lucien semble avoir tracé, d'après l'original de ce bas-relief, description qu'il fait de Persée, tendant la main pour soutenir la jeune fille qui descend du rocher sur la pointe des pieds. (Luc., *Dial.*, *Mar.*, xiv, 3.)

la jeune fille; puis, en vrai chevalier, déclarait l'amour
l'enseignement de la sagesse; faisant vœu d'éviter ceux
qui ne sont pas initiés aux hauts faits qu'il inspire,
et de fuir les mœurs sauvages[1], enfin il s'écriait :
« Amour, tyran des hommes et des dieux, ou ne nous
enseigne pas à trouver beau ce qui est beau, ou viens
en aide à ceux que tu fais aimer. »

Ai-je eu tort de dire que Persée se montrait dans la
tragédie d'Euripide comme il se montre dans le bas-
relief du Capitole, un parfait chevalier[2]?

En passant à Rome, le sujet de Persée et Andromède
devint un peu romain. Dans Ennius, Andromède disait
qu'elle était pour Persée la mère de famille épousée
afin d'avoir des enfants, et elle employait l'expression
juridique : *liberùm quæsendùm causâ*[3].

Dans le bas-relief du Capitole, la tête du monstre
marin rappelle sa présence sur la scène, où il était
placé devant les regards d'Andromède[4]; mais Persée
ne nous apparaît point dans l'accoutrement scénique
que nous lui connaissons : armé de la *harpé*, pour
couper la tête de Méduse, et portant la besace qui
doit la recevoir. Ces détails de mœurs héroïques

---

[1] *Fragm. Eurip.*, Did., p. 651. Welck., *Gr. tr.*, p. 655.

[2] Sophocle, avant Euripide, avait aussi composé une tragédie d'Andromède, et, après lui, Lycophron; à Rome, Livius Andronicus, Attius, Ennius.

[3] Welck., *Gr. tr.*, p. 661.

[4] Welck., *Gr. tr.*, p. 652. Comme dans un bas-relief d'Euripide.
(Paus., II, 27, 2.)

trop primitives ont été négligés, malgré leur importance, par l'auteur plus raffiné du bas-relief. Persée n'a point à la main la tête de Méduse, que tenait le héros dans la tragédie d'Euripide[1] et que devait tenir le Persée de la grande sculpture grecque, le Persée de Myron[2] ou de Pythagoras[3]. Benvenuto Cellini, quoique sa sculpture diffère beaucoup de celle-là, en est moins loin par le caractère que l'auteur du bas-relief romain, et, à Florence, Persée du moins tient à la main la tête de Méduse. Le Persée de Canova qui est au Vatican la tient également, mais le style est beaucoup plus maniéré que celui du bas-relief. Il fallait que l'art fût bien tombé en Italie pour que cet habile sculpteur pût y être considéré comme le restaurateur de l'art antique ; Canova est encore moins grec que notre peintre illustre David. Dans l'intention d'être élégant, son Persée abuse de la permission d'être long et méritait peu d'occuper, comme il a osé le faire, la place de l'Apollon du Belvédère absent.

Bellérophon est un héros très-semblable à Persée[4]. Il va combattre la Chimère comme Persée la Gorgone[5].

[1] Welck., *Gr. tr.*, p. 648.
[2] Paus., i, 23, 8.
[3] Dio. Chrys., *Or.*, 37.
[4] Aussi leurs images étaient-elles réunies à Épidaure (Paus, ii, 27, 2) dans un bas-relief où Bellérophon combattait la Chimère ; ce sujet n'est reproduit par aucun bas-relief romain, mais le Bellérophon faisant boire Pégase, du palais Spada, reproduit vraisemblablement l'action de quelque célèbre statue de l'antiquité.
[5] La Chimère, comme tous les êtres monstrueux, est ancienne dans

Ce qui distingue Bellérophon, c'est sa misanthropie et son impiété. C'est cette mélancolie, le mot est dans un scoliaste, dont parle Homère[1], qui le peint vivant seul et rongeant son cœur comme un Hamlet antique. Il y a aussi en lui de l'Alceste et du don Juan. Dans les fragments du *Bellérophon* d'Euripide se trouvent de lugubres réflexions sur la misère humaine, des mots comme ceux-ci : « Il vaut mieux ne pas naître[2]; » la pensée de Dante, déjà exprimée par Euripide : « La plus grande des tristesses est d'avoir été heureux et de se souvenir[3]; » puis des tirades satiriques contre les vices : « Mourons, dit Bellérophon, pour ne pas voir les méchants injustement honorés[4]; » enfin cette conclusion, que les dieux ne sont pas[5].

Cependant Bellérophon veut s'en assurer en allant voir ce qui se passe là-haut; mais il est renversé par Pégase[6].

Telle était la donnée hardie du *Bellérophon* d'Euripide; le voyage du héros téméraire en faisait

---

la mythologie et dans l'art grec : elle était déjà figurée sur le trône d'Amyclée. Je ne vois guère à Rome que celle de la villa Albani, très-refaite, bien inférieure à la Chimère en bronze de Florence.

[1] Μελαγχολήσας. (*Il.*, vi, 200-2.)
[2] Welck., *Gr. tr.*, p. 787.
[3] *Fragm. Eurip.*, Did., p. 683.
[4] Welck., *Gr. tr.*, p. 792.
[5] « Ils ne sont pas, ils ne sont pas. » (*Ib.*, p. 685.)
[6] Pind., *Isthm.*, vii. 44-7; *Anth. Plan.*, vii. 685.

partie[1]. Je crois très-vraisemblable qu'un bas-relief du Vatican le retrace[2].

Un homme à cheval, que rien ne fait reconnaître pour Persée, s'élance comme s'il voulait monter au ciel. Il semble dire à sa monture, avec le Bellérophon d'Euripide[3] « Vole, ô chère aile de Pégase... O mon coursier, orné d'un frein d'or, déploie tes ailes. Et vous, bois ombreux (il y a un arbre dans le bas-relief), souffrez que je m'élève par delà les sommets où ruissellent les fontaines; je voudrais voir le ciel qui est au-dessus de ma tête et l'habitation de la lune. » Un autel, contre lequel ou au-dessus duquel Bellérophon paraît vouloir s'élancer, indique, ce me semble, le culte des dieux contre lequel il s'est révolté depuis que la sagesse des dieux est devenue pour lui un problème.

Une naissance mystérieuse, celle de Télèphe, fils d'Hercule et d'Augé, avait fourni à Euripide le sujet de la tragédie perdue d'*Augé*. Télèphe, exposé sur une montagne, fut nourri par une biche. Un bas-relief nous montre l'enfant d'Hercule remis par une femme debout à une femme assise. La présence d'une biche couchée annonce qu'elle sera la

---

[1] Ce voyage aérien pouvait s'exécuter sur la scène, car Pollux nous parle des machines au moyen desquelles Persée et Bellérophon étaient suspendus dans les airs.

[2] *M. Chiar.*, 186.

[3] *Fr. Eurip.*, p. 687.

nourrice de Télèphe[1]. Une statue représente Hercule tenant le petit Télèphe, qu'il a recueilli[2].

La suite des aventures de Télèphe remplissait la tragédie de ce nom, aussi d'Euripide, et dont Aristophane s'est tant moqué.

La seule de ces aventures que nous offre un monument romain, c'est le combat d'Achille et de Télèphe[3], dans lequel celui-ci reçut de la lance d'Achille une blessure proverbiale que cette lance seule pouvait guérir. Comme ce combat est antérieur à la partie de l'histoire de Télèphe traitée par Euripide, il vaut

---

[1] *Vill. Borgh.*, salle I. Winckelmann a remarqué que ce bas-relief n'était pas conforme à la tradition ordinairement reçue; que l'on n'y voyait rien qui rappelât Télèphe né furtivement et exposé par sa mère sur une montagne; car il est remis à une femme assise sur une chaise, et par conséquent dans une maison. La version d'Apollodore (II, 7, 4, 1) suivant laquelle le père d'Augé fait exposer l'enfant aussitôt après sa naissance ne s'accorde pas mieux avec le bas-relief. Quelques vers conservés (Welck., *Gr. tr.*, p. 764) semblent prononcés par Augé demandant à qui elle peut confier son enfant; ce qui se rapporterait à la donnée du bas-relief. Mais chez Euripide tout cela a dû se passer en plein air, car Télèphe, dans la tragédie de ce nom, disait positivement que sa mère était accouchée sur le mont Parthénius (*Fragm. Eurip.* Did., p. 788). La substitution du palais à la montagne serait du fait d'Attius, qui avait écrit un *Télèphe*, et c'est le tragique romain qu'aurait suivi en cela l'auteur du bas-relief.

[2] *M. P. Cl.*, 540. Winckelmann pensait que cet enfant porté par Hercule pouvait être Ajax; mais le bas-relief Borghèse, très-semblable au groupe du Vatican, présente la *biche*, qui, quoi qu'on en ait pu dire, convient moins à Ajax qu'à Télèphe.

[3] Sur l'autel de Faventinus, *M. P. Cl.*, 44, si c'est bien ce sujet qui y est figuré.

mieux faire dériver notre bas-relief des poëtes cycliques et d'une grande sculpture de Scopas[1] où il était représenté.

L'incident le plus dramatique de la tragédie d'Euripide ne se voit que sur des urnes étrusques[2]. Télèphe, pour obtenir sa guérison par la lance d'Achille, s'est introduit sous un déguisement et, réfugié près d'un autel, menace, si on le refuse, de tuer le petit Oreste.

Le dénoûment d'une tragédie vantée d'Euripide, *Antiope*, a fourni le sujet du groupe colossal trop vanté lui-même sous le nom du *taureau Farnèse*. Les fils d'Antiope, Amphion et Zéthus, attachent à un taureau sauvage la reine Dircé pour la punir des mauvais traitements qu'elle a fait endurer à leur mère.

Certes, je ne crois pas qu'au temps d'Euripide on ait amené un taureau sur le théâtre pour y attacher devant des spectateurs *athéniens* la malheureuse Dircé ; mais un tel tableau a pu être présenté au public de Rome, qui aimait ce genre de spectacle, quand on y joua la pièce d'Euripide imitée par Pacuvius. Quelques vers conservés de la tragédie romaine pourraient même le faire penser.

« Vite, allez, roulez-la par terre, saisissez-la ; tirez-

---

[1] Sur le fronton postérieur du temple de Minerve à Tégée (Paus., VIII, 45, 4).
[2] Overbeck. *Gal.*, p. 501.

la par les cheveux à travers les rochers, déchirez sa robe[1]... »

L'ordre d'attacher Dircé au taureau sur la scène pouvait suivre ces paroles, ici interrompues.

Si le beau bas-relief d'Orphée et d'Eurydice représentait, comme on l'a cru, Amphion, Zéthus et leur mère Antiope, il se rapporterait à une scène perdue de la tragédie d'Euripide dans laquelle elle racontait ses malheurs à ses fils, qui ne la connaissaient pas, et avait quelque peine à ramener le farouche Zéthus. Mais je persiste à croire que l'admirable bas-relief se rapporte plutôt à la séparation d'Orphée et d'Eurydice[2].

Hippodamie causant la mort de son père Œnomaüs, pour faire triompher dans une course de chars Pélops qu'elle aime; ce sujet, traité par Sophocle et par Euripide, est celui d'un bas-relief[3] dans lequel la douleur visible d'Hippodamie semble un souvenir du remords que sans doute exprimait la tragédie.

Cette course d'Olympie est représentée comme une course du cirque à Rome. La sculpture transportait les usages romains dans un sujet grec, le traduisant ainsi, pour ainsi dire, comme le poëte Attius avait

[1] Welck., *Gr. tr.*, p. 823, 4.
[2] Il y avait du reste un *Orphée* dont l'auteur était Aristias, contemporain de Sophocle, et par conséquent du bas-relief Albani, qui date du plus beau temps de l'art grec.
[3] *M. P. Cl.*, 621.

traduit en latin l'œuvre grecque de Sophocle ou d'Euripide.

M. Welcker[1] croit qu'Attius avait suivi Sophocle plutôt qu'Euripide. En général, quand le même sujet a été traité par ces deux poëtes, il est toujours probable que le bas-relief qui le reproduit a été inspiré par Euripide ou un de ses imitateurs; son talent, moins élevé, fut par cela même plus populaire; son génie pathétique avait plus de prise sur les sculpteurs des bas-reliefs, dans lesquels le pathétique domine.

Les *Péliades* formaient l'avant-scène de *Médée*. Cette pièce d'Euripide est perdue[2]; elle avait pour sujet les filles de Pélias, trompées par la magicienne, et faisant bouillir un bélier auquel elle rendait la vie pour leur persuader de tuer leur père qu'elle rajeunirait de même ensuite. Un admirable bas-relief grec[3] fait de nous les spectateurs de cette scène étrange, et nous fait comprendre comment, si elle était montrée sur le théâtre, on pouvait y assister sans être rebuté. Les poses des trois jeunes filles auprès de la chaudière ont cette élégance et cette pureté qu'elles avaient sans doute sur la scène grecque, dont les spectacles offraient toujours à l'œil des groupes harmonieux. Pour mesurer de Sophocle ou d'Euripide à Shakspeare la distance

---

[1] *Gr. tr.*, p. 352.

[2] Aussi bien que celle de Sophocle sur le même sujet et les *Péliades* de Gracchus.

[3] Musée de Saint-Jean de Latran.

du goût, il faut comparer les trois jeunes et belles Péliades qui entourent la chaudière de Médée et les trois affreuses sorcières de Macbeth autour de leur chaudron.

Un curieux bas-relief[1] résume toute une tragédie perdue d'Euripide, la tragédie d'*Alopé*; car lui seul des trois grands tragiques avait mis ce sujet au théâtre[2]. Alopé était fille de Cercyon ; trompée par Neptune, elle avait fait exposer son enfant. Sa faute ayant été découverte, elle fut enfermée par son père dans une tour pour y mourir de faim. Après sa mort, elle fut changée en fontaine. Par ordre de Cercyon, l'enfant fut exposé de nouveau. Devenu grand, il alla demander le royaume de son grand-père à Thésée, qui avait rencontré celui-ci sur son chemin et l'avait tué. Thésée lui accorda sa demande par égard pour le sang de Neptune, duquel lui-même prétendait descendre.

Le bas-relief nous montre la révélation de la faute d'Alopé faite par sa nourrice au moment où elle allait se marier. Elle baisse et détourne la tête en présence de son père irrité et de son fiancé qui la tient embrassée. Ce moment, qui n'est point indiqué dans la tradi-

---

[1] Villa Panfili.

[2] Il y avait bien une *Alopé* de Chérilus, poëte antérieur à Eschyle (Paus., 1, 14, 2), mais comme, avant Eschyle, la tragédie se composait d'un chœur et d'un seul personnage qui récitait une mélopée dans les intervalles des chœurs, les scènes à plusieurs personnages du bas-relief ne pouvaient se trouver dans l'*Alopé* de Chérilus.

tion, avait sans doute été choisi par Euripide afin de rendre la déclaration encore plus accablante et par là de produire un effet de scène que le bas-relief nous a conservé. On voit ensuite Alopé dans la tour où elle doit mourir ; la jument qui a nourri l'enfant se dresse contre la tour et vient hennir à la fenêtre comme si elle voulait le nourrir encore. Ce détail singulier est également étranger à la tradition. Peut-être était-il dans Euripide ; je doute cependant qu'à la belle époque de l'art grec, on eût ainsi fait jouer sur le théâtre d'Athènes un rôle à une jument. Cela sent une époque de décadence, alors que tous les moyens sont bons pour frapper l'imagination des spectateurs et réveiller leur intérêt. J'imagine qu'on s'en sera avisé sur un théâtre romain, car *Alopé* dut être traduite ou imitée en latin, comme le furent la plupart des pièces d'Euripide. Ce genre de spectacle, ajouté à la tragédie grecque, était dans le goût un peu brutal d'un auditoire romain. Quand pour lui plaire on faisait, dans *Clytemnestre*, défiler sur la scène six cents mulets, on pouvait bien, dans *Alopé*, introduire sur le théâtre une jument.

La nourrice, personnage obligé de la tragédie antique, paraît une seconde fois dans le bas-relief. Elle explique tout à Thésée, et une fontaine indique le dénoûment auquel est venu aboutir la triste destinée de l'héroïne infortunée de la tragédie et du bas-relief.

La sculpture nous a conservé beaucoup moins de vestiges de la comédie que de la tragédie grecque ; cependant on en peut retrouver quelques-uns, pas, que je sache, de la comédie ancienne, représentée surtout par Aristophane. Celle-là, toute locale, politique et, en grande partie, de circonstance, n'a pu fournir à la sculpture romaine des types étrangers qu'elle ignorait. Mais la comédie *moyenne* et la comédie *nouvelle* furent transportées à Rome par Plaute et par Térence; avec elles ont pu l'être aussi des personnages et des scènes de théâtre grec.

Ainsi Visconti rapproche un acteur assis sur un autel[1] d'un esclave de la *Mostellaria* de Plaute, qui se réfugie sur un autel. L'anneau que cet acteur porte au doigt lui paraît indiquer un personnage d'une comédie perdue de Plaute[2], imitée d'une comédie également perdue de Ménandre, intitulée *l'Anneau*[3].

L'esclave s'est abrité sur l'autel contre toutes les poursuites, avec l'anneau volé. On a remarqué qu'il porte sur la tête une couronne de fleurs comme celle qui protège un autre esclave contre les coups dans le *Plutus* d'Aristophane[4].

Une statue plusieurs fois répétée[5], et dont on a voulu faire un Sénèque qui vient de s'ouvrir les

---

[1] *Gal. des Candél.*, 191.

[2] Plaut., *Mostell.*, v, 1, 44. Interim hanc aram occupabo. Ce jeu de scène devait être fréquent, car on voit plusieurs auteurs comiques assis de la sorte sur des autels.

[3] Le *Condylium* de Plaute d'après le *Dactylion* de Ménandre.

[4] Gherard, *St. r.*, ii, 2, p. 265.

[5] *Gal. des Candél.*, 177.

veines dans le bain, en la plaçant au milieu d'un grand vase, — comme si un riche voluptueux tel que Sénèque se fût donné la mort debout dans une attitude si peu commode et dans une si inconfortable baignoire ; — cette statue en marbre noir et aux traits un peu africains est pour Visconti le vieux pêcheur cyrénaïque de la comédie de Ménandre, intitulée le *Pêcheur*, auquel correspond le *Gripus* du *Rudens* de Plaute. Les hochets énumérés dans la même comédie[1] sont en grande partie identiques aux hochets attachés à une statue d'enfant[2]. Quatre statues d'acteurs grotesques[3] semblent former une scène comique : le père de famille, le *Chrémès en colère*, adresse de violents reproches à un esclave qui paraît se justifier et désigner un autre coupable, tandis qu'un quatrième tire la langue et se moque à la fois de son maître et de son camarade[4].

Mais ce sont surtout les monuments sur lesquels sont travesties les aventures des dieux ou des héros, et souvent les tragédies de la Grèce, qui nous présentent un souvenir des drames satyriques, parodies

---

[1] *Rud.*, iv, 4, 114 et suiv.

[2] *Gal. des Candél.*, 99. On retrouve l'*ensiculus*, la *scurricula ;* on voit la *lunula* mentionnée dans l'*Epidicus* de Plaute, vii, 34.

[3] Vill. Albani, avant l'entrée du *Coffee-house*.

[4] Antiphile et Calatès avaient peint des scènes comiques (Pl., xxxv, 37, 2) et Chalcostène était renommé pour ses statues d'acteurs (xxxiv, 19, 37).

mises en scène de ces dieux, de ces héros et de ces tragédies.

Jupiter n'était pas épargné, comme le fait bien voir la peinture d'un vase [1] grec sur lequel la visite de Jupiter à Alcmène est si plaisamment ridiculisée. L'original de cette caricature était sans doute quelque drame satyrique, parodie bouffonne soit de l'*Alcmène* d'Eschyle ou d'Euripide, soit de l'*Amphitryon* de Sophocle; quelque aïeul inconnu de l'*Amphitryon* de Plaute, et, par lui, de l'*Amphitryon* de Molière.

Jupiter est accompagné d'un Mercure scandaleux, accoutré comme l'étaient sur le théâtre d'Athènes les chœurs de Satyres phalliques, et comme l'est encore leur dernier descendant, le Karagueuz des ombres chinoises de Constantinople. Mercure tient une lanterne, comme Sosie, et Jupiter passe une tête grotesque à travers les barreaux d'une échelle qu'il apporte pour monter chez la femme d'Amphitryon.

Là où les dieux étaient si peu ménagés, les héros ne pouvaient l'être [2]. Hercule surtout, auquel on prêtait la voracité et le penchant à boire sans mesure, convenables à un personnage qui représentait surtout la force physique, Hercule fournit en Grèce, plus qu'au-

---

[1] Musée étrusque du Vatican.

[2] Ainsi une peinture antique remplace Œdipe devant le Sphinx par un Satyre dans le costume de théâtre qui exprimait la *villosité* de ce genre de personnage, et faisant au Sphinx pour l'attendrir l'offrande d'un oiseau.

cun autre, matière aux imaginations burlesques des poëtes comiques, et c'est d'elles que proviennent les bas-reliefs assez nombreux où il est fait allusion à la gloutonnerie d'Hercule ou à sa *bibacité*[1]. (Hercule *bibax*.)

Ce repos d'Hercule après ses travaux, qu'avait exprimé si admirablement l'auteur du *Torse*, est devenu, sous l'influence des parodies de la scène grecque, le repos comique d'Hercule atteint par l'ivresse et serrant contre son corps la coupe où il l'a puisée, tandis qu'un satyre lui présente un énorme pain[2].

Ailleurs Hercule tombe ivre-mort.

Dans la représentation de ses hauts faits, le comique vient se placer à côté de l'héroïque. A la vue du lion que rapporte Hercule, Eurysthée va se cacher dans un tonneau[3].

L'apothéose ne défendit pas mieux Hercule des jeux de la sculpture que des licences de la poésie. On en a

---

[1] Quand le grave Pindare lui-même peignait Hercule dévorant deux bœufs tout chauds et faisant croquer leurs os sous sa dent vorace (diss. Pind. *Fr. select.*, p. 245), comment l'auraient ménagé les auteurs de drames satyriques? Pour guérir Hercule de cette fureur tragique dont l'égarement l'entraîna au meurtre de sa femme et de ses fils, on poussa l'audace jusqu'à le faire traiter par Silène comme les apothicaires de Molière voulaient traiter M. de Pourceaugnac. C'est le sujet d'une épigramme de l'Anthologie. (*Anth. gr.*, III, p. 319.)

[2] *M. P. Cl*, 564. Hercule ivre est soutenu par une femme et deux satyres. (Vill. Alb.)

[3] Sur le bas-relief des exploits d'Hercule. (Villa Ludovisi.)

la preuve dans un beau bas-relief de la villa Albani[1]. Tandis qu'Hercule se repose mollement, près de lui un satyre pétulant attaque vivement une nymphe, et un petit satyre, qui grimpe le long du cratère colossal d'Hercule, arrivé jusqu'au bord, y plonge sa tête penchée sur la liqueur, dont il se régale furtivement. L'alliance du grotesque et de l'héroïque se montre ici, comme dans l'*Alceste* d'Euripide. Ceux qui, au nom des anciens, foudroient le mélange des genres, feraient bien d'apprendre le grec ou au moins de lire Euripide dans une traduction.

Aux *drames satyriques*, ainsi nommés à cause des Satyres qui en étaient le chœur obligé, appartient le *Cyclope* d'Euripide, dont plusieurs détails se retrouvent dans des sculptures qu'on voit à Rome : Polyphème s'apprêtant à dévorer un des compagnons d'Ulysse, scène figurée par un groupe du Capitole; Ulysse donnant à boire au cyclope tel qu'il est représenté dans la statuette du Vatican, avec un air à la fois inquiet et résolu qui correspond parfaitement à l'esprit de son rôle dans le *Cyclope* d'Euripide.

Laissons de côté les sources poétiques. On a déjà pu voir par ce qui précède que les sculptures qui sont à Rome[2] se rattachent à l'art grec par une triple ori-

[1] Salle de l'Ésope.

[2] Je ne parle que de celles qui sont à Rome, mais presque toutes celles qu'on voit ailleurs y ont été. L'étude que je fais dans les musées romains vaut pour tous les autres musées. Elle a à Rome cet intérêt par-

gine; elles proviennent soit d'un bas-relief, soit d'une statue ou de plusieurs statues, soit enfin d'une peinture grecques; quelquefois tout ensemble d'une sculpture et d'un tableau.

Des bas-reliefs grecs très-anciens offraient déjà les sujets les plus fréquemment répétés sur nos bas-reliefs de Rome [1], et des statues de toutes les époques de l'art grec ont fourni les types des principales statues que renferment les musées romains. On en a vu, je pense, des preuves assez nombreuses pour n'en plus douter.

Il est arrivé aussi qu'on a détaché d'un bas-relief une figure ou un groupe de figures pour les traiter à part [2], ou bien qu'une figure ou un groupe de figures

ticulier qu'elle est en même temps une étude d'histoire locale, car les monuments qu'elle considère ornaient l'ancienne Rome comme ils décorent la nouvelle, et, par ce qui est encore, nous montrent en partie ce qui a été.

[1] Les sujets de ces anciens bas-reliefs qu'on voit le plus souvent reproduits sont: parmi ceux du coffre de Cypselus (Paus., v, 19), plusieurs exploits d'Hercule, le jugement de Pâris, Thétis recevant de Vulcain les armes d'Achille, Ajax arrachant Cassandre de l'autel; parmi ceux du trône d'Apollon à Amyclée, divers exploits d'Hercule, les funérailles d'Hector, la chasse du sanglier de Calydon, l'enlèvement des Leucippides; parmi ceux du temple de Minerve Chalciœcos à Sparte (Paus., III, 17, 3), bas-reliefs probablement en bronze, encore l'enlèvement des Leucippides, la plupart des hauts faits d'Hercule; parmi ceux du trône de Jupiter à Olympie (Paus., v, 11, 2), les enfants de Niobé atteints par les flèches d'Apollon et de Diane, guerriers (Hercule, Thésée) combattant des Amazones.

[2] On se rend raison d'une figure isolée quand on la retrouve dans

ont été introduits dans une scène complexe de bas-relief.

Ainsi la pose de l'Ariane du Vatican se retrouve dans les Arianes des sarcophages bachiques, où cette figure de femme endormie fait partie d'un ensemble pour lequel elle a dû être primitivement inventée. Il en est de même de plusieurs groupes bachiques qui ont passé des bas-reliefs dont ils faisaient partie à une existence distincte, soit comme groupes de statues, soit comme statues isolées [1].

D'autre part, le groupe de Bacchus, d'un Satyre et de l'Ivresse, création de Praxitèle, paraît dans les bas-reliefs bachiques, où il a été transporté, et sa Diane chasseresse se reconnaît facilement aussi dans les bas-reliefs, où elle combat les géants et punit Niobé dans ses enfants.

Quelquefois un ensemble de statues se rapportant à une même action a fourni le sujet d'un bas-relief ; c'est ce qui est arrivé souvent pour les Niobides de Scopas et pour sa grande composition qui représentait les divinités de la mer accompagnant Achille aux îles Fortunées.

le bas-relief complet dont elle a fait d'abord partie et où elle avait sa signification véritable ; on voit ainsi qu'un enfant qui boit dans une coupe (*Gal. des Candél.*) est un petit Jupiter, en rapprochant cette figure isolée d'un bas-relief (musée de Saint-Jean de Latran, Garrucci, pl. 29) où la présence de la chèvre Amalthée montre que l'enfant qui boit est Jupiter.

[1] Bacchus jouant avec un tigre, Silène tenant une coupe.

Outre les statues et les bas-reliefs, les sculptures de Rome ont encore une origine grecque dont nous avons déjà rencontré quelques exemples et qu'on ne doit point négliger ; je veux parler des peintures grecques qui ont pu leur donner naissance.

Les bas-reliefs romains qui se rattachent à ces peintures nous offrent le même intérêt que ceux qui se rapportaient à des épopées ou à des tragédies perdues. Il nous reste peu de la peinture antique; les chefs-d'œuvre de la peinture grecque, si nombreux à Rome, en ont disparu pour toujours; mais il subsiste quelque chose de l'art de Polygnote, de Zeuxis, de Parrhasius, d'Apelles dans des marbres plus solides que les planches fragiles auxquelles ils confièrent leurs créations, hélas! destinées à périr et à ne laisser d'elles à la postérité que ces copies imparfaites, mais durables.

Il en est de la peinture en Grèce comme de la statuaire : on peut voir à Rome des sculptures imitées de tableaux grecs aussi bien que de statues de toutes les époques; seulement le regret est plus grand, parce que les reproductions des chefs-d'œuvre perdus sont en général moins dignes d'eux, et parce qu'elles ne nous en rendent point de même le caractère successif à travers les temps.

Mais du moins ces reproductions sculpturales de tableaux perdus nous en montrent les sujets, nous en font connaître les types plus ou moins modifiés, et quelquefois nous en révèlent la composition.

A Rome, nulle imitation de la peinture grecque, par les statues ou les bas-reliefs, n'eut un modèle antérieur à Polygnote, qui touche au temps de Phidias.

Il ne semble pas que la peinture ait pris avant lui un essor pareil à l'essor de la sculpture avant Phidias. La sculpture était de tous les arts celui qui convenait le mieux au génie grec, qui lui était pour ainsi dire le plus naturel, et qui fut d'abord cultivé en Grèce avec le plus de succès; la peinture ne vint qu'ensuite. De même Nicolas Pisan précède Giotto. La peinture ne paraît pas avoir été portée au même degré par Polygnote que la sculpture par Phidias.

Un peintre qui écrivait encore les noms à côté des personnages, et que Pline[1] loue de leur avoir ouvert la bouche et fait montrer les dents, ne pouvait être arrivé à la perfection absolue dans son art, comme Phidias dans le sien. C'est que les arts ne marchent point du même pas. L'architecture au moyen âge devança de beaucoup la sculpture, et la grande époque de la musique est venue à la fin du dix-huitième siècle, quand celle des autres arts était passée.

Cependant Polygnote fut un peintre éminent; le témoignage des anciens l'atteste. Son style fier et simple

---

[1] Pl., *Hist. nat.*, xxxv, 35, 1.

devait correspondre à celui des statuaires devanciers de Phidias, de Phidias dont Polygnote fut presque le contemporain.

La peinture grecque avait rassemblé un grand nombre de types héroïques dans deux grandes compositions de Polygnote qui couvraient les murs de la *Lesché* de Delphes, espèce de club national des Samiens. Dans l'une figuraient tous les personnages de la guerre de Troie ; l'autre avait pour sujet le voyage d'Ulysse dans le royaume des Ombres, et par là elle peut être, jusqu'à un certain point, comparée aux peintures des maîtres florentins qui, au *Campo Santo* de Pise ou à Santa Maria Novella de Florence, ont retracé d'après Dante les régions du monde infernal, dessinées avant eux par le grand poëte ; avec cette différence que les maîtres florentins se sont attachés à des catégories de damnés et ont rarement représenté individuellement des personnages célèbres. Polygnote, au contraire, comme Dante, avait rempli son enfer de personnages célèbres dans la tradition, et y avait fait entrer en grand nombre les héros et les héroïnes de la Grèce.

Mais les peintures de Polygnote n'ont pu fournir à la sculpture grecque ou romaine que les types de ces héros ou de ces héroïnes, presque jamais la donnée de l'action particulière dans laquelle les bas-reliefs nous les montrent engagés ; car sur les murs de la *Lesché* ces personnages étaient placés les uns auprès des autres sans être, en général, liés par aucune action.

Ainsi Cassandre n'y était point représenté, comme dans le bas-relief de la villa Albani, embrassant le palladium d'une étreinte violente, mais assise à terre et le tenant tranquillement sur son sein [1].

Il est une statue dont la pose peut rappeler celle que Polygnote avait donnée au personnage qu'elle représente. C'est ce Méléagre du Vatican [2], qui respire une grâce tranquille, et qui, placé entre le sublime *Torse* et les merveilles du Belvédère, semble être là pour attendre et pour accueillir de son air aimable et un peu mélancolique, où l'on a cru voir le signe d'une destinée qui devait être courte, l'enthousiasme du voyageur [3]. Le Méléagre est-il d'après une sculpture grecque ou d'après un tableau?

Scopas avait représenté Méléagre, non dans cette attitude reposée, mais avec d'autres héros célèbres donnant la chasse au fameux sanglier de Calydon [4]. Là

---

[1] Paus., x, 26, 1.

[2] *M. P. Cl.*, 10. La chlamide sur le bras gauche désigne le chasseur. Il y a des traces de l'épieu. (Müll., *Arch.*, § 419, 3.)

[3] A la villa Borghèse (*salon*, 8) est un autre Méléagre très-inférieur à celui du Vatican, mais plus robuste et par cela plus semblable à l'ancien type héroïque. Un troisième, également plus fort, plus carré et, selon M. Feuerbach, plus beau que les deux autres, a été trouvé près de Santa-Severa, grâce aux fouilles de feu madame la duchesse de Sermoneta; il n'est plus à Rome. D'un quatrième Méléagre (*M. Chiar.*, 453) on a fait un empereur romain, métamorphose malheureuse, car, en général, les empereurs romains n'ont pas été des *héros*.

[4] Paus., viii, 45, 4.

on doit chercher la principale origine des nombreux bas-reliefs dont cette chasse est le sujet; mais là n'est point l'origine de cette douce statue, qui n'a rien du génie véhément de Scopas. J'y vois plutôt un souvenir du Méléagre que Polygnote avait peint sur les murs de la Lesché. Pausanias, après avoir parlé d'Ajax, dit[1] : « Un peu plus haut se tient debout Méléagre, et il semble le regarder. » N'est-ce pas l'attitude du Méléagre, qui, comme le dit Visconti, a l'air de regarder quelqu'un? et j'ajouterai, comme un trait de plus de ressemblance avec la peinture de Polygnote, a, si je ne me trompe, l'air de regarder un peu au-dessous de lui.

Si l'attitude du Méléagre paraît être celle qu'avait consacrée le pinceau de Polygnote[2], sa grâce, assez moderne, ne saurait remonter si haut ; mais il ne faut pas oublier que le type de Méléagre avait été renouvelé par Parrhasius, qui donnait aux héros plus de grâce que de force, comme nous le verrons bientôt à propos de son Thésée.

Le Méléagre du Vatican se rattacherait donc doublement à la peinture grecque par Polygnote et par Parrhasius.

D'autres peintures de Polygnote ont pu inspirer les auteurs de nos bas-reliefs ou les artistes qui les ont

---

[1] Paus., x, 31, 1. Mais Polygnote, fidèle à l'ancien type héroïque, l'avait peint barbu.
[2] Pl., xxxv, 36, 9.

inspirés eux-mêmes, et plus que les peintures de Delphes, car celles dont je parle maintenant avaient pour sujet une action déterminée, et pouvaient, par conséquent, être rapprochées plus certainement des bas-reliefs.

Polygnote peignit à Athènes, sur le mur du portique appelé *Pœcile*, le combat des Athéniens conduits par Thésée contre les Amazones [1]. Les Amazones étaient à cheval; elles sont souvent à cheval dans les bas-reliefs, et ce sont seulement ceux-là qui peuvent procéder de Polygnote ; il peignit dans le temple des Dioscures [2] les filles de Leucippe enlevées par Castor et Pollux. C'est un sujet qui se voit fréquemment sur les bas-reliefs des sarcophages.

Panænus, parent [3] de Phidias, peignit à Olympie, sur les traverses qui réunissaient les pieds du trône de Jupiter Olympien, Hercule combattant le lion de Némée, Atlas portant le ciel, les Hespérides avec les pommes d'or, Achille et Penthésilée, tous sujets que

---

[1] Paus., i, 15, 2. Le combat de Thésée contre les Amazones avait été peint aussi dans l'intérieur du temple de Thésée par Polygnote et Micon (Paus., i, 17, 2), ainsi que le combat des Centaures et des Lapithes.

[2] Paus., i, 18, 1.

[3] Paus., v, 11, 2. Les uns disent son frère, les autres son cousin, probablement son cousin. Le mot de *frère* pour *parent* est encore employé à Rome dans l'usage populaire comme il l'était dans l'antiquité. C'est ainsi que ceux qui sont appelés dans l'Évangile les *frères du Seigneur* étaient plus vraisemblablement ses cousins.

nous avons trouvés reproduits par des bas-reliefs romains.

Les personnages des cycles épiques ont pu arriver au bas-relief par la peinture; souvent, en effet, ces personnages ont le mouvement pittoresque plus que le calme épique.

C'est ce qu'on remarque sur la *table iliaque*, résumé du cycle de la guerre de Troie, et ce qu'on devait remarquer dans les tableaux contenant l'ensemble de cette guerre. Si ces tableaux, qui étaient à Rome, où a été exécutée la table iliaque, et probablement d'après eux, si ces tableaux, dis-je, avaient, comme il semble, pour auteur Théon, qui affectionnait les sujets les plus violemment dramatiques, tels que le meurtre de Clytemnestre, les fureurs d'Oreste, le rapt de Cassandre, et dont le témoignage des anciens a autorisé l'historien des artistes grecs, M. Brunn, à dire[1] « qu'il transporta dans son art l'effet théâtral, » on verrait là se combiner deux influences de la Grèce sur la sculpture romaine, l'influence par la peinture et l'influence par le théâtre.

J'ai dit que l'expression violente, qui nous frappe dans certains bas-reliefs dont les sujets sont empruntés

---

[1] *Gesch. d. gr. Künstl.*, II, p. 254-5. M. Brunn, établit très-bien, ce me semble, qu'il faut lire dans Pline *Théon* le nom du peintre Théoros. Il rapporte à Théon les ouvrages mis sous le nom de ce prétendu Théoros et dont le caractère convient parfaitement à ce que nous savons de Théon.

à la tragédie grecque, pouvait s'expliquer par des réminiscences de la scène; elle pouvait tenir aussi au caractère propre à la peinture, plus expressive par son essence que la sculpture, quand ces sujets avaient été mis en tableaux avant de l'être en bas-relief.

Dans ce cas, la sculpture s'inspirait de deux arts dont le génie est plus violent que le sien.

En effet, les modèles de ces bas-reliefs, dramatiques par leur origine et souvent si dramatiques par leur expression, ont presque tous été des tableaux animés par leurs auteurs de la vie théâtrale qu'ils ont transmise aux bas-reliefs.

Dans les peintures de Panænus à Olympie, Hercule s'apprêtait à délivrer Prométhée du vautour[1], comme il le fait sur le bas-relief de Prométhée au Capitole, et dans la peinture du *Columbarium* de la villa Panfili, Parrhasius avait peint aussi un Prométhée en proie au vautour. L'expression devait en être bien vive; car on racontait que, pour pouvoir mieux rendre la douleur du titan enchaîné, Parrhasius avait livré aux tourments un vieil esclave; de même on a dit de Michel-Ange qu'il avait crucifié un pauvre diable pour mieux exécuter un crucifix, anecdote encore plus absurde que la première, dont elle est sans doute une répétition, et, pour parler le langage de l'art, une *réplique*.

[1] Paus., v, 11, 2.

Cette origine, à la fois théâtrale et pittoresque, a pu être celle des bas-reliefs qui représentent des sujets empruntés au théâtre grec, mais que la peinture avait exprimés : le Capanée de Tauriscus, le Philoctète de Parrhasius, l'Agamemnon de Timanthe, l'Iphigénie en Tauride, l'Ajax et la Médée de Timomaque, l'Hippolyte d'Antiphile, et aussi des sujets de tragédies perdues : l'Achille à Scyros[1] de Polygnote et d'Athénion, l'Andromède d'Évanthès[2].

C'est d'un tableau que dérive très-probablement un petit groupe du Vatican[3] où figure Andromède, et qui a été singulièrement altéré.

Une statuette de Persée montrait à Andromède l'image de la Gorgone réfléchie dans l'eau pour éviter qu'elle n'en ressentît la vertu pétrifiante; je dis *montrait*, car on ne voit plus, de tout cela, que l'eau où se réfléchit l'image de Méduse. Malgré cette indication du sujet véritable, qu'on a naïvement laissé subsister, on a fait du Persée un *Apollon tirant de l'arc*. C'est ainsi qu'on restaure.

---

[1] Peint par Polygnote (Paus., I, 22, 6.), plus tard par Athénion. (Pl., xxxv, 40, 9.)

[2] L'Andromède d'Évanthès, peintre d'Alexandrie (Brunn, II, p. 288), avait une robe longue et fine (*Ach. Tat.*, III, 6 suiv.) comme l'Andromède du musée Capitolin. Nicias avait peint aussi une Andromède (Pl., xxxv, 40, 8) et une *Andromède délivrée*, si, comme il est vraisemblable, la composition de ce tableau nous est rendue par une peinture que décrit Philostrate. (I, 28.)

[3] *M. Chiar.*, 655.

Cet incident, dont il n'est pas fait mention dans les fragments de l'Andromède d'Euripide, doit provenir de quelque peinture célèbre. La réflexion dans l'eau de la tête de Méduse convenait mieux à la peinture qu'à la sculpture, et la peinture a répété plusieurs fois ce sujet à Pompéi et à Herculanum. Lucien[1] parle d'un tableau dans lequel Persée triomphait de la Gorgone sans la voir, et au moyen de l'image de son ennemie, réfléchie par son bouclier. C'était un effet de peinture analogue.

Des peintures grecques, dont les données n'appartiennent ni aux cycles épiques ni à la tragédie grecque, se retrouvent sur les bas-reliefs. Le tableau de Zeuxis, représentant Jupiter au milieu de l'assemblée des dieux[2], ou les *Douze Dieux*, peints par Euphranor[3], peuvent avoir inspiré la composition du bas-relief représentant Jupiter et les dieux assemblés qui couvre un des côtés de l'autel carré du Capitole, et dans lequel le style, assez différent des diverses figures qui le composent, semble trahir l'imitation combinée de plusieurs modèles.

Zeuxis[4], dans un tableau décrit par Lucien, avait placé des *centauresses*; on en rencontre assez souvent dans les bas-reliefs Bachiques. Tout en attribuant avec

---

[1] *De Dom.*, 25.
[2] Pl., *Hist. nat.*, xxxv, 36, 4.
[3] Val. Max., viii, 11, *ext.* 5.
[4] Luc., *Zeux.*, 3-4. Phil., *Im.*, ii, 3. M. P. Cl., 75.

la plus grande vraisemblance à une composition de Praxitèle la principale origine des nombreux bas-reliefs où est figuré l'enlèvement de Proserpine, il est impossible de ne pas tenir compte du tableau de Nicomaque, sur le même sujet[1], qui était au Capitole.

Tel détail inséré dans divers bas-reliefs nous fait remonter à une peinture grecque dont il est curieux de suivre l'histoire.

Un *Enfant soufflant le feu* est attribué à plusieurs artistes grecs, peintres et sculpteurs. On croirait que l'idée première d'une telle composition dût appartenir à un peintre, et que le premier qui s'en avisa fut Antiphile[2], le rival d'Apelles. On concevrait qu'il n'eût pas dédaigné un sujet si modeste, parce qu'il présentait un vif effet de lumière dans le genre de ceux qu'aimait à rendre Gérard *des nuits*. Après Antiphile, Philiscus[3] peignit un atelier de peinture, dans lequel un enfant *soufflait le feu*. Mais la sculpture grecque s'était la première emparée d'un sujet qui semblait plus fait pour la peinture que pour elle; car un fils et un élève de Myron, le sculpteur Lycius[4],

---

[1] Pl., *Hist. nat.*, xxxv, 36, 44. Visconti a signalé quelques rapports entre des peintures de Polygnote et des bas-reliefs dans lesquels ont été transportés des scènes et des personnages qui figuraient dans son *Évocation des morts* (*Nekuya*), par exemple Ocnus tissant une corde de jonc qu'un âne dévore toujours.

[2] Pl., *Hist. nat.*, xxxv, 40, 15.

[3] Pl, *Hist. nat.*, xxxv, 40, 18.

[4] Pl., *Hist. nat.*, xxxiv, 19, 29.

l'avait déjà traité avant Antiphile et Philiscus.

La faveur dont ce sujet avait joui auprès de divers artistes célèbres, et sans doute l'excellence de l'exécution par laquelle ils avaient su en relever la simplicité, a porté les auteurs de bas-reliefs, assez nombreux, à l'y introduire [1].

L'*Enfant soufflant le feu*, glissé ainsi comme épisode dans les bas-reliefs Bachiques, a été parfois transformé en un jeune satyre [2], dans l'intention de mieux l'approprier à l'ensemble de la composition.

Les peintres grecs de la première époque ont donc pu concourir avec les sculpteurs grecs à fournir des modèles ou au moins à préparer les originaux qui leur ont servi de modèles.

Je ne vois à Rome qu'un bas-relief qu'on puisse rapporter à un original de Parrhasius : c'est l'Archigalle [3], c'est-à-dire le chef des prêtres de Cybèle, au Capitole. Le goût passionné de Tibère pour cette peinture dut la mettre à la mode, et porter les sculpteurs à en faire des imitations en marbre, dont une nous aura été conservée.

Mais la beauté efféminée de l'Archigalle, qui sans

---

[1] *M. Chiar*, 596. Quelquefois, au lieu d'un enfant, un homme, bas-relief représentant des funérailles. (*M. Cap.*, salle des Philosophes.)

[2] *M. P. Cl.*, 422. Il met du bois au feu. (*M. Chiar.*, 131.)

[3] Pl., *Hist. nat.*, xxxv, 36, 10. *M. Cap.*, salle du tombeau dit d'Alexandre Sévère.

doute formait pour le vicieux empereur le principal mérite du tableau de Parrhasius, a disparu dans cette copie en marbre de son tableau.

Parrhasius, dont les types héroïques faisaient loi, dit Quintilien [1], avait peint, outre Méléagre, plusieurs héros : Hercule, Persée, Achille, Ulysse ; mais nous ne pouvons savoir si leurs images offrent quelque ressemblance avec les peintures de Parrhasius. Son Thésée surtout était célèbre ; c'est sur lui qu'Euphranor dit ce mot fameux : « Mon Thésée est nourri de chair, celui de Parrhasius est nourri de roses. »

Ce mot nous révèle la différence de deux types du même personnage héroïque dans la peinture grecque. Nous n'en connaissons pas de reproduction par la sculpture qui soit [2] ou qu'on sache avoir été à Rome ; mais il est difficile de croire qu'aucune de ces reproductions n'y ait existé, surtout quand l'art romain, toujours empressé à imiter des modèles grecs, avait sous les yeux le Thésée de Parrhasius au Capitole [3].

Je ne sortirai donc pas de mon sujet en cherchant à caractériser ce Thésée de Parrhasius et le Thésée d'Euphranor ; car l'un et l'autre, le premier surtout, ont dû influer sur les statues de Thésée qu'on

---

[1] Quint., XII, 10.

[2] Je parle d'une statue isolée de Thésée, comme étaient le Thésée de Parrhasius et celui d'Euphranor, non de Thésée faisant partie d'un groupe, combattant par exemple le Minotaure (villa Albani). Celui-là avait son modèle au Théséion d'Athènes.

[3] Pl., *Hist. nat.*, XXXV, 36, 9.

peut supposer avoir existé à Rome et qu'on peut espérer d'y trouver. Essayons donc de déterminer le caractère que nous offrirait, s'il se rencontrait dans les musées romains, ce double type qui en est encore absent.

On peut se faire une idée, je crois assez juste, même sans les avoir vus et sans en avoir aucune reproduction sous les yeux, du Thésée d'Euphranor et du Thésée de Parrhasius. Euphranor était un artiste sérieux, visant au grand, à l'énergique [1]; bien que contemporain de Lysippe, encore animé de l'esprit de Phidias et de Scopas, cherchant, comme le premier, son inspiration dans Homère, et donnant aux héros la dignité, comme Phidias avait donné la majesté aux dieux, imprimant, comme Scopas, à ses figures des mouvements impétueux, mettant dans un groupe de combattants à cheval, tant d'ardeur et une action si vive, qu'on croyait assister au combat [2].

Le Thésée de ce peintre-là devait ressembler, pour le style, à l'Hercule d'Alcamène; pour le mouvement et l'expression, aux plus belles figures des Niobides.

Parrhasius, plus ancien qu'Euphranor, offre un de ces anachronismes que le génie individuel introduit ex-

[1] Les articulations de ses figures étaient fortement accusées, ses têtes grosses. (Pl., xxxv, 40, 4.)

[2] Les cavaliers d'Épaminondas (Paus., 1, 3, 3) dans le combat des Thébains et des Athéniens à Mantinée. Un vrai *tableau de bataille*, chose rare dans l'antiquité.

ceptionnellement dans l'art, Parrhasius aurait dû être un contemporain de Lysippe, qu'il a précédé de plus de cinquante ans. C'était un peintre *naturaliste*[1], célèbre surtout par le charme de son coloris, les roses dont parlait Euphranor; un peintre plus élégant[2] que fort, plus spirituel que simple. Il avait représenté, disait-on, le *peuple athénien* de manière à exprimer toutes ses qualités et tous ses défauts. On louait en lui la finesse des détails[3] poussée jusqu'à la recherche, la grâce des contours. Sa qualité dominante était le charme, *venustas;* son Thésée devait ressembler au Méléagre, mais avec encore plus d'élégance.

Si nous n'avons pu retrouver que par l'imagination le Thésée de Parrhasius et celui d'Euphranor, nous pourrons retrouver avec plus de certitude d'autres peintures grecques au moyen de statues qui, elles, existent encore à Rome.

Le Satyre qui apprend à jouer de la flûte à un adolescent offre une reproduction souvent altérée[4] et

---

[1] Et même sensualiste. Son *Archigalle* et son tableau de Méléagre et Atalante eurent la honte d'être agréables à la lasciveté de Tibère (Suét., *Tib.*, 44). Parrhasius se vantait d'être un voluptueux, et quelques-unes de ses peintures le prouvaient trop. (Pl., xxxv. 36, 11.)

[2] Elegantiam capilli venustatem oris (Pl., xxxv, 36, 7). Lysippe aussi excellait à donner de l'élégance à la chevelure.

[3] Argutias vultus (*ibid.*). Pline se sert de ce mot *argutiæ* en parlant de Lysippe.

[4] Villa Ludovisi, première salle, très-altérée. Villa Albani, au-dessous de la terrasse du jardin, de même.

quelquefois étrangement corrompue d'une peinture de Polygnote : Marsyas enseignant à jouer de la flûte au jeune Olympus [1].

Le Marsyas suspendu à un arbre en attendant qu'il soit écorché par l'ordre d'Apollon [2] a bien probablement pour type original le Marsyas *lié* de Zeuxis, qui était à Rome dans le temple de la Concorde [3].

Ce Marsyas, rival et victime d'Apollon, figure dans divers bas-reliefs, dont quelques-uns expliquent la statue de Florence appelée à tort *le Rémouleur*, comme si c'était là un sujet pour la sculpture antique, et font reconnaître dans le prétendu rémouleur un Scythe [4] aiguisant le couteau qui doit écorcher Marsyas.

Zeuxis avait peint un enfant tenant des raisins [5]; on voit deux statuettes d'un tel enfant au Vatican [6]. C'est à l'occasion de cet enfant aux raisins que Zeuxis fit, dit-on, une ingénieuse critique de son tableau. Des oiseaux, trompés par l'illusion de la peinture, étaient venus becqueter les raisins, et, comme on l'en admi-

---

[1] Paus., x, 30, 5. Marsyas avait été remplacé, dans un groupe qu'on voyait à Rome dans les *Septa* (Pl., xxxvi, 5, 17), par Pan, qui le remplace également dans différents groupes.

[2] *Villa Albani, Coffee-house ; M. Chiar.*

[3] Pl., *Hist. nat.*, xxxv, 36, 6.

[4] Dans un tableau décrit par le second Philostrate (3), il y avait aussi un Scythe aiguisant le fatal couteau, et des satyres affligés. L'affliction de ces satyres est remplacée dans un bas-relief (*gal. des Candél.*, 55) par la tristesse d'Olympus.

[5] Pl., *Hist. nat.*, xxxv, 36, 6.

[6] *Gal. des Candél.*, **49**, 115.

rait : « Cela prouve, dit Zeuxis, que j'ai mieux peint les raisins que l'enfant, car l'enfant aurait dû faire peur aux oiseaux. » Cette anecdote, du reste, m'est très-suspecte, comme un assez bon nombre d'autres du même genre que je suppose inventées par de beaux esprits étrangers au vrai sentiment de l'art, et pour lesquels le *trompe-l'œil* était le plus grand mérite d'un tableau.

Après avoir parlé des héros, il faut dire un mot des héroïnes, de celles du moins dont nous n'avons pas encore rencontré les noms parmi les personnages qui ont passé de l'art grec ou de la poésie grecque dans la sculpture romaine,

Ce n'était pas toujours leur vertu qui les avait rendues célèbres. On a trouvé dans une chambre antique et on a placé au Vatican les portraits peints de plusieurs héroïnes grecques fameuses par leurs coupables amours, parmi lesquelles Myrrha, qui aima son père; Scylla, qui causa la mort du sien; Canacé, qui aima son frère; Phèdre, qui aima son beau-fils; et Pasiphaé, qui aima un taureau. Quand la corruption des mœurs prévalut à Rome, on devint friand de ces scandaleuses passions qu'Ovide décrivait avec complaisance dans ses *Métamorphoses* et dans ses *Héroïdes*, et on multiplia les images qui les rappelaient.

De ces héroïnes, c'est Pasiphaé, après Phèdre, sa sœur, dont la monstrueuse aventure est retracée le plus souvent sur les bas-reliefs[1], toujours, il est vrai, avec décence. Pasiphaé est triste, et semble s'écrier :

> O haine de Vénus, ô fatale colère!
> Dans quels égarements l'amour...

Pasiphaé a une majesté douloureuse que devait avoir la Pasiphaé de Bryaxis[2].

Le plus ancien bas-relief représentant l'amour de Pasiphaé, dont il soit fait mention, est celui que Virgile suppose avoir orné les portes du temple d'Apollon à Cumes[3].

> Hic crudelis amor tauri....

Sur un bas-relief, la vache de bois est portée sur des roulettes, comme dans Apollodore[4].

Pasiphaé[5], Scylla[6], Canacé[7], Myrrha, étaient des personnages de tragédie. On jouait une *Myrrha* à Ægium, en Macédoine, dans cette fête où fut tué le père d'Alexandre; et à Rome, un *mime* dont l'amour de Myrrha était le sujet, le jour du meurtre de Cali-

---

[1] Palais Spada.
[2] Tat., *Or. ad Gr.*, 54.
[3] *Æn.*, vi, 24.
[4] iii, 1, 4, 2.
[5] Les *Crétois* d'Euripide (Welck., *Gr. tr.*, p. 801-3).
[6]   Impia nec *tragicos* tetigisset Scylla *cothurnos*.
                                        (Ovid., *Tr.*, ii, 1, 393.)
[7] L'*Éole* d'Euripide.

gula[1]. Si Alfieri avait pensé à cela, le goût de Caligula pour un tel sujet en eût peut-être dégoûté l'ennemi des tyrans. Du reste, un amour incestueux ne pouvait déplaire à Caligula, qui fut l'amant de ses trois sœurs.

Parmi les héroïnes de la mythologie, le premier rang appartient aux mortelles honorées de l'amour de Jupiter.

Celle dont la faiblesse a exercé le plus souvent les sculpteurs, parce que la fiction est gracieuse, c'est Léda. Un savant abbé romain[2] a traité à fond ce scabreux sujet, dont on a signalé cinquante-huit variantes. Plusieurs se voient dans les collections de Rome, plus une moderne sur la porte en bronze de Saint-Pierre.

Très-souvent Léda reçoit le cygne poursuivi par l'aigle de Jupiter, selon Euripide, et l'abrite sous son manteau. Ces Lédas-là sont des Lédas pudiques[3]. Mais parfois le sujet a été conçu autrement. Une Léda de la villa Borghèse est déjà assez libre ; la Léda de Venise l'est beaucoup[4].

Ces deux manières de présenter l'aventure de Léda

---

[1] Suét., *Calig.*, 57.

[2] Fea, *Osserv. sulla Leda*, 1802, 1821.

[3] *M. Capit.*, cabinet réservé. *Villa Albani.* Celle-ci rêve les yeux au ciel et semble accuser la fatalité. *Villa Borgh.*, salle vi, 10.

[4] *Ib.* Salle i. Bibliothèque de Saint-Marc. Une composition analogue est reproduite sur un beau bas-relief que possède un sculpteur distingué, M. Wolf, établi à Rome.

appartenaient à des artistes grecs, car on les a trouvées l'une et l'autre sur des monuments grecs[1].

Quant à Europe enlevée par Jupiter déguisé en taureau, c'était le sujet d'un groupe en bronze de Pythagoras[2]. On a cru à tort le reconnaître dans un groupe du Vatican[3] et dans un bas-relief du Capitole[4].

L'enlèvement d'Europe est bien au Capitole; mais dans ce tableau, où Véronèse a su donner un air si amoureux à Jupiter, transformé en taureau et léchant le pied d'Europe; comme la vraie Léda de Rome est celle du Corrége qu'enferme le palais Rospigliosi.

Les statues des cinquante Danaïdes ornaient le portique du temple d'Apollon Palatin[5]. C'était le chœur des Danaïdes d'Eschyle[6] en bronze; elles étaient probablement une œuvre de l'art grec, puisque la plupart des sculptures qui décoraient le temple étaient grecques.

Plusieurs *Danaïdes*, peut-être d'après celles du Pa-

---

[1] L'une sur un bas-relief de Thessalonique (Müll., *All.*, II, 44), l'autre sur un bas-relief d'Argos qui est au Musée britannique. (Müll., *Arch.*, p. 520.)

[2] Varr., *de L. lat.*, v, 31. Cic., *In Verr.*, II, 4, 60. Tat., *Or. ad Gr.*, 55.

[3] *M. P. Cl.*, 130. La Restauration a accommodé en Europe et Jupiter une Victoire mettant un genou sur un taureau d'après le groupe de Ménechme.

[4] C'est une scène de centaures marins et de néréides.

[5] Prop., III, 29, 4.

[6] Les *Danaïdes*, troisième partie de la trilogie dont les *Suppliantes* formaient la première.

latin, se voient à Rome, tenant dans les mains des cratères [1] en signe de leur châtiment. L'une d'elles exprime une profonde et gracieuse douleur [2].

Les héroïnes innocentes ont joui de moins de faveur dans l'antiquité que les héroïnes coupables; cependant nous savons que, dans le portique d'Octavie, on voyait une Hésione d'Antiphile [3]. Hésione avait été délivrée par Hercule, comme Andromède par Persée [4].

L'innocence d'Hippodamie est douteuse; car, suivant une version de sa fabuleuse histoire, elle causa la défaite et la mort de son père Œnomaus, pour faire vaincre, dans la course des chars, l'amant dont elle devait être le prix s'il triomphait, et qui devait être mis à mort s'il était vaincu.

Mais dans la tradition héroïque des Grecs, comme

Leur attitude est semblable à celle des nymphes qui ornaient les ontaines et tenaient devant elles un vase ou une coquille. C'est que les Danaïdes étaient en rapport avec les eaux; elles avaient rendu fertile la plaine d'Argos en y découvrant des sources (Strab., VIII, 6, 8); une Danaïde de Berlin a été trouvée dans les *thermes* d'Agrippa. On a appelé sans motif ces Danaïdes ou nymphes des Appiades, nom de statues qui décoraient le forum de César, parce qu'on en a trouvé plusieurs près de la basilique de Constantin, sur ce que l'on croyait à tort l'emplacement du forum de César.

[2] *M. P. Cl.*, 405. Un autre, *Gal. des Candél.*, 89, en petit.

[3] Pl., *Hist. nat.*, XXXVI, 37, 2.

[4] Le bonnet phrygien qu'elle porte a fait donner à une tête de la villa Ludovisi (II, 13) le nom d'Hésione. Ce peut être aussi Électre, femme de Dardanus, qui porte également le bonnet phrygien (Müller, *Arch.*, p. 719).

sur leur théâtre et souvent sur le nôtre, l'amour faisait tout passer [1].

J'ai remarqué ailleurs que, sur un bas-relief du Vatican, la course olympique a pris la tournure d'une course du cirque, ce que la passion des Romains pour cette sorte de jeux publics ne rend pas difficile à concevoir.

Parmi les mortelles objet de la passion des dieux, une des plus célèbres fut Daphné, aimée par Apollon et changée en laurier. En général, les métamorphoses n'appartiennent pas à un âge bien ancien de l'art grec; ce sont des inventions ingénieuses d'une époque tardive dans lesquelles brille l'adresse des artistes, de même que l'habileté d'Ovide se montre dans les descriptions qu'il en a faites. Cependant c'était une idée grecque comme l'origine du mot qui l'exprimait, et les sujets devaient être puisés à des sources grecques, ainsi que le furent presque toujours ceux des Métamorphoses d'Ovide [2].

Nulle représentation des héroïnes grecques n'égale la belle statue d'Ariane endormie au Vatican. Cette

---

[1] Hippodamie déjà sur le coffre de Cypsélus (Paus., v, 17, 4) et peinte à Olympie par Panænus (Paus., v, 11, 2).

[2] Il est curieux de rapprocher une Daphné antique changée en laurier de la villa Borghèse (S. iii) et celle du Bernin, qui est dans le même palais (salles d'en haut); la première, conçue plus simplement, est droite, rigide, et s'enracine comme un tronc d'arbre; la seconde, jetée hardiment en avant, court encore, tandis que de ses mains poussent déjà des rameaux.

Ariane s'est longtemps appelée Cléopâtre, à cause d'un petit serpent qui entoure son bras et qu'on prenait pour l'aspic, mais qui peut s'expliquer autrement[1].

La figure est certainement idéale et n'est point un portrait ; mais ce qui ne laisse aucun doute sur le nom à lui donner, c'est un bas-relief, un peu refait, il est vrai, qu'on a eu la très-heureuse idée de placer auprès d'elle.

On y voit une femme endormie dont l'attitude est tout à fait pareille à celle de la statue, Thésée qui va s'embarquer pendant le sommeil d'Ariane, et Bacchus qui arrive pour la consoler. C'est exactement ce que l'on voyait peint dans le temple de Bacchus à Athènes[2]. De plus, le sujet dont le sommeil d'Ariane fait partie est figuré sur plusieurs monuments de l'art grec[3].

[1] *M. P. Cl.*, 414. On s'accorde maintenant à y reconnaître un bracelet. En effet, des bracelets ayant la forme de serpents se voient à d'autres statues et ont été retrouvés dans des tombeaux. Cette sorte de bracelet s'appelait des *serpents*. Peut-être est-ce bien un serpent qui entoure le bras d'Ariane ; ce pourrait être alors la désignation d'une source, l'image du génie du lieu, ou bien, comme le serpent était le symbole de la vie et que l'Ariane du Vatican est fort semblable par l'attitude à l'Ariane figurée dans diverses représentations des Orgies sacrées de ce dieu, le serpent est-il ici ce qu'il est dans la ciste mystique, qui paraît aussi très-fréquemment dans ces représentations, un signe de l'immortalité qu'enseignait les mystères; les bacchantes y portent des serpents enroulés autour des bras; on en voit un au bras d'une figure funèbre couchée sur un tombeau (*M. P. Cl.*, 73).

[2] Paus., i, 20, 2.

[3] Sur une médaille de Périnthe qui ne permet guère de méconnaître

Cette statue, belle sans doute, mais peut-être trop vantée¹, doit être postérieure à l'époque d'Alexandre. Sa pose gracieuse est presque maniérée; on dirait qu'elle se regarde dormir. La disposition de la draperie est compliquée et un peu embrouillée, à tel point que les uns prennent pour une couverture ce que d'autres regardent comme un manteau. L'art grec s'éloigne de la simplicité de ses origines; il a déjà altéré le type de l'Ariane semblable à Bacchus, de l'Ariane aux beaux cheveux d'Homère². Celle-là on la retrouve mieux dans plusieurs têtes du Vatican et du Capitole³.

La statue, qui n'est point travaillée dans la partie que ne voit pas le spectateur, était placée au fond d'une niche et servait vraisemblablement dans l'antiquité à l'ornement d'une fontaine, comme dans les temps modernes elle a servi à orner une fontaine du Belvédère. Son doux sommeil allait bien au doux bruit des eaux⁴.

Dulci devinctam lumina somno.

Ariane dans la figure endormie du Vatican. Un groupe à Mégare (O. Müll., *Arch.*, p. 601 ; *Atl.*, II, 417).

¹ Elle est imitée d'une figure du Parthénon, mais moins simple et moins parfaite (Beulé, *Acropole d'Athènes*, II, p. 79).

² Calliplocamos, *Il.*, XVIII, 592.

³ M. *Capit.*, salle du Gladiateur, si cette Ariane n'est pas un Bacchus; salle du Satyre; Galerie.

⁴ ὡς ἐν μαλακῷ νεῖται τῷ ὕπνῳ. (Phil., *Im.*, I, 14.)

On est tenté de dire, avec un aimable poëte de l'*Anthologie :*

« Amis, ne touchez pas à cette image en marbre d'Ariane, ou bien elle va s'éveiller et courir après Thésée qui s'enfuit. »

Pour les aventures des héroïnes, comme pour celles des héros, la peinture grecque avait aussi devancé et avait pu inspirer les sculptures et les peintures que nous voyons.

Philostrate[1] décrit un tableau où figurait Pasiphaé et son taureau; elle figure dans des peintures de Pompéi; dans ces peintures est répétée plusieurs fois l'aventure de Léda, et l'on pense que les peintures de Pompéï et d'Herculanum ont été en général exécutées d'après des tableaux grecs jouissant de quelque célébrité.

Nicias, qui peignait surtout les femmes, avait peint Andromède, et Aristide, Canacé[2].

A Rome se trouvaient l'Europe et l'Hésione d'Antiphile[3]. Rome possédait aussi, avec le célèbre Bacchus

---

[1] i, 15. Ce tableau ne devait pas être d'une époque bien ancienne, car le peintre avait fait intervenir des Amours dans cette scène fatale pour lui donner un air galant. Les Philostrates ont décrit aussi deux tableaux où paraissait Hippodamie. (Phil , *Im.*, i, 16. Phil. Jun , 10.

[2] Pl., *Hist. nat.*, xxv, 40, 8. Brunn, ii, p. 172.

[3] Pl., *Hist. nat.*, xxxv, 37, 2. Europe dans le portique de Pompée. Hésione dans le portique d'Octavie. A la villa Albani (*Coffee-house*). Hésione délivrée par Hercule, mosaïque qu'on peut regarder comme une copie du tableau d'Antiphile.

d'Aristide, son Ariane[1]. La peinture, au temps de Lucien, avait reproduit fréquemment la Métamorphose de Daphné[2].

L'art du portrait est très-ancien en Grèce, et c'est ce qu'exprimait la tradition en disant son origine contemporaine de l'origine même de l'art grec et en supposant que Dédale avait fait sa propre statue. Un portrait exécuté en terre d'après une silhouette avait, suivant la tradition, donné naissance à la plastique. Théodore, qui, vers la 56⁰ olympiade, inventa l'art de fondre le bronze, fit son propre portrait, fort ressemblant[3], dit Pline.

Vers la même époque, la coutume s'était établie d'ériger des statues aux athlètes vainqueurs dans les jeux olympiques[4]. Il y avait un nom particulier pour les statuaires grecs qui se vouaient au genre du portrait[5].

Les plus grands artistes s'y exercèrent. Phidias, pas plus qu'Apelles, ne dédaigna de faire le sien[6].

---

[1] Pl., *Hist. nat.*, xxxv, 35, 36. Philostrate (i, 14) décrit une Ariane endormie. Une partie du corps était nue comme dans les Arianes peintes de Pompéi.

[2] Luc., *Ver. Hist.*, 18.

[3] Pl., *Hist. nat.*, xxxiv, 19, 33, sous Crésus, entre la 55⁰ et la 58⁰ olympiade. C'est à cette époque qu'il faut placer ce Théodore. Voyez Smith, *Dict. of Gr. and Rom. biogr. and mythol.*, iii, p. 1060-1.

[4] Selon Pausanias (vi, 18, 5) à partir de la 59⁰ olympiade.

[5] Ἀγαλματοποιοί.

[6] Phidias introduisit son image dans une œuvre de sa composition

Aussi allons-nous trouver à Rome des images de presque tous les hommes célèbres de la Grèce, images qui peuvent être fidèles, car leurs originaux ont pu être exécutés d'après nature, et dont l'ensemble complétera en même temps ce portrait historique que nous avons déjà poursuivi dans les collections romaines, le portrait de l'art grec à Rome.

En effet, non-seulement les images des dieux et des héros de la Grèce peuplaient l'ancienne Rome et s'offrent à nous à chaque pas que nous faisons dans les musées et les galeries de la Rome moderne; nous y rencontrons aussi en foule les portraits des Grecs célèbres. Les Romains vivaient au milieu d'eux, et nous, voyageurs à Rome, il nous est donné de vivre aussi dans cette société illustre qui était venue prendre place au sein de la société romaine quand celle-ci devint elle-même grecque à demi ; c'est continuer de nous initier à la vie romaine par les monuments que de contempler ces portraits de philosophes, d'orateurs, de poëtes, d'hommes d'État et d'hommes de guerre dont les demeures des Romains étaient remplies, comme elles étaient remplies de grammairiens, de rhéteurs, d'artistes grecs. L'invasion de la Grèce à Rome nous est représentée vivement par ces hôtes fameux qui y sont encore.

(un combat d'amazones), à la manière des artistes de la Renaissance, Apelles fit son propre portrait (*Ant. gr.*, III, p. 218), comme presque tous ces artistes ont fait le leur, à moins qu'on ne l'ait confondu avec le sculpteur Apellas. Brunn, *Gesch. de gr. Künstl.*, I, p. 287.)

Un grand nombre d'entre eux portent des noms de contrebande. Le nom inscrit sur un buste n'est pas toujours une preuve de son authenticité, et même quand ces inscriptions sont antiques, elles peuvent être trompeuses, comme elles l'étaient déjà au temps de Cicéron [1].

Quelques-uns de ces portraits n'ont pu être faits d'après nature. Tel est celui d'Homère, figure idéale [2] et toujours à peu près la même [3], créée par un artiste de génie dont on ignore le nom, réalisation admirable de l'idée traditionnelle qu'on se formait du chantre aveugle et inspiré. Ce portrait imaginaire est pourtant ressemblant; car, s'il n'offre pas l'image d'un poëte, il offre l'image *du poëte*. Il y a là de quoi adoucir le regret, déjà exprimé par Pline, de ne pas posséder les traits véritables d'Homère [4].

La statue d'Homère était placée parmi celles des dieux

---

[1] *Ad Att.*, vi, 17.

[2] Un au Vatican (*M. P. Cl.*, 496), plusieurs au Capitole (*Sall. des Phil.*) Un seul Homère a les yeux fermés; les autres ont, si l'on peut parler ainsi, le regard d'un aveugle. Trois prétendus Apollonius de Tyane, au musée Capitolin, sont des Homères.

[3] Visconti distingue trois types d'Homère, probablement d'après trois artistes qui avaient exprimé un peu différemment le même idéal. Il dut en exister plus de trois : chacune des sept villes rivales dut produire le sien.

[4] Pariunt desideria non traditi vultus ut in Homero evenit. (Pl. xxxv, 2, 6.)

et des héros à Olympie¹; il eut un temple à Smyrne et un autre à Alexandrie²; on l'y voyait entouré des sept villes qui se glorifiaient de lui avoir donné le jour; ce temple avait été dédié par Ptolémée au grand poëte divinisé, au sein de cette Alexandrie où il avait ses dévots commentateurs, et où Zoïle, qui osa le critiquer, fut considéré comme un impie. Le peintre Gélaton, aussi irrespectueux à sa manière que Zoïle à la sienne, avait fait une sorte de caricature d'Homère crachant; mais cette caricature était encore à sa louange³.

A Rome, Asinius Pollion, ne pouvant se procurer un portrait d'Homère pour sa bibliothèque de l'Aventin, en fit faire un de fantaisie, de ce portrait, qui était à Rome, proviennent assez vraisemblablement quelques-uns de ceux qu'on y voit aujourd'hui⁴.

Les auteurs de ces nobles têtes d'Homère ont méprisé la tradition qui a travesti Homère en mendiant, tradition tardive, née à l'époque de la décadence des Homérides et de l'avilissement des Rapsodes, mais qui

---

¹ Par Dionysius, antérieur à Phidias. C'est la plus ancienne image d'Homère dont il soit fait mention; elle était avec celles d'Orphée et d'Hésiode. (Paus., v, 26, 2.)
² Str., xiv, 1, 37. Æl., *Var.*, xiii, 22.
³ Homère crachant et les autres poëtes occupés à recueillir ce qui était sorti de sa bouche (Æl., *Var.*, xiii, 22).
⁴ J'attribuerais volontiers cette origine à l'Homère du Vatican (*M. P. Cl.*, 496) qui me paraît s'éloigner quelque peu du type traditionnel et dont la physionomie a je ne sais quoi de plus moderne.

n'a rien à faire avec la tradition primitive des *chanteurs* (aédoi), tels que les représente Homère lui-même, en nous montrant l'un d'eux, Démodocus, assis à la table du roi Alcinoüs, et un autre laissé par Agamemnon auprès de Clytemnestre, qui ne se livre à Égisthe qu'après avoir fait périr le chantre divin [1]. Homère, selon la vraie tradition antique, n'était pas un mendiant ; il était un demi-dieu, car il avait ses temples, et la sculpture a célébré son apothéose [2].

Une autre figure idéale aussi, sans qu'on puisse la citer précisément comme un exemple du *beau idéal*, c'est la figure d'Ésope. Tous ceux qui sont venus à Rome ont admiré l'Ésope de la villa Albani.

Cette statue est un chef-d'œuvre, et un chef-d'œuvre d'un genre particulier. L'art antique, qui fuyait la difformité, cette fois a osé l'aborder, et il est parvenu à la rendre aimable.

Ésope est un nain contrefait, et on le regarde avec plaisir; sa physionomie, douce, fine, un peu triste, est une charmante physionomie de bossu.

Cette imitation spirituelle de la nature ne permet guère de douter que l'Ésope de la villa Albani n'ait été exécuté d'après le célèbre Ésope qu'on attribuait à Lysippe ou à un sculpteur son contemporain, Aristo-

---

[1] Selon M. Raoul Rochette, un bas-relief relégué dans les magasins du Vatican fait allusion à cette belle conception homérique.

[2] L'*Apothéose d'Homère*, longtemps à Rome dans le palais Colonna aujourd'hui à Londres dans le *British Museum*.

dème[1]. Cette reproduction si habile d'une difformité qu'on a presque du plaisir à regarder est un tour de force bien digne du naturalisme, encore tout empreint du sentiment de la beauté, tel que devait être le naturalisme de Lysippe ou d'un contemporain de Lysippe.

La statue d'Ésope avait été placée par Lysippe en face de celles des sept sages de la Grèce, personnages plus historiques, ce qui semble indiquer que leurs portraits existaient aussi à Athènes exécutés par Lysippe. Celui-ci pouvait avoir eu devant les yeux des modèles plus anciens[2].

---

[1] Tat., *Adv. gr.*, 55. *Anth. gr.*, III, p. 45. L'auteur de l'épigramme dit que ce portrait était placé *en regard* de celui des Sages (ἐμπρόσθεν). Ésope, qu'il ne faut point juger sur les fables que nous avons, et qui sont certainement apocryphes, avait composé, outre des apologues, des poésies qui sont louées par Himerius (*Or.*, xx, 2) comme donnant des dieux une idée plus élevée que celles d'Homère et de ses imitateurs. L'expression de Phèdre :

Æsopo ingentem statuam posuere Attici,

« Les Athéniens élevèrent une *grande* statue à Ésope. » ne peut s'appliquer à celle-ci, qui est très-petite ; mais rien n'empêche qu'elle ne soit une réduction d'après Lysippe ou Aristodème. Elle prouve, dans tous les cas, l'antiquité de la tradition d'après laquelle Ésope était contrefait, bien que Bentley ait avancé que cette tradition n'était pas antérieure à Planude.

[2] Je ne sais pourquoi O. Müller (*Arch.*, p. 728), affirme que es portraits des Sept sages sont de pure invention. L'art du portrait pouvait exister de leur temps, car Théodore avait fait le sien, et l'époque où

Ces portraits de Lysippe, s'ils ont existé, furent probablement les originaux du Bias, du Thalès et du Périandre qui sont au Vatican[1]. La *Salle des Muses* nous y présente une réunion de portraits, tant de philosophes que de poëtes, pareille à celles qui ornaient les musées d'Alexandrie ou de Pergame, à Rome les collections de particuliers et la bibliothèque de Pollion.

La villa Borghèse possède une statue de Périandre assis sur un trône. Périandre était à la fois un philosophe et un tyran. On appelait *tyran* dans l'antiquité tout homme qui s'était emparé de l'autorité dans un pays libre. Mais Périandre fut tyran dans tous les sens du mot : cruel et détesté, il tua sa femme enceinte d'un coup de pied dans le ventre, comme Néron tua Poppée : on l'accusait d'un inceste avec sa mère. Singulier sage[2] ! Aussi quelques-uns refusaient de l'admettre au nombre des sept sages, et ils avaient bien pour cela quelques raisons. A la villa Borghèse, Périandre est assis sur un trône ; c'est donc le *tyran* qui se trouve chez les princes Borghèse, eux qu'une illustre alliance a rapproché d'un grand homme auquel le nom de tyran peut s'appliquer, dans le sens de l'antiquité.

---

vécut cet artiste n'est pas éloignée de la 50ᵉ olympiade, et, par conséquent, de l'âge où vécurent les sept sages de la Grèce.

[1] *Salle des Muses*. Les noms de Bias (529), de Périandre (531), sont inscrits sur leurs bustes. Thalès (497) a été reconnu par Visconti au moyen d'un Hermès double dont l'autre tête est une tête de Bias.

[2] Diog. Laërt., *Per.*

Le buste du Vatican est celui du *sage*. On croit qu'il vient de la villa de Cassius, et ce n'est pas un tyran qu'avait voulu avoir chez soi un tyrannicide.

Un assez grand nombre de sculpteurs se vouèrent particulièrement aux effigies des philosophes ; ils furent les auteurs de celles qui remplissaient les demeures des anciens Romains et remplissent encore les palais et les villas de leurs descendants. Pline en a cité une douzaine.

Les autres personnages compris dans le nombre des sept sages de la Grèce furent Chilon[1], Pittacus, Épiménide et Solon.

On attribue à Épiménide un buste du Vatican qui a les yeux fermés[2], par allusion à une légende célèbre sur ce prêtre-poëte dont la vie est légendaire. Épiménide avait dormi cinquante-sept ans, et à son réveil il avait trouvé beaucoup de changement dans le monde. Maintenant, il dort au Vatican ; ses yeux fermés n'ont rien vu depuis qu'on l'y a placé. Si on le réveillait aujourd'hui, il verrait bien aussi dans le monde, et à Rome même, malgré les apparences d'immuable uniformité, quelque changement.

---

[1] On l'a trouvé à Rome, sur l'Aventin, représenté en mosaïque. Sa devise : *Connais-toi toi-même*, l'a révélé. L'Aventin fait penser à une décoration de la bibliothèque de Pollion.

[2] *M. P. Cl.*, 542. Selon Visconti, plutôt Homère ou Tirésias, mais, ce me semble, pas assez idéal pour être un Homère ou même un Tirésias. De plus, ses yeux fermés ne sont pas d'un aveugle, mais d'un endormi.

Le Solon du Vatican n'est [1] pas absolument rejeté par Visconti ; sa physionomie est intelligente et semble moderne, chose remarquable chez un législateur qui a devancé l'institution moderne du cens, pris pour base des droits politiques.

Aux sept sages de la Grèce se rattache un Grec fondateur en Italie d'une philosophie et d'une association célèbres, Pythagore. Cette philosophie y fut presque une religion et l'association y devança, jusqu'à un certain point, deux choses qui y ont beaucoup fleuri depuis, les moines et les confréries politiques. Pythagore est au Vatican [2] qu'ont soutenu les uns et qu'ont ébranlé les autres. Bien que sa vie ait été mêlée de légendes presque autant que celle d'Épiménide, tous deux sont des personnages réels. Il est possible, à la rigueur, que leurs portraits soient ressemblants et que leur individualité s'y conserve avec plus de vérité que dans leurs biographies : le portrait est une sorte de biographie où la légende n'entre point.

L'authenticité du portrait de Socrate [3] est incontestable. Nous y reconnaissons cette ressemblance avec Silène dont parlent les anciens. Quelquefois, elle sem-

---

[1] *M. Chiar.*, 735, avec le nom. Une statue fut élevée à Solon assez longtemps après sa mort (Diog. L., *Sol.*). Il y en avait une devant le Pœcile. (Paus., I, 16, 1.)

[2] Visconti trouve quelque ressemblance entre le buste du Vatican, un buste *nommé*, et la tête de Pythagore sur les médailles de Samos ; il rejette le Pythagore du Capitole. *M. P. Cl.*, VI, p. 39.

[3] *M. P. Cl.*, 515. *M. Capit.*, *s. des Phil. Vill. Alb.*, *s. d'Orphée*.

ble avoir été exagérée par les sculpteurs ; ce pouvait être à dessein, car l'idée qu'on se faisait de Silène, personnage à figure vulgaire[1], mais rempli d'une sagesse divine, convenait à Socrate. Rabelais a fait le rapprochement. Les innombrables portraits de Socrate ont pour premier original la statue en bronze que les Athéniens repentants, après avoir condamné à mort le détestable Mélitus, élevèrent par la main de Lysippe au sage juridiquement assassiné. Il n'est pas probable que Socrate, de l'humeur dont il était, ait fait faire son portrait, et, s'il a été sculpteur, qu'il l'ait fait lui-même ; mais Lysippe dût consulter la tradition encore récente et celle-ci lui signaler cette ressemblance avec Silène qui avait frappé les contemporains du philosophe : ce fut une raison de plus pour que le grand artiste donnât à Socrate, peut-être encore plus qu'il ne les avait réellement, les traits de Silène.

Il n'y a pas à Rome une figure bien authentique de Platon[2] ; on a dû retirer ce nom à une foule de prétendus portraits du philosophe qui étaient des Hermès de Jupiter ou des Bacchus indiens. C'est à Florence qu'il faut aller chercher un Platon proclamé certain,

---

[1] Socrate avait été (Pl., xxxv, 58, 12) peint par Nicophane, ami de l'élégance (xxxv, 36, 46) ; ce portrait plaisait à tous ; Nicophane avait sans doute adouci la laideur de Socrate, comme on a fait dans quelques bustes.

[2] Celui du Capitole (*galerie*) est faux ; l'on a estropié le nom du philosophe : au lieu de *Platôn*, on a écrit *Platones!*

ou à Naples¹, dans ce beau buste d'Herculanum sur le front duquel rayonne une si majestueuse sérénité et dont le regard semble plonger de si haut dans de si profonds abîmes.

Ce buste même a été rangé parmi les Bacchus indiens. Je ne saurais l'admettre : l'expression pensive et presque mélancolique² du visage me semble être individuelle et ne pas convenir à Bacchus; j'y vois plutôt un Platon idéalisé. Du reste, Platon pouvait être rapproché de Bacchus révélateur dans les mystères de doctrines semblables aux siennes, comme Socrate fut assimilé à Silène, autre révélateur d'enseignements sublimes.

L'original des rares portraits de Platon doit avoir été celui dont Silanion³ fut l'auteur et que, chose singulière, un Persan avait dédié aux muses dans le jardin de l'Académie : l'Orient se retrouvait lui-même un peu dans Platon et s'y reconnaissait.

Aristote est à Rome, nous pouvons l'aller voir au palais Spada⁴, tel que le peignent ses biographes et des vers de Christodore sur une statue qui était à

---

¹ *Musée de Naples*, salle des grands bronzes.

² On a vu aussi dans ce buste Speusippe neveu de Platon et qui avait le col penché.

³ Diog. Laërt., *Plat.* Silanion était contemporain de Lysippe, il pouvait avoir vu Platon.

⁴ On lit sur la base de cette remarquable statues en caractères grec : *Arist....*

Constantinople[1], les jambes grêles, les joues maigres, le bras hors du manteau, *exserto bracchio*[2], comme dit Sidoine Apollinaire d'une autre statue qui était à Rome. Le philosophe est ici sans barbe aussi bien que sur plusieurs pierres gravées; on attribuait à Aristote l'habitude de se raser, rare parmi les philosophes et convenable à un sage qui vivait à la cour. Du reste, c'est bien là le *maître de ceux qui savent*, selon l'expression de Dante, corps usé par l'étude, tête petite mais qui enferme et comprend tout.

Les originaux grecs n'ont pas manqué à cette statue d'Aristote[3]. Il y en avait une à Olympie[4], ce rendez-vous de toutes les gloires de la Grèce. Philippe en avait consacré une autre à Delphes[5], où il avait placé le précepteur de son fils auprès des membres de sa famille. Alexandre en érige une à son glorieux maître[6], lequel avait prudemment décliné l'honneur de suivre en Asie le conquérant, ce qui lui épargna peut-être le sort de Callisthène[7]. Enfin Théophraste, par son testament, avait fait

---

[1] Christ., *Ekphr.*, 17.

[2] Sid. Apoll., ix, *ep.*, 9.

[3] Cicéron indique un portrait d'Aristote à Rome. (*Ad At.*, iv, 10.)

[4] Paus., vi, 4, 5. Diog. Laërt., v. 1, 2.

[5] Attribuée au sculpteur Ammonius. Æl., *Var.*, 14, 1.

[6] On a trouvé à Athènes la base d'une statue élevée à Aristote par Alexandre (Welck., *Syllog.* 140).

[7] La menace adressée par Alexandre (Plut., *Alex.*, 55) à ceux *qui lui ont envoyé Callisthène* pourrait s'appliquer à Aristote.

placer une image d'Aristote dans un temple [1].

L'authenticité du portrait de Théophraste [2], disciple d'Aristote, est admise par Visconti. Il a, du reste, une expression méditative et légèrement railleuse qui irait bien à l'auteur des *Caractères*.

La philosophie grecque qui fut naturalisée à Rome y figure encore aujourd'hui personnifiée dans ses plus illustres représentants ; leur présence évoque pour nous la sienne, grand fait dont les conséquences furent bien graves pour la société romaine et qui tient une grande place parmi les causes de sa dissolution.

Il ne s'agit pas de faire ici le procès à la philosophie. La plus sublime de toutes, celle de Platon, est hors de cause. Rome, qui ne possède pas un buste de Platon, la connut à peine, surtout sous la république, et ce qu'en a dit Cicéron, plus éloquent écrivain que métaphysicien profond, n'a pas suffi pour l'y populariser. Aristote lui-même, bien que ses ouvrages eussent été apportés à Rome par Sylla et qu'on y ait trouvé sa statue, ne paraît pas y avoir eu un véritable disciple.

Les deux sectes qui s'établirent les premières à Rome furent celle des nouveaux académiciens et celle d'Épicure, dont la doctrine y eut pour interprète un poëte admirable, Lucrèce.

La nouvelle Académie était une secte de disputeurs plutôt que de philosophes. Chez elle, la dialec-

[1] Diog. Laërt., v, 2, 14.
[2] *Villa Albani*, salle du bas-relief d'Orphée.

tique prévalait sur la logique, et l'argumentation sur le raisonnement. Carnéade, qui fut son introducteur, enseignait à prouver le pour et le contre à volonté. Ces subtilités énervèrent l'esprit mâle et un peu grossier des Romains; ils se prirent à les admirer d'autant plus qu'elles leur étaient plus difficiles à comprendre, et s'y perdirent d'autant mieux qu'ils étaient moins capables de les démêler.

Il n'y a pas à Rome de portrait absolument certain de Carnéade, mais il en est qui offrent quelques probabilités de ressemblance. Celui du Vatican [1] a la bouche ouverte, comme il convient à un philosophe qui était un orateur ou plutôt un rhéteur, le rhéteur par excellence, car, venu à Rome, un jour il parla en faveur de la justice et le lendemain, réfutant tous les arguments de la veille, il s'efforça de démontrer qu'elle n'existait pas. Cette bouche entr'ouverte est celle d'où sortait la parole sophistique qui effrayait Caton; c'est cette bouche qu'il voulait fermer à tout prix. Le nom de Carnéade écrit sur un Hermès eut suffi pour prouver que son portrait a existé à Rome. Une tête d'Antisthène, placée sur la base de cet hermès a fait que les bustes d'Antisthène, le précurseur du stoïcisme, ont passé pour des bustes du sceptique Carnéade : c'est comme si l'on eût pris pour des portraits

---

[1] *M. Chi r*"., 719, 598. Les bustes de Carnéade doivent être comparés avec le buste *nommé* de la collection farnésienne.

de Voltaire tous les portraits de Rousseau. Carnéade ayant été renvoyé par le sénat avec un grand empressement, on conçoit qu'après cette disgrâce publique il ne soit pas resté à Rome beaucoup de portraits du philosophe congédié.

Il dut y exister, au contraire, un grand nombre de portraits d'Épicure, car la secte dont il fut le chef y était elle-même fort nombreuse, aussi ses images s'y multiplièrent beaucoup ; on les portait aux doigts sur des anneaux ; on les gravait sur la vaisselle, quelques-uns les plaçaient dans leur chambre à coucher et les emportaient en voyage. Le matérialisme d'Épicure, au fond si triste mais par lequel on croyait s'élever au-dessus du vulgaire, excitait une sorte de fanatisme anti religieux qui éclate dans Lucrèce, et, fâcheux résultat des défauts inhérents au gouvernement théocratique, n'est pas rare chez des Romains de nos jours.

La doctrine d'Épicure fut fatale à la république, non pas d'abord en amollissant les âmes par la volupté, Épicure était un voluptueux qui vivait d'oignons et de fromage et qui buvait l'eau de son jardin : personne ne fut moins *épicurien* que lui en prenant ce mot dans son acception vulgaire, bien qu'on ait fait d'Épicure dans les chansons bachiques une sorte de pendant d'Anacréon. Nous n'avons de ce joyeux philosophe qu'un fragment trouvé parmi les papyrus charbonnés d'Herculanum où il est surtout parlé de la mort, ce qui va très-bien du reste à la physionomie longue et sévère que lui donnent ses bustes [1].

Mais si Épicure plaçait la vertu dans la modération des désirs, il n'en faisait pas moins du bonheur le principe de la vertu. Cette doctrine, tempérée par le caractère du fondateur de la secte, devait amener bientôt ses conséquences naturelles et Métrodore prit soin de les tirer. Celui-ci disait crûment que toute volupté vient du ventre. L'école l'associa dans ses hommages à son maître Épicure ; on célébrait leur mémoire le même jour. Cette association est rendue sensible par un double Hermès [2] qui réunit à la tête d'Épicure celle de Métrodore ; il atteste en même temps l'étroite parenté de l'épicurisme sage et de l'épicurisme grossier, et montre qu'ils sont étroitement liés, qu'ils *tiennent* l'un à l'autre. C'est une grande leçon donnée par l'histoire de la philosophie et dont ce double hermès est une démonstration sensible.

Non! Épicure ne prêcha jamais grossièrement la volupté ; il plaçait la sagesse dans le bonheur, le bonheur dans la modération des désirs ; il triomphait de la douleur physique par les jouissances de l'esprit.

---

[1] *Vat.*, *M. P. Cl.*, 498, *Musée Capitolin*, *salle des Philosophes*, deux bustes ; on les a déterminés au moyen d'un buste en bronze trouvé à Herculanum, sur lequel on lit le nom d'Épicure.

[2] Avec le nom de tous deux. *M. Capit.*, *salle des Philosophes*. C'est au moyen d'un Hermès double semblable à celui du Capitole que Visconti a déterminé le buste de Métrodore, *M. P. Cl.*, 509.

C'est autrement que ses doctrines furent funestes aux Romains. D'abord, par cet athéisme sérieux, aride, scientifique, qui substituait à l'action de la Providence divine la rencontre fortuite d'atomes errants dans l'espace où ils s'étaient accrochés un jour pour produire le monde. Quand on met le hasard à la place de Dieu, on est bien près de mettre à la place du culte de la vertu l'adoration de la force; ensuite, par ce principe funeste que le sage doit se retirer de la vie active, ne pas laisser troubler son âme par les intérêts généraux et les passions publiques; espèce de quiétisme égoïste qui détruit la vigueur civique; rien ne fait mieux les affaires du despotisme que cette prétendue sagesse où Épicure, venu quand Athènes n'était plus libre, se réfugia, où beaucoup de Romains se réfugièrent sous l'empire, et qui est un des grands dangers de notre temps.

Heureusement Rome reçut aussi des Grecs le stoïcisme, qui semblait fait pour elle; le stoïcisme, cette croyance, j'allais dire cette religion des âmes fortes. Mais le stoïcisme, noble excès de la vertu, noble inconséquence du fatalisme, ne pouvait être que la loi du petit nombre; il défendit l'énergie individuelle contre l'influence énervante du régime impérial, et la moralité humaine contre la corruption que ce régime d'abaissement propageait. L'épicurisme avait dissous les âmes à la fin de la république, le stoïcisme les retrempa et les fortifia au commencement de l'empire.

Les bustes des philosophes stoïciens sont là pour montrer que le portique eut aussi ses dévots. C'est ce que prouvent les portraits d'Antisthène [1] qui sur plus d'un point devança Zénon, comme sur d'autres il devança Diogène.

On a aussi le buste du stoïcien Chrysippe [2]; c'est un vieillard enveloppé dans un manteau. En effet, Chrysippe mourut à soixante-treize ans après avoir écrit sept cent cinq volumes.

Un stoïcien célèbre, Posidonius, qui compta parmi ses auditeurs Pompée, Cicéron, et plusieurs autres Romains illustres, devait avoir son portrait à Rome. On a cru, sans certitude, le reconnaître dans une admirable statue qui ne s'y trouve plus [3]. On ne peut se flatter d'y posséder un autre stoïcien qui y vint également, mais plus tard, sous l'empire, Sextus de Chéronée [4], neveu de Plutarque et l'un des maîtres

---

[1] *M. P. Cl.*, 507.

[2] *Vill. Alb.*, hémicycle. Visconti l'a déterminé ingénieusement au moyen de l'une des deux têtes que présentent les médailles de la ville de Soles, qui n'était, dit-il, fameuse que pour avoir produit Chrysippe et Aratus; l'autre tête serait celle d'Aratus; Crantor était aussi de Soles (Diog. Laërt., iv, 5, 1), mais il n'atteignit pas la vieillesse. Une statue de Chrysippe était à Athènes dans le Céramique. (Diog. Laërt., viii, 7, 4.)

[3] Le *Posidonius*, qui a passé de la villa Borghèse au Louvre. Ses mains sont dans la même position que celles de l'Aristote décrit par Christodore (*Ekphr.*, 18). Le Posidonius du Capitole est très-douteux.

[4] *M. P. Cl.*, 620. Visconti a abandonné cette attribution, fondée sur une erreur de médailles. M. Gherard (*St. R.*, ii, 2, p. 243) la rejette.

de Marc Aurèle; mais la grave statue à laquelle on a donné son nom est dans tous les cas un type ressemblant du *philosophe* et du stoïcien.

Une très-belle statue[1] du Capitole passe pour être celle de Zénon, elle convient admirablement au fondateur du Portique; son manteau jeté sur le bras avec une négligence toute stoïque, il s'avance fort, résolu, carré. De plus, elle a été trouvée à Lanuvium,[2] où Antonin avait une villa qu'a dû habiter Marc Aurèle. Zénon cet ascète du paganisme était le patron naturel des deux stoïciens couronnés, et la maison des Antonins était le sanctuaire convenable pour ce saint de la philosophie, prédicateur de la vertu sublime dont leur âme fut le temple.

La physionomie sombre et austère[3] de cette statue va bien à ce que nous savons du stoïcien Zénon. Malheureusement elle n'a point le col penché, ce que nous savons aussi de lui[4], et cette particularité se retrouve

Dans tous les cas, la tête n'appartient pas au corps, car l'une est en marbre de Carrare, l'autre en marbre grec.

[1] *M. Capit.*, salle dite du Gladiateur, 17. Bellori avait lu ΖΗΝΩΝ sur une statue qui ressemblait à celle du Capitole.

[2] Le premier original de cette statue en marbre était sans doute la statue de bronze que les habitants de Citium, patrie de Zénon lui élevèrent (Diog. Laërt., *Zén.*).

[3] Στυγνὸν καὶ πικρόν; au visage contracté, renfrogné, selon Sidoine Apollinaire (ıx, *Ep.*, 9).

[4] De plus Zénon le stoïcien était mince, ἰσχνός, et la statue du Capitole est trapue. Mais il ne faut pas attribuer trop d'importance à ce que dit Diogène de Laërte de la *gracilité* du stoïcien, car il dit aussi

dans un buste du Vatican[1]; sur un autre, *Zénon* est écrit[2]; ni l'un ni l'autre ne ressemble à la statue du Capitole.

Pour achever d'embrouiller la question, il y a eu deux autres Zénons. Zénon d'Élée, grand métaphysicien, le Spinosa ou plutôt l'Hégel de la philosophie ancienne, et Zénon l'épicurien, moins célèbre que les deux autres, mais qui devait être connu à Rome; Cicéron le cite plusieurs fois avec éloge[3].

Zénon d'Élée pourrait avoir été cher à Antonin le Pieux et à Marc Aurèle, non par sa doctrine, mais par son caractère, car il exposa sa vie et peut-être la sacrifia pour délivra sa patrie d'un tyran; mais ce Zénon-là était d'un aspect doux et gracieux[4], ce qui relève encore le mérite de son courage, et ceci ne se rapporte point à la statue du Capitole, ni à aucun des deux bustes du Vatican. Pour Zénon l'épicurien, il est probablement représenté dans l'un de ces bustes[5].

que Zénon avait les jambes grosses, ce qui s'accorde mieux avec notre statue. On a pu, à Rome, pour mieux exprimer l'idéal qu'on se formait du stoïcien par excellence, lui prêter une carrure qu'il n'avait point.

[1] *M. P. Cl.*, 500.

[2] *Ib.*, 519. L'authenticité de l'inscription douteuse pour Visconti ne l'est point pour M. Gherard (St. r. ɪɪ, 2, p. 219) qui cite trois bustes parfaitement semblables entre eux sur lesquels elle se trouve.

[3] Pomponius Atticus et Cicéron furent ses auditeurs. Cic. *de fin.* 1, 5, 16, v, 1.

[4] Εὐμήκη καὶ χαρίεντα ἰδεῖν. Plat., *Parmen.*

[5] Quant à celui qui porte le n° 519, M. Gherard penche pour Zénon

Reste toujours cette difficulté, pourquoi le Zénon du Capitole n'a-t-il pas le col penché comme le buste du Vatican, et pourquoi celui-ci n'a-t-il point la physionomie sévère attribuée au stoïcien ? A-t-on pu négliger dans une statue du Capitole un signe caractéristique, si vraiment elle est celle du stoïcien et le donner au buste du Vatican si ce buste n'est pas son portrait. Peut-être est-ce une confusion introduite par la ressemblance des noms ! Peut-être a-t-on transporté à un Zénon ce qui appartenait à l'autre, et supprimé chez l'un une particularité que l'autre n'offrait pas ; j'aime mieux le croire que de renoncer à voir Zénon le stoïcien dans l'énergique statue du Capitole, laquelle rappelle en partie ce que nous connaissons de la configuration physique de ce philosophe, et plus encore ce que nous savons de son âme. Je veux pouvoir aller au musée du Capitole contempler en même temps, par la fenêtre, Marc Aurèle, le stoïcien empereur, sur son cheval après la victoire, et dans la salle du gladiateur, le fondateur du stoïcisme marchant droit sur la corruption qui envahit le monde, pour lui barrer le passage et la faire reculer.

Le cynisme primitif tel qu'il fut fondé par Antisthène était un stoïcisme anticipé. Selon la doctrine

l'épicurien parce que le buste en bronze d'Herculanum qui ressemble à celui-ci a été trouvé avec les bustes d'Épicure et de deux philosophes épicuriens; de l'autre buste de la salle des Muses (500) on a fait, à cause de sa tête penchée, un Zénon, ce qui n'est nullement démontré.

d'Antisthène puisée dans l'école de Socrate, le souverain bien c'est la vertu. Sa physionomie très-particulière[1] est fine et n'a rien de rude, sa barbe sans être très-soignée n'est pas cette barbe semblable à des cheveux, *barba comans* dont parle Sidoine Apollinaire à propos d'un portrait de Diogène et que nous remarquons en effet dans les portraits de ce philosophe.

Diogène qui outra le cynisme stoïque d'Antisthène fut la caricature de la vertu; une statuette de Diogène[2], est elle-même une sorte de caricature qui du reste ressemble à son buste[3]. L'une et l'autre ont été faits probablement d'après les statues qui lui avaient été élevées à Sinope, sa patrie, et près de Corinthe[4].

Un petit bas-relief[5] perpétue le souvenir de son mé-

---

[1] *M. P. Cl.* 507. *Villa Albani, exhèdre*, buste qui ressemble au premier. Antisthène a la bouche entr'ouverte comme Carnéade. Lui aussi avait commencé par la rhétorique qu'il avait étudiée sous Gorgias; nous connaissons, sous son nom, deux déclamations d'école, l'une intitulée *Ajax* et l'autre *Ulysse*.

[2] *Vill. Alb.*, salle de l'Ésope.

[3] Un buste de Diogène dans l'exhèdre ressemble à la statuette. *M. P. Cl.*, 490, avec *Diogenos* pour *Diogenès*. Ce nom a donc été évidemment ajouté. D'ailleurs la base sur laquelle il est écrit est moderne.

[4] Diog. Laërt., *Diog.* Pauly, *Real encycl.*, *Diog. Anthol. gr.*, II, p. 291.

[5] Dans le bas-relief presque entièrement refait, le chien sur le tombeau est antique, tandis que celui qui accompagne la statuette est moderne. Quoique le chien soit devenu le symbole homonyme et populaire de la secte cynique, on a voulu donner à ce mot une autre origine et le dériver de celui du *Cynosargès*, portique où enseignait

morable mais très-douteux entretien avec Alexandre[1]. On y voit que le tonneau de Diogène n'était pas un *tonneau*, mais un de ces grands vases de terre appelés *dolia* dans lesquels on mettait le vin[2], et dont, par un hasard instructif, un assez grand nombre se rencontre dans le jardin de la villa Ludovisi; ils semblent placés là tout exprès pour montrer en nature le tonneau de Diogène à ceux qui l'ont vu en bas-relief à la villa Albani[3].

Le hasard qui a laissé périr les images de tant d'hommes célèbres a sauvé le buste qui paraît authentique d'un philosophe platonicien comparativement obscur, Théon de Smyrne, qui vivait sous Adrien[4].

Hippocrate était bien digne de compter parmi les philosophes, et d'être rangé avec eux dans le musée

Antisthène. Mais Diogène était appelé un *chien*, acceptait ce nom et ses admirateurs l'appelaient *chien céleste*. On plaça un chien sur son tombeau avec sa statue. (Diog. Laërt. *Diog.*)

[1] Ce bas-relief ne peut offrir un portrait de Diogène, car la tête est moderne; c'est un portrait de la tradition anecdotique dont Diogène fut le héros.

[2] Les anciens avaient aussi des tonneaux en bois, cerclés comme les nôtres, leur nom était *Cupa*. Le *dolium* était en terre; on n'y mettait pas seulement le vin, mais l'huile, le grain.

[3] Winkelmann parle d'un de ces *dolia* dans la villa Albani contenant dix-huit amphores. L'amphore comme mesure équivalait à un pied cubique d'eau. Diogène trouverait donc à la villa Albani un *tonneau* capable de le loger, mais qu'il aurait peut-être quelque peine à rouler.

[4] *M. Capit.*, salle des Philosophes. Ce buste qui porte le nom de Théon ne peut guère être que celui de Théon le philosophe, car il a été apporté à Rome de Smyrne, patrie de ce Théon-là.

du Capitole[1], car ses ouvrages contiennent la plus haute philosophie médicale qu'on ait jamais enseignée. Mais comment, quand on doute même de son existence pourrait-on avoir quelque confiance dans la ressemblance de ses portraits; il y avait une figure idéale d'Hippocrate comme d'Homère, et celle-là nous pouvons la chercher à Rome.

Un buste sans authenticité porte le nom d'Asclépiade[2], qui a été celui de quatorze médecins grecs sans compter plusieurs poëtes. Le premier qui exerça la médecine à Rome était grec, et la plupart de ceux qui l'y exercèrent après lui l'étaient également. Sous l'empire ils y apportèrent avec la tradition de la médecine hippocratique, ce qui valait beaucoup moins, des prescriptions astrologiques, on le voit par une mosaïque[3] où est représentée une assemblée de médecins, et près d'eux une sphère céleste, ce qui indique l'intervention de l'astrologie dans la médecine; ils sont entourés de vases renfermant des drogues, car les médecins à Rome étaient en même temps pharmaciens.

En revanche, deux préparations anatomiques en

---

[1] *Id. Vill. Alb.*, salle de l'Orphée. Celui du Capitole qui ressemble à une médaille de Cos est admis par Visconti; seulement il faut remarquer que, d'après l'auteur de sa *Vie*, Hippocrate était chauve, et que le portrait a un peu de cheveux. Le plus beau buste du père de la médecine, suivant son savant traducteur M. Daremberg, est à Naples.
[2] *M. Cap.*, salle des Phil.
[3] *Vill. Alb*, *Coffee house*

marbre[1], font plus d'honneur à la médecine romaine ; car elles attestent que la dissection des cadavres humains était pratiquée à l'époque où cette sculpture a été exécutée.

La tête d'Archimède[2] est fausse; il n'est pas sûr que la postérité ait eu un portrait d'Archimède, car sa patrie qui lui aurait sans doute élevé une statue est morte avec lui. Quand Cicéron eut la joie de découvrir son tombeau[3] sous les broussailles qui le couvraient; il y trouva seulement la sphère et le cylindre qu'on y avait placés en mémoire d'une des plus belles découvertes du grand géomètre, portrait de sa pensée, son véritable portrait.

Les images des orateurs et des poëtes fameux de la Grèce ornaient, tout aussi bien que les images des philosophes, les demeures des Romains, car les lettres grecques avaient pénétré dans Rome aussi bien que la philosophie grecque. La villa de Cassius[4] à Tivoli, offrait

---

[1] *M. P. Cl.*, 382, 384. Galien ne disséquait que des singes, mais avant lui, à Alexandrie, on avait disséqué des cadavres humains. Je dois ce renseignement à M. Daremberg qui, pour l'histoire de la médecine, fait autorité.

[2] En bas-relief (**M. Capit., salle des Phil.**); c'est d'après elle qu'a été gravé le portrait placé en tête des œuvres d'Archimède traduites par Torelli. Les bustes attribués par Visconti à Archimède l'ont été d'après des médailles fausses. (*St. r.* III, 1, p. 216.)

[3] Cic., *Tusc.*, v, 23.

[4] Le lieu où l'on suppose qu'a existé cette villa, s'appelle *Pianello di Cassio*.

comme le fait la salle du Vatican où l'on a réuni les muses et plusieurs philosophes qui viennent de cette villa, un exemple frappant de l'association de la philosophie et des muses.

Les rhéteurs grecs entrèrent à Rome avec les philosophes; parfois rhétorique et philosophie y furent confondues. Les portraits des rhéteurs étaient placés à côté des portraits des philosophes.

On peut voir au Vatican [1] la statue d'Ælius Aristide [2], celui dont on a donné à tort le nom à une belle statue du musée de Naples qu'on croit représenter plutôt l'orateur Eschine [3]. C'est ce rhéteur, du reste, un des plus sérieux, qui, comme il allait parler devant Marc Aurèle pour invoquer sa bienfaisance en faveur de la ville de Smyrne renversée par un tremblement de terre, demanda à l'empereur de permettre les applaudissements : « Il ne tiendra qu'à toi d'être applaudi, » répondit finement Marc Aurèle.

Sur un petit buste de la villa Albani on lit le nom

---

[1] *Bibliothèque vaticane* avec le nom d'Aristide. Visconti a soutenu l'authenticité de ce nom. A Constantinople, on avait placé la statue d'Ælius Aristide près de celle d'Homère. (*Anthr. gr.*, III, 273.)

[2] On l'appelait Aristide *de Smyrne* parce qu'il résida longtemps dans cette ville et y obtint le titre de citoyen, mais il était né à Adriani dans la Mysie.

[3] Millingen a remarqué à ce sujet que le prétendu Aristide de Naples tient ses mains sous son manteau, ce que Démosthène reprochait à Eschine.

d'Isocrate. La physionomie a de la gravité et de la fermeté, cela étonne d'abord chez l'élégant rhéteur, mais il ne faut pas oublier qu'on a pu supposer que ce rhéteur, toujours moraliste élevé, se donna la mort après la défaite de Chéronée pour ne pas survivre à la liberté de son pays.

Ce petit buste doit être une réduction faite sous l'empire [2] d'après la statue d'Isocrate qui était dans le Prytanée d'Athènes [3], ou d'après celle dont l'auteur fut Léocharès [4] et qu'érigea Timothée dans le temple d'Éleusis. Isocrate montra, sinon par sa mort, au moins par ses patriotiques éloges d'Athènes, qu'il méritait ces deux hommages, offerts, je pense, autant au citoyen qu'au rhéteur : l'un, par un grand général dont il fut l'ami; l'autre, par le peuple athénien qui plaça sa statue dans le prytanée, comme dans le lieu le plus honorable, dans le sanctuaire de l'État. Isocrate fut représenté sur son tombeau par une faible et harmonieuse sirène, éloge et peut-être en même temps critique gracieuse de son éloquence [5].

[1] *Vill. Alb.*, *Hémicycle.* Isocrate avait aussi l'air grave et méditatif dans la statue que décrit Christodore. (*Ekphr.*, 256 et *Anth. gr.*, II, 465.)

[2] L'orthographe Εἰσοκράτης indique l'époque de l'empire. L'Isocrate du Capitole ne ressemble point à celui-là; il est faux.

[3] Paus., I, 18.

[4] *Pseudo*-Plut., *X. Or., Isocr.*

[5] *Ib.* Le faux Plutarque parle aussi d'une statue d'Isocrate enfant dans l'Acropole d'Athènes, et d'une autre en bronze, à Olympie, qui lui fut érigée par son fils. (*Ib.*)

L'éloquence grecque devint la maîtresse de l'éloquence romaine qui ne l'avait pas attendue pour s'inspirer des puissantes passions du forum. Mais au temps de Cicéron, l'on étudiait, l'on imitait les orateurs grecs; Cicéron écrivant en grec l'histoire de son consulat, modelait son style sur le style d'Isocrate, et, à Rhodes, il déclama en grec avec succès.

On ne s'étonnera donc pas de trouver à Rome des portraits de Lysias[1], d'Eschine, de Démosthène. Eschine, comme le prouve son buste du Vatican[2], était beau; c'était une nature robuste et florissante; on l'appelait *la belle statue*. En effet, ses traits sont réguliers et froids, on reconnaît un homme toujours maître de lui-même, calculant avec art sa conduite et ses discours.

Ce buste d'Eschine a été trouvé avec le buste de Démosthène dans la villa de Cassius. On en a trouvé ailleurs deux autres dans une même fouille, mais sans Démosthène. Le propriétaire de ces bustes aimait, à ce qu'il paraît, les orateurs vendus et n'aimait ni Démosthène ni la liberté; en revanche, il y avait un Dé-

---

[1] L'un des trois Lysias du Capitole est admis par Visconti; l'inscription du nom est moderne, mais le buste ressemble à celui de Naples dont l'inscription est antique.

[2] *M. P. Cl.*, 503. Avec le nom, et ressemble, selon Visconti, à un buste qui faisait pendant à un Démosthène. Selon lui encore, un des deux prétendus Thucydides du Capitole est un Eschine. Une statue d'Eschine était placée sous le portique de Speusippe, à Constantinople. (Christod., *Ekphr.*, 14.)

mosthène chez Cassius et, nous allons le voir, chez Cicéron.

Démosthène fut un autre personnage qu'Eschine. Ses traits étaient irréguliers, son corps chétif, sa personne sans grâce, sa bouche avait un défaut qu'on a eu soin de reproduire dans ses portraits et on a bien fait, car triompher du vice de prononciation que ce défaut entraînait, fut le plus glorieux effort de sa volonté. Mais quelle intensité d'énergie chez cet homme! l'admirable statue du Vatican[1] nous transporte dans l'Agora et nous met en présence de Démosthène qui va parler. On peut dire de cette statue de l'orateur athénien ce qu'on disait de son éloquence, *elle a vie, empsuchon*[2]. Démosthène tient un volume à la main[3], ce détail caractéristique nous rappelle que celui dont ses ennemis disaient que ses discours *sentaient la lampe*, n'improvisait pas.

Cette belle statue est bien probablement une répétition en marbre de la statue en bronze que les Athé-

[1] *Nuov. bracc.*, 62. Bustes. *M. Chiar.*, 421. *M. P. Cl.*, 505. Un buste nommé d'Herculanum, une terre cuite représentant Démosthène près de se donner la mort, et un médaillon de la villa Panfili, ont fourni les moyens de le reconnaître avec certitude dans sa statue et ses bustes.

[2] Luc., *Dem.*, 14.

[3] Dans la statue du Vatican, le *volume* est moderne, comme la main et l'avant-bras, mais Démosthène a près de lui une sorte de livre dans le bas-relief Panfili, à moins que ce ne soit la lettre qu'au moment de mourir il feignit d'écrire aux siens, ou commença d'écrire à Antipater. (Plut., *Dem.*, 29-30), et que Plutarque appelle *biblion*.)

niens honteux d'avoir abandonné leur plus grand citoyen à la haine d'Antipater, lui firent élever dans l'Agora, par le sculpteur Polyeucte[1].

Plutarque[2] raconte du Démosthène de Polyeucte ce qu'on racontait aussi d'un Apollon de Pythagoras appelé *le Juste*, parce qu'un Thébain fugitif, ayant déposé dans le giron du dieu son trésor, l'avait retrouvé intact; marque de la confiance populaire revenu à celui qu'elle regardait comme le Juste, démenti touchant donné par elle aux calomnies qui avaient tenté de flétrir l'incorruptibilité de Démosthène, en l'accusant de s'être approprié une partie du trésor d'Harpalus.

Une circonstance ajoute encore à l'intérêt de la statue de Vatican, elle a été trouvée au-dessous de Tusculum, près de la villa Aldobrandini[3], où d'autres raisons conduisent à placer la villa de Cicéron. On peut donc croire que ce portrait de Démosthène a appartenu à Cicéron qui, certainement, en avait un dans sa villa. Sans doute le grand orateur romain l'a contemplé plus d'une fois avec la généreuse ambition de surpasser son modèle grec qu'il s'était exercé à traduire.

J'arrive aux poëtes, ou plutôt j'y reviens, puisque j'ai parlé d'Homère.

---

[1] Paus., i, 8, 4; *Pseudo*-Plut., *X. Or.*, *Dem.* Un des bustes du Capitole est, selon Visconti, la copie négligée d'un original admirable; cet original était la statue de Polyeucte.

[2] Plut., *Dem.* 31. Pl. *Hist. nat.*, xxxiv, 19, 10.

[3] *Ann. arch.* 1856, p. 159.

Je rencontre à la villa Borghèse, les statues de deux poëtes, l'un du septième, l'autre du sixième siècle avant Jésus-Christ, Tyrtée[1] et Anacréon. Pour le premier, je n'objecte point à l'authenticité de son portrait que Tyrtée était boiteux, et que la statue de la villa Borghèse ne boite nullement ; un défaut physique aurait pu ne pas être reproduit ; le Vulcain d'Euphranor ne boitait point ; d'ailleurs la légende qui a transformé en un maître d'école boiteux d'Athènes, le vaillant poëte de Sparte est aujourd'hui universellement rejetée ; mais sur les médailles, Tyrtée est armé, sa statue ne l'est point et devrait l'être ; Tyrtée était guerrier avant d'être poëte ; on n'aurait pas oublié une de ces qualités pour l'autre. Eschyle, dans l'épitaphe qu'il a composée pour lui-même rappelle qu'il a combattu à Marathon et ne fait nulle mention de ses tragédies. Archiloque parlant par la bouche d'un poëte de l'*Anthologie*, dit qu'il est le serviteur de Mars, avant de dire qu'il a reçu l'aimable don des Muses[2].

La statue d'Anacréon[3] est très-remarquable, elle

---

[1] Statue un peu archaïque (*Vill. Borgh.*, salle vi). M. Welcker incline à l'admettre.

[2] *Anth. gr.*, 1, p. 40.

[3] *Vill. Borgh.*, salle iii. Peut-être d'après la statue que Théocrite vit à Téos (*Ep.*, 16, 3). Pausanias (i, 25, 1) parle aussi d'une statue d'Anacréon à Athènes. M. Welcker (*Kl. schr.*, i, 251-66) remarque plusieurs traits indiqués dans celle que décrivent des poëtes de l'Anthologie, dans celle de la villa Borghèse : la lourde chaussure et le manteau d'une laine épaisse. Tout cela convient à l'Anacréon primitif

ressemble à la figure du poëte sur une médaille de Téos. Le style est simple et grandiose, l'expression énergique plutôt que gracieuse, la draperie est rude, la statue respire l'enthousiasme ; ce n'est pas le faux Anacréon que nous connaissons et dont les poésies sont postérieures au moins en grande partie à la date du véritable ; c'est le vieil et primitif Anacréon ; cet Anacréon-là ne vit plus que dans cet énergique portrait seule image de son inspiration véritable, dont les produits authentiques ont presque entièrement disparu.

Plusieurs bustes, dans les collections de Rome, sont donnés pour des portraits de Sapho ; un seul de ces portraits ressemble tout à fait à une médaille de Mytilène, patrie de Sapho[1]. C'est le beau buste en marbre grec de la villa Albani[2], les autres Saphos de Rome ont

et véritable, non à l'Anacréon efféminé et imaginaire que lui a substitué une époque moins ancienne et moins forte.

[1] Cette médaille ressemble elle-même à plusieurs autres. On peut donc y voir un véritable portrait : et de qui serait-il s'il n'était de Sapho ? (Welck., *Kl. schr.*, II, p. 139.)

[2] *Salle de l'Orphée.* Parmi les Saphos douteuses, celles qui se rapprochent le plus de celle-ci sont celles qui ont le plus de chance d'être des Saphos véritables. J'indiquerai deux autres Saphos de la villa Albani (*Exhèdre* et *Billard*), une à la villa Borghèse (v, 9), deux au Vatican (*M. Chiar.*, 256; *M. P. Cl.*, 524). Ici, celle qu'on appela la dixième muse est bien placée avec ses *neuf* sœurs. Une Sapho du Capitole a un peu l'air d'un garçon ; le sculpteur a-t-il voulu, comme Horace, par l'expression, *mascula Sapho* (*Ep.* I, 19, 28), faire à la fois allusion à la mâle poésie et aux amours trop viriles de la poëtesse de Mytilène ? Les bustes attribués à Sapho peuvent être ceux d'autres poëtesses grecques. Corinne, dont Silanion avait fait aussi le portrait

en général l'air pincé, la bouche sèche; celle-ci a le visage plein et arrondi comme sur la médaille, sa coiffure est la même; la mâchoire est un peu massive, les lèvres fortes et sensuelles, l'expression est sérieuse, triste même, presque sombre; Sapho a bien l'air de se recueillir dans une passion profonde.

Elle est belle dans ce buste, c'est une réponse à Ovide qui fait dire à la poëtesse que la nature lui a refusé la beauté[1]. Mais Alcée, son contemporain, parle de son doux sourire, et Plutarque l'a dit belle[2]. La laideur de Sapho peut être une légende née des refus de Phaon, qui, aussi bien que le *saut de Leucade*, n'ont rien d'historique; elle était petite et brune, noire est le mot dont on se sert en parlant d'elle; mais rien n'empêche de croire en voyant son buste qu'elle ait pu dire comme l'héroïne du Cantique des Cantiques : « Je suis noire, mais je suis belle. » Tout porte à voir dans ce buste une copie grecque de la Sapho de Silanion, sculpteur expressif. Une statue de Sapho ornait le prytanée de

---

(Tat., *Or. ad Gr.*, 52); Praxilla, dont le portrait fut l'œuvre de Lysippe; Erinna de Lesbos, par Naucyde.

[1] Si mihi difficilis formam natura negavit. dans ce vers, *formam* ne se rapporte peut-être qu'à la petite taille de Sapho, car elle dit tout de suite après *sum brevis* et n'ajoute aucun autre détail sur ses imperfections. *Forma* se prend pour la taille dans cette phrase de Pline : « Maxima *forma* statuam sibi ponere. » Dans Pindare, μόρφαν βραχύς indique une stature peu élevée.

[2] Bergk., *Alc.* Plut., *Erotic.* Dans une statue de Sapho, il y avait de la Muse et de la Vénus. (*Anth. gr.*, III, p. 70.)

Syracuse, d'où elle fut enlevée par Verrès[1]. On avait aussi d'elle un portrait peint, par Léon[2].

Visconti a reconnu le poëte satyrique Archiloque, accolé à Homère dans un double Hermès. A cette occasion Visconti a mis en lumière de nombreux passages montrant l'estime extraordinaire que les anciens faisaient d'Archiloque[3], et la coutume où ils étaient de l'associer à Homère, dont on célébrait la fête le même jour que celle d'Archiloque[4]. On ignorait en général l'assimilation fréquente de ces deux poëtes si différents[5]; le double Hermès qui les rapproche a donc fourni un enseignement sculptural d'où est sorti une page neuve de l'histoire littéraire de l'antiquité.

Rome ne possède point de portrait authentique de Pindare, et l'on ne voit pas qu'elle en ait jamais possédé un. Pindare dont le portrait n'existait point à Thèbes, sa

---

[1] Cic., *In V.*, 11, 4, 57.

[2] Pl. *Hist. nat.*, xxv, 40, 16. Il y avait une statue de Sapho dans le gymnase de Constantinople. (Christod., *Ekphr.*, 69.)

[3] Sa gloire s'étend à l'Orient et à l'Occident. (Théocr., *Ep.*, 9.)

[4] M. Welcker a ajouté de nouveaux témoignages à ceux qu'avait cités Visconti, entre autres une épigramme de l'empereur Adrien. Velleius Paterculus (i, 5) nomme ensemble Homère et Archiloque comme les deux poëtes les plus parfaits dans le genre qu'ils ont créé.

[5] La figure d'Archiloque, né dans le huitième siècle avant Jésus-Christ, est probablement idéale comme celle d'Homère; mais cette figure idéale exprime si bien le caractère du *satyrique* que M. Welcker y avait reconnu les principaux traits de ce caractère d'après elle avant de savoir qu'elle était attribuée à Archiloque.

patrie[1], avait une statue à Athènes[2]. Pindare, essentiellement Grec, remplissant ses poésies d'allusions locales aux mythes grecs qui se rattachent à la famille ou à la patrie des athlètes dont il célèbre les victoires, Pindare resta toujours, je pense, assez étranger aux Romains. La poésie lyrique d'Horace empreinte de l'imitation d'Alcée n'a nullement les allures de Pindare. Dans une très-belle ode, Horace déclare qu'il ne suivra pas la même route que lui, et il en a parlé de manière à faire croire qu'il ne le comprenait peut-être pas aussi bien que M. Boeckh.

Aucun historien grec n'a de portrait authentique à Rome[3], où l'on ne connaît non plus aucun buste de Tite Live ou de Tacite. Évidemment les riches citoyens qui, à la fin de la république ou au commencement de l'empire, s'entouraient d'images d'hommes célèbres, préféraient parmi ceux-ci les poëtes, les philosophes, les orateurs aux historiens.

Rome dont la littérature naissante commença par

---

[1] *Athen.*, I, p. 19.
[2] Paus., I, 8, 5. Un Sophocle du Capitole a été pris pour un Pindare.
[3] Les plus admissibles étaient un Hérodote et un Thucydide faisant partie d'une même hermès et qu'on avait séparés en sciant cet hermès; maintenant ils sont à Naples. Hérodote a cette sérénité qui convient au tranquille narrateur des faits; Thucydide a l'air plus soucieux : c'est que Thucydide est le penseur qui, pour les expliquer, les creuse avec effort. Les anciens avaient déjà remarqué cette expression du visage de Thucydide (*Vit. Thucyd.*). Le Xénophon admis par Visconti est bien douteux.

imiter les tragiques grecs qu'elle fut toujours si loin d'égaler, multiplia dans son sein leurs images, les modèles ne manquaient point ; à Athènes, les portraits de Sophocle et d'Euripide étaient placés dans le théâtre de Bacchus[1], comme à Paris on a placé les statues de Corneille et de Racine dans le péristyle du théâtre Français. L'image d'Eschyle n'y prit place qu'assez longtemps après sa mort, le moins populaire des trois, parce qu'il était le plus grand. Ce qui explique pourquoi ses portraits sont beaucoup plus rares[2] que ceux de ses deux illustres rivaux ; une peinture représentait Eschyle à Marathon, non le poëte, mais le guerrier et le citoyen[3].

Si les portraits d'Eschyle sont rares, ceux d'Euripide sont assez nombreux[4] et parfaitement authentiques ; le plus remarquable est une belle statue au musée du Vatican[5]. Cette statue donne une haute idée de la sublimité de l'art tragique en Grèce. Voilà le poëte que les Grecs

[1] Paus., I, 21, 1-2.
[2] Un buste du Capitole (*Salle des Philosophes*) n'est pas mentionné par Visconti mais ressemble assez à l'Eschyle de la pierre gravée qu'il cite.
[3] Paus., I, 21, 3.
[4] Tous ressemblent à l'hermès de Naples qui porte le nom d'Euripide.
[5] *Nuov. bracc.*, 53. Un buste (*M. P. Cl.*, 521). Près d'une statue sans tête, avec cette inscription : *Euri...* autrefois à la villa Albani, aujourd'hui au Louvre, on lit les noms de trente-six tragédies d'Euripide. Une statue d'Euripide existait au cinquième siècle à Constantinople sous le portique décrit par Christodore. (32.)

jugeaient si inférieur à Eschyle, le poëte qu'on accusait d'avoir fait descendre la tragédie aux émotions vulgaires du drame, aux déclamations du bel esprit. Eh bien ! regardez ce poëte, combien toute sa personne a de gravité et de grandeur, rien n'avertit qu'on a devant les yeux celui qui aux yeux des juges sévères, affaiblissait l'art et le corrompait [1]; l'attitude est simple, le visage sérieux, comme il convient à un poëte philosophe [2]. Ce serait la plus belle statue de poëte tragique si la statue de Sophocle n'existait pas.

Celle-ci [3] est une vraie merveille. Sophocle, dans une pose aisée et fière, un pied en avant, un bras enveloppé dans son manteau qu'il serre contre son corps, con-

---

[1] Ce n'était pas l'opinion de tout le monde. L'auteur du double hermès de Sophocle et d'Euripide trouvé près de la porte San-Lorenzo les avait associés dans un commun hommage. L'orateur Lycurgue éleva à Euripide, comme aux deux autres grands tragiques grecs, une statue dans le théâtre d'Athènes (*Pseudo*-Plut., x orat., *Lyc.*). Ce ne pouvait être, au moins pour Sophocle et Euripide, celles dont parle Pausanias, car il les croit fort antérieures à celle d'Eschyle (I, 21, 3), quelques-uns même avaient une prédilection pour Euripide, on a trouvé à Athènes son portrait sculpté sur un vase.

[2] Visconti retrouve, ce qui me frappe moins, dans sa physionomie la finesse et la sensibilité, caractères de son talent.

[3] Musée de Saint-Jean-de-Latran. Trouvée près de Terracine et donnée par le cardinal Antonelli. M. Beulé (*Acr. d'Ath.*, II, p. 309) signale un bas-relief dans le voisinage des Propylées, où l'on voit un personnage drapé comme le Sophocle du palais de Latran au pied d'un trépied gigantesque. Le trépied indique une victoire dramatique et me confirme dans l'opinion que le Sophocle de Rome est un Sophocle triomphant.

temple avec une majestueuse sérénité la nature humaine et la domine d'un regard sûr et tranquille. Un buste du Vatican, très-pareil à la statue, porte le nom du poëte [1]; mais il semble qu'on n'en aurait pas besoin pour reconnaître Sophocle : ce que cette statue a de triomphant et d'un peu théâtral convient à celui qu'on peut supposer entendant proclamer un de ses triomphes au théâtre [2].

C'est peut-être un souvenir du Sophocle qu'on voyait peint sur le mur du Pœcile tenant une lyre, parce que durant une représentation de sa tragédie de *Thamyris* il avait paru sur la scène une lyre à la main.

Une statue fut élevée à Sophocle par son fils [3], sans doute en réparation du scandaleux procès que lui avait intenté ce fils, comme d'un esprit trop faible pour administrer ses biens, n'accusant point de cette faiblesse l'âge avancé de Sophocle, ainsi qu'on l'a souvent répété, Sophocle vécut assez longtemps après l'accusation [4],

---

[1] ... *Oklès.* (*M. P. Cl.*, 492.) De plus, une statuette de Sophocle. *Gal. des Candél.*, 134.)

[2] Sophocle a le diadème d'Homère. Une épigramme de l'Anthologie parle de la couronne placée sur la chevelure de Sophocle. (*Anth. gr.*, II, p. 298.)

[3] *Soph. Vit.*, Valère Maxime (VIII, 7, *ext.*, 12) dit seulement une inscription.

[4] Pauly, *Real Encycl.*, VI, p. 1299. Il me semble aussi que l'*Œdipe à Colone* a dû être composé vers le même temps que l'*Œdipe roi*, s'ils faisaient, comme il est vraisemblable, tous deux partie de la même trilogie. Or, l'*Œdipe roi* ne fut pas écrit par Sophocle dans un âge

mais voulant mettre mettre obstacle à ses prodigalités envers un petit-fils. On sait que Sophocle répondit en lisant devant ses juges l'*Œdipe à Colone*, et que les juges le reconduisirent chez lui en triomphe. Peut-être la belle statue de Saint-Jean-de-Latran provient-elle de cette réparation; peut-être, pour qu'elle fût complète, est-ce ce triomphe même que le repentir d'un fils avait voulu consacrer.

Après avoir contemplé Sophocle et Euripide, il y aurait plaisir à passer de la grande tragédie grecque à la grande comédie grecque en considérant les traits de leur contemporain et de leur égal Aristophane; mais aucun buste que je connaisse à Rome ne nous peut offrir ses traits[1] avec quelque certitude. Nous serons plus heureux pour l'auteur de la comédie nouvelle, pour le peintre ingénieux des mœurs grecques, Ménandre.

Ménandre est assis[2]; son air est tranquille, c'est celui d'un homme qui sait à quoi s'en tenir sur les choses, qu'elles ne trompent et n'irritent point. Il

---

très-avancé; on le place en 430 avant Jésus-Christ. Sophocle n'avait alors que cinquante-sept ans.

[1] Le buste du Vatican (*M. P. Cl.*, 316) est reconnu faux, et celui du Capitole (salle des Philosophes) n'est point authentique. On a trouvé à Tusculum, accolé à un buste de Ménandre très-semblable à la statue dont je vais parler, un buste dans lequel M. Welcker n'hésite pas à reconnaître Aristophane, mais ce buste n'est plus à Rome. (*Ann. arch.* 1855, p. 250.)

[2] *M. P. Cl.*, 590.

semble promener sur l'humanité un coup d'œil sérieux et calme, qui la scrute sans effort et la juge sans passion; Ménandre montre une certaine insouciance dont il eut occasion de faire usage, car il fut rarement couronné. Son embonpoint et l'indolence de sa pose annoncent en lui l'ami et le sectateur d'Épicure. Le sculpteur lui a donné un costume assez romain [1] et lui a mis au doigt un anneau comme à un chevalier, traduisant ainsi à demi Ménandre en latin, comme faisait Térence. C'est pour cela qu'on l'avait cru un Marius, mais c'eût été un Marius bien débonnaire. Un médaillon, en forme de bouclier, sur lequel est inscrit le nom de Ménandre, ressemble trop à la statue du Vatican pour qu'on ne soit pas assuré d'avoir devant les yeux le peintre sans exagération des travers de l'antiquité.

Si les cent comédies de Ménandre nous avaient été conservées, elles nous offriraient un tableau complet de la vie familière des Grecs. De ces comédies, il ne reste qu'un petit nombre de fragments [2] et le portrait de l'auteur. Ce portrait supplée jusqu'à un certain

---

[1] Selon Visconti, c'est le costume macédonien. M. Gherard, de son côté, pense que le travail de la statue indique l'époque macédonienne. Je crois plutôt que ce *Ménandre* est l'œuvre d'un Romain parce qu'il est lui-même à demi Romain.

[2] A l'aide de ces fragments, M. Guillaume Guizot a fort ingénieusement tenté de recomposer, autant que possible, l'œuvre de Ménandre, dans un travail qui a été son brillant début et ne sera pas, je l'espère, son dernier mot.

point à ses ouvrages perdus, et nous révèle le caractère de son génie observateur et mesuré.

En regard de Ménandre, on a placé dans la collection du Vatican,—ainsi qu'il l'était dans les thermes d'Olympias, belle-fille de Constantin [1], où se trouvait, comme d'ordinaire dans les thermes, une sorte de musée [2],— on a placé un autre poëte comique grec, Posidippe [3]. Lui aussi fut imité par les comiques romains, ce qui était à Rome une raison de mettre en regard les deux statues. Pausanias dit que, des poëtes comiques dont les images décoraient le théâtre d'Athènes, Ménandre seul était célèbre [4]. Si Posidippe y figurait déjà, on voit qu'il n'était point rapproché de Ménandre, quant à son mérite, par Pausanias, rapprochement que semble indiquer la disposition des deux statues placées en pendant l'une de l'autre dans les thermes d'Olympias [5], et qu'a fait aussi Aulu-Gelle [6] en citant ensemble Ménandre et

[1] Les thermes d'Olympias étaient sur le Viminal. L'église de *San-Laurent in Panis-perna*, fut construite sur l'emplacement de ces thermes, dans lesquels saint Laurent, d'après les actes de son martyre, subit le supplice du gril.

[2] On voit par l'Anthologie (*Anth. gr.*, III, p. 12) qu'à Constantinople des statues de poëtes étaient placées dans les bains.

[3] *M. P. Cl.*, 271.

[4] Paus., I, 21, 1.

[5] On a pensé que ces deux statues du Vatican pouvaient être celles du théâtre de Bacchus, parce qu'elles portent les traces de l'insertion des *ménisques*, plaques de cuivre placées au-dessus de leurs têtes pour les défendre dans un lieu découvert des insultes des oiseaux; mais il y avait ailleurs des lieux découverts et des oiseaux.

[6] Gell., *Noct. att.*, II, 23.

Posidippe. Ce jugement, qui n'était point celui de Pausanias, mais qui pouvait être celui d'une princesse byzantine du quatrième siècle et d'un compilateur médiocre, me rappelle ces jugements d'école dans lesquels on compare sérieusement Bossuet et Fléchier, tandis que, selon l'expression de madame de Staël, on ne devrait pas les nommer le même jour. Sans faire ces distinctions, M. Schlegel trouvait dans les portraits de Ménandre et de Posidippe une fidèle et vive expression de la comédie grecque.

Enfin, les hommes d'action, les hommes de guerre et les hommes d'État qui ont illustré la Grèce, avaient aussi, et ont encore pour la plupart, leur portrait à Rome. Leur présence dans l'ancienne capitale du monde n'y représente point le souvenir de leur influence, comme je l'ai dit pour les philosophes, les orateurs et les poëtes, car si les Romains demandaient aux Grecs des leçons de philosophie, d'éloquence et de poésie, ils ne demandaient à personne des leçons dans l'art de vaincre et de gouverner les hommes.

Le Lycurgue du Vatican[1] a un œil un peu différent de l'autre, espèce d'*euphémisme* de la sculpture, pour indiquer, sans choquer le regard du spectateur, qu'un des yeux de Lycurgue était crevé. Si cette statue est celle de Lycurgue, elle nous offre les traits du législateur, non sans doute d'après un portrait contemporain, car Lycurgue vivait dans le huitième ou neuvième siècle avant Jésus-Christ; mais, d'après la tradition grecque, Lycurgue dut avoir une statue en Grèce, car il y eut un temple [1].

Les portraits de Miltiade [2], s'ils sont authentiques, peuvent provenir ou du Miltiade de Phidias, qui était dans le temple de Delphes [3], ou du portrait de ce général que Panœnus avait peint sur le mur du Pœcile [4] dirigeant le combat de Marathon.

Le Thémistocle du Vatican [5] ressemble à deux figures gravées; mais il faut chercher la véritable image du chef athénien sur les médailles de Lampsaque, l'une des trois villes que lui avait donné le roi de Perse, chez lequel, banni d'Athènes, il eut le tort de chercher un asile; ce qui m'a toujours inspiré quelque doute sur le conseil que Thémistocle, la veille de la bataille de Salamine, fit parvenir au grand roi de fermer toute issue à la flotte grecque, conseil dont il se vanta auprès de ses concitoyens comme ayant empêché les alliés de

---

[1] Hérodote., I, 66. Plut. *Lyc.*, 31. Paus., III, 16, 5.

[2] *Vill. Alb.*, galerie d'en bas.

[3] Paus., X, 10, 1. Cette statue faisait partie d'un don sacré offert à Apollon après la bataille de Marathon.

[4] Paus., I, 15, 4. Pline (XXXV, 34, 4) dit que les figures des généraux étaient des portraits. Ce fut Polygnote qui dirigea la peinture du Pœcile, mais d'autres artistes, et parmi eux Panænus, y travaillèrent sous la direction de Polygnote (Brunn, *G. d. gr. K.*, II, p. 20-1).

[5] *M. P. Cl.*, 517. Le Thémistocle de la villa Albani a des traits moins grecs que romains.

se retirer, mais dont il se vanta aussi plus tard auprès du roi de Perse comme ayant été donné dans l'intérêt de son prédécesseur, et qui pouvait bien l'avoir été par le politique de l'*utile*, par celui qui s'opposa toujours aux vertueuses résolutions d'Aristide, pour se ménager auprès du vainqueur quel qu'il fut. J'avoue que ces soupçons tomberaient ici devant la figure de Thémistocle si simplement héroïque. Mais il faudrait être bien sûr de la ressemblance de cette figure avec celle de Thémistocle, et je me défie de ses bustes comme de ceux de Miltiade ; car ils ne présentent à nos regards, avides de connaître deux si remarquables mortels, qu'une physionomie peu caractérisée. Déjà Pausanias parle d'inscriptions fausses à propos de Miltiade et de Thémistocle[1]. Du reste, quelles qu'aient pu être ses faiblesses, le patriotisme du vainqueur de Salamine, devenu satrape persan, devait noblement se réveiller : plutôt que de combattre son pays, Thémistocle se donna la mort, à Magnésie, ville dont les fanges entraînées par le Méandre couvrent aujourd'hui les débris, et l'une des trois cités d'Asie où furent élevées, en l'honneur de l'illustre banni, des statues d'après lesquelles ont pu être faits ses bustes ; s'ils ne l'ont été d'après un portrait peint de cet homme célèbre que ses fils dédièrent dans le Parthénon[2].

On retrouve à Rome, grâce à une image certaine-

[1] I, 18, 3.
[2] Paus., I, 1, 2

ment fidèle, le plus grand homme politique du plu grand siècle de la Grèce, et peut-être de tous les siècles, Périclès, qui, sans se mettre au-dessus des lois, sut gouverner l'indocile et spirituelle démocratie d'Athènes par le seul pouvoir du génie et de l'éloquence et lui inspirer sa propre grandeur. Dans le buste de Périclès [1], l'individualité du personnage historique est frappante ; quand son nom ne serait pas inscrit sur ce buste, on reconnaîtrait Périclès à la forme allongée de sa tête, qui la faisait comparer grotesquement à un *oignon marin* [2], par les poëtes comiques dont il ne songea pas à interdire les railleries. Périclès les laissait dire, et pour le venger, l'admiration publique, faisant allusion tout ensemble à la hauteur de son front et à la hauteur de son intelligence, double rapport avec Jupiter, l'appelait l'*Olympien*, le plus magnifique surnom qui ait jamais été décerné à un mortel et qui était mérité ; *Olympium Periclem dignum cognomine* [3].

Le sculpteur Crésilas [4], contemporain de Phidias, et le peintre Aristolaüs [5], contemporain d'Apelles, avaient fait le portrait de Périclès [6]. Phidias avait donné les

[1] *M. P. Cl.*, 525.

[2] On comparait aussi son crâne bombé à la coupole de l'Odéon d'Athènes.

[3] Pl., *Hist. nat.*, xxxiv, 19, 24.

[4] *Ib.* Auteur probablement de la statue de Périclès que Pausanias vit à l'Acropole (i, 28, 2).

[5] Pl., *Hist. nat.*, xxxv, 40, 12.

[6] Si le premier original de notre buste remonte au temps de Phidias,

traits de son ami à un guerrier combattant les Amazones dans un bas-relief du bouclier de Minerve où il s'était représenté lui-même [1]; mais, pour ne pas trop choquer les susceptibilités démocratiques d'Athènes, il avait caché à demi le visage de Périclès derrière la main qui tenait la lance. Dans ce bas-relief, où Périclès était représenté sous la figure d'un guerrier combattant les Amazones, il devait porter le casque, au moyen duquel il aimait à dissimuler la forme singulière de sa tête ; le Périclès du Vatican est *casqué*.

On a très-justement placé près de Périclès Aspasie [2], dont le nom est à jamais lié au sien, cette femme à part, qu'il ne faut pas confondre avec les Phrynés et les Laïs. Aspasie de Milet eut à Athènes un véritable salon où les Athéniens conduisaient leurs femmes et que fréquentait Socrate, qui se disait en badinant l'écolier d'Aspasie; elle passait pour avoir aidé Périclès dans la composition de sa belle oraison funèbre des Athéniens morts dans la guerre du Péloponèse. Périclès l'aima jusqu'à son dernier jour; il ne put l'épouser parce qu'elle était étrangère, mais les Athéniens légitimèrent leur fils qui porta le nom de son père.

L'ascendant qu'Aspasie exerça sur un homme tel que Périclès est d'autant plus flatteur qu'on ne peut

---

ce buste lui-même, on le voit par la sécheresse du travail, a été exécuté à une époque bien postérieure.

[1] Plut., *Per.*, 31.
[2] *M. P. Cl.*, 523.

l'attribuer seulement à sa beauté ; sa beauté, à en juger par ce portrait, ne suffit pas pour expliquer son empire et confirme par là ce qu'on a dit de l'élévation de son âme et de la séduction de son esprit [1].

Alcibiade gagne aussi à ne pas offrir dans ses portraits cette beauté extraordinaire dont on parle souvent comme si elle eût été son unique mérite. Alcibiade n'est très-beau dans aucun de ses portraits; cependant le témoignage des anciens est unanime pour le proclamer l'homme beau par excellence, *principem formæ*, comme dit Pline. Je pense que par là on n'entendait pas seulement la beauté du visage. Les anciens, accoutumés au nu par leur costume et surtout par les spectacles de la palestre, donnaient plus de place que nous, dans l'appréciation de la beauté, à la perfection des formes de toute la personne, en cela d'accord avec lady Montague, laquelle pensait que si l'usage d'aller nu s'établissait, on ferait beaucoup moins d'attention au visage.

Alcibiade, doué des facultés les plus diverses, pouvait être dans le bien et dans le mal tout ce qu'il voulait. « Son buste [2], dit ingénieusement Visconti, s'ac-

---

[1] Himerius (*Or.*, ɪ, 18). vantant une jeune mariée, la compare sous ce rapport à Aspasie : Παρίστησι γὰρ τὴν Ἀσπασίαν τοῖς λόγοις..

[2] *M. P. Cl.*, 510, avec cette inscription : ALKIB... Statue (*M. P. Cl.*, 611) très-refaite, mais dont la tête ressemble au buste qui a l'inscription. Autre buste (*M. Ch.*, 441). Les deux bustes et la statue doivent avoir pour original sa statue par Nicérate (Pl., xxxɪv, 19, 38). Une

corde assez bien avec le caractère connu d'Alcibiade par l'espèce d'hésitation où il nous laisse sur les qualités de l'homme qu'il représente. » Une énigme grecque se lit sur le buste de cet homme qui, à quelques égards, fut une énigme. Alcibiade a sous le menton la barbe en collier, détail qui est historique, Alcibiade était un beau d'Athènes. Il pouvait être un héros sur le champ de bataille; sa statue est une statue héroïque. Alcibiade, nu, combat le pied posé sur son casque qu'il ne s'est pas donné la peine de relever [1]. La vaillance de ce personnage singulier était aussi fougueuse et aussi brillante que ses vices.

Je terminerai par Alexandre cette revue des Grecs illustres dont les portraits sont à Rome [2].

statue de Polyclès l'ancien (Dion Chrys., *Or.*, 37), une statue de Micion (Id., *ib.*), ou une statue sur un char, de Pyromaque (Pl., xxxiv, 19, 31). Aglaophon (Athén., p. 534; Plut., *Alcib.*, 16) avait peint Alcibiade couronné par Pythias et Olympias, personnifications des jeux pythiques et olympiques, et Alcibiade assis sur les genoux de Néméc, personnification des jeux néméens. Enfin, nous savons que dès le second siècle de la république, l'image d'Alcibiade avait été placée dans le comitium romain. Visconti pense que la statue du Vatican peut être une copie de cette statue. Il faut aussi se souvenir de celle que lui fit élever l'empereur Adrien (Ath., p.575). On ne saurait penser au sculpteur qui avait représenté Alcibiade sous les traits de l'Amour lançant la foudre (Pl., xxxvi, 5, 16).

[1] Le casque et la jambe sont modernes, mais l'attitude de la statue était la même avant la restauration.

[2] Petite statue au Capitole, salle du Satyre, 18. La tête est douteuse. La cuirasse est ornée de trompes d'éléphants. L'effigie du Macé-

Les divers bustes ou statues d'Alexandre doivent être comparés à l'Alexandre du Louvre, et selon qu'ils se rapprochent plus ou moins de ce type normal, être jugés plus ou moins ressemblants.

Alexandre ne permit, dit-on, qu'à Lysippe parmi les sculpteurs, et à Apelles parmi les peintres, de faire son portrait. N'a-t-on pas pris une préférence pour une exclusion? En effet, nous savons que plusieurs autres sculpteurs et plusieurs autres peintres ont représenté Alexandre [1]; la plupart, il est vrai, avant qu'il fût roi [2].

Apelles avait peint Alexandre la foudre à la main [3].

donien est accompagnée d'une trompe d'éléphant sur une monnaie d'Apollonie en Carie (Müll., *Arch*., p. 164)

[1] Parmi les statuaires, Léocharès, Euphranor, Chæréas; parmi les peintres, Nicias, Aristolaüs, Protogène, Antiphile. Il y avait dans le forum de César une statue d'Alexandre (Stat., *Sylv*., I, 1, 84; Suet., *Cæs*., 61). C'était une statue de bronze doré comme la statue équestre de Marc Aurèle.

[2] Philippe vivait encore quand Chæréas faisait la statue d'Alexandre avec la sienne (Pl., xxxiv, 19, 25); quand Euphranor (*ib*., 28) plaçait son fils près de lui sur un char; quand Antiphile réunissait Philippe et Alexandre dans une même peinture (xxxv, 37, 2); quand Léocharès (Paus., v, 20, 5) plaçait Alexandre dans un groupe où étaient Philippe, Olympias et plusieurs autres personnes de sa famille. Alexandre devenu roi n'eût pas souffert qu'on plaçât près de Philippe Olympias qui l'avait fait tuer. D'ailleurs, on sait que Philippe dédia dans Olympie l'ouvrage de Léocharès après la bataille de Chéronée. Léocharès exécuta aussi avec Lysippe une *chasse* d'Alexandre (Pl., xxxiv, 19, 15) imitée depuis sans doute sur les bas-reliefs qui représentent des chasses d'empereurs romains.

[3] Pl., *Hist. nat*., xxxv, 36. 29.

Lysippe, ami du vrai, ce semble, en tout aussi bien que dans l'art, ne fit point comme Apelles, comprenant la vraie grandeur du Macédonien : — être l'homme qu'il était et non le dieu qu'il n'était pas, — Lysippe avait mis dans la main d'Alexandre, au lieu de la foudre, une lance [1].

Arrêtons-nous devant une belle image de ce prodigieux Alexandre dont j'admire l'élan, l'impétuosité, la persévérance héroïque, mais dans lequel, pas plus que Callisthène, je ne saurais adorer un dieu.

L'auteur de la tête d'Alexandre qui est au Capitole [2] ne pensait ni comme moi, ni comme Callisthène : pour lui Alexandre était un dieu ; il lui avait donné les rayons du soleil [3] et la chevelure de Jupiter. Le soleil était le dieu de la Perse, sur laquelle régnait Alexandre dans Babylone, capitale de son empire, et l'oracle d'Ammon l'avait déclaré fils de Jupiter.

C'est ce qui explique comment cette tête a été prise par les uns pour la tête d'Alexandre et par les autres pour une tête du soleil [4]. C'est Alexandre-Soleil. Le roi de Perse était dieu, le dieu de la Perse était le soleil ; Alexandre, devenu roi de Perse, était le Soleil [5]

---

[1] Plut., *Alex.*, 40.

[2] Salle du *Gladiateur*.

[3] On voit les sept trous où étaient les rayons, comme sur les médailles **radiées** d'Alexandre.

[4] Winckelmann dit Alexandre, Visconti dit le Soleil.

[5] Alexandre, dieu formidable aux Persans. (Théocr., *Idyll.*, xvii, 19.)

Le buste du Capitole lui ressemble, seulement c'est une ressemblance idéalisée ; mais, malgré l'intention évidente d'idéaliser et de diviniser Alexandre, le sculpteur lui a laissé assez de traits individuels pour le faire reconnaître. Sa tête est un peu penchée de côté, le visage a une expression humaine, et non la majestueuse sérénité d'un dieu.

On peut, d'après cela, penser que cette admirable tête est d'après Lysippe, et lui appliquer ce que les poëtes de l'Anthologie ont dit de son Alexandre : « O Lysippe! main hardie, artiste brûlant, ce n'est pas du bronze mais du feu que tu répands sous la forme d'Alexandre[1]. » Le marbre, comme faisait le bronze, semble crier : « O Jupiter, donne-moi la terre et garde le ciel. » Il est vivant et regarde.

La Grèce libre finit à Alexandre et par Alexandre. On a beaucoup dit qu'Alexandre avait conçu la grande pensée de porter l'hellénisme en Orient. Je ne crois pas qu'il y ait jamais songé ; la pensée d'Alexandre était d'aller devant lui, de conquérir, de faire ce que personne n'avait fait, comme la pensée de César était de s'élever toujours et, ainsi qu'il le disait, d'être le premier. Bien qu'Alexandre semât des villes grecques sur son passage, son but ne fut point de propager la civilisation grecque ; c'est une conception philoso-

---

[1] *Anth. plan.*, IV, 119. Ce n'est pas l'Alexandre à l'air terrible d'Ælien (*Var.* XII, 14). Celui-là, nous ne l'avons point.

phique qu'on a prêtée après coup à Alexandre, comme on a prêté à César une vue de la transformation de la société romaine et de son avenir, dont pas un acte émané de lui, pas un mot sorti de sa bouche ne fait foi. César a voulu toujours monter plus haut, Alexandre toujours aller plus loin, c'est là le vrai. Tous deux ont voulu être grands, tous deux ont été très-grands, mais ni l'un ni l'autre ne s'est soucié du genre humain.

César a fondé sans le vouloir une détestable institutution, l'empire romain; Alexandre n'a rien fondé qu'Alexandrie. Ce propagateur de la civilisation grecque est mort despote persan, et s'il avait vécu plus longtemps, le serait devenu toujours davantage. Je pense, comme M. Groote, le meilleur historien de la Grèce, que la civilisation implantée par Alexandre en Asie a été un hellénisme bâtard et infécond. S'il avait le dessein de rendre l'Orient grec, il a fait le contraire de ce qu'il voulait faire; il a ouvert le monde grec à l'Orient. Ce fait a été immense, car le christianisme en est sorti; mais Alexandre ne songeait pas au christianisme. De même, César en établissant l'empire destiné à tuer la vie romaine et à amener par là l'avénement des barbares, a préparé le monde moderne; mais César ne s'en doutait pas.

Ces deux hommes n'en sont pas moins les deux plus étonnants mortels qui aient paru sur la terre, mais leur œuvre a été purement égoïste, et le bien qu'ils ont pu faire au monde, ils l'ont fait à leur insu.

A propos de ce jugement, porté en conscience et sans aucune arrière-pensée, je protesterai contre le reproche qui m'a été fait de déprécier les grands hommes, d'avoir par exemple manqué de respect à César. Ceux qui ont lu mon *César* ont pu voir que j'ai voulu peindre ce mortel extraordinaire tel que l'histoire me le présentait, admirable d'audace, de décision, d'habileté; prodigieux de séduction, doué comme on ne le fut jamais ici-bas, mais indifférent au bien et au mal et n'ayant que deux buts, la puissance et la gloire. Je ne pense pas qu'Alexandre ait eu d'autres mobiles. En reconnaissant les facultés éminentes dont il a plu à Dieu de douer certains hommes, je crois que le jugement de l'historien doit garder vis-à-vis d'eux quelque indépendance : il y aurait trop de candeur à prêter des motifs désintéressés à leur immense égoïsme. L'admiration ne saurait aller trop loin pour les grands hommes qui ont su gouverner leurs semblables sans attenter à leur liberté, comme Périclès ou Washington. La superstition envers les grands hommes qui ont asservi leurs contemporains, toujours par la faute de ceux-ci, accoutume l'âme à la servilité envers les personnages historiques, beaucoup plus nombreux, qui les ont asservis sans être aussi grands.

XII

SPOLIATIONS ET COLLECTIONS.

Comment les objets d'art grecs sont venus à Rome. — **Pillages** de la conquête, jugement sur ces pillages. — Dépouilles de Syracuse, de Capoue et de Tarente. — La Grèce spoliée par ses libérateurs. — Réclamations, Fulvius Flaccus et les tuiles du temple de Junon. — Mummius, barbarie romaine. — Vols au profit des particuliers. — Sylla. — Peintures murales enlevées. — Pillage en grand, Verrès. — Lucullus. — Pompée. — César. — Les temples devenus des musées. — Objets d'art dans d'autres lieux publics, les portiques, le forum, les *septa;* dans les maisons des particuliers, les jardins et les villas. — Amateurs à Rome. — L'art grec partout.

La Grèce est à Rome. Comment y est-elle venue, et quelle place tenaient les chefs-d'œuvre de la sculpture grecque dans les édifices publics et privés? Répondre à ces questions, c'est encore faire l'histoire des produits ou des imitations de l'art grec que Rome a en partie conservés et présente à nos regards; c'est encore la Rome antique retrouvée dans les lieux et les monuments.

Les statues et les tableaux furent apportés par la

conquête. A Rome, la conquête est le principe de tout. Les Romains ont conquis leur patrie, qui a d'abord été l'Italie, puis le monde; la conquête a fait leurs commencements, leur grandeur et leur ruine.

Les Romains pratiquèrent de bonne heure ces spoliations par lesquelles ils se montraient les descendants légitimes des premiers habitants du Palatin. Ce fut d'abord, il est vrai, dans une intention religieuse, comme on le voit pour la Junon de Veïes, apportée respectueusement sur l'Aventin par Camille. Le même motif fit agir sans doute T. Quintius Cincinnatus Capitolinus quand il apporta en triomphe de Préneste Jupiter *Imperator* et l'installa au Capitole[1], où son nom marquait sa place; Fabius Fabricianus, quand il enleva aux Samnites une Vénus victorieuse[2], cette fois vaincue; Fabius Maximus, quand il transporta de Tarente Hercule[3], dieu de sa race, Hercule, l'ancien dieu des Pélasges, sur le Capitole, autrefois habité par eux et où ils avaient dû fonder son culte. Mais à ces vols pieux vinrent bientôt se joindre des vols purement profanes, qui n'avaient d'autre but que d'orner les pompes triomphales.

Lorsque les belles villes de la Sicile et de la Campanie, Syracuse, Tarente, Capoue, tombèrent au pouvoir des Romains, les produits admirables de l'art grec

[1] T. Liv., vi, 29.
[2] Plut., *Parallel.*, 37.
[3] Plut., *Fab.*, 22.

firent leur entrée dans Rome devant le char des vainqueurs.

Ce fut après la prise de Syracuse qu'on vit pour la première fois des statues et des tableaux apportés à Rome en grande abondance. Tite Live déclare qu'ils étaient acquis par le droit de la guerre. Ce droit a encore été exercé par Napoléon; mais on peut espérer qu'il ne le sera plus. Aujourd'hui, on ne livre plus les villes prises au pillage, on doit donc s'abstenir aussi de ce pillage en grand. Du reste, Tite Live lui-même reconnaît que ce jour-là commencèrent des habitudes de spoliation qu'il déplore[1]. Polybe, sans doute par un retour patriotique sur le malheur des villes de Grèce tombées au pouvoir des Romains, invite noblement les vainqueurs à ne pas faire un ornement à leur patrie de la misère des vaincus[2]; avec quelques ménagements, qu'il devait aux Scipions, il montre les inconvénients de cet abus de la victoire, qui laisse des haines profondes chez les peuples dépouillés, et il ajoute noblement : « Ce qui fait l'ornement véritable d'une cité, ce n'est pas ce qui lui vient du dehors, mais la vertu de ceux qui l'habitent... la gravité des mœurs et la grandeur des âmes la décorent mieux que les tableaux et les statues. »

Marcellus déposa dans les temples de l'Honneur et de la Vertu une partie des richesses d'art ravies à

---

[1] T. Liv. xxv, 40. Licentia spoliandi.
[2] Polyb., ix, 10.

Syracuse; il en avait laissé une autre partie aux Syracusains, et Cicéron le loue de cette modération relative [1]; cependant Tite Live fait remarquer que ces temples furent frappés d'une malédiction dont semblèrent atteints eux-mêmes les dieux qu'on y avait transportés, car la plupart des merveilles qu'ils contenaient, de son temps avaient disparu [2]. Ces justices de l'histoire s'accomplissent quelquefois; ce que la guerre avait pris, la guerre le reprend; nous en avons fait à Paris la triste expérience.

Ainsi Xerxès avait enlevé de Milet l'Apollon de Canachus et d'Athènes, sans doute par sympathie pour un autre tyran, les statues d'Armodius et Aristogiton, meurtriers d'un des fils de Pisistrate; mais Alexandre reprit ces dernières à Darius [3] et les rendit aux Athéniens, bien qu'il fût encore moins favorable à leur liberté que les fils de Pisistrate. De leur côté, les Romains prirent dans la ville de Cymé, pour l'appendre au toit du temple d'Apollon Palatin, un lustre qu'Alexandre avait enlevé de Thèbes [4]. Les lornements de bronze du Panthéon ont été dérobés par Urbain VIII; mais à Syracuse, à Tarente, à Corinthe, les Romains n'avaient-ils pas fait avant

---

[1] Non planc exspoliare urbem. (*In Verr.*, II, 4, 54.)
[2] Tit. Liv., xxv, 40.
[3] Pl., xxxiv, 19, 21.
[4] Pl., *Hist. nat.*, xxxiv, 8.

les Barberini *ce que n'ont point fait les barbares*[1]?

On sentait si bien que cet usage du droit de conquête n'était pas parfaitement régulier, que parfois un scrupule portait à restituer le bien volé au moins par d'autres. Avec cette générosité trop souvent admirée qui fait don du bien d'autrui, Scipion Æmilien renvoya aux villes de Sicile plusieurs statues que les Carthaginois leur avaient prises[2]; Verrès devait plus tard les reprendre. De même, Auguste[3] fit reporter à Éphèse un Apollon qu'Antoine y avait dérobé, et des trois statues de Myron, enlevées également par Antoine au temple de Junon dans l'île de Samos, il en fit rendre deux. Ces restitutions entraient dans son plan de ménagement universel.

Après la prise de Syracuse, on commença, dit Tite Live, à admirer les merveilles de l'art grec. En effet, du triomphe de Marcellus date à Rome le triomphe du goût grec sur le goût étrusque.

Capoue et Tarente livrèrent aussi de grandes richesses d'art. Tarente, bien que déjà dépouillée par les Carthaginois, en livra presqu'autant qu'avait fait

---

[1] Tout le monde connaît l'épigramme contre Urbain VIII (Barberini) :

Quod non fecerunt barbari fecere Barberini.

[2] Cic., *in Verr.*, II, 4, 33-35-39. Claudius Pulcher restitua à son possesseur un Amour qu'on attribuait à Praxitèle. (*Ib.*, 4.)

[3] Strab., XIV, 1, 14.

Syracuse[1]. Fabius montra plus de grandeur que Marcellus, s'abstenant de ce genre de butin; il enleva cependant l'Hercule, mais, d'après ce que j'ai dit, j'aime à croire que ce fut par dévotion. Interrogé sur ce qu'on devait faire de statues représentant des divinités armées à l'air sévère, selon le type ancien : « Qu'on laisse, répondit-il, aux Tarentins leurs dieux irrités. » Mais ces statues étaient des colosses, et la difficulté de les emporter, jointe à l'ignorance où il était de leur beauté, furent, on peut le supposer, pour quelque chose dans l'abstention de Fabius.

Scipion Æmilien, qui fit aux Grecs, dépouillés par Carthage, les restitutions dont j'ai parlé, ne se montra pas si généreux envers les vaincus. Un grand nombre de leurs statues orna son triomphe; un Apollon en or fut mis en morceaux et enlevé ainsi par le pillage des soldats au pillage de la république[2]; mais on s'empara d'une statue d'Hercule devant laquelle les Carthaginois offraient des sacrifices humains[3] : l'objet d'un tel culte ne méritait point d'être respecté.

On ne dépouilla pas toujours la Grèce gratis; parfois, bien que rarement, l'État achetait au lieu de prendre, mais c'était au moyen de ventes un peu forcées. Un jour, pour acquitter les dettes de la ville de Sicyone,

---

[1] T. Liv., xxvii, 16, 31.

[2] App., *B. pun.*, 127-133. Plut., *Flam.*. 1. Il fut placé en face de l'entrée du grand cirque.

[3] Il orna le portique appelé des Nations. (Pl., xxxvi, 5, 26).

Æmilius Scaurus s'empara des tableaux qu'elle possédait et les fit porter à Rome [1]. Cette dernière ressource des villes grecques épuisées par les impôts de l'État et l'usure des particuliers, pour remédier à leur détresse, contribua à enrichir Rome de leurs chefs-d'œuvres.

Quand les Romains allèrent en Grèce combattre Philippe, ils se donnèrent pour les amis des Grecs ; ce qui n'empêcha point Flamininus, leur libérateur, de les dépouiller un peu, bien que Tite Live ait soin de remarquer qu'il avait pris plus de statues au roi de Macédoine qu'aux villes grecques. Cependant Tite Live avoue que Flamininus emporta d'Érétrie beaucoup de statues et de tableaux. Le roi Antiochus méritait encore moins d'égards ; les Scipions n'étaient pas accoutumés à se gêner, et ils lui prirent cent trente-quatre statues [2]. Quant à Philippe et à Persée, c'étaient des rois barbares, indignes de conserver les souvenirs d'Alexandre. Métellus mit donc la main sur vingt-cinq statues en bronze de Lysippe qui offraient les portraits de ses lieutenants, parmi lesquels Alexandre avait voulu figurer lui-même ; Métellus en orna son portique [3]. Dans le triomphe de Paul Émile, on vit défiler deux cent cinquante chariots remplis de statues et de tableaux [4].

[1] Pl., *Hist. nat.*, xxxv, 40, 3.
[2] Tit. Liv., 37, 59.
[3] Vell. Paterc., i, 11.
[4] Plut., *Paul.*, 32.

SPOLIATIONS ET COLLECTIONS.

Les Étoliens étaient des Grecs, cependant Fulvius Nobilior ne les épargna point ; il dépouilla sans pitié la ville d'Ambracie, qui avait été la résidence de Pyrrhus. Outre les *Muses*, dont j'ai parlé, on y trouva beaucoup d'ouvrages de sculpteurs grecs, très-anciens modèles de statues qu'on exécuta depuis dans le goût archaïque. Fulvius emporta deux cent trente statues en marbre et deux cent quatre-vingt-cinq en bronze [1].

Un tribun accusa Fulvius pour avoir dépouillé Ambracie [2], mais sans succès. Il représenta que cette ville avait été privée de tous ses ornements ; que les simulacres des dieux, les dieux eux-mêmes, avaient été arrachés de leurs temples. Le Sénat avait déjà répondu aux Étoliens qu'on en référerait au collége des pontifes [3]. On ne dit pas que les pontifes aient ordonné la restitution. Un acte de justice assez rare frappa C. Lucretius : les habitants de Chalcis, dont il avait pillé les temples, portèrent plainte à Rome, les tribuns l'accusèrent, et il fut condamné à une amende de cent mille sesterces ; mais, cette fois encore, on ne parle point de la restitution des statues. Il est vrai qu'il avait orné de tableaux le temple d'Esculape [4] ; peut-être dut-il à cette offrande pieuse de pouvoir garder le reste.

[1] T. Liv., xxxix, 5.
[2] T. Liv., xxxix, 4.
[3] T. Liv., xxxviii, 44.
[4] T. Liv., xliii, 4.

Le respect religieux protégea un seul temple contre l'avidité d'un général romain. Fulvius Flaccus [1] avait enlevé les tuiles de marbre du temple de Junon Lacinienne, dans le Brutium : il pouvait alléguer que c'était pour orner un autre temple, celui qu'il élevait, dans le champ de Mars, à la fortune Équestre, en souvenir de ses victoires d'Espagne. Les tuiles étaient déjà arrivées à Rome, et on les portait furtivement du navire au temple, à travers le champ de Mars. Flaccus espérait en cacher l'origine, mais elle fut connue. Aussitôt la Curie frémit à la pensée d'une telle impiété ; le Sénat décida que les tuiles seraient reportées et remises à leur place. Depuis ce temps, Flaccus passa pour n'avoir plus qu'une raison troublée. En apprenant que de ses deux fils, qui faisaient la guerre en Illyrie, l'un était mort et l'autre gravement malade, il se pendit. On vit dans cette triste fin une vengeance de Junon. Si ce fut un remords qui la causa, ce fut un remords religieux dans lequel le respect de la propriété n'entrait pour rien. Certains descendants des anciens Romains feraient comme leurs ancêtres : le remords d'avoir volé dans une église pourrait les rendre fous, non à cause du vol, mais à cause de l'église. Je ne puis m'empêcher de remarquer qu'on renvoya les tuiles dans le Brutium, mais qu'on ne renvoya pas les statues à Ambracie.

[1] T. Liv., xlii, 3 ; Val. Max., i, 1, 20.

Nulle voix ne s'éleva contre Mummius, le meurtrier de Corinthe, dont il dépouilla le cadavre. Le nom de Mummius est célèbre par un mot qui a immortalisé sa barbarie. On sait qu'ayant embarqué pour Rome de nombreux chefs-d'œuvre, il avertit ceux qui devaient les transporter qu'en cas d'accident ils seraient tenus de les remplacer. Ses soldats jouaient aux dés sur un tableau dont la beauté était proverbiale, le Bacchus d'Aristide [1]. Mummius voulut le faire vendre à l'encan, mais le roi Attale en ayant offert un prix considérable, environ cent vingt mille francs, Mummius se ravisa [2] et l'emporta à Rome, où il fut placé dans le temple de Bacchus, Cérès et Proserpine [3].

Comment s'étonner de la barbarie de Mummius quand on voit bien plus tard l'élégant Cicéron, si familier avec la langue et la littérature grecques, obligé, pour ne pas heurter le dédain officiel des juges de Verrès, de traiter avec mépris l'admiration des Grecs pour les chefs-d'œuvre de leur art, la déclarer puérile [4]

---

[1] Strab., VIII, 6, 23. Mummius négligea, ou sa dévotion l'empêcha de prendre des vases d'airain et des vases en terre qui furent retrouvés depuis dans les tombeaux de Corinthe ; ces vases de terre étaient en très-grand nombre, ce qui montre encore l'origine grecque des vases peints qu'on a improprement appelés *étrusques*. On sait les rapports très-anciens de Corinthe et de l'Étrurie.

[2] Pl., *Hist. nat:*, xxxv, 8, 1.

[3] Pl., *Hist. nat..* xxxv, 36, 6. Fulvius Nobilior, qui avait laissé à Ambracie des figures en argile modelées par Zeuxis, ne paraît pas avoir été beaucoup plus connaisseur que Mummius.

[4] Nugatorium. *In Verr.*, II, 4, 14. Les Grecs admirent ces choses que

et s'excuser de connaître les noms de leurs plus grands artistes.

La simplicité de Mummius fut exploitée par un autre Romain. Le grand père de Lucullus avait élevé un temple à la Félicité ; il demanda à Mummius de lui prêter quelques statues pour célébrer la consécration du nouvel édifice ; Mummius, qui ne tenait point à ces choses, prêta volontiers les statues, mais une fois consacrées, elles ne purent plus être rendues, ce qui fut fort indifférent sans doute à Mummius.

Mummius était un honnête barbare, spoliateur très-désintéressé, ce à quoi, à cause de cette barbarie même, il n'avait pas grand mérite ; mais d'autres, plus connaisseurs, furent moins scrupuleux. Jusque-là, on avait volé surtout pour l'État, on commença à voler pour soi, vol double, car c'était spolier aussi l'État. On orna bien encore les temples des rapines de la conquête, mais on en orna aussi les maisons, les villas, les jardins des particuliers. Ceux qui agirent autrement, dans les derniers siècles de la république, sont cités comme des modèles de vertu antique[1].

Sylla donna à Jupiter, ou plutôt lui rendit, les colonnes enlevées à son temple d'Athènes et qu'il fit placer

---

nous méprisons (*ib.*, 60). Les spoliations de Verrès lui sont reprochées surtout comme un sacrilége (*ib.*, 33).

[1] Servilius Isauricus. (Cic., *in Verr.*, II, 1, 21.) Cicéron parle de ces vols comme d'un abus général. (*Pro Pomp.*, 22.)

au Capitole [1], mais on ne dit pas qu'il ait placé à Rome dans aucun temple la Minerve d'ivoire prise en Béotie [2]; il garda certainement pour lui le petit Apollon pris à Delphes, et que ce Louis XI de l'aristocratie baisait dévotement dans les grandes circonstances [3]. Cet Apollon était sa Sainte Vierge. On n'a point dit que des objets d'art aient orné son triomphe et cependant ils ne pouvaient manquer au spoliateur des principaux temples de la Grèce, mais c'est qu'il ne les montrait point au peuple, préférant les garder, car sa passion pour les belles choses était grande, comme il le fit voir dans le choix des proscrits. Quelquefois ces enlèvements étaient funestes aux objets d'art enlevés. Sylla, ne pouvant emporter de Delphes un très-grand vase, le fit briser [4]. La *Centauresse* de Zeuxis périt en route.

Ce fut pour l'État que Varron et Murena firent enlever de Sparte des peintures murales dont ils ornèrent le Comitium [5].

---

[1] Pl., *Hist. nat.*, xxxvi, 5, 2.
[2] Paus., ix, 33, 4.
[3] Val. Max., i, 2, 3; Plut., *Syll.*, 29.
[4] Plut., *Syll.*, 12.
[5] Pl., *Hist. nat.*, xxxv, 9, 4. Ces peintures étaient sur un mur en briques; on détacha les briques avec le stuc qui les recouvrait. Du moins Varron et Murena ne firent pas comme ceux dont parle Cicéron (*in Verr.*, ii, 4, 3), et qui, après avoir enlevé des objets d'art, *per simulationem ædilitatis*, les emportaient chez eux.

A la fin de la république, ce brigandage des particuliers prit des proportions démesurées. Clodius, à en croire Cicéron, aurait achevé de dépouiller la Grèce de tableaux et de statues qu'il déposa soigneusement dans sa maison du Palatin [1], et qui servirent à relever la magnificence des jeux qu'il donnait au peuple. Mais il restait encore beaucoup à prendre, même après Clodius et Verrès.

Verrès, dont Cicéron a immortalisé les rapines, était un collecteur maniaque. Il fit d'abord une expédition en Grèce, dépouillant littéralement les temples, puis il s'abattit sur la Sicile, dont il était préteur. Là ses larcins se firent avec une incroyable audace et une sorte de régularité administrative. Verrès avait à son service deux artistes pour découvrir les chefs-d'œuvre et éclairer sa rapacité. Il empruntait un vase d'or à un prince de Syrie pour le montrer, disait-il, à ses ouvriers et ne le rendait pas; il arrachait un anneau du doigt du possesseur. Un citoyen de Messine, nommé Héius, avait rassemblé dans un sanctuaire privé une foule de chefs-d'œuvre de l'art grec, Verrès força Héius à les lui vendre à vil prix.

Verrès paraît avoir été connaisseur. Quand un vase orné de bas-reliefs lui avait plu, il s'en emparait, détachait les bas-reliefs et renvoyait le vase; mais il aimait aussi le vol pour le vol et il déroba les clous

---

[1] Cic., *de Dom. ad Pont.*, 43.

SPOLIATIONS ET COLLECTIONS.

d'or du temple de Minerve, qui est devenu la cathédrale de Syracuse [1].

Les objets volés [2] par Verrès furent apportés à Rome. Il les étala d'abord dans le Forum, d'où ils disparurent bientôt pour aller orner ses jardins et ses villas ; c'est ainsi que plusieurs statues grecques dérobées par lui ont pu servir d'originaux à d'autres statues qui sont restées à Rome. Parmi celles-ci, je citerai l'Amour de Praxitèle, l'Hercule de Myron et son Apollon, les Canéphores de Polyclète, une Diane en robe longue tenant un arc dans une main, un flambeau dans l'autre, trois Cérès, la Sapho de Silanion, une belle tête de Méduse. Nous avons trouvé à Rome des imitations de ces statues; par ces imitations, nous pouvons nous former une idée des originaux que possédait Verrès et reconstruire en partie cette galerie, incomparable monument de son *dilettantisme* [3] et de son avidité. L'avidité de Verrès fut punie par celle d'Antoine, car les vases corinthiens qui restaient au voleur, ce qui prouve qu'on ne l'avait point forcé à restituer, tentèrent

---

[1] *In Verr.*, ii, 4, 21 ; *ib.*, 56.

[2] Verrès ne volait pas toujours les propriétaires des objets d'art dont il s'emparait, mais alors il se rattrapait sur ses agents; il les chargeait d'offrir aux spoliés une somme insignifiante qu'il ne rendait pas. (Cic., *in Verr.*, ii, 4, 24.)

[3] Cicéron cite des preuves de ce *dilettantisme ;* il reproche à Verrès de passer ses journées dans un atelier, entouré d'ouvriers qu'il occupait à appliquer sur des vases les reliefs enlevés à d'autres vases. (*In Verr.*, ii, 4, 24.)

l'indigne ami de César et le portèrent à mettre l'ancien préteur de Sicile sur les listes de proscription du triumvirat. Antoine lui-même a été flétri comme spoliateur par Juvénal et associé à la honte de sa victime[1].

Plutarque parle des statues et des tableaux que possédait Lucullus, Pline nous en fait connaître la source[2] : *Multa* (signa) *et Luculli invexere.* Les Lucullus ont apporté à Rome beaucoup de statues.

Du moins les Lucullus, en faisant leur part, faisaient aussi la part de l'État; si, à Sinope, le vainqueur de Mithridate s'adjugea la statue du héros Autolycus, pour obéir à un oracle dans lequel il lui avait été dit qu'Autolycus voulait lui parler[3]; un autre Lucullus plaça au Capitole l'Apollon de Calamis, apporté d'Apollonie[4], et devant les rostres Hercule brûlé dans sa tunique[5], expression assez juste de l'état

---

[1] Inde Dolabellæ, atque hinc Antonius, inde
Sacrilegos Verres referebant navibus altis
Occulte spolia et plures de pace triumphos.
  Juv. *Sat.*, vIII, 105.

[2] Pl., *Hist. nat.*, xxxiv, 17, 1.

[3] Strab., xII, 3, 11. Plut., *Luc.*, 23.

[4] Strab., vII, 6, 1. Pl., *Hist. nat.*, xxxiv, 18, 1. Cet Apollon avait trente coudées (45 pieds). Nibby (*R. mod.*, II, p 616) suppose que les pieds et les mains gigantesques de la cour du palais des Conservateurs peuvent provenir de cet Apollon, mais on n'y trouve point la *dureté* attribuée à Calamis. Appien (*Bell. illyr.*, 30), dit que Lucullus le plaça sur le Palatin. Est-ce que, du temple de Jupiter Capitolin, il aurait passé dans la maison des Lucullus?

[5] Pl., *Hist. nat.* xxIV, 19, 42. *Sentiens suprema in tunica.*

de la république romaine, dévorée, au temps de Lucullus, par une ardeur fatale qui devait lui être mortelle, et comme Hercule se sentant mourir, *sentiens suprema*.

Pompée montra aux Romains dans ses triomphes non plus des statues de marbre ou de bronze, c'était trop peu pour le luxe de Rome et pour la vanité de son général, mais des statues d'or et d'argent, parmi lesquelles figuraient celles de Mithridate et de Pharnace [1]; on y voyait aussi des raretés précieuses, entre autres choses les premiers vases murrhins; la vaisselle de Mithridate, dont l'inventaire employa trente jours. La richesse de la matière commençait à plus attirer l'attention que le mérite de l'art. La vanité de Pompée lui avait fait imaginer pour ses triomphes toute sorte de bizarreries fastueuses : on y vit une table à jouer (une espèce de trictrac) large de trois pieds sur une longueur de quatre, et formée de deux pierres précieuses seulement; une lune en or, une montagne en or, avec des animaux et des fruits; enfin une statue de Pompée en perles [2].

Tout ce butin fut déposé par Pompée au Capitole [3], ainsi que la collection de pierres gravées de Mithridate, genre de collection qui devint alors de mode à

---

[1] Pl., *Hist. nat.*, xxxiii, 54, 1.
[2] Pl., *Hist. nat.*, xxxvii, 5. 6. 7. App., *Bell. Mithrid.*, 116.
[3] Str., xii, 3, 31.

Rome [1], surtout depuis que César, et après lui Auguste, en eurent donné l'exemple. César déposa les siennes, au nombre de six, dans le temple de Vénus. Pour Auguste, il ne faisait don de sa collection ni à Jupiter, ni à personne; il la gardait pour lui.

On ne voit pas que César ait fait paraître dans ses magnifiques triomphes quelques-uns de ces chefs-d'œuvre de l'art grec qu'il aimait tant; voulant surtout plaire à la multitude pour l'asservir, il employait vis-à-vis d'elle des séductions auxquelles elle était plus sensible. César, qui la connaissait, savait qu'elle aimerait mieux s'asseoir devant les vingt-trois mille tables dressées pour elle que de contempler les plus grandes merveilles de l'art grec.

Grâces à toutes ces spoliations de la Grèce, les unes au profit de l'État, les autres au profit des particuliers, Rome se remplit de statues grecques; Müller dit qu'on les comptait par cent mille [2]; les portiques, les villas, les maisons opulentes devinrent de véritables musées.

On peut en dire autant des temples, où les objets d'art furent souvent réunis en collections sans avoir aucun rapport avec la destination de l'édifice religieux qui les recevait.

[1] Scaurus, beau-fils de Sylla, forma une collection du même genre. Ces collections de pierres gravées expliquent jusqu'à un certain point leur incroyable abondance; même aujourd'hui, chaque coup de pioche donné dans le sol de la campagne romaine en fait trouver une.
[2] *Arch.*, p. 174.

En effet, si le Jupiter Tonnant de Polyclète, les Jupiters de Léocharès et de Mentor, la bonne Fortune de Praxitèle étaient bien placés au Capitole, le Mars colossal de Scopas dans le temple de Mars, et, à cause de Mars, une Vénus du même auteur; dans le temple de Neptune, Neptune, Thétis et Achille, aussi de Scopas; et de lui encore dans un temple d'Apollon, Apollon, Diane et les Niobides, leurs victimes; dans un autre, les Apollons de Philiscus et de Timarchide; la Vénus Anadyomène, dans le temple de César, descendant de Vénus et très-dévot à son aïeule; souvent il n'y a rien de commun entre le culte auquel un temple était consacré et les divinités parfois fort diverses dont les images l'embellissaient. Que faisaient dans le temple du Capitole, l'Hercule de Tarente, l'Apollon de Lucullus et un tableau de Nicomaque représentant l'Enlèvement de Proserpine ?[1] que faisaient Esculape et Diane dans le temple de Junon[2]? que faisait surtout Mars dans le temple de la Concorde[3]? Ce dernier édifice, qui contenait en outre les statues de Mercure[4], de Cérès[5], de Minerve[6],

[1] Pl., *Hist. nat.*, xxxv, 36, 44. Cependant il faut remarquer que ce tableau était dans la *cella* de *Minerve*, et que Minerve figure presque toujours dans les bas-reliefs où est représenté l'enlèvement de Proserpine.

[2] Pl., *Hist. nat.*, xxxvi, 5, 12.

[3] *Ib.*, xxxiv, 19, 39.

[4] *Ib.*, xxxiv.

[5] *Ib.*, 39.

[6] *Ib.*, *ib.*,

de Latone avec ses deux enfants[1], de Bacchus[2], d'Apollon et de Junon[3], n'était-il pas devenu une véritable *galerie* plutôt qu'un temple consacré à la religion de la divinité dont il portait le nom? A moins qu'on ne dise que ce nom était justifié par la réunion de tant de personnages mythologiques disparates.

Mais il y a plus, les temples de Rome renfermaient des statues et des tableaux qui n'avaient rien de religieux. Dans le temple de la Concorde se voyaient une Cassandre[4], un Marsyas[5] et quatre éléphants en obsidienne[6]; dans le temple d'Apollon, un acteur tragique et un enfant; dans le temple de la Bonne Foi, un enfant auquel un vieillard enseignait à jouer de la lyre[7]; le Thésée de Parrhasius au Capitole[8]; enfin, un chien léchant sa blessure, aussi au Capitole, dans la cella de Junon, mis là, Pline l'affirme, à cause de sa beauté et de la vérité de son expression[9], et qui n'avait aucune autre raison de s'y trouver, pas plus que la Minerve de

---

[1] Pl., *Hist. nat.*, xxxiv, 19, 27.
[2] *Ib.*, xxxv, 40, 7. Str., viii, 6, 23.
[3] *Ib.*, xxxiv, 19, 24.
[4] *Ib.*, xxxv, 40, 19.
[5] *Ib.*, xxxv, 36, 6.
[6] *Ib.*, xxxvi, 67, 1.
[7] *Ib.*, xxv, 36, 36
[8] *Ib.*, xxxv, 36, 9.
[9] *Ib.*, xxxiv, 17, 3.

Phidias dans le temple de la *Fortune de ce jour*, à laquelle Paul-Émile la dédia[1]. En effet, son bonheur n'avait eu qu'un jour, celui du triomphe ; la veille et le lendemain avaient été des jours de deuil.

Sous l'empire, le grand musée de Rome fut le temple de la Paix, où, à côté du *héros* de Timanthe[2], Vespasien fit déposer le chandelier aux sept branches et les autres objets précieux tirés du temple de Jérusalem.

Je le répète, les temples de Rome n'étaient-ils pas des musées et comme des salles d'exposition de l'art grec, et n'est-ce pas un signe du sentiment artistique qui arrive et du sentiment religieux qui s'en va?

Cela même était grec, car en Grèce les temples renfermaient de vraies collections d'art[3], recevaient aussi des chefs-d'œuvre tout à fait étrangers au culte qu'on y célébrait.

---

[1] Pl., *Hist. nat.*, xxiv, 19, 5.
[2] *Ibid.*, xxxv, 36, 12.
[3] Le temple de Junon à Olympie était devenu une espèce de galerie, ou ce que nous appellerions un *museum d'ouvrages d'art*, dit Quatremère de Quincy.
Ce temple de Junon était si bien une collection de chefs-d'œuvre, qu'il est appelé par Strabon (xiv, 1, 15) *une galerie de tableaux ;* il y avait, entre autres, trois statues colossales de Myron : Jupiter, Minerve et Hercule. Dans le temple de Minerve Areia à Platée (Paus., ix, 4, 1), une peinture de Polygnote représentait Ulysse tirant vengeance des prétendants et une peinture d'Onésias, l'expédition des chefs Argiens contre Thèbes. Un père, nous l'avons vu, avait fait vœu, si son fils guérissait, de présenter au temple de Jupiter, à

Cela est aussi ou du moins a été italien; c'est ainsi qu'on a réuni dans le *Campo Santo* de Pise, lieu consacré d'abord à la religion et où l'on dit encore la messe le jour des morts, des sculptures de tout genre et de tout âge et qu'au seizième siècle on exposait les tableaux nouveaux dans l'église du Panthéon.

En Grèce, on étalait aux regards dans les jeux pythiques des tableaux et des statues; des prix étaient donnés aux meilleurs ouvrages[1]: c'était pour les Grecs une *exposition universelle*. Zeuxis exposa un de ses tableaux pour de l'argent[2].

A Rome, comme en Grèce, on plaçait aussi les objets d'art sous les portiques[3], lieux de promenade et,

---

Olympie, une riche offrande de statues (Paus., v, 26, 2) : ce furent Amphitrite et Neptune. Vesta, Proserpine, Vénus, Ganymède, Diane, Esculape et Hygée, Bacchus, Orphée, Homère, Hésiode; ces personnages divins et humains semblent pris au hasard, et le tout paraît moins une offrande faite à un temple qu'un don fait à un musée. Enfin l'Hélène, ou une réplique de l'Hélène de Zeuxis, avant qu'on l'eût transportée à Rome, était à Crotone (Pl., xxxv, 36, -; Cic., *de Invent.*, ii, 1), dans un temple de Junon, déesse du mariage, à laquelle, en cette qualité, ne pouvait guère être agréable, le portrait de l'épouse infidèle de Ménélas. Mais on ne songeait point à honorer Junon; on voulait exposer un beau tableau de Zeuxis, n'importe dans quel temple. J'en dirai autant de peintures qui ornaient l'intérieur du temple de Minerve à Syracuse et qui n'avaient rien de religieux, car elles représentaient les victoires d'Agathocle.

[1] Luc., *Herodot.*, 4.
[2] Æl., *Var.*, iv, 12.
[3] Voyez sur le portique qui entourait le temple de Jupiter sauveur au Pirée, Letronne, *Lettre d'un antiquaire à un artiste*, p. 205.

si j'osais le dire, de *flânerie* pour les Romains. Sous le portique d'Hercule, ajouté par Philippe, beau-père d'Auguste, au temple d'Hercule Musagète, se voyaient plusieurs peintures d'Antiphile qui n'avaient aucun rapport avec Hercule : l'Hélène de Zeuxis[1], un Bacchus, un Alexandre enfant, un Hippolyte effrayé par le monstre[2], du même auteur, et dans le portique d'Octavie des tableaux de la guerre de Troie par le peintre Théon[3].

Pompée plaça dans son portique un tableau où Polygnote avait peint un homme sur une échelle, duquel on ne pouvait dire s'il montait ou descendait[4], et un tableau de Pausias où des bœufs noirs, vus de face en raccourci, se détachaient sur un fond sombre. Pompée paraît avoir aimé les singularités ; César aimait les chefs-d'œuvre.

Parmi les portiques de Rome, le portique de Métellus, qui devint plus tard celui d'Octavie, fut le plus riche en objets d'art, comme, avant le temple de la Paix, celui de la Concorde parmi les temples.

Ce vaste portique quadrilatéral, dont l'entrée subsiste

---

[1] Pl., *Hist. nat.*, xxxv. 36, 6.
[2] *Ibid.*, 35, 2.
[3] *Ibid.*, 40, 19.
[4] *Ibid.*, 35, 2. 40, 3. Il faut y ajouter une Calypso et un Alexandre de Nicias (xxxv, 40, 8), et une peinture d'Europe et Cadmus par Antiphile (*ib.*, 37, 2), qui, transportée plus tard dans un autre portique de Rome, lui fit donner le nom de portique d'Europe.

encore, embrassait un temple de Jupiter et un temple de Junon qu'une église a remplacés, une bibliothèque, une curie ; dans tous ces édifices étaient des statues et des tableaux, œuvres d'artistes grecs : dans le temple de Jupiter, une statue du Dieu par Pasitelès [1], la Vénus accroupie de Polycharme [2]; dans le temple de Junon, une statue de la déesse par Denys et une autre par Polyclès [3], une Diane et un Esculape de Cephisodote, fils de Praxitèle [4], une Vénus de Philiscus, qui était peut-être la Vénus de Médicis ; dans la curie d'Octavie, Alcibiade en Amour tenant la foudre [5].

Dans la *schola d'Octavie*,—un lieu de réunion comme la *schola* des médecins d'où provient une Amazone du Vatican [6], — outre un Amour attribué à Praxitèle [7], on admirait un tableau d'Antiphile représentant Alexandre et le prudent Philippe [8] avec Minerve ; enfin, sous le portique lui-même, les cavaliers tués au passage du Granique, ouvrage en bronze de Lysippe, commandé

---

[1] Pl., *Hist. nat.*, xxxvi, 5, 26.
[2] *Ibid.*, 5, 23. Voyez la remarque 37 de l'édition de M. Littré.
Ibid., 5, 22.
[4] *Ibid.*, 5, 12.
[5] *Ibid.*, 5, 16.
[6] M. P. Cl., 265. Avec cette inscription : *Translata de schola Medicorum*. Schola ici ne veut pas dire *école*, mais lieu de réunion, quelque chose comme la *Lesché* des Grecs et un peu comme nos cercles ou *clubs*.
[7] Pl., *Hist. nat.*, xxxvi, 5, 11.
[8] *Ibid.*, 57, 2.

par Alexandre[1]. Là était aussi une Vénus de Phidias[2], l'Hercule divinisé d'Antiphile[3] et une statue de Cornélie, mère des Gracques[4].

Dans le Forum, parmi les nombreuses statues honorifiques auxquelles on doit attribuer une origine romaine, se voyaient aussi quelques statues d'origine grecque; près du Comitium un Alcibiade et un Pythagore, et devant les rostres, les trois sibylles[5], personnages pélasgiques qui plus tard s'appelèrent à Rome la ville *fatale*, les trois destinées, *tria fata*[6], et qui semblaient être là pour personnifier les trois moments de la journée du peuple romain, son glorieux matin, son orageux midi et le long déclin de sa splendeur[7].

Dans le Forum et dans le Comitium étaient étalées des peintures grecques; il est parlé d'un grand tableau de Sérapion qui couvrait tous les balcons sur le côté méridional du forum, celui qu'on appelait les *Boutiques vieilles*[8]; dans le comitium était cette peinture qu'on

---

[1] Pl., *Hist. nat.*, xxxiv, 19, 15.

[2] *Ibid.*, 5. Le lieu où étaient placées les statues suivantes est indiqué seulement d'une manière vague *in Octaviæ operibus*, c'est-à-dire dans un des édifices dont l'ensemble se rattachait au portique d'Octavie.

[3] *Ibid.*, 40, 14.

[4] *Ibid.*, 14, 1.

[5] *Ibid.*, 11, 2.

[6] Proc., *B. goth.*, i, 25.

[7] En grec *moirai*. Pausanias (viii, 37, 2) parle des *moirai* qu'on voyait à l'entrée d'un temple de Mégalopolis.

[8] Pl., *Hist. nat.*, xxxv, 37, 2.

avait apportée de Sparte en détachant les briques du mur sur lequel elle était tracée [1].

Les *septa*, lieu destiné aux élections dans le Champ de Mars qui avait commencé par ressembler à un parc à brebis (*ovile*), les *septa* furent décorées de statues et de tableaux. On y avait placé deux peintures dont les gardiens répondaient sur leur tête ; l'une représentait Pan et le jeune Olympus, l'autre Chiron et le jeune Achille [2]. Les sujets de toutes deux se retrouvent à Rome dans des groupes ou des bas-reliefs.

Comme les édifices publics, les demeures des particuliers étaient ornées de chefs-d'œuvre venus de la Grèce à Rome ; les citoyens opulents formaient des galeries de tableaux [3] semblables à celles des princes romains de nos jours. On y voyait des peintures anciennes [4] à côté de peintures modernes [5]; il y en avait pour tous

---

[1] Pl., *Hist. nat.*, xxxv, 49, 4.

[2] *Ibid.*, 5, 17.

[3] Des pinacothèques. Ce mot était grec, comme l'usage qu'il désignait. Les pinacothèques avaient été d'abord en Grèce attachées aux temples et disposées pour recevoir des tableaux consacrés aux dieux par la piété ; mais à Athènes, près des propylées, se trouvait une salle dont les murs étaient couverts de peintures qui n'avaient rien de religieux, une véritable galerie nationale (Paus., I, 22, 6-7); le Lycée, l'Académie, l'Odéon, étaient, aussi bien que les temples, ornés d'ouvrages des meilleurs artistes. (Str., IX, 1, 17.)

[4] Pinacothecas veterum tabulis consuunt. (Pl., xxxv, 2, 1.)

[5] Pline (xxxv, 40, 23) cite parmi ceux dont les tableaux remplissaient les galeries de Rome Denys et Sosipolis, qui, selon M. Brunn (II, p. 304), vivaient dans le dernier siècle avant l'ère chrétienne.

les goûts; et l'on s'entendait à les placer dans un jour avantageux, *in bono lumine*[1].

Les maisons étaient remplies des ouvrages de Phidias, de Polyclète, de Myron, de Parrhasius[2], des coupes de Mentor.

Lucullus avait une pinacothèque (galerie de tableaux) qu'on visitait avec empressement[3], comme on visite aujourd'hui la galerie Borghèse ou la galerie Doria. Il avait aussi une collection de statues comme celle de la villa Ludovisi; il les faisait venir d'Orient et d'Athènes ou les faisait exécuter à Rome par Arcésilas[4].

Les *jardins* qui correspondaient aux *vignes* du seizième siècle et aux villas urbaines ou suburbaines de notre temps, étaient également remplis des chefs-d'œuvre de l'art grec. Les plus souvent cités sous ce rapport sont les jardins des Servilius, sur le penchant de l'Aventin[5]. Dans ces jardins se trouvaient réunis l'Apollon de Calamis, la Cérès et la Flore de Praxitèle, la Vesta

---

[1] Cic., *Brut.*, I, 75.

[2] Plena domus tunc omnis......
Et cum Parrhasii tabulis signisque Myronis
Phidiacum vivebat ebur, necnon Polycleti;
Multus utique labor, raræ sine Mentore mensæ.
Juv., *Sat.* viii, 100.

[3] Plut., *Lucull.*, 39; Varr., *de R. rust.*, I, 2, 10.

[4] Drumann, *Gesch. Roms*, IV, p. 174.

[5] Selon Nibby (*R. ant*, II, p. 359), au-dessous du bastion de Sangallo.

de Scopas et le portrait du philosophe Callisthène [1]; là durent se rencontrer le frère et l'amant de Servilie, Caton et César. Si la sévérité chagrine de Caton était moins sensible que le goût élégant de César aux grâces de Praxitèle, il pouvait se plaire davantage à l'image du contradicteur opiniâtre d'Alexandre [2].

Les jardins de César, amateur délicat des arts, devaient être remplis de chefs-d'œuvre ; les anciens n'en parlent pas, mais nous pouvons en juger par deux belles statues qui en proviennent, l'une probablement, le Méléagre du Vatican, l'autre certainement, la Vénus de l'*Hermitage*. En revanche, les anciens parlent beaucoup des richesses artistiques que renfermaient, non pas les jardins de Pollion (horti Asiniani), situés vers la porte Majeure, mais ce qu'on appelait ses *monuments*, qui étaient sur l'Aventin comme les jardins de Servilius. On voit que l'Aventin, dans l'origine habité surtout par les pauvres gens, entre lesquels il avait été réparti, était devenu presque aussi aristocratique que son voisin le Palatin. Ce qu'on appelait les monuments de Pollion se composait d'un ensemble d'édifices parmi lesquels était sa bibliothèque, la première qui fut publique à Rome. Dans ces édifices Pollion avait distribué un Apollon, un Neptune et des statues bachi-

---

[1] Pl., *Hist. nat.*, xxxvi, 5, 11, 13, 25.
[2] Cette statue était un sculpteur grec nommé Amphistrate. (Pl., *Hist. nat.*, xxxvi, 5, 23.)

ques de Praxitèle ; une Vénus de son fils Céphisodote [1], un Bacchus d'Eutychide, élève de Lysippe, les Thespiades de Cléomène et plusieurs autres statues parmi lesquelles le groupe maintenant à Naples et connu sous le nom du *Taureau Farnèse*[2].

Enfin, les villas des Romains, c'est-à-dire leurs maisons de campagne, s'embellissaient des trésors de la Grèce. Cicéron faisait venir des statues d'Athènes pour orner sa bibliothèque, son *académie* et son *lycée* de Tusculum.

Son rival Hortensius n'était pas moins passionné que lui pour les œuvres de l'art grec ; il paya environ trente mille francs les *Argonautes*, tableau d'un peintre peu connu, Cydias[3]. Hortensius poussa même cette passion trop loin, si, comme le lui reprochait Cicéron, un sphinx donné par Verrès l'avait décidé à défendre ce grand coupable.

On voit qu'il y avait à Rome d'ardents amateurs de l'art grec ; le sévère Brutus portait à une statue d'enfant par Strongylion une admiration qui la rendit célèbre[4].

Agrippa donna une somme énorme pour deux tableaux[5]. Pline raille son austérité, *torvitas*, de cette

---

[1] *Hist. nat*, xxxvi, 5, 11-12.
[2] *Ib*., 21-22.
[3] *Ib*., 40, 6.
[4] *Ib*., 19, 32.
[5] *Ib*., 9, 1. Près de 250,000 francs, selon Brotier.

faiblesse. La modestie servile d'Agrippa s'effaçant par calcul devant la vanité d'Auguste, est une faiblesse que je pardonne plus difficilement à sa *torvitas*.

Les copies, alors comme aujourd'hui, se payaient beaucoup moins cher que les originaux. Une copie de *la Bouquetière*[1] de Pausias, cette Glycère son émule dans l'art de composer des tableaux avec des fleurs, ne fut vendue à L. Lucullus que deux talents, pas tout à fait dix mille francs. Il avait acheté ce tableau à Athènes comme on achète aujourd'hui à Rome des tableaux des grands maîtres : le voyage d'Athènes était pour les Romains d'autrefois ce qu'est pour nous le voyage de Rome.

Lucullus ne peut guère n'avoir payé que douze mille francs environ à Arcésilas la statue de la *Félicité*[2], cette déesse à laquelle il avait dédié un temple; car Arcésilas fit payer à un chevalier romain le moule en plâtre d'un cratère un talent (près de cinq mille francs).

L'état voyait d'un œil jaloux ce genre de richesses demeurer dans les mains des particuliers. César fit acte de popularité en exposant aux regards du public un Ajax et une Médée dans son forum, devant le temple de Vénus[3], et Agrippa prononça un discours fort

---

[1] Pl., *Hist. nat.*, xxxv, 40, 2. *Stéphanoplocos*, mot à mot, celle qui tresse des couronnes.
[2] *Ibid.*, 45, 3.
[3] *Ibid.*, 9, 1.

admiré de Pline[1] à l'effet de faire passer dans le domaine public des statues et des tableaux qui étaient *exilés dans les villas,* à peu près comme tant de chefs-d'œuvre sont enterrés dans les châteaux de l'Angleterre. On ne dit pas qu'il y ait compris ses *Argonautes,* tableau de Cydias, pour lequel il avait construit tout exprès un édifice dans sa villa de Tusculum[2]. Les statues des particuliers passaient en effet quelquefois dans le domaine public; un Hercule *à la tunique,* placé près de la tribune aux harangues, et qui avait appartenu aux Lucullus, portait une inscription où il était dit qu'un édile l'avait fait retourner de la propriété privée dans le domaine public[3].

Nous avons suivi pas à pas la migration de cette Grèce de l'art à Rome; type visible, pour ainsi dire, de la migration et de l'installation de l'esprit grec dans la ville déjà maîtresse du monde.

On a pu voir que les œuvres de l'art grec étaient partout : dans les édifices et les lieux publics, dans les habitations privées de la ville et de la campagne. Quand on ressuscite Rome par la pensée, il faut distribuer tous ces chefs-d'œuvre dans la cité qu'ils remplissaient, dans les temples, les portiques, les maisons, où nous les avons replacés, alors on a le spectacle complet de *la Grèce à Rome,* et par ce spectacle on acquiert le sentiment de ce que Rome, en tout genre, a reçu de la Grèce.

[1] « Ex privato in publicum restituisse. » (Pl. *Hist. nat.*, xxxv, 9, 1.)
[2] Pl., *Hist. nat.*, xxxv, 40, 6.
[3] *Ibid.*, 19, 42.

TABLE DES MATIÈRES

DEUXIÈME PARTIE
LA RÉPUBLIQUE

SUITE

VII. — GUERRES SAMNITES. — PYRRHUS.

Grand caractère du cinquième siècle de Rome. — Dévouements des Décius et de Curtius. — L'ennemi encore aux portes de Rome. — Combat de Manlius et du Gaulois. — L'ambassadeur latin au Capitole. — Soumission d'Antium, les Rostres. — Commencements des guerres samnites. — Effet du désastre de Caudium. — Guerre avec les Étrusques; les Romains passent la forêt Ciminienne. — Appius Claudius construit le premier aqueduc et la première voie romaine. — Motifs historiques de divers temples. — Statue équestre d'un consul plébéien dans le Forum. — Deux temples de Vénus. — Temple d'Esculape dans l'île Tibérine. — Politique d'Appius Cæcus. — Triomphe de l'égalité, Cn. Flavius, temple de la Concorde. — Temple de la Pudicité plébéienne. — Le comitium est vaincu par le Forum. — Les Grecs de Tarente et les Romains; Naples et Rome. — La Rome de Cinéas. — Pyrrhus vient à Préneste. — Triomphe de Curius. 1

VIII. — ROME PENDANT LES GUERRES PUNIQUES.

Premiers combats de gladiateurs. — Victoire navale de Duilius, colonne rostrale, temple de Janus, pont *Quattro-Capi*. — Temple de Matuta, élevé par Régulus. — Champ de Régulus. — **Passage des Alpes par Annibal**. — Bataille de la Trebbia. — Cicatrice des bustes de Scipion. — Flaminius, cirque Flaminien, voie Flaminienne.—Bataille de Trasimène. — Agitation du Forum, calme de la curie. — Bataille de Cannes, consternation à Rome, fermeté du sénat. — Pourquoi Annibal est allé à Capoue, pourquoi il a marché sur Rome. — Annibal sous les murs de Rome. — Ce qu'est le prétendu temple du dieu *ridicule*. — Prise de Syracuse, temple de l'Honneur et de la Vertu, ce qu'il faut entendre par ces mots. — Opposition et compromis des casuistes romains. — Prise et punition de Capoue, incendie dans le Forum. — Les Tarentins et les envoyés des colonies romaines dans le sénat. — Procession.— Joie de Rome en apprenant la mort d'Asdrubal; triomphe de ses vainqueurs. — Scipion, son mysticisme et ses bustes. — Son mépris pour les lois. — Son ascension au Capitole. — Plaintes contre un de ses protégés. — Maison de Scipion l'Africain. — Tombeau des Scipions. . . . 59

IX. — ROME PENDANT LES GUERRES DE GRÈCE ET D'ORIENT.

aractère général de cette période. — Culte et temple de Cybèle. — Députations de rois et de peuples; guerre contre Philippe. — La curie et le champ de Mars. — Guerre contre Antiochus, temple de la Piété. — Scipion l'Africain lieutenant de son frère; il s'élève un arc de triomphe avant la guerre. — Condamnation de Scipion l'Asiatique. — Les orgies de l'Aventin. — Triomphe de Paul-Émile. — Guerre d'Étolie, temple d'Hercule Musagète. — Portique de Métellus; destruction de Corinthe; autre temple d'Hercule. — Guerres contre les Gaulois, trois temples de Jupiter; temple de Junon libératrice — Bas-reliefs et statues qui se rapportent à ces guerres.— Le prétendu gladiateur mourant. — Guerres liguriennes; temple de Diane, de Junon reine. — Guerre d'Espagne; temple de la Fortune équestre. — Temple de Mars; temple de Laverna. — Grandeur de Rome. 138

X. — LA GRÈCE A ROME DANS L'ART.

Influence de la Grèce dans l'art. — Toutes les époques de la statuaire grecque représentées à Rome. — L'art avant Phidias. — L'art au temps de Phidias. — Le Jupiter, la Minerve de Phidias. — La Junon de Polyclète. — Le discobole et la vieille femme ivre de Myron. — Animaux d'après Myron. — Scopas. Grandes compositions de Scopas : les Niobides, les divinités de la mer; imitations et vestiges de cette composition jusqu'à Raphaël; la Ménade furieuse, l'Apollon Citharède, les Muses. — Euphranor: Pâris. — Les mêmes artistes sculpteurs, peintres, architectes, quelquefois écrivains, dans l'antiquité comme à l'époque de la renaissance. — Praxitèle : le jeune Satyre, l Apollon au lézard, les deux Amours, la Vénus de Gnide et les Vénus qui en dérivent. — Histoire des Grâces. — Bacchus et personnages bachiques; types de Diane, de Junon, de Cérès d'après Praxitèle. — Léocharès : enlèvement de Ganymède. — Lysippe, réalisme, l'Hercule Farnèse d'après Lysippe; le *torse.*—Époque alexandrine : Sculpture égyptienne et grecque, école de Pergame. — Second âge de la sculpture grecque, l'Hermaphrodite, le Laocoon. L'Apollon du Belvédère, problème de son origine. Vue générale des phases de l'art grec. 220

XI. — SUITE DE LA GRÈCE A ROME DANS L'ART.

Les héros de la Grèce. — Hercule. — Trépieds, candélabres, trônes, autels, coupes. — Thésée. — Expédition des Argonautes. — Guerre de Thèbes. — Guerre de Troie, l'*Iliade*, l'*Odyssée* et les poëmes cycliques dans la sculpture. — Le théâtre grec dans la sculpture. — Eschyle, Sophocle, Euripide. — Tragédies perdues, retrouvées par les statues et les bas-reliefs. — La comédie grecque. — Sculptures d'après des tableaux. — Les héroïnes. — Portraits de personnages grecs. — Philosophes. — Orateurs et Rhéteurs. — Poëtes. — Hommes d'État et hommes d'action. — Portraits d'Alexandre, jugement sur Alexandre et sur César. 401

XII. — SPOLIATIONS ET COLLECTIONS

Comment les objets d'art grecs sont venus à Rome. — Pillages de la conquête, jugement sur ces pillages. — Dépouilles de Syracuse, de Capoue et de Tarente. — La Grèce spoliée par ses libérateurs. — Réclamations, Fulvius Flaccus et les tuiles du temple de Junon. — Mummius, barbarie romaine. — Vols au profit des particuliers. — Sylla. — Peintures murales enlevées. — Pillage en grand, Verrès. — Lucullus. — Pompée. — César. — Les temples devenus des musées. — Objets d'art dans d'autres lieux publics, les portiques, le forum, les *septa;* dans les maisons des particuliers, les jardins et les villas. Amateurs à Rome. — L'art grec partout. . . . 590

FIN DE LA TABLE DU TROISIÈME VOLUME.

PARIS. — IMP. SIMON RAÇON ET COMP., RUE D'ERFURTH, 1.

ERRATA DU TROISIÈME VOLUME

Page 8, l. 18. Que les Gaulois modernes dont je parlais, *lisez :* dont les Gaulois modernes que je citais.
— 41, — 23. Rien n'indique point, *lisez :* rien n'indique.
— 63, — 4. Que le premier Duilius, *lisez :* que, le premier, Duilius.
— 85, — 9. La conduite du général, *lisez :* d'un général.
— 145, — 4. Un nymphée romain, *lisez :* une nymphée romaine.
— 175, — 5. Réunie à travers le Forum, *lisez :* réunie dans le Forum.
— 189, — 6. Trois mille talents, *lisez :* trois talents.
— 246, — 1. Et de l'auteur du lieu, *lisez :* et de l'auteur et du lieu.
— 269, — 10. On peut donc, à Rome, se faire, *supprimez :* se faire.
— 274, — 10. Sa vache surtout était célèbre, *lisez :* on vantait surtout sa vache.
— 279, — 30. En y signalant, avec raison, *supprimez :* avec raison.
— 281, — 10. *Après* penchée, *ajoutez :* un autre.
— 290, — 12. Les adieux d'un époux qui va combattre à sa femme, *lisez :* les adieux adressés à sa femme par un époux qui va combattre.
— 291, — 18. Quelque sculpteur célèbre aujourd'hui, jadis inconnu, *lisez :* jadis célèbre, aujourd'hui inconnu.
— 306, — 15. Instruite, *lisez :* instruit.
— 312, — 13. De la même famille est, *lisez :* de la même famille que les Amours de Praxitèle est.
— 323, — 30. Celles de Praxitèle et d'Apelles, *lisez :* celle d'Apelles.
— 333, — 20. Du tronc, *lisez :* du trône.
— 372, — 23. Et phénicien, *lisez :* dieu phénicien.
— 449, — 21. Pananus, *lisez :* Panænus.
— 456, — 17. Navius, *lisez :* Nævius.
— 470, — 11. Arthemis, *lisez :* Artémis.
— 479, — 9. Nation, *lisez :* notion.
— 485, — 9, Des Scopas, *lisez :* de Scopas.
— 502, — 17. Nous fait les spectateurs, *lisez :* fait de nous les spectateurs.
— 579, — 2. *Ponctuez ainsi :* Avant Jésus-Christ, mais d'après la tradition grecque.
— 586, — 2. *Après* Apelles, *mettez* ;

www.ingramcontent.com/pod-product-compliance
Lightning Source LLC
Chambersburg PA
CBHW051322230426
43668CB00010B/1110